Hildegard Möller

Malerinnen und Musen des »Blauen Reiters«

PIPER

Zu diesem Buch

Ihre Namen kennt jeder, ihre Bilder erzielen heute Höchstpreise – aber wer waren die Persönlichkeiten, die später die weltberühmte Gruppe »Der Blaue Reiter« bildeten? Gerade die Frauen der Gruppe – etwa Gabriele Münter, Maria Marc, Marianne von Werefkin, Elisabeth Macke, Lily Klee – werden von der ausgewiesenen Biografin Hildegard Möller in den Mittelpunkt gestellt. Sie erzählt von den leidenschaftlich gelebten Liebesbeziehungen, vom Wunsch nach bürgerlicher »Ehrbarkeit« und der Sehnsucht nach dem freien künstlerischen Leben, aber auch davon, wie sehr die Frauen mit ihren künstlerischen Ambitionen zugunsten ihrer Männer zurücksteckten. Erstmals entsteht so ein Gesamtbild der Frauen und Männer des »Blauen Reiters«.

Hildegard Möller, geboren in Berlin, beschäftigt sich seit Jahren mit den Schicksalen der Familie Mann. Ihr Studium schloß sie mit der Promotion ab und arbeitete als Redakteurin, Übersetzerin von historisch-politischen Werken und als Dokumentarin, unter anderem als Mitarbeiterin am Projekt »Deutschsprachige Emigration nach 1933« am Institut für Zeitgeschichte in München.

Hildegard Möller

Malerinnen und Musen des »Blauen Reiters«

Mit 23 Fotografien im Text
und 16 farbigen Abbildungen auf Tafeln

PIPER

Mehr über unsere Autorinnen, Autoren und Bücher:
www.piper.de

Von Hildegard Möller liegen im Piper Verlag vor:
Malerinnen und Musen des »Blauen Reiters«

Unser Versprechen für mehr Nachhaltigkeit
• Klimaneutrales Produkt
• FSC®-zertifiziertes Papier
• Hergestellt in Europa

FSC www.fsc.org MIX Papier | Fördert gute Waldnutzung FSC® C021394

Ungekürzte Taschenbuchausgabe
ISBN 978-3-492-27492-0
1. Auflage April 2012
7. Auflage September 2023

Umschlaggestaltung: semper smile, München
Umschlagmotiv: akg-images (Bild oben), VG Bild-Kunst (Bild unten)
Satz: seitenweise, Tübingen
Gesetzt aus der Minion
Litho: Lorenz & Zeller, Inning am Ammersee
Gedruckt von ScandBook in Litauen
Printed in the EU

Inhalt

KAPITEL DREI

Marianne von Werefkin und Alexej Jawlensky

KAPITEL VIER

Maria und Franz Marc

KAPITEL FÜNF
Lisbeth und August Macke

KAPITEL SECHS
Lily und Paul Klee

Einleitung

Der »Blaue Reiter« – seit fast hundert Jahren übt dieser magische Name auf Kunstinteressierte eine große Faszination aus. Dabei ist dies nur eine von vielen Künstlergruppen, die am Ende des 19. und zu Beginn des 20. Jahrhunderts in Deutschland entstanden. Bereits 1889 begann sich in Worpswede eine Künstlerkolonie zu bilden, der Fritz Mackensen, Otto Modersohn, Paula Modersohn-Becker und andere angehörten. Die Dachauer Künstlergruppe gab es schon länger; sie wurde 1897 durch eine Gruppe »Neu-Dachau« abgelöst. 1899 entstand »Die Scholle«, eine Ausstellungsgemeinschaft Münchner Maler, der Erich und Fritz Erler, Leo Putz und andere angehörten, die vor allem Landschaftsbilder im Jugendstil malten. Bekannter war die 1905 in Dresden entstandene »Brücke«, zu der Expressionisten wie Ernst Ludwig Kirchner, Erich Heckel, Karl Schmidt-Rottluff und später noch weitere Maler zählten. Damals gärte es in der deutschen Kunstszene, denn viele Künstler waren unzufrieden mit den Kunstakademien, die auf das Traditionelle ausgerichtet waren und neuen Entwicklungen gegenüber verständnislos blieben. Ein neues Jahrhundert kündigte sich an, und wie so oft bei einer Zeitenwende waren auch die Künste im Aufbruch.

Überall in den größeren Städten bildeten sich Gruppen und Grüppchen, die eine neue Richtung vertraten und »Sezessionen« oder neue Künstlervereinigungen bildeten. Besonders der Münchner Stadtteil Schwabing entwickelte sich zu einem Eldorado der Avantgarde. Die Schwabinger Boheme mit ihren Faschingsbällen, Atelierfesten, esoterischen Zirkeln und florierenden Kabaretts zog damals viele bildende Künstler, Musiker, Dichter und Tänzer aus dem In- und Ausland an, darunter auch viele Russen, die der künstlerischen Enge des zaristischen Russland entkommen wollten und von der Münchner Bevölkerung als »Schlawiner« – eine Verballhornung von »Slawen« – bezeichnet wurden. Auch manchen jungen Frauen, die musisch begabt waren, gelang es, ihren Eltern eine künstlerische Ausbildung abzutrotzen. Da den Frauen damals das Studium an den Akademien noch verschlossen war, entstanden viele private Damenkurse. Die Künstlerinnen wurden abfällig »Malweiber« genannt. Man nahm ihre künstlerischen Bestrebungen nicht ernst und glaubte, sie warteten nur auf einen Ehemann. Die gesellschaftlichen Regeln waren damals selbst in höheren Kreisen noch sehr einengend. Frauen aus guter Familie wie Gabriele Münter und Maria Marc mussten noch im Alter von dreißig Jahren ihren Familien Rechenschaft über ihre Einkommens- und Lebensverhältnisse ablegen.

Obwohl es in der bayerischen Residenzstadt starke konservative Kräfte gab, herrschten andererseits traditionell auch eine große Liberalität und Aufgeschlossenheit. Nicht nur die berühmten Malerfürsten mit ihren großartigen Villen wie Kaulbach, Stuck und Lenbach prägten das künstlerische Leben der Stadt. Die sogenannte Boheme, die sich in und um München ansiedelte und eine ganz neue Kunstrichtung schuf, setzte ganz eigene Akzente.

Eine der bekanntesten Gruppen, die sich dezidiert von der

etablierten Malerei absetzte und eine eigene Künstlervereinigung bildete, war der »Blaue Reiter«, dessen farbenprächtige Bilder heute millionenfach reproduziert werden. Zunächst jedoch stieß diese Art der Malerei vielfach auf Unverständnis. Die neue Malerei empörte das Publikum, man glaubte, es mit »Irrsinnigen« oder mit »schamlosen Bluffern« zu tun zu haben. Faszinierend ist zu verfolgen, wie sich die Revolution in der Malerei in Ursprung und Wirkung konstituierte: in der bayerischen Hauptstadt und in ihrem ländlichen Umland, zugleich aber auch in transnationalen Beziehungen und Einflüssen.

Die avantgardistischen jungen Künstler suchten intellektuellen Austausch und die künstlerische Auseinandersetzung. So entstanden immer neue Zeitschriften, Kabaretts, Malschulen und Kunstgalerien, die sich den neuen Strömungen widmeten. München übte neben Paris und Wien geradezu einen Sog auf die zeitgenössische Kunstszene aus. An die Impressionisten hatte man sich hier bereits gewöhnt, als der Jugendstil Mode wurde. Dieser war stark mit dem Kunsthandwerk verknüpft und strebte eine engere Verbindung zwischen Kunst und Alltag an. Auch die Künstler des »Blauen Reiters« waren vom Jugendstil oder der »Art Nouveau« beeinflusst, wobei den »Malweibern« häufig die Ausführung der von den Männern gezeichneten Entwürfe oblag. Die berühmte Zeitschrift *Die Jugend* erschien seit 1896 in München und verbreitete diesen Stil mit seiner floralen oder geometrischen Linienführung, der bald alle Bereiche der angewandten Kunst wie Architektur, Möbeldesign, Mode, Grafik und Buchkunst prägte; ähnliche Strömungen lassen sich auch im Tanz, in der Musik und der Dichtung nachweisen.

Jeder kennt den »Blauen Reiter« – aber wer stand hinter dem einprägsamen Namen dieser Künstlergruppe, wer waren die Protagonisten, die 1912 im Piper Verlag ihre Programmschrift veröffentlicht hatten, wie lebten sie, was wollten sie? Welche Beziehungen hatten sie untereinander, und welche Rolle spielten die Frauen in Leben und Werk der Maler? Als Herausgeber des Almanachs hatten Franz Marc und Wassily Kandinsky gezeichnet. Sie nannten sich »die Redaktion«, aber der Kreis um die beiden war größer und fluktuierte. Viele Künstler auf der Suche nach neuen Wegen schlossen sich ihnen an, manche auch nur vorübergehend. Die Lebensgefährtinnen der beiden Herausgeber, Gabriele Münter und Maria Marc, waren Malerinnen ebenso wie Marianne von Werefkin, die Lebensgefährtin von Alexej Jawlensky. August Macke und seine Frau Elisabeth, Paul Klee und seine Frau Lily waren Paare, bei denen nur die Männer malten, die Frauen aber außerordentlich musisch begabt bzw. Musikerin waren und ihre Männer stets unterstützten und künstlerisch anregten.

Ziel der Künstler des »Blauen Reiters« und seiner Vorgängerorganisationen in den Jahren vor dem Ersten Weltkrieg war es, eine neue »geistige Kunst« zu schaffen, die auch Musik, Volkskunst und »primitive Kunst« einbeziehen sollte. Damit wurde die Künstlergruppe zu einem Ausgangspunkt für die Entwicklung des Expressionismus und der Abstraktion in der Malerei. Kandinsky schuf bereits 1910 sein erstes abstraktes Aquarell, womöglich weltweit das erste abstrakte Bild überhaupt. Heute ist der Expressionismus aus der Kunstgeschichte nicht mehr wegzudenken. Die farbenfrohen Bilder des »Blauen Reiters« erzielen auf dem internationalen Kunstmarkt Höchstpreise.

In diesem Buch wird – in Form einer kulturgeschichtlichen Gruppenbiografie – den individuellen Künstlerschicksalen nachgegangen, und zwar insbesondere unter dem Aspekt der Liebesbeziehungen und der Paarbildung. Die zentralen Paare – Gabriele Münter und Wassily Kandinsky, Marianne von Werefkin und Alexej Jawlensky, Maria Franck und Franz Marc – standen in wechselvollen, konfliktreichen, spannungsgeladenen Beziehungen zueinander, die freilich durchaus auch längere harmonische Phasen und tiefe Glücksmomente einschlossen. Die Münter, die Werefkin und bis zu einem gewissen Grad auch Maria Franck waren eigenständig arbeitende, talentierte Künstlerinnen, die dann zugunsten des Partners teilweise auf die Realisierung der eigenen Begabung verzichteten. Sie lebten nicht legalisiert in »wilden Ehen«, auch in Dreiecksbeziehungen, und hatten damit eine Lebenssituation, die in der Zeit ungebrochen herrschender Konventionen und bürgerlicher Wertvorstellungen vor dem Ersten Weltkrieg alles andere als unkompliziert war. Immerzu den Schein wahren zu müssen verlangte viel Anstrengung.

Die anderen bekannten Maler des »Blauen Reiters« wie Paul Klee und August Macke führten bürgerliche Ehen. Beide Paare hatten Kinder, während die anderen Malerfrauen zu ihrem Bedauern kinderlos blieben. Denn bei aller Boheme-Attitüde strebten sie doch ein recht bürgerliches Dasein an. Zwar praktizierten sie die freie Liebe – aber stets mit schlechtem Gewissen. Insbesondere Maria Franck und Gabriele Münter litten darunter, nicht verheiratet zu sein und keine Kinder zu haben. Die Frauen waren einerseits ihrer Zeit voraus, andererseits den gesellschaftlichen Konventionen verhaftet. Das betraf sowohl ihr Rollenverständnis in Liebe und Partnerschaft als auch in der Kunst. Für die Rechte der Frauen trat keine öffentlich ein; den Gedanken, dass Frauen weniger schöpferisch seien als Männer, hatten sich fast alle zu eigen gemacht.

Vielfach zogen die Künstlerpaare aufs Land. Die Mieten waren dort niedriger, und man entging eher dem Schwabinger Klatsch. Das wunderschöne Voralpenland, die blauen Berge und das südliche Licht inspirierten die Künstler zu vielen Landschaftsstudien. Außerdem betätigten sich Marc und Kandinsky gern im Garten, und besonders die Marcs malten Blumen und Tiere nach der Natur. Die Künstlerpaare wählten sich ihre Wohnungen und ihr Mobiliar aus, sie verschönerten ihre Häuser und Gärten, sie machten sich Gedanken über ihre Außendarstellung und den Verkauf ihrer Bilder. Sie reisten und lernten die Welt anderer Künstler kennen, sie versuchten, Geld zu verdienen und Besitz und Status zu erlangen. Sie strebten nach einer gewissen Sicherheit im Leben.

Der Erste Weltkrieg machte all diese Planungen und Lebensentwürfe zunichte. Die russischen Künstler mussten Deutschland verlassen, Jawlensky und von Werefkin gingen 1914 in die Schweiz, Kandinsky ging zunächst ebenfalls mit Münter in die Schweiz, dann kehrte er nach Russland zurück. Münter ging allein nach Schweden. Macke fiel, erst siebenundzwanzigjährig, gleich im zweiten Kriegsmonat, Marc 1916 im Alter von 36 Jahren fast zwei Jahre nach Kriegsbeginn. Obwohl die gemeinsamen Aktivitäten der Maler des »Blauen Reiters« mit dem Ersten Weltkrieg endeten, lebten ihre Visionen im »Bauhaus« und in der abstrakten Malerei fort und erlangten weltweiten Ruhm. Maria Marc, Gabriele Münter und Elisabeth Macke aber sorgten – soweit sie konnten – dafür, dass die Werke ihrer Lebensgefährten auch während der nationalsozialistischen Diktatur, als sie als »entartet« eingestuft und verfemt wurden, nicht verloren gingen, und machten sie der Öffentlichkeit zugänglich.

Die Gruppe des »Blauen Reiters« umfasste keinen festen Kreis, sondern die »Redaktion« und eine lockere Freundesgruppe. Die Frauen besorgten die Korrespondenz und schrieben die Texte ihrer Männer ab, besonders Gabriele Münter übernahm viel Schreib- und Organisationstätigkeit. Einige Maler, wie Paul Klee, stießen erst später zum inneren Zirkel oder trennten sich wieder von dem Kreis, wie August Macke. Viele blieben befreundet oder unterstützten die Ziele des »Blauen Reiters«. Manche damals geschlossene Freundschaft sowohl unter den Frauen als auch unter den Männern überdauerte die Zeit zwischen den Kriegen, den Nationalsozialismus, das Exil und bestand teilweise noch nach Ende des Zweiten Weltkriegs weiter.

KAPITEL EINS

Die erste Redaktionssitzung des »Blauen Reiters«

Im Oktober 1911 fand die erste Redaktionssitzung für den Almanach *Der Blaue Reiter* statt, an der Franz und Maria Marc, August und Elisabeth Macke, August Mackes Vetter Helmuth, Heinrich Campendonk, Gabriele Münter und Wassily Kandinsky teilnahmen. Der Russe hatte nach Murnau am Staffelsee eingeladen, in das hübsche, neu erbaute Haus in der Kottmüllerallee 6, das er mit Gabriele Münter bewohnte. Die Marcs wohnten nicht weit entfernt, in Sindelsdorf, nahe bei Benediktbeuern. August Macke war dort schon seit einiger Zeit zu Besuch. Elisabeth Macke – obwohl sie selbst nicht malte – kam eigens auf Einladung von Maria Franck, der Lebensgefährtin von Marc, aus Bonn angereist und wurde in München von Franz Marc und ihrem Ehemann August freudig empfangen. Am nächsten Tag reisten Marc und die Mackes nach Sindelsdorf, wo die Wirtsleute der Marcs, die Familie Niggl, auch den Gästen ein Zimmer zur Verfügung stellten. Dann ging es gemeinsam nach Murnau zur ersten Sitzung des »Blauen Reiters«. Elisabeth Macke erinnert sich:

»Der Plan, eine Zeitschrift als Organ dieser Richtung zu gründen, war immer näher gerückt und es bedurfte nur der Einladung von Kandinsky, der in Murnau in dem kleinen

Landhaus von Gabriele Münter wohnte, um die Sache in Angriff zu nehmen. Wir vier reisten also hin, wurden von Kandinsky in einem großen Haus in der Nähe sehr gut einlogiert, und jetzt wurde der ›Blaue Reiter‹ in langen Sitzungen mit Kunstdebatten, Aufrufen, Vorschlägen für Vorworte usw. geboren. Es waren unvergeßliche Stunden, als jeder der Männer sein Manuskript ausarbeitete, feilte, änderte, wir Frauen es dann getreulich abschrieben. Es kamen Beiträge an von den zur Mitarbeit aufgeforderten Künstlern, Vorschläge zu Reproduktionen. Alles wurde gesichtet, diskutiert, angenommen oder abgelehnt, nicht ohne kleine Streitigkeiten und Reibereien. So fanden wir es damals nicht sehr geschmackvoll, daß Marc und Kandinsky jeder mit seiner Amazone auf dem Plan erschien, während von August keine vollwertige Reproduktion eines Bildes gebracht werden sollte. Trotz allem waren diese Tage ungeheuer anregend, vor allem auch, weil August Kandinskys Schaffen zum ersten Male kennenlernte und sich ein eigenes Urteil darüber bilden konnte. Kandinsky selbst war ein merkwürdig fremder Typ, ungemein anregend für alle Künstler, die in seinen Bann gerieten, er hatte etwas Mystisches, Phantastisches an sich, gepaart mit seltsamem Pathos und einem Hang zu Dogmatik. Seine Kunst war eine Lehre, eine Weltanschauung.«[1] So charakterisierte die damals dreiundzwanzigjährige Elisabeth Macke treffend Kandinskys Rolle. Übrigens wurden dann doch zwei Abbildungen Mackes in den Almanach aufgenommen.

Elisabeth Macke erinnert sich auch an die Eigenheiten Gabriele Münters. Kandinsky hatte es sich nicht nehmen lassen, in typisch russischer Gastfreundschaft alle zu bewirten und selbst den Tee einzuschenken, während Gabriele untätig dabeisaß, als ginge sie das alles nichts an. Während Kandinsky an diesem Abend am Harmonium phantasierte und der Rest der Gesellschaft – der knapp zweiundzwanzigjährige

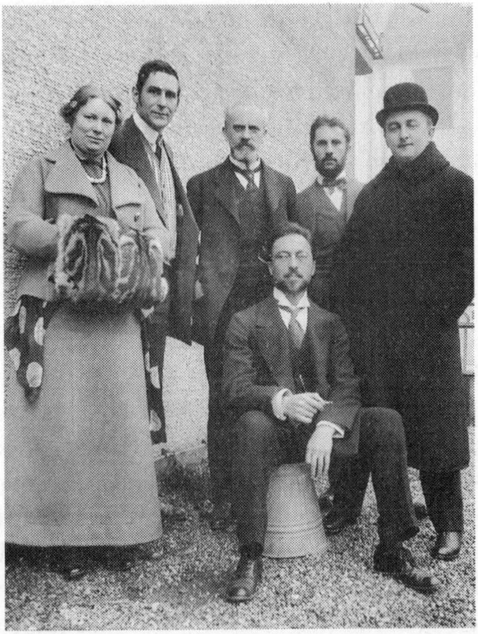

Maria und Franz Marc, Bernhard Koehler, Heinrich Campendonk, Thomas von Hartmann (von links), davor sitzend Kandinsky, auf dem Balkon in der Ainmillerstraße 36 in München, 1911/12

Heinrich Campendonk und der zwanzigjährige Helmuth Macke waren noch hinzugestoßen – ausgelassen wurde und vor Lachen kaum an sich halten konnte, zog sich Gabriele Münter zur allgemeinen Überraschung und »sehr zum Leidwesen von Kandinsky, übelwollend in ihre Gemächer zurück, Migräne vorgebend … Durch die seltsamen Überempfindlichkeiten der Münter wurde das Freundesverhältnis bald ernstlich getrübt und zuletzt ganz zerstört.«[2]

Gabriele Münter war vor allem »überempfindlich«, wenn es um ihren Lebensgefährten Kandinsky ging. Sie konnte es nicht ertragen, wenn man hinter seinem Rücken lachte. Die zierliche, dunkelhaarige Elisabeth Macke nannte Maria Marc und Gabriele Münter »Amazonen«, weil diese Frauen nicht nur Gefährtinnen ihrer Männer waren, sondern selbst malten, ein Anspruch, den Elisabeth offenbar – jedenfalls zu diesem Zeitpunkt – nicht ernst nahm. Kriegerische Amazonen waren jedenfalls beide Frauen nicht.

Wie war es überhaupt zu dieser Redaktionssitzung gekommen, was war in der Kunstszene Münchens geschehen? Die Abspaltung der Künstler des »Blauen Reiters« von der »Neuen Künstlervereinigung München« war nicht die erste. Bereits 1892 hatte es eine Sezession von der Kunstakademie gegeben, die unter anderem unter Führung Franz von Stucks stand – eine Sezession allerdings, die ihrerseits stark durch die akademische Malerei geprägt worden war. Aus ihr ging dann 1913 die »Neue Sezession« hervor. Sezessionen oder Abspaltungen von der herkömmlichen Kunst waren seit dem Ende des 19. Jahrhunderts in allen größeren Städten Deutschlands und Österreichs erfolgt. Überall entwickelten sich neue Kunstzentren, und jedes Mal bedeutete dieser Schritt nicht nur eine Absage an die offizielle Richtung der Akademie, sondern auch Publizität für die eigene Gruppe, die ihren Ansichten Nachdruck verleihen wollte. Aber inzwischen war die Sezession selbst gealtert und hatte »Fett angesetzt«. Es gärte überall in der Kunstszene, und im März 1909 gründeten die beiden Russen Kandinsky und Jawlensky, die bereits seit Jahren in München lebten, die »Neue Künstlervereinigung München«. Franz Marc bezeichnete sie als die »ersten und einzigen wahrhaften Vertreter der neuen Ideen«, wobei er die »Baronin«, Marianne von Werefkin, in deren Schwabinger Salon der Plan gereift war, Gabriele Münter, Alfred Kubin, die beiden Jawlensky-Schüler Adolf Erbslöh und Alexander Kanoldt sowie die beiden Kunstliebhaber Heinrich Schnabel und Oskar Wittenstein, die ebenfalls Gründungsmitglieder

der NKVM waren, unterschlug.[3] Den Vorsitz übernahm Kandinsky, nachdem Jawlensky, den Werefkin zunächst vorgesehen hatte, sich dazu nicht in der Lage sah.[4]

Zu den Zielen der neuen Vereinigung gehörten unter anderen die Organisation von Ausstellungen im In- und Ausland, der Verkauf der Bilder und die Öffentlichkeitsarbeit. Bei den Ausstellungen sollte jedes Mitglied das Recht haben, zwei Bilder juryfrei auszustellen, die zusammen das Format von vier Quadratmetern nicht überschreiten durften, eine folgenreiche Bestimmung für Kandinsky. Der Grund für diese Bestimmung war, dass der Maler Charles Palmié seine allzu großen Bilder in der ersten Ausstellung zeigen wollte und der Jurist Kandinsky ihn nur auf diesem Wege in die Schranken weisen konnte.

Kandinsky hatte die Ziele der »Neuen Künstlervereinigung München« formuliert: Sie wurden später weitgehend vom »Blauen Reiter« weiterverfolgt. Internationale Künstler sollten gewonnen werden, nicht nur Maler und Bildhauer, sondern auch Musiker, Dichter, Tänzer und Kunsttheoretiker. Geheimrat Hugo von Tschudi war gerade zum Generaldirektor sämtlicher bayerischer Museen berufen worden und bewirkte, dass die erste Ausstellung der »Neuen Künstlervereinigung München« in den Räumen der Galerie Thannhauser in der vornehmen Theatinerstraße stattfand.

Die Ausstellungen der »Neuen Künstlervereinigung München«

Sie wurde im Dezember 1909 eröffnet. Die Kritiken in der Presse waren niederschmetternd, die Künstler wurden ausgelacht, offenbar war das Publikum für die neue Kunstrichtung noch nicht reif. Die *Münchner Neuesten Nachrichten* empfanden die Ausstellung als »wilde Parodie«, sogar als »grotesken Karnevalsscherz«[5].

Im September 1910 fand die zweite Ausstellung statt. Diesmal waren russische und französische Künstler eingeladen worden, um die internationale Kunstszene zu repräsentieren. Von den 31 Ausstellern kamen elf aus München, Gabriele Münter, Erma Bossi, Adolf Erbslöh, Alexander Kanoldt und Edwin Scharff sowie sechs Russen. Zwei Auswärtige, Alfred Kubin und Adolf Nieder, verstärkten das deutsche Kontingent.[6] Auch jetzt war die Reaktion wieder äußerst entmutigend. Die Kritik richtete sich gegen die ausländischen und auswärtigen Künstler als »zugereiste Unruhestifter« und fragte, ob man es mit »schamlosen Bluffern oder unheilbar Irrsinnigen« zu tun habe.[7] Das Publikum fand wohl die ganze Veranstaltung ziemlich »unmünchnerisch« und fremdartig. Offenbar fürchtete man eine russisch-französische Umklammerung, eine Überfremdung. Die *Münchner Neuesten Nachrichten* berichteten von einer »Münchner Vereinigung östlicher Europäer«, die Zeitschrift *Die Kunst für Alle* sprach noch diffamierender von »west-östliche[n] Apostel[n] einer neuen Kunst«, »einer aus romanischen und slawischen Elementen gemischten Künstlergesellschaft, die obendrein der Münchner Kunsttradition fremd und feindlich gegenübersteht«[8]. Die Presse war wütend, das »Publikum schimpfte, drohte, spuckte ... auf die Bilder ... Für uns Aussteller war die Empörung unverständlich ... Wir wunderten uns nur, daß in der ›Kunststadt‹ München mit Ausnahme von Tschudi aus keiner Stelle ein Sympathiewort an uns gerichtet wurde«[9], beschrieb Kandinsky die Situation später.

Der Einzige, der sich für die neue Richtung begeisterte und die Künstler in Schutz nahm, war ein echter Bayer, Franz Marc. Er war damals noch ein unbekannter Maler, der keinen der ausgestellten Künstler persönlich kannte, aber trotzdem einen Artikel zu ihrer Verteidigung[10] schrieb: So kam der Kontakt zwischen dem Russen und dem Bayern zustande. Marc wurde unverzüglich in die »Neue Künstlervereinigung München« aufgenommen. Aber bald gab es hier innere Spannungen, interne Meinungsverschiedenheiten und »unüberbrückbare menschliche und künstlerische Gegensätze«[11] zwischen den sich nun herausbildenden Parteien, an deren Spitze Kandinsky und Marc einerseits, Kanoldt und Erbslöh andererseits standen. Bereits im August 1911 war Marc klar, dass es zu weiteren Auseinandersetzungen und zu einer Spaltung der »Neuen Künstlervereinigung München« kommen würde – die Frage war nur, welche Partei bleiben würde.

Am 2. Dezember 1911 fand eine Sitzung der »Neuen Künstlervereinigung München« statt, bei der Kandinskys abstraktes Bild »Composition V« abgelehnt wurde, angeblich weil es das zulässige Format überschritt. Der eigentliche Grund lag aber darin, dass es den Gegnern der abstrakten Malerei in der Jury (Erbslöh und Kanoldt) zu modern war und sie befürchteten, dass es den Erfolg der Ausstellung schmälern würde. Der Vorschrift des zulässigen Formats hatte seit der Auseinandersetzung mit Palmié keiner mehr Beachtung geschenkt. Empört verließen Wassily Kandinsky, Gabriele Münter und der gerade erst in den Vorstand gewählte Marc zusammen mit einigen anderen Mitgliedern die Künstlervereinigung.

Marianne von Werefkin und Alexej Jawlensky, zwei weitere russische Maler in München, blieben bei aller Loyalität gegenüber den Freunden gleichwohl Mitglieder der »Neuen Künstlervereinigung München«. Noch am selben Abend kamen sie jedoch zu Kandinsky in die Ainmillerstraße, um die Lage zu diskutieren. Marianne von Werefkin hoffte noch, die NKVM retten zu können, war sie doch Mitbegründerin gewesen. Aber die anderen waren entschlossen, nun selbst eine eigene Ausstellung zu organisieren. Das musste schnell vonstatten gehen, da die dritte Ausstellung der »Neuen Künstlervereinigung München« bereits im Planungsstadium war. Offenbar war dieser Austritt spontan erfolgt und doch hatte er eine lange Vorgeschichte. Kandinsky schrieb im Nachhinein, sie hätten den »Krach« schon früher gewittert, und Marc hatte ihn ebenfalls vorausgesehen.[12]

Als eigentliche Geburtsstunde des »Blauen Reiters« gilt aber bereits der 19. Juni 1911. An diesem Tag entwickelte Kandinsky in einem Brief an Franz Marc seine Pläne für ein Jahrbuch: »Nun!«, schrieb er, »ich habe einen neuen Plan. Piper muß Verlag besorgen und wir beide ... die Redakteure sein. Eine Art Almanach (Jahres=) mit Reproduktionen und Artikeln nur von Künstlern stammend und *Chronik!!* d.h. Berichte über Ausstellungen = Kritik auch von *Künstlern* geschrieben. In dem Buch muß sich das ganze Jahr spiegeln, und eine Kette zur Vergangenheit und ein Strahl in die Zukunft müßen diesem Spiegel das volle Leben geben. Bezahlt werden die Autoren eventuell nicht. Eventuell bezahlen sie selbst ihre Clichés. usw. usw. Da bringen wir einen Ägypter neben einem kleinen Zeh, einen Chinesen neben Rousseau, ein Volksblatt neben Picasso u. drgl. noch viel mehr! Allmählich kriegen wir Litteraten und Musiker. Das Buch kann ›Die Kette‹ heißen oder auch anders.«[13] Marc war sofort begeistert und willigte ein, zumal er bereits im Jahr zuvor die Idee gehabt hatte, eine eigene Zeitschrift zu gründen. Nun konnte er die Arbeit als gleichberechtigter Mitherausgeber mit dem Freund teilen.

Der junge Reinhard Piper hatte 1904 seinen eigenen Verlag in München gegründet und seinen persönlichen Vorlieben folgend schon früh die Kunst zu einem Schwerpunkt in seinem Programm gemacht. Immer auf der Suche nach unkonventionellen Ideen und neuen Bewegungen stand er dem Vorhaben der jungen Maler wohlwollend gegenüber. Marc und Kandinsky waren ihm aus früherer Zusammenarbeit schon bekannt: Kandinsky durch seine Märchenbilder in Farbholzschnitt, nach Meinung Pipers eher kunstgewerbliche Arbeiten, und durch Beiträge zu Sammelbänden. Marc hatte er im Februar 1910 kennengelernt, als er während der Arbeit an seinem Buch *Das Tier in der Kunst* auf dessen erster Ausstellung eine Lithografie des Malers erwarb.

Am 10. September 1911 schickte Franz Marc dem jungen Verleger ein provisorisches Inhaltsverzeichnis für die erste Nummer des geplanten Jahrbuchs. Piper antwortete bereits zwei Tage später. Er verlangte von den Herausgebern eine Garantie für die Deckung der Kosten in Höhe von 3000 Mark, denn das verlegerische Risiko erschien ihm hoch. Marc und Kandinsky besaßen zwar nicht genügend Geld, aber sie waren sich ihrer Sache so sicher, dass sie das finanzielle Risiko eingingen. Den größten Teil der Summe, nämlich 2500 Mark, übernahm der Berliner Industrielle und Kunstsammler Bernhard Koehler, ein Onkel Elisabeth Mackes. Die restlichen 500 Mark steuerte Marcs Schwiegervater Franck bei. Aber auch Reinhard Piper hatte ein großes Verdienst an dem revolutionären Erfolg des Almanachs, der schließlich viele Male neu aufgelegt wurde und als die bedeutendste Programmschrift der Kunst des 20. Jahrhunderts gilt (Klaus Lankheit).

Die Ausstellungen des »Blauen Reiters«

Im Dezember 1911, gleich nach dem Austritt aus der »Neuen Künstlervereinigung München«, machten sich Marc, Kandinsky und Münter unverzüglich an die Arbeit, um eine eigene Ausstellung unter dem Namen »Der Blaue Reiter« vorzubereiten. Alle Künstler, die in der Nähe waren und ihre Ansichten teilten, wurden angeschrieben oder aufgesucht, darunter August Macke, Heinrich Campendonk, Jean Bloé Niestlé, die Gebrüder Burljuk, Albert Bloch und der Musiker Arnold Schönberg. Als Veranstalter nannten sie die »Redaktion der Blaue Reiter«, da sie bereits an dem Almanach arbeiteten. Da die Ausstellung international sein sollte, schrieb Gabriele Münter, die fleißig mithalf, auch an Robert Delaunay, der zu Kandinskys Erleichterung zusagte. Bereits am 18. Dezember 1911 wurde die »Erste Ausstellung der Redaktion der Blaue Reiter« in der Galerie Thannhauser eröffnet, direkt neben den Ausstellungsräumen der »Neuen Künstlervereinigung München«. Die Bilder in ihren leuchtenden Farben wurden sehr wirkungsvoll in einfachen Holzrahmen auf schwarzen Grund gehängt. Endlich war nun auch Kandinskys »Composition V« zu sehen, an zentraler Stelle. Gabriele Münter durfte sogar sechs Bilder ausstellen, wohl weil sie zum Gelingen des Unternehmens so viel beigetragen hatte.

Die zweite Ausstellung des »Blauen Reiters« fand im Februar/März 1912 in der Münchner Buchhandlung Goltz in der Brienner Straße statt. Sie lief unter dem Titel »Schwarz-Weiß« und umfasste Druckgrafik, Aquarelle und Grafiken. Auch französische und Schweizer Künstler nahmen daran teil, Russland war mit Volksblättern des 19. Jahrhunderts vertreten, sodass der internationale Charakter erhalten blieb. Die erste Ausstellung des »Blauen Reiters« ging anschließend nach Köln und wurde dort im »Gereonsclub« gezeigt, dann in Berlin in Herwarth Waldens Galerie »Der Sturm«. Die zweite Ausstellung, an der Paul Klee mit siebzehn Zeichnungen, aber auch Maler der Künstlergemeinschaft »Brücke« und des »Schweizer Modernen Bundes« beteiligt waren, stieß auf lebhaftes Interesse; gleichwohl wurde Kandinsky wiederum als »Lausbub« und »Flegel« beschimpft. Die begleitenden Vortragsveranstaltungen über moderne Kunst und die Ausstellung wurden offenbar von einem aufgeschlossenen Publikum besucht. Diese Ausstellungen bedeuteten in Presse und Öffentlichkeit den Durchbruch des »Blauen Reiters«.

Der »Blaue Reiter«, ursprünglich der Name eines Almanachs, bald auch durch Ausstellungen publik gemacht, bezeichnete nie eine feste Gruppe oder Vereinigung. So sollte ein Jahrbuch heißen, das ursprünglich einmal im Jahr erscheinen sollte. Die beiden Herausgeber, Wassily Kandinsky und Franz Marc, wählten die Mitarbeiter aus. Die drei Paare, Wassily Kandinsky und Gabriele Münter, Franz Marc und seine spätere Frau Maria sowie August und Elisabeth Macke, bildeten den Kern des »Blauen Reiters«, um sie herum scharten sich befreundete Künstler. Gabriele Münter übernahm einen Großteil der Schreibarbeit, viele Künstler mussten angeschrieben werden, wobei zunächst noch offen blieb, ob der gewünschte Beitrag auch gedruckt werden würde.

Das Titelbild schuf Kandinsky nach vielen Entwürfen. Zwar hatte er bereits 1903 einen Reiter mit blauem Gewand gemalt, aber es war nicht *der* »Blaue Reiter«, der als zweifarbiger Holzschnitt die erste Nummer des geplanten Jahrbuchs zieren sollte. Klaus Lankheit, der Kommentator des Bandes, befand: »Wie viele Ableitungen und Assoziationen sich uns auch aufdrängen mögen, wir alle glauben doch unmittelbar zu verstehen, was Kandinsky und Marc dabei meinten. Der Adel der Gesinnung, den der Europäer seit jeher mit der Vorstellung ›Reiter‹ verbindet, und der Gefühlsgehalt der Farbe Blau, die seit der Romantik die Sehnsucht nach geistiger Erfüllung bedeutet, sind die Koordinaten des geschichtlichen Ortes dieser Begegnung ... denn die Gestalt des ›Blauen Reiters‹ ist aus den altgeheiligten Figuren eines Ritters St. Georg und St. Martin entwickelt.«[14]

Tatsächlich ist im Almanach als Frontispiz ein bayerisches Spiegelbild des heiligen Martin abgebildet, und auch eine russische Darstellung des Reiters mit Lanze findet sich in dem Band. Kandinsky hatte den heiligen Georg bereits mehrfach gemalt, wohl auch im Gedenken an den Drachentöter im historischen Stadtwappen Moskaus. Seiner Heimat war und blieb der Maler sehr verbunden. Der Reiter mit der Lanze findet sich aber auch auf apokalyptischen Darstellungen. Das Titelbild des *Blauen Reiters,* der mit flammendem Eifer gegen das »Ungeistige« in der Welt kämpft, enthält auch diese religiöse Botschaft.

Wie aber kam es nun zu dem Namen? Kandinsky äußerte sich im Nachhinein selbst zur Namensgebung: »Den Namen ›Der Blaue Reiter‹ erfanden wir am Kaffeetisch in der Gartenlaube in Sindelsdorf; beide liebten wir Blau, Marc – Pferde, ich – Reiter. So kam der Name von selbst. Und der märchenhafte Kaffee von Frau Maria Marc mundete uns noch besser.«[15] Die Farbe Blau hatte seit der deutschen Romantik einen besonderen Stellenwert in der Kunst, für Marc bedeutete sie das »männliche Prinzip, herb und geistig«, für Kandinsky war das Blau die Farbe des Himmels, es weckt im Menschen »die Sehnsucht nach Reinem und schließlich Übersinnlichem«[16].

Der berühmte Band enthielt zahlreiche Artikel und eine verwirrende Vielfalt von zunächst disparat erscheinenden Abbildungen. Der unbefangene Leser von damals wird sich gefragt haben, was all das zu bedeuten habe. Der Anspruch der Künstler wird aber offenbar, wenn man sowohl den internationalen Rahmen des Buches (deutsche, russische und französische Künstler wirkten mit) als auch die epochenübergreifenden Abbildungen von Kunstwerken aus allen Kulturen sowie die alle Disziplinen umfassenden Artikel in einem Zusammenhang sieht. Die Künstler des »Blauen Reiters« strebten eine Kultursynthese an. Kandinsky hielt am Vorabend des Ersten Weltkrieges die Zeit zwischen dem endenden 19. und dem beginnenden 20. Jahrhundert für die »Epoche des großen Geistigen«, und auch Marc spürte, »daß wir heute an der Wende zweier langer Epochen stehen, ähnlich wie die Welt vor anderthalb Jahrtausenden, als es auch eine kunst-religionslose Übergangszeit gab, wo Großes, Altes starb und Neues, Ungeahntes an seine Stelle trat«[17]. Auffällig ist die Verbindung von Kunst und Religion in Marcs Denkweise, die Kunst sollte die verloren gegangene Religion ersetzen.[18]

Die eingangs geschilderte Redaktionssitzung war längst nicht die einzige ihrer Art. Zahlreiche Dokumente beweisen, dass zwischen der Idee Kandinskys zu einem Almanach und der Ausführung eine emsige Korrespondenz zwischen dem Verleger, den Redakteuren und den Mitarbeitern begann. Allein das provisorische Inhaltsverzeichnis, das Franz Marc im September 1911 an Reinhard Piper geschickt hatte, zeigt, wie viele Änderungen, Umstellungen und Ersetzungen bis zum Erscheinen vorgenommen wurden. Das Konzept der Herausgeber stand schon fest: Die Malerei sollte in sechs Einzelbeiträgen vorgestellt werden, die Musik in acht Artikeln, die Bühnenkunst in drei Aufsätzen, eine »Chronik« sollte zwei weitere Aufsätze enthalten. Etwa 100 Abbildungen sollten den Band illustrieren. In der dann veröffentlichten Fassung war die Chronik oder der Besprechungsteil ganz weggefallen, die Bühnenkunst wurde in einem Artikel und einem eigenen Bühnenstück von Kandinsky abgehandelt. Die »internationale« Komponente bestand lediglich in den Artikeln eines Franzosen und mehrerer Russen. August Macke – der im Entwurf nicht erwähnt worden war – wurde neu aufgenommen. Über die Musik gab es immerhin drei Beiträge, wobei der Österreicher Arnold Schönberg, der Komponist und zugleich Maler war, einen Aufsatz und zwei Abbildungen beisteuerte. Außer Gabriele Münter, von der zwei Abbildungen aufgenommen wurden, gab es nur eine weitere Frau, die zum Almanach beitrug: Die russische Malerin und Bühnenbildnerin Natalija Gontscharowa war mit einer Bleistiftzeichnung, betitelt »Weinlese«, vertreten. Jawlensky und Werefkin, im provisorischen Inhaltsverzeichnis noch aufgeführt, entfielen. Manche Beiträge gingen nicht rechtzeitig ein, andere verwarf die Redaktion. Die Auswahl unterlag also großen Zufällen, und fehlende Artikel sollten durch die nun über 140 Abbildungen kompensiert werden.

Was die Redakteure sagen wollten, verstanden viele Leser dennoch. Die Herausgeber strebten eine geistige Erneuerung der Kunst an, in der alle Grenzen zwischen den Künsten und den Völkern niedergerissen werden sollten. Ein Beispiel dafür war die Einbeziehung der Musik, sogar mit Notenbeispielen. Die Gemeinsamkeiten zwischen der russischen, der deutschen und der französischen Kunst sollten deutlich werden, aber nicht das Nationale der Kunst, sondern die grenzüberschreitende, von der »Menschheit« geschaffene Kunst. Nach Ansicht der beiden Herausgeber standen die abgebildeten Werke in einer »inneren Verwandtschaft« zueinander, so fremd sie auch äußerlich wirken mochten. Nicht die anerkannten, orthodoxen Formen sollten gezeigt werden, sondern die Werke, die ein *inneres* Leben aufwiesen.[19] Überdies wollten die Künstler des »Blauen Reiters« zu den wahren Wurzeln der Kunst zurück, deshalb bildeten sie auch Kinderzeichnungen neben der Kunst von primitiven Völkern, bayerische sowie russische Volkskunst ab. Die Kunst sollte möglichst ursprünglich und unverbildet sein, also durch Rückbesinnung auf die Wurzeln eine Erneuerung hervorrufen.

In seinem Beitrag »Über die Formfrage« stellte Kandinsky fest: »... nicht das ist das wichtigste, ob die Form persönlich, national, stilvoll ist, ob sie der Hauptbewegung der Zeitgenossen entspricht oder nicht, ob sie mit vielen oder wenigen anderen Formen verwandt ist oder nicht, ob sie ganz einzeln dasteht oder nicht usw. usw., sondern *das wichtigste in der Formfrage ist das, ob die Form aus der inneren Notwendigkeit gewachsen ist oder nicht.*« Über Kandinskys Begriff der »inneren Notwendigkeit« ist viel geschrieben worden. Der deutsch-russische Komponist Thomas von Hartmann hat diesen Begriff ebenfalls benutzt und »das Wesen des Schönen eines Werkes« als »das Korrespondieren der Ausdrucksmittel mit der inneren Notwendigkeit« definiert.[20] Kandinsky selbst verwendete den Begriff häufig, ohne jedoch jemals eine Definition dafür zu geben. In seinem Buch *Über das Geistige in der Kunst* stellt er innere und äußere Notwendigkeit gegenüber und kommt zu folgendem Schluss: »Der Künstler darf jede Form zum Ausdruck brauchen.«[21] Und an anderer Stelle: »Alle Mittel sind heilig, wenn sie innerlich-notwendig sind. Alle Mittel sind sündhaft, wenn sie nicht aus der Quelle der inneren Notwendigkeit stammen«[22]; und schließlich bezeichnete er die Gesetze der inneren Notwendigkeit als »seelische« Notwendigkeit.[23] Schon die Wortwahl »heilig« und »sündhaft« zeugt von seinem religiösen Impetus. Aber die »innere Notwendigkeit« erlaubte auch »eine äußerlich grenzenlose Freiheit« in der Wahl der Ausdrucksmittel und ließ eine Kunst zu, die den Pol der »großen Abstraktion« ebenso umfasste wie den der »großen Realistik«. Mit diesem Prinzip war auch die Vielfalt der Abbildungen im Almanach gerechtfertigt.[24]

Sein Freund Franz Marc, der ursprünglich Theologie studieren wollte, bezeichnete den Russen in einem Brief vom 13. Juni 1911 an Reinhard Piper als Propheten: »Kandinsky's Kunst ist ebenso prophetisch wie seine Worte, – die einzige wirklich prophetische in unserem Kreis. Kandinsky ist der eigentliche Mittelpunkt der ganzen Bewegung, – wie kann man seine Stimme nicht hören wollen?«[25] Auch hier erkennt man an der biblischen Sprache den Rufer in der Wüste. Die beiden Begründer des »Blauen Reiters« verfügten über ein missionarisches Bewusstsein, Kunst war für sie etwas Heiliges, eine Art Religion. Marc schrieb an Piper, seine Ziele lägen »nicht in der Linie besonderer Tiermalerei. Ich suche einen guten, reinen und lichten Stil, in dem wenigstens ein Teil dessen, was wir moderne Maler zu sagen haben werden, restlos aufgehn kann. Und das wäre vielleicht ein Empfinden für den organischen *Rhythmus* aller Dinge, ein pantheistisches Sich hineinfühlen in das Zittern und Rinnen des Blutes in der Natur, in den Bäumen, in den Tieren, in der Luft …; das zum ›Bilde‹ machen, mit neuen Bewegungen u. mit Farben, die unseres alten Staffeleibildes spotten … Ich sehe kein glücklicheres Mittel zur ›*Animalisierung* der Kunst‹ als das Tierbild. Darum greife ich danach.«[26]

Marc hatte Grund, Kandinsky zu verteidigen, denn der Verleger Reinhard Piper hatte im Juni 1911 einen Beitrag des Russen zu einer Broschüre zunächst abgelehnt, dann aber doch aufgenommen. Der Worpsweder Maler Carl Vinnen hatte in der Erklärung »Ein Protest deutscher Künstler« dagegen Stellung bezogen, dass die Kunsthalle Bremen einen van Gogh angekauft hatte, dann aber seine Kritik auf Museen, Galeristen und die Überschätzung der französischen Malerei insgesamt ausgedehnt; viele konservative Maler schlossen sich an. Eine Erwiderung der Avantgarde musste unbedingt erfolgen. Franz Marc schlug eine Antwort auf diese Protestschrift vor, die unter dem Titel »Im Kampf um die Kunst. Antwort auf den ›Protest deutscher Künstler‹« bei Piper erschien und auch Beiträge von ihm selbst und Kandinsky enthielt.

An Kandinskys Aufsatz übte Piper beißende Kritik: »Wir werden also Ihren Beitrag in dieser Form aufnehmen. Sie haben aber unseren Brief nicht ganz richtig verstanden. Wir meinten, daß Ihre Äußerungen so allgemein gehalten sind, daß sich eigentlich gar nichts Bestimmtes darunter vorstellen läßt, sondern daß Jeder sich damit vorstellen kann, was er Lust hat und so eigentlich mit diesen Ausführungen gar nichts Greifbares gesagt ist. Sie bleiben eben zu sehr in von Anschauungen entleerten Begriffen stecken, bei denen sich sozusagen nichts und alles denken läßt.

Das Einzige, was schließlich als eine feste Meinung sichtbar wird, ist, daß Sie glauben, die Malerei werde die ›höhere Stufe der reinen Kunst‹, auf welcher die Musik schon einige Jahrhunderte steht, jetzt erst erreichen. Wir sind überzeugt, daß diese reine Kunst immer da war, solange es Kunst giebt.« Piper hatte mit seinen zweiunddreißig Jahren ein festes Urteil, offenbar fand er Kandinskys Schreibstil ebenso abstrakt wie dessen Malerei, aber er erkannte trotzdem das Neue an der »Bewegung« und gab nach. Noch in seinen Erinnerungen[27] gestand er, dass er von der abstrakten Kunst Kandinskys »nicht gerade begeistert« gewesen sei, »aber es schien mir dankenswert und nützlich, daß einmal jemand auskundschaftete, wie weit man in dieser Richtung kommen konnte«.

Natürlich ärgerte sich Kandinsky über diese Kritik und teilte sie Marc mit, der sich gerade auf seiner »Hochzeitsreise« in London befand. Kandinsky schrieb: »Und um wie ein Schuljunge behandelt zu werden, bin ich eben schon zu alt.« Marc antwortete postwendend und erklärte sich solidarisch mit dem Freund: »Was Sie da über Piper erzählen, hat mich furchtbar geärgert. Dieser Esel! Ich hab ihm sofort geschrieben, mit aller möglichen Deutlichkeit und etwas grob, aber doch so, daß ich hoffe, er druckt Ihren Artikel doch noch. Stolz ihm gegenüber hat gar keinen Sinn. Er ist es gar nicht wert, daß man seinen Entschluß, nicht zu drucken, als eine diskutable Meinungsäußerung behandelt; er ist Setzerlehrling und *muß* es eben thun.« Das waren von Marcs Seite harsche Worte, verstand er sich doch sonst sehr gut mit Piper, aber in dieser Angelegenheit wollte er Kandinsky unterstützen.[28]

Aus den Beiträgen Kandinskys und Marcs geht hervor, dass ihre Kunst vor allem durch pantheistisches und metaphysisches Gedankengut geprägt war und zur ungegenständlichen Darstellungsweise tendierte. Kandinsky, der immer abstrakter malte, hatte allerdings stets noch ein kleines, gegenständliches Element in seinen Bildern versteckt. Sein erstes »Abstraktes Aquarell« stammte vermutlich aus dem Jahr 1910. Mehr historische Bedeutung maß er aber seinem ersten abstrakten Ölgemälde »Bild mit Kreis« von 1911 bei.[29] In den folgenden Jahren breitete sich die ungegenständliche Malerei in vielen Stilvarianten in der ganzen westlichen und Teilen der östlichen Welt aus. Vorbereitet hatten sie bereits einige Jugendstilmaler sowie die Kubisten. Gabriele Münter blieb stets dem Gegenständlichen verhaftet, auch wenn es ihr gelungen war, »vom Naturabmalen –

mehr oder weniger impressionistisch – zum Fühlen eines Inhalts – zum Abstrahieren – zum Geben eines Extrakts« zu kommen, wie sie rückblickend über den Sommer 1908 in Murnau sagte.[30]

August Macke war stark von der französischen Kunst beeinflusst, unter anderem vom Orphismus Delaunays und vom Kubismus. Er war bestrebt, die Farbe mit ihren »raumbildenden Energien« zum Mittelpunkt seiner Malerei zu machen. Seine Bilder, die er sehr schnell malte – allein während des kurzen Aufenthalts am Tegernsee 1910 schuf er 150 Gemälde –, zeigen seinen flächigen, in leuchtenden Farben gemalten Stil. Er bevorzugte weiterhin Sujets wie Porträts, Stillleben, Landschaften, aber auch elegante städtische Szenen, seine Gegenstände bleiben immer erkennbar. Während seiner Zusammenarbeit mit den Künstlern des »Blauen Reiters« versuchte er sich in mehreren Gemälden deren Malweise anzupassen. Die drei Bilder »Sturm«, »Indianer auf Pferden« und »Indianer« zeigen den Einfluss von Marc bzw. Kandinsky. Doch Macke spürte seine Fremdheit gegenüber dieser Art von Malerei und verfolgte nach dieser Phase der künstlerischen Auseinandersetzung mit den Freunden in Bayern weiterhin unbeirrt seinen eigenen Stil. Ab 1912 betonte er nachdrücklich seine Unabhängigkeit von der Gruppe, obwohl er mit Marc persönlich befreundet blieb.

Maria Marc schließlich malte stets gegenständlich. In der Redaktion hielt sie sich bescheiden im Hintergrund. Ihre Bilder sind Tier-, Blumen-, und Naturstudien, Stillleben und Kinderporträts. Ihre Gemälde strahlen in hellen, sommerlichen Farben und zeugen von ihrer Liebe zur Natur.

Die beiden weiteren Teilnehmer der ersten Redaktionssitzung waren Heinrich Campendonk und Helmuth Macke, beide Anfang zwanzig. Sie waren damals noch »Malerjünglinge« und nahmen nur deshalb teil, weil sie überraschend dazugestoßen waren. Helmuth wohnte eine Zeit lang bei den Mackes am Tegernsee und verbrachte auch einige Wochen bei Franz Marc in Sindelsdorf. Danach bezog er dort zusammen mit Heinrich Campendonk eine Wohnung. Er studierte bei dem Niederländer Thorn Prikker, der in Krefeld Naturstudien und Lithografie unterrichtete. Einige Bilder Helmuth Mackes wurden beispielsweise bei der »Rheinischen Expressionisten-Ausstellung« 1913 in Bonn gezeigt.

Campendonk schien den Malern des »Blauen Reiters« vielversprechend. Er stammte aus Krefeld und hatte die dortige Handwerker- und Kunstgewerbeschule besucht. Auch er studierte bei Thorn Prikker. Dieser erste Lehrer erkannte sein Talent und förderte ihn unermüdlich. Der junge Kunststudent nahm sich zunächst noch die Natur als Vorbild und setzte sich systematisch damit auseinander, bevor er zur Abstraktion gelangte.

So unterschiedlich die Malweisen der Malerinnen und Maler des »Blauen Reiters« auch waren, sie nehmen in der Zeit vor dem Ersten Weltkrieg eine wichtige Stellung ein, unter anderem wegen der internationalen Sichtweise der Kunst, der Einbeziehung der italienischen Futuristen, der Volkskunst sowie der Romantik, ganz zu schweigen von den religiösen Elementen in der Kunst Marcs und Kandinskys. Der Begriff »expressionistisch« ist aber nicht durchgängig auf diese Künstler anzuwenden. Sie unterscheiden sich erheblich von der fünf Jahre zuvor in Dresden gegründeten »Brücke«, deren Maler viel enger zusammenarbeiteten und einen homogeneren Stil entwickelten als die Münchner Gruppe. Die Künstler des »Blauen Reiters« behielten ihre individuelle Ausdrucksweise und sind – bis auf die frühe Zeit in Murnau, in der sie zusammen malten und voneinander lernten – leicht identifizierbar.

Die Maler des »Blauen Reiters« strebten ein Gesamtkunstwerk an, wie es schon seit der Romantik gefordert wurde. Ein Beispiel dafür ist die im Almanach abgedruckte abstrakte Bühnenkomposition Kandinskys, »Der gelbe Klang«, deren musikalischen Teil Thomas von Hartmann übernommen hatte. Schon der Titel des kurzen, experimentellen Stücks deutet auf Synästhesie hin, ein seit der Antike bekanntes literarisches Stilmittel. Die Maler des »Blauen Reiters« haben sich oft und lange mit Farbtheorien auseinandergesetzt und sind der Frage nachgegangen, ob eine Farbe in einer bestimmten Form eine andere Aussagekraft habe als in einer anderen und welche Empfindungen dies im Betrachter auslöse. Konnte Malerei auch musikalischen Gesetzen unterliegen, entsprachen gewisse Farben Tönen oder Halbtönen in der Musik? Schon Goethe hatte 1807 gesagt: »In der Malerei fehle schon längst die Kenntnis des Generalbasses, es fehle an einer aufgestellten, approbierten Theorie, wie es in der Musik der Fall ist.«[31]

Konnten die Künste eine Synthese bilden? Diesem zentralen Thema widmeten sich mehr oder weniger deutlich alle Beiträge. Man wollte eine neue Kunsttheorie aufstellen, die den Kunstmaterialismus des 19. Jahrhunderts ablösen sollte. Alle Künste sollten eine Einheit bilden. Die Wechselbeziehung zwischen Kunst und Leben, die sie verloren glaubten, sollte erneuert werden. Dass die Künstler an eine weltverbessernde Wirkung der Kunst glaubten, zeugt von ihrem Idealismus, aber auch von ihrer Suche nach einem Religionsersatz, wie aus Marcs Worten von der »kunst-religionslosen Übergangszeit« hervorgeht. Zumindest sollte die Kunst sinnstiftend sein.

Der Almanach *Der Blaue Reiter* erschien schließlich im Mai 1912, Pläne für einen zweiten Band lagen bereits vor, sogar das Vorwort von Franz Marc war bereits geschrieben.

Aber die Herausgeber hatten beschlossen, das Jahrbuch nicht regelmäßig zu veröffentlichen, sondern sich Zeit zu lassen. Es kam nie zur Veröffentlichung des zweiten Bandes. So markiert der einzige erschienene Band *Der Blaue Reiter* den Aufbruch in eine neue Zeit und eine Zäsur in der Kunstgeschichte.

Franz Marcs programmatische Sätze, mit denen er den Almanach im Verlagskatalog ankündigte, bringen in mitreißender Weise den Elan und den Aufbruchwillen zum Ausdruck, die diese jungen Künstler beflügelten: »Die Kunst geht heute Wege, von denen unsere Väter sich nichts träumen ließen. Man hört die Apokalyptischen Reiter in den Lüften; man fühlt eine künstlerische Spannung über ganz Europa – überall winken neue Künstler sich zu: ein Blick, ein Händedruck genügt, um sich zu verstehen …«[32]

KAPITEL ZWEI

Gabriele Münter und Wassily Kandinsky

Wassily Kandinsky kam 1896 nach München. Er war promovierter Jurist und Ökonom und hatte eben einen Ruf an die damals russische Universität Dorpat, heute Estland, abgelehnt, weil er nun, im Alter von dreißig Jahren, beschlossen hatte, sein Leben ganz der Kunst zu widmen. Kandinsky entstammte einer wohlhabenden Moskauer Familie, die es ihm ermöglichte, als freier Maler ins Ausland zu gehen. Sein Vater, ein erfolgreicher Kaufmann, stammte aus Ostsibirien, seine Mutter war gebürtige Moskauerin. Sie verkörperte für den Sohn die Stadt Moskau in ihrer von »majestätischer Ruhe und heldenhafter Selbstbeherrschung geflochtene[n] Vereinbarung von Tradition mit echtem Freigeist«[1]. Von seiner Großmutter mütterlicherseits, einer deutschsprachigen Baltin, hatte er Deutsch gelernt. Nach seinen eigenen Angaben waren Kandinskys Vorfahren von West- nach Ostsibirien verbannt worden. Aber schon sein Vater, der seine Ausbildung in Moskau erhalten hatte, betrachtete diese Stadt als seine Heimat.

Odessa, Moskau, München

Der kleine Wassily wuchs wohlbehütet unter der Aufsicht eines Kindermädchens heran. Die Eltern zogen 1871 mit dem Fünfjährigen wegen des wärmeren Klimas nach Odessa. Bald darauf scheiterte ihre Ehe; sie trennten sich, blieben aber weiterhin freundschaftlich verbunden. Von nun an lebte Wassily bei seinem Vater, wurde aber von seiner Tante Jelisaweta Tichejewa, der Schwester seiner Mutter, erzogen. Die Mutter, die sich ebenfalls regelmäßig um ihren ältesten Sohn kümmerte, heiratete erneut und brachte vier weitere Kinder zur Welt, drei Jungen und ein Mädchen. Wassily unterhielt zu seinen Halbgeschwistern ein herzliches Verhältnis. Die ganze große Familie Kandinsky pflegte immer sehr rege und enge Beziehungen.

Mit zehn Jahren wurde Wassily auf das humanistische Gymnasium in Odessa geschickt, wo er von sich aus an einem Zeichenkurs teilnahm und auch Klavier- und Cellounterricht erhielt. Von seinem mühsam zusammengesparten Taschengeld kaufte er sich schon früh einen Malkasten mit Ölfarben. Der Vater, der in Odessa Direktor einer Teehandelsfirma geworden war, nahm seinen Sohn ab dem dreizehnten Lebensjahr jeden Sommer mit nach Moskau; auch sonst unternahmen die beiden ausgedehnte Reisen, etwa in den Kaukasus und auf die Krim. Als Kandinsky 1885 sein Studium der Jurisprudenz und Nationalökonomie in Moskau aufnahm, fühlte er sich dort bereits heimisch. Als er aus gesundheitlichen Gründen 1889 sein Studium unterbrechen musste, reiste er nach Paris. Schließlich betrieb er ethnografische Studien in entlegenen Gebieten Russlands, über die er zwei Aufsätze publizierte. Daraufhin wurde er zum Mitglied der »Gesellschaft der Freunde der Naturwissenschaften« gewählt und wenig später in die »Juristische Gesellschaft« seiner Universität in Moskau aufgenommen.

Während seines Studiums lebte Kandinsky bei Verwandten. Dort verliebte er sich in Anna Tschemjakina, seine Kusine zweiten Grades, die sieben Jahre älter war als er. 1892, noch während seiner Studienzeit, heirateten die beiden. 1893 wurde Kandinsky mit einer Dissertation über die Gesetzmäßigkeit der Arbeitslöhne im Fachbereich Volkswirtschaft promoviert. Im selben Jahr wurde er zum Attaché der juristischen Fakultät ernannt, was offenbar eine feste Anstellung an der Universität bedeutet hätte.

Aber Kandinsky hatte, nachdem der Grundstein zu einer akademischen Karriere gelegt war, offensichtlich kein Interesse mehr an einer universitären Laufbahn. Stattdessen arbeitete er zwei Jahre lang als künstlerischer Leiter in einer Druckerei. Als er Mitte der Neunzigerjahre in einer Ausstellung französischer impressionistischer Kunst in Moskau Monets Bild »Heuhaufen in der Sonne« (1891) sah, machte das auf ihn einen so umwerfenden Eindruck, dass er beschloss, Maler zu werden. Eigentlich hatte er sich das seit seiner Kindheit gewünscht; nachdem er nun seine Eignung für einen Brotberuf bewiesen hatte, konnte er diesem Wunsch nachgehen. Auch andere Gründe für diesen Bruch scheinen eine Rolle gespielt zu haben: In seinen *Rückblicken* gibt Kandinsky an, dass »mein früherer Glaube an den heilenden Wert der sozialen Wissenschaft und schließlich an die absolute Richtigkeit der positiven Methode stark geschmolzen war«[2]. Nun wollte er mit dreißig Jahren heraus aus der kulturellen Enge Russlands und sein künstlerisches Talent erproben. Noch im Dezember 1895 siedelte er mit seiner Frau Anna nach München über.

Die bayrische Hauptstadt galt damals neben Paris als künstlerisches Zentrum. Es gab dort nicht nur die Akademie, sondern seit 1892 auch die »Sezession«, die von Max Liebermann, Lovis Corinth und Franz Stuck begründet worden war. Eine russische Kolonie hatte sich dort bereits angesiedelt; Kandinsky sprach sehr gut Deutsch. Zunächst zog das junge Paar in eine möblierte Wohnung in der Georgenstraße 62 in Schwabing, ein halbes Jahr später in die Giselastraße 28. Gleich zu Beginn des Jahres 1897 schrieb sich Kandinsky in die private Malschule von Anton Ažbe ein, einem jungen Slowenen, dessen Schule als eine der besten galt und in der Villa eines ehemaligen russischen Diplomaten in der Georgenstraße 40 residierte. Ažbes Malklassen wurden von vielen Russen besucht. Auch Frauen besuchten diese Kurse, weil ihnen, wie bereits dargelegt, der Zugang zu den staatlichen Kunstschulen noch verwehrt war. Hier traf Kandinsky auf Marianne von Werefkin und Alexej Jawlensky, die einige Monate vor ihm aus Russland nach München gekommen waren, aber auch auf andere Maler.

Obwohl Ažbe ein guter Pädagoge war, fühlte sich Kandinsky durch diesen Maler, der sich mit impressionistischer Farbtechnik befasste, eingeengt. Dennoch blieb der angehende Künstler zwei Jahre lang bei ihm, denn sein technisches Können war noch nicht ausgereift. Besonders schwer fielen ihm die Anatomiekurse. Das Zeichnen nach Modell – Kopf oder Akt – langweilte ihn, und das Gefühl der Befreiung, das er nach seinem Weggang aus Moskau empfunden hatte, wich bald erneut einem Gefühl der Versklavung; ja, das Aktzeichnen stieß ihn geradezu physisch ab. Aber er hielt durch, obwohl er den Unterricht häufig schwänzte und stattdessen naturalistische Landschaftsbilder oder Studien in Schwabing malte, die ihn aber auch nicht zufriedenstellten. Mehr als die Zeichnung interessierten ihn die Farben, und es kränkte ihn, wenn die Kollegen ihn etwa einen »Koloristen« oder »Landschaftsmaler« nannten. Aber er war sich bewusst, dass er ein zeichnerisches Fundament brauchte, um Maler zu werden.

1898 ging er deshalb zu dem berühmten Münchner Maler Franz Stuck, der ihm riet, ein Jahr lang in der Zeichenklasse der Akademie zu arbeiten. Aber er fiel in der Aufnahmeprüfung durch. Abgelehnt von der Akademie, arbeitete Kandinsky nun ein Jahr lang privat. Offenbar beschäftigte er sich weiterhin mit Landschaftsmalerei, interessierte sich auch für das Mittelalter, das er in Skizzen mittelalterlicher Rüstungen und Zaumzeugs thematisierte. In Russland stellte er seine Bilder sowohl auf den Ausstellungen der »Moskauer Künstlervereinigung« (1900–1908) als auch 1901 auf der Ausstellung der »Vereinigung südrussischer Künstler« in Odessa aus. Kandinsky kehrte immer wieder in seine Heimat zurück, seine Verwurzelung in Russland war stark und prägte seine Malerei noch viele Jahre.

Unzufrieden mit seinem mangelnden technischen Können, wandte er sich im Jahr 1900 erneut an Stuck und wurde diesmal in dessen Malklasse aufgenommen. Viel zu alt fand er sich – er war inzwischen im 35. Lebensjahr – und bemühte sich doch immer noch, den Anweisungen eines berühmten Künstlers zu folgen. Stuck riet ihm, die Farben ganz wegzulassen und nur in Schwarz-Weiß zu malen, um sich auf die Form zu konzentrieren. Wieder fühlte er sich eingeengt. Zu Hause aber malte er bunte russische Volksszenen und märchenhafte Bilder, die noch nichts von seinem späteren Streben zur Abstraktion ahnen lassen. In der Schülergruppe von Franz Stuck traf er viele deutsche und ausländische Maler, darunter den Schweizer Paul Klee, mit dem er sich später anfreundete. Zu dieser Zeit fand er jedoch noch keinen Anschluss in der Klasse. Kandinsky plante aber schon, in München einen Verein zu gründen, der Werke aus sämtlichen Kunstbereichen ausstellen sollte.

Die Künstlergruppe »Phalanx«

Nach dem Jahr bei Franz Stuck beschäftigte sich Kandinsky vorwiegend mit der Organisation einer Ausstellung der 1901 von ihm mitbegründeten Künstlergruppe »Phalanx«, der Maler und Bildhauer angehörten. Zusammen mit dem Mediziner Gustav Freytag, dem Sohn des Kunsthistorikers und Schriftstellers, finanzierte er den Verein und übernahm das Amt des Kassenwarts. Bald rückte er zum Vereinsvorsitzenden auf. Ziel der »Phalanx« sei »der Protest gegen das damalige Jurywesen und gegen gewisse Mißstände bei der Künstlergenossenschaft und Secession«, erklärte Gustav Freytag.[3] Außerdem wollte die neue Vereinigung vor allem Werke ausländischer und auswärtiger Künstler, die in München bis dahin kaum bekannt waren, ausstellen. Die erste Ausstellung fand bereits 1901 statt und zeigte Malerei, Grafik, Plastik und Architektur. Kandinsky selbst stellte zehn Studien und sechs kleine Bilder aus, von denen einige verkauft wurden. Insgesamt hatte die »Phalanx« zwölf Ausstellungen, nicht nur in München. Gleichzeitig begann Kandinsky, Artikel über Kunst zu schreiben, zunächst in einer Moskauer Kunstzeitschrift, später auch für die Petersburger *Welt der Kunst,* in der er die »Korrespondenz aus München« publizierte. Diese enthielt Ausstellungsbesprechungen und Berichte über das Münchner Kunstleben. Die *Welt der Kunst* wollte in Russland Orientierungspunkte für die dortige Entwicklung liefern und war auf den Gebieten der angewandten und dekorativen Kunst einflussreich. Und auch nach Odessa und Moskau hielt Kandinsky seine Verbindungen aufrecht.

Beflügelt vom Erfolg der »Phalanx«, gründete Kandinsky noch im Winter 1901/1902 eine eigene Malschule unter seinem Namen, die im oberen Stockwerk des Hauses Hohenzollernstraße 6 in Schwabing untergebracht und der Bildhauerschule von Wilhelm Hüsgen und Waldemar Hecker angeschlossen war. Hüsgen und Hecker waren auch als Mitglieder des politischen Kabaretts »Die Elf Scharfrichter« bekannt. Sieben Stunden täglich mussten die Schüler Kandinskys dort nach dem Modell zeichnen oder Stillleben malen; abends hatten sie noch die Möglichkeit, in der Bildhauerklasse zu modellieren. Gustav Freytag unterrichtete die Schüler in Anatomie. Da aber in dieser Malschule auch Frauen zugelassen waren, meldeten sich mehr Frauen als Männer an. Kandinsky unternahm in dieser Zeit viele Reisen in Deutschland und Russland, auf denen seine Frau Anna ihn begleitete. Schließlich bereiteten die beiden ihren endgültigen Umzug nach München vor, diesmal in eine Wohnung in der Friedrichstraße 1. Kandinsky hatte Anfang des Jahres von einem verstorbenen Onkel ein sechsstöckiges Haus mit 24 Wohnungen in Moskau geerbt, was ihn finanziell unabhängig von seinem Vater machte, der ihn allerdings bis dahin großzügig unterstützt hatte.

Begegnung mit Gabriele Münter

In seiner »Phalanx«-Klasse fiel Kandinsky eine besonders begabte Schülerin auf, Gabriele Münter. Sie war elf Jahre jünger als er. Gelegenheiten, sich näher kennenzulernen, ergaben sich 1902 bei einem mehrwöchigen Aufenthalt der Malklasse in Kochel am See. Denn Kandinsky organisierte wochenlange Aufenthalte im bayerischen Voralpenland, bei denen seine Schüler in und nach der Natur malten. Während die Schüler in Privatquartieren untergebracht waren, lebte der Lehrer im Hotel. Um die verstreut an verschiedenen Motiven arbeitenden Schüler zu finden, benutzte er eine Trillerpfeife und fuhr mit dem Fahrrad zu ihnen. Auch Gabriele Münter fuhr Fahrrad, damals noch ungewöhnlich für eine Frau. So ergaben sich gemeinsame Malausflüge. Die beiden verliebten sich. Aber die Beziehung war äußerst schwierig, nicht nur, weil Kandinsky bereits mit Anna verheiratet war. Zwar war er in dieser Beziehung – wie die Briefe zwischen beiden ausweisen – der Aktivere, der die Initiative ergriff, aber er verfiel immer wieder in seelische Tiefs. Diesen Wechselbädern zwischen Gefühlsüberschwang und Rückzug war auch Gabriele oder »Ella«, wie sie genannt wurde, ausgesetzt. Sie mochte kein Versteckspielen und keine Lügen, doch nahm sie ihm zuliebe Rücksicht auf seine Frau. Denn als Anna anreiste, bat er Gabriele abzureisen, und sie fügte sich.

1901/1902 malte Kandinsky ein Porträt seiner Frau Anna. Es zeigt sie in Spachteltechnik vor einem rosa geblümten Hintergrund, mit vollem braunem Haar und ernsten mandelförmigen Augen, eine schöne Frau. Noch viele Jahre lang sollte sie eine bedeutende Rolle in Münters und Kandinskys Leben spielen. Leider ist aber nur sehr wenig über sie bekannt.

Ein Brief Gabriele Münters an Kandinsky vom Oktober 1902 zeigt, dass es bald zu Zärtlichkeiten zwischen beiden gekommen sein muss. Er lässt ahnen, wie spannungsreich die Beziehung der beiden Künstler von Anfang an war:

»Lieber K., … Nun laß mich versuchen, Dir etwas von meinen Gedanken zu sagen. Ich glaube, es steht so mit mir, wie ich Dir schon in Kochel u. Seeshaupt sagte – nämlich, daß ich – Herrjeh! – (daß ich sowas so schwer sagen kann!) seit ich Dich als Lehrer kannte, Dich immer famoser u. verehrungswürdiger fand. Du interessiertest mich dann auch persönlich u. ich liebte Dich so – u. thue das noch – u. werde es immer thun – wie Dich sicher die meisten der Menschen lieben, die Dich so kennen lernen, wie ich es that – und dann liegt das, was dann noch kam an Dir und an meinem etwas schwächlichen Charakter und vielleicht auch dem für mich überraschenden und unvorhergesehenen – ich wußte mir nicht zu helfen u. weiß es auch jetzt noch nicht recht …

Meine Idee von Glück, ist eine Häuslichkeit so gemütlich u. harmonisch, wie ich sie eben machen könnte u. ein Mensch der ganz u. immer mir gehörte – aber – das muß absolut nicht sein – wenn es nicht ist u. wenn ich den Passenden nicht finde – ich bin auch so sehr zufrieden u. glücklich ich denke jetzt auch wieder Freude an der Arbeit zu finden – u. wenn Du mir dabei weiter helfen willst, würde ich mich sehr freuen – wir nehmen dann das hübsche Lehrer-Freundschafts-Kameradschaftsverhältnis wieder auf u. lesen's zwischen den Zeilen, daß wir uns gern haben u. behalten – das ist es, was ich Dir alles schon in Seeshaupt verständlich machen wollte – aber ich weiß nicht, ob ich's deutlich genug gemacht. Jedenfalls ist mir von jeher jedes Lügen und Heimlichkeiten so zuwider u. verhaßt gewesen, daß ich mich um nichts dazu verstehen könnte. Wenn wir nicht vor aller Welt Freunde sein können muß ich ganz darauf verzichten – ich will nicht mehr, als ich eingestehen kann u. ich will verantworten können, was ich thue – sonst bin ich unglücklich …«[4]

Dieser Brief geht noch weiter; da er aber stilistisch zur Tagebuchform übergeht, steht zu vermuten, dass er nie abgeschickt wurde. Es geht aber zweierlei daraus hervor: Gabriele Münter war überrascht und verwirrt von dem, »was dann noch kam«, und gab die Schuld daran Kandinsky und ihrem eigenen »schwächlichen Charakter«. Sie war verliebt, aber sie wusste bereits, dass ihre Vorstellung von Glück sich mit ihm nicht verwirklichen ließ, weil Kandinsky kein

Mensch war, der »ganz u. immer« ihr »gehörte«, und weil sie sich nicht auf halbe Sachen einlassen konnte und mochte. Deshalb schrieb sie schon vorbeugend, dass sie im Falle seines Nichteinverständnisses auch ohne ihn glücklich sein und rein freundschaftlich mit ihrem Lehrer verkehren könne. Es kam aber anders: Schon am 18. Oktober 1902, also eine Woche später, bat Kandinsky sie, sich nicht anmerken zu lassen, dass sie sich mehr als zweimal getroffen hatten, einmal in der Malschule und einmal bei ihr. Sie sollte also lügen. Und auch er war verliebt: Er liebe sie »sehr und noch mal und hundert mal sehr. Daran mußt du glauben und das mußt du nicht vergessen. Und dann öffentlich und auch für uns selber sind wir Freunde«, schrieb er ihr, gestand aber auch, dass er selber seine Ruhe und sein Gleichgewicht verloren habe.[5]

Gabriele Münter war eine für damalige Verhältnisse emanzipierte und aufgeschlossene junge Frau. Sie wurde am 19. Februar 1877 in Berlin geboren. Ihre Eltern stammten aber nicht von dort, und schon ein Jahr nach ihrer Geburt zog die Familie mit den vier Kindern – Gabriele war die Jüngste – nach Herford in Westfalen. Dort hatte der Vater, der in Berlin Zahnarzt gewesen war, ein Fachwerkhaus geerbt. Beide Eltern waren durch Amerika geprägt, hatten viele Jahre in Tennessee gelebt, wo Carl Münter auch seine Ausbildung erhalten hatte. Aber der Vater hatte durch Spekulationen bis zum Berliner Börsenkrach von 1873 Geld verloren und sah sich nun gezwungen, das Angebot seines Bruders Gustav anzunehmen, der ihm das Haus in Herford für 15 000 Mark überließ.

Die kleine Gabriele zeichnete von früh an alles, was sie sah, besonders Köpfe. Einer der Nachbarn in Herford war Bildhauer und Steinmetz, und Gabriele liebte es besonders, ihm bei der Arbeit zuzusehen. Aber der Vater konnte in Deutschland nie wieder richtig Fuß fassen. Bereits nach sechs Jahren zog die Familie nach Oeynhausen und noch im gleichen Jahr nach Koblenz. Dort verbrachte Gabriele ihre Schulzeit. Zwei Jahre nach dem letzten Umzug starb der Vater plötzlich im Alter von 59 Jahren am Herztod. Gabriele war gerade neun Jahre alt. Sie war ein stilles, eher scheues Kind, das sich noch mehr in sich zurückzog, als ihr älterer Bruder August, der ihr Talent erkannt und sie stets zum Zeichnen ermuntert hatte, 1887 im Alter von 22 Jahren ebenfalls plötzlich starb. Seinen Platz nahm nun der ältere Bruder Carl ein, der auch der Vermögensverwalter der beiden Schwestern wurde. Zwar sollte Gabriele eigentlich Haushaltsführung lernen, aber Koblenz bot reichlich Möglichkeiten zur Zerstreuung. Sie erhielt Klavierstunden, komponierte selbst einige kleine Lieder, zu denen sie auch die Texte verfasste, und durfte einige Malstunden nehmen. Sie war sportlich, ging Eislaufen, schwimmen und reiten und ihr sehnlichster Wunsch, ein Fahrrad, wurde ihr auch erfüllt. Das Dasein als höhere Tochter wurde von ihr nie in Frage gestellt und nie hatte sie daran gedacht, ihr zeichnerisches Talent beruflich zu nutzen und so etwa einen Broterwerb anzustreben. Aber allmählich entwickelte sie doch den ehrgeizigen Wunsch, ihre bis dahin laienhaft betriebene Malerei zu vervollkommnen.

Nach längerem Drängen gab die Mutter ihrem Wunsch nach, den Düsseldorfer »Malkasten« zu besuchen. Diese freie Künstlervereinigung gab auch Frauen die Möglichkeit, außerhalb der Akademie Malerei zu studieren. Ihr erster Lehrer war Ernst Bosch, ein Porträt- und Genremaler, der auch Illustrator, Lithograf und Radierer war. Gabrieles acht Jahre ältere Schwester Emmy begleitete 1897 die Zwanzigjährige nach Düsseldorf, wo sie bei dem norwegischen Maler Morten Müller in Pension genommen wurde. Gabriele fiel es schwer, die technischen Anforderungen ihres Lehrers Bosch zu erfüllen, Schattenflächen zu schraffieren und idyllisch-niedliche Bilder zu malen, die den Betrachter ergreifen sollten. Aber Morten Müller vermittelte ihr Ansichten der herben Landschaften seiner norwegischen Heimat, die Gabriele näher lagen, schon weil es ihr schwerfiel, ihren Gefühlen Ausdruck zu verleihen. Zudem lag ihr Talent darin, »mit wenigen typisierenden Umrißlinien das Wesentliche zu erfassen«[6].

Trotz der nagenden Zweifel am eigenen Können und häufiger Lustlosigkeit bewarb sich Gabriele Münter bei dem damals gerade an die Düsseldorfer Akademie berufenen Porträt- und Historienmaler Willy Spatz. Er war bereit, sie zum Sommer 1898 in sein Damenatelier aufzunehmen. Auch dieser Maler war einem pathetischen Realismus verschrieben, dem die angehende Künstlerin nichts abgewinnen konnte. Gabriele, in Trauer über den plötzlichen Tod ihrer Mutter, war resigniert wegen ihrer mangelnden Fortschritte, an denen auch größter Fleiß nichts ändern könne, wie sie ihrem Bruder schrieb, und wollte Düsseldorf wieder verlassen. Da traf von den Verwandten in Amerika eine Einladung für sie und ihre Schwester Emmy ein, die Vereinigten Staaten und die restliche Familie mütterlicherseits in Arkansas zu besuchen. Die beiden Schwestern lösten den Koblenzer Haushalt auf und begaben sich im Herbst 1898 auf eine Erkundungsfahrt, die zwei Jahre dauern sollte und in vielen Skizzen und Fotos festgehalten wurde.

Nach ihrer Rückkehr war Gabriele fest entschlossen, ihre Zeichenausbildung fortzusetzen. Wie gerufen kam da ein Brief ihrer Düsseldorfer Studienfreundin Margarete Susman, die inzwischen nach München umgezogen war, ihr in einem Brief den Münchner »Künstlerinnen-Verein« empfahl und ihr nahelegte, dort das Kopfzeichnen zu studieren. Der

Entschluss, nach München zu wechseln, war bald gefasst. Weil Frauen weiterhin die Kunstakademie verschlossen war, musste sie sich wieder an einer Damen-Akademie einschreiben, die aber immerhin nach dem Muster der Königlich-Bayerischen Akademie der Bildenden Künste organisiert war. Die Schülerinnen durften den Lehrer wählen und in Ateliers oder in der freien Natur malen und wurden wöchentlich mehrfach korrigiert. Diese Malerinnen-Schule gehörte zusammen mit der in Karlsruhe und in Berlin zu den ersten für Frauen gegründeten Lehranstalten und verfügte über einen guten Ruf.[7] Dennoch schlug den Künstlerinnen noch vielfach Nichtachtung entgegen, allenfalls billigte man den Frauen eine kunstgewerbliche Ausbildung zu. Selbst ein so bekannter Maler wie Lovis Corinth erntete Hohngelächter, als er in Berlin versuchte, Ateliers für eine »Malschule für Weiber« anzumieten.[8]

Gabriele Münter ließ sich aber dadurch nicht abhalten, ein ernsthaftes Studium aufzunehmen. Sie wurde am 1. Mai 1901 in das Mitgliederverzeichnis des »Künstlerinnen-Vereins«, den die Akademie trug, aufgenommen. Zunächst entschied sie sich für einen Kostümkurs bei Fritz Hegenbart, denn sie war eine elegante junge Dame und interessierte sich für Mode. Auf einem Foto von 1905 ist sie in einem »Reformkleid« zu sehen, dessen legerer Schnitt der eingeschränkten Bewegungsfreiheit der Frauen in Korsett und Schnürmieder den Kampf ansagte. Später beriet Kandinsky Münter in Modefragen und zeichnete ihr Modelle, die sie dann arbeiten ließ. Über den Stoff, die Farbe und den Besatz korrespondierte sie mit ihm, selbst wenn er in Russland war.

Zusätzlich belegte sie den von Maximilian Dasio angebotenen Kurs im Kopfzeichnen. Der Lehrer verfügte wie sie über die Gabe, das Wesentliche im Umriss darzustellen. Entsprechend enttäuscht war Gabriele, als ihr Lehrer noch im gleichen Jahr seine Lehrtätigkeit aufgab. Doch gefiel ihr die Atmosphäre in München mit dem avantgardistischen Treiben in Schwabing und den vielen Anregungen der Stadt, die während der Jahrhundertwende Literaten und Maler in Scharen anzog. »Es war eine große Zeit der künstlerischen Erneuerung, als ich 1901 zum Studium nach München kam. Der Jugendstil begann, in seiner Art den alten Naturalismus zu stürzen und die reine Linie zu pflegen. Doch unmittelbar konnte meine schon mitgebrachte Neigung, die Wirklichkeit mit sparsamem Abriß, im Umriß der Dinge zu fassen, noch nicht viel Bestätigung und Anregung erfahren«, schrieb Gabriele in ihren Erinnerungen.[9] Ihr druckgrafisches Werk, das leider viel zu wenig bekannt ist, zeugt von ihrem Schaffen auf diesem Gebiet, von ihrer großen Begabung und Autonomie als Künstlerin.

Tatsächlich gehörte zur Münchner Kunstszene um die Jahrhundertwende beides, Traditionalismus und Avantgarde. Die Moderne verkörperten demgegenüber eher künstlerische Schulen wie die von Kandinsky gegründete »Phalanx« oder Gruppen wie die »Neue Künstlervereinigung München«, die sich, wie geschildert, 1909 konstituierte und aus der schließlich der »Blaue Reiter« hervorging. Inwieweit der in den Neunzigerjahren seinen Siegeszug antretende Jugendstil künstlerische Avantgarde war oder als Mode und Gebrauchskunst auf den Kunstmarkt reagierte, sei dahingestellt. Jedenfalls existierten in München ein reger Galeriebetrieb und Kunsthandel, der den Künstlern half, auf eigenen Ausstellungen ihre Werke zu verkaufen.

Aber einen großen Einfluss auf die Entscheidung vieler Künstler für München mag auch die Umgebung gehabt haben. Das Licht, die idyllische Natur, die südliche Atmosphäre selbst an winterlichen Föhntagen, das Herbe der Dachauer Landschaft oder die Lieblichkeit des Voralpenlandes übten einen besonderen Reiz auf die Künstler aus. Dem gegenüber stand die tonangebende Akademie. »Zweifellos war die Kunststadt München um 1900 nicht ein reines Arkadien, keine bloße Idylle. Der beherrschende Einfluß des ›Malerfürsten‹ Lenbach, der den letzten Pinselstrich im Frack vor der Münchner Gesellschaft zu inszenieren pflegte und durch seine 80 Porträts Bismarcks, Kaiser Wilhelms I. und König Ludwigs I. gleichsam zum Herrschaftsmaler wurde, erhielt nicht allein durch den nahezu eine Generation jüngeren Franz von Stuck kräftige Gegenstriche, malte dieser doch die ›Sünde‹, das ›Laster‹, das dämonische Weib. Stuck wurde nachhaltig von dem in der Toskana lebenden Arnold Böcklin beeinflußt und bildete als Maler das Gegenstück zum Schriftsteller Frank Wedekind, dessen ›Erdgeist‹ bei der Aufführung im Schauspielhaus 1898 einen Skandal auslöste.«[10]

Gabriele Münter nahm nicht nur an den Veranstaltungen der Maler teil, sie besuchte die Oper, sie las auch die Romane der Franziska zu Reventlow, die sexuelle Freiheit propagierten; sie besuchte die Club-Abende in der Damen-Akademie, wo Hermann Obrist als Wortführer des Jugendstils auftrat und von Schwabing aus den Zeitgeschmack und dadurch die Gesellschaft reformieren wollte. Auch der Jugendstil strebte das »Gesamtkunstwerk« an, und der von Obrist propagierte gegenstandslose Stil ohne Tiefenwirkung faszinierte die Künstlerin. Sie nahm an dem Unterricht des von Obrist 1901 gegründeten Lehr- und Versuchsateliers für angewandte und freie Kunst teil. Anschließend wurde diskutiert über »die neuen Freiheiten, über Liebe, Ehe, Sport und eine natürliche, nicht bewegungshemmende Mode«[11]. Gabriele Münter besuchte auch Vorträge zur Frauenemanzipation, denn die Lehrerinnen des »Künstlerinnen-Vereins« waren bemüht, die Vorurteile gegenüber den »Malweibern« abzubauen.

Nachdem Gabriele Münter einen Zeichen- und sogar einen Holzschnittkurs absolviert hatte, erfuhr sie von einer neuen Künstlervereinigung, der »Phalanx«, zu der auch ihr Lehrer Hermann Obrist gehörte. Die erste Ausstellung der »Phalanx« von Mitte August bis Ende November 1901 stieß beim Publikum auf wenig Interesse. Die zweite »Phalanx«-Ausstellung zeigte mehr kunsthandwerkliche Arbeiten des Jugendstils wie Tapisserien, Stoffe und Keramik, die u. a. von Künstlern aus den Münchner »Vereinigten Werkstätten für Kunst im Handwerk« stammten. Gabriele Münter, die sich bei Hüsgen zum Modellierkurs angemeldet hatte, besuchte Kandinskys Malklasse »Abendakt«, die, wie schon erwähnt, anschließend im selben Gebäude stattfand. So lernten sich die beiden Künstler kennen.

Es sei ein ganz neues künstlerisches Erlebnis gewesen, wie Kandinsky, ganz anders als die anderen Lehrer, alles eingehend und gründlich erklärt habe und sie in ihm einen bewusst strebenden Menschen getroffen habe, der sich Aufgaben und Ziele stellen konnte. Das sei neu für sie gewesen und habe sie beeindruckt, schrieb sie rückblickend. Kandinsky hatte offenbar als Erster Gabrieles zeichnerische Begabung erkannt und suchte sie zu fördern. Auch ihre Entschlusskraft und ihr beherztes Auftragen der Ölfarben, ihren Pragmatismus bewunderte er. Er war ein typischer Intellektueller, stark kurzsichtig, der sich stets mit Theorien beschäftigte und lange an Bildentwürfen arbeitete. Das Schicksalhafte ihrer Begegnung war beiden verständlicherweise noch nicht bewusst. Gabriele schrieb an ihre Verwandten, sie habe nun endlich den richtigen Lehrer gefunden, der einen inneren Auftrag zur Kunst verspüre und mit großer Ehrfurcht davon spreche. Kandinsky aber sagte seiner Schülerin: »Du bist hoffnungslos als Schüler – man kann dir nichts beibringen. Du kannst nur machen, was in Dir gewachsen ist. Du hast

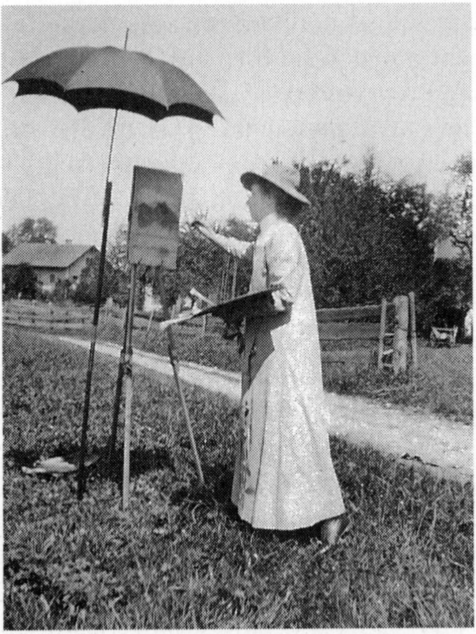

Gabriele Münter vor der Staffelei, Kochel, 18. Juli 1902

alles von Natur. Was ich für Dich tun kann, ist, Dein Talent zu hüten und zu pflegen, daß nichts Falsches dazukommt.«[12] Die nächsten zwölf Jahre, in denen sie ein Paar waren, die Höhepunkte ihrer künstlerischen Karriere erlebten und sich gegenseitig anspornten, endeten jedoch in Zorn, Trauer und Bitterkeit.

Das Paar

Kandinsky war in dieser Zeit so beschäftigt, dass man sich fragt, wann er überhaupt Zeit für Treffen mit seiner Geliebten hatte. Er war Lehrer, aber auch Organisator und Galerist.

Er beteiligte sich an der Berliner »Sezessions«-Ausstellung, an Ausstellungen in Wiesbaden und Krefeld und hielt weiterhin Kontakt zur Kunstszene seiner Heimat.

Im Sommer 1903 lud Kandinsky seine Schülerin und Geliebte ein, an einem Malkurs in Kallmünz in der Oberpfalz teilzunehmen. Gabriele nahm an, zumal er angedeutet hatte, sie dort wie im Vorjahr malen zu wollen. Ein heimliches Rendezvous in Treuchtlingen, das schon vor dem Beginn der Malklasse geplant war, scheiterte, weil Kandinsky seine Reisepläne geändert hatte. Gabriele hatte daraufhin eigentlich keine Lust mehr, in die Oberpfalz zu fahren. »Wenn Du das Rendezvous und weitere Freundschaft mit mir noch wünschst, so mache ich zur Bedingung, daß Du mir das Versprechen gibst, mich mit der Rücksicht zu behandeln, die ich verlange … Wenn Du das nicht willst und ernstlich versprichst, bin ich jetzt fertig mit Dir, das heißt also: ändere Dich!«, schrieb sie ihm wütend.[13] Schließlich stellte sich alles als ein Missverständnis heraus. Gabriele hatte Kandinskys Brief mit der genauen Zeit- und Ortsangabe zu spät erhalten, und während sie in Herford grollte, saß »Wassi« – wie sie ihn nannte – in Treuchtlingen und wartete fieberhaft auf die Geliebte. Wilde Gedanken durchkreuzten sein Hirn: dass sie krank sei, dass der Zug entgleist sei, dass sie tot sein könne, dass sie ihn nicht mehr wolle, einen anderen liebe. Sie war zurück nach München gereist, und beide litten noch lange unter diesem Zwischenfall. Am 18. Juni schrieb er ihr: »Ich kann dir nicht sagen, wie ich leide. Ich muß mich aber fassen. Dumm, dumm, kindisch, sinnlos. Und wenn ich noch denke, daß du mich so wenig liebst. Es ist aber besser. Liebe mich nicht mehr wie jetzt. Es ist besser. Für dich besser … Ich bin ja einsam und muss einsam bleiben. Das ist meine Rolle im Leben. Einsame Freuden, einsame Trauer, einsame, tiefe, unerwartete Gefühle, volles verstecktes Leben, feierliche und unendlich trübe Gedanken, die in mir entstehen und verlöschen, ohne jemandem mitgeteilt zu werden. Und das muß so bleiben. So muß ich bleiben bis zum Tod.«[14] Er dachte also in erster Linie an seine tragische Einsamkeit, nicht an ihre Kränkung.

Trotz dieses Zwischenfalls traf Gabriele am 19. Juli 1903 in Kallmünz ein. Im Wirtshaus »Zur Roten Amsel« quartierten sich die beiden mit der sechsköpfigen »Phalanx«-Gruppe ein. Gabriele malte »Wassi« beim Landschaftsmalen vor einer sanften, hügeligen Landschaft, und er malte sie beim Malen in Kallmünz. Das Bild zeigt die Rückenansicht einer schlanken Gestalt im langen Kleid, die unter einem Sonnenschirm eine dörfliche Idylle einfängt. Sie rückte die Person des Geliebten ins Blickfeld, während er ihre Gestalt in den Schatten stellte. Aber alles wirkt friedlich, sonnendurchtränkt. Gabriele musste erst noch lernen, mit Spachtel und Pinsel umzugehen, und Kandinsky lehrte sie, »schnell genug und mit genügend Selbstvertrauen zu malen, um solche Augenblicke des Lebens rasch und ungezwungen festzuhalten«[15]. Und ihr späterer Lebensgefährte Johannes Eichner schrieb: »Das stoßartige Zupacken und mühelose Fassen von Welt und künstlerischem Ausdruck ist das Wunder der Malerei Gabriele Münters.«[16]

Noch während des Kallmünzer Aufenthalts im Juli 1903 verlobten sich die beiden im Wirtshaus »Zur Roten Amsel«. Er nannte das eine »Gewissensbindung«, die viel beständiger sei als alle Rituale und Dokumente. Die Ringe, die Kandinsky heimlich besorgt hatte, wurden jedoch sofort wieder abgelegt, sie sollten nur an fernen Orten getragen werden, wo die beiden als Ehepaar auftreten konnten. »Wassi« hatte seiner Frau Anna nämlich noch nichts von seinen Trennungswünschen gesagt, erzählte aber seiner Geliebten, dass er und Anna sich schon längst entfremdet hätten. Einen

Teil seiner eigenen Schuldgefühle lud er auf Gabriele ab, indem er ihr sagte, dass sie ihn endgültig von Anna fortgezogen habe, was keiner seiner früheren Geliebten gelungen sei. Ihrer beider Verhalten betrachtete er als ein Verbrechen und das Mitleid, das er für seine Frau empfand, als eine Folter. Gabriele ließ sich widerstrebend dazu überreden, Anna zuliebe dieses Versteckspiel mitzumachen. Wenn Kandinsky verreist war und sie ihm Briefe schrieb, musste sie ihre Handschrift verstellen, damit niemand sie wiedererkannte. Das galt auch für seine Verwandten in Russland. Oder sie richtete ihre Briefe postlagernd an einen »Wilhelm Ostmann«.

Aus Liebe zu ihm gab »Ella« einen Teil ihrer Schwabinger Freundschaften auf, lebte ein zurückgezogenes Leben, das ganz auf seine Bedürfnisse zugeschnitten war, und bemühte sich, gegenüber den Malerkollegen ein Schüler-Lehrer-Verhältnis vorzutäuschen. Dafür erhielt sie unentwegt feurige Liebesbriefe, in denen er sie zärtlich »Liebuschkin« oder »Füchschen«, oft auch »Kindchen« nannte und nie versäumte, ihr die Hände, ja die Fingerspitzen zu küssen. Sie sollte sich mit Anna befreunden, aber sich nichts anmerken lassen. Er erwartete sogar von ihr, dass sie für alle drei Karten für einen Tanzabend mit Isadora Duncan, der berühmten amerikanischen Ausdruckstänzerin, besorgte.

Wichtig für Kandinsky war vor allem die siebte »Phalanx«-Ausstellung, die im Sommer 1903 stattfand und sechzehn Gemälde des französischen Impressionisten Claude Monet sowie sechs Arbeiten Kandinskys zeigte. Auch andere berühmte Maler waren vertreten, und Kandinsky hatte Gelegenheit, den Prinzregenten höchstpersönlich durch die gemieteten Räume in der Theatinerstraße zu führen. Um Aufsehen zu erregen, wurde sogar ein »Mohr«, wie man damals zu sagen beliebte, am Eingang postiert. Aber trotz aller Bemühungen wurde auch diese Ausstellung ein Misserfolg.

Neben seiner künstlerischen Arbeit legte Kandinsky sehr viel Wert auf das Familienleben, das nicht zu kurz kommen durfte. Während einer Reise nach Moskau starb seine geliebte Tante Jelisaweta, die ihn aufgezogen hatte. Kurz darauf verlor er seinen Halbbruder, der an Tuberkulose starb, weshalb Kandinsky wieder nach Moskau fuhr. Aber auf der Rückfahrt von dieser Reise, die ihn über Berlin führte, wo er die dortigen Museen besuchte, fand er Anfang November die Zeit, sich mit Gabriele Münter in Würzburg zu treffen und anschließend mit ihr Rothenburg ob der Tauber zu besichtigen, wo sie sich schon einmal getroffen hatten.

Ende 1903 musste die »Phalanx«-Malschule, offenbar aus Schülermangel, geschlossen werden, obwohl Kandinskys Klasse stets gut besucht war. Er hatte die Malklasse Aktzeichnen und Stillleben geleitet. »Der große künstlerische Ernst, das pädagogische Geschick und die menschliche Reife des Mannes«[17] hatten im Lauf der Zeit immer mehr Kunstbeflissene angezogen. Im April 1904 übergab Kandinsky den »Phalanx«-Vorsitz seinem Nachfolger; erst gegen Ende 1904 löste sich auch der zugehörige Verein auf. Kandinsky verfügte nun über genügend Kontakte im In- und Ausland, um Ausstellungen organisieren zu können. Allein im Jahre 1903 waren seine Bilder in Berlin, Budapest, Prag, Venedig und Wiesbaden zu sehen. Allmählich jedoch wurde ihm die Vorbereitung der »Phalanx«-Ausstellungen zunehmend lästig. Er wollte lieber selbst wieder mehr malen. Er hatte insgesamt elf Ausstellungen organisiert, die in viele deutsche Städte und auch nach St. Petersburg gegangen waren und bei denen u. a. Alfred Kubin, französische Neoimpressionisten und schließlich Liebermann, Slevogt, Corinth, Trübner und Leistikow gezeigt wurden.

Kandinsky und Münter begannen nun ein Reiseleben, das ihnen erlaubte, unauffällig zusammenzuleben. Nachdem er sie schon im April 1904 als »meine Ella, meine Frau« anredete und hinzufügte, dass sie über die Scheidung etc. noch reden würden, er habe bereits mit seiner Frau gesprochen, holte er am 11. Mai 1904 Gabriele bei ihrer Familie in Bonn ab, die er bei dieser Gelegenheit kennenlernte. Zunächst fuhren sie nach Krefeld, um die Ausstellung »Linie und Form« zu besuchen, die vielerlei Anregungen bot. Anschließend verbrachten sie vier Tage in einem teuren Hotel in Düsseldorf. Einen Ruf an die Düsseldorfer Kunstgewerbeschule hatte Kandinsky im Vorjahr abgelehnt, jetzt wollte er einen Besuch bei Peter Behrens, der diese Schule leitete, nachholen. Auch die »Internationale Kunst- und Große Gartenbau-Ausstellung« in Düsseldorf interessierte die beiden. Nach einem Aufenthalt in Köln und Radtouren in der Umgebung trat das Paar Ende Mai 1904 eine Reise nach Holland an. Sie bestiegen einen Rheindampfer und fuhren zunächst nach Rotterdam, Den Haag und Scheveningen, wo sie eine Ausstellung ostasiatischer Kunst besuchten. Anfang Juni waren sie in Haarlem, von dort ging es mit dem Fahrrad nach Zandvoort und Amsterdam. Nach einem Monat gemeinsamer Reise trennte sich das Paar, Kandinsky fuhr nach Antwerpen, um seinen Halbbruder zu treffen, Ella zu ihrer Schwester nach Bonn. Die Reise war nicht in ungetrübter Stimmung verlaufen. Er bereute, grob zu ihr gewesen zu sein, sie bedauerte, dass *er* seine Nerven verloren habe.

Nun blieb Gabriele ein halbes Jahr in Bonn, während Kandinsky in München lebte. Ende September 1904 trennte sich Kandinsky von seiner Frau und löste die gemeinsame Wohnung in der Münchner Friedrichstraße auf. Anfang Oktober traf er sich mit Gabriele in Frankfurt a. M. und hielt sich mit ihr zwei Wochen lang in Bad Kreuznach und Münster am

Stein auf. Aus seiner »heimatlosen Situation« flüchtete er über Berlin nach Odessa zu seiner russischen Familie. Aber da sein Halbbruder Alexei Kojewnikow zum Militärdienst im japanisch-russischen Krieg eingezogen wurde, herrschte auch dort eine traurige Stimmung. Kandinsky versuchte, die Niedergeschlagenheit durch künstlerische Aktivitäten zu verscheuchen, er stellte bei Ausstellungen der »Vereinigung südrussischer Künstler« und der 1. Ausstellung der »Neuen Künstlervereinigung St. Petersburg« sowie bei der »Moskauer Künstlervereinigung« aus. Schon nach drei Wochen kehrte er nach Deutschland zurück und traf sich wieder – vier Tage lang – mit Gabriele Münter in Köln und Bonn, ehe er Ende November nach Paris reiste, wo er anlässlich des »Salon d'Automne« eine Medaille erhielt. Sein Ruhm wuchs stetig, zahlreiche Galerien und Museen zeigten seine Werke, nicht nur in Deutschland und Frankreich, sondern auch in Warschau, Krakau, Wien und Rom. 1904 veranlasste Max Liebermann Kandinskys Wahl zum Mitglied des »Deutschen Künstlerbundes«.

Am 6. Dezember 1904 reisten Gabriele Münter und Kandinsky von Bonn nach Tunis, mit Übernachtungen in Straßburg, Basel und Genf, jeweils verbunden mit einem Museumsbesuch, und Stationen in Lyon und Marseille. Einen Tag vor Heiligabend kamen sie mit dem Schiff »Ville de Tunis« an und wechselten vom »Hotel St. George« in das billigere »Hotel de Suisse«, wo sie zwei getrennte Zimmer belegten. Sie machten Ausflüge nach Sousse und Kairouan, der alten arabischen Hauptstadt Tunesiens, wo sie Basare, Moscheen und andere Sehenswürdigkeiten besuchten. Aber Kandinsky machte sich Sorgen um sein Vaterland, das Krieg gegen Japan führte und wider Erwarten verlor. Hart traf ihn wenig später der Tod seines älteren Halbbruders, der in der Seeschlacht von Tsushima am 27. Mai 1905 fiel.

Nach viermonatiger Abwesenheit traten Kandinsky und Münter Anfang April die Heimreise an, machten Zwischenstation in Palermo und fuhren dann per Schiff nach Neapel. Von dort ging es über Rom nach Verona, wo sie sich wieder trennten. Kandinsky, der in München keine Wohnung mehr hatte, fuhr nach Innsbruck. Münter und er trafen sich am 21. Mai 1905 wieder in Sachsen, wo sie eine einwöchige Radtour unternahmen und sich schließlich in Dresden niederließen, sie in einem einfachen Zimmer, er ein Stockwerk darüber in einer Wohnung mit drei Zimmern. Sie verließen das Haus nur selten. Am Ende des Sommers unternahmen sie noch eine mehrtägige Wanderung durch die Sächsische Schweiz. Aber die Reise endete erneut mit einem Streit. Gabriele zog sich für einen mehrmonatigen Aufenthalt zu ihrer Schwester nach Bonn zurück, Kandinsky fuhr allein zurück nach München. Der Briefwechsel zwischen beiden – weiterhin führten sie eine »Gewissensehe« – hörte jedoch nicht auf. Wassily und Ella liebten sich, konnten aber offenbar nicht gut zusammenleben. Wenn sie getrennt waren, beteuerten sie sich wechselseitig ihre Liebe und Sehnsucht, dann vergötterte er sie, schrieb die leidenschaftlichsten Briefe und erwartete von ihr, dass sie ihm helfe, sich selbst wiederzufinden. Ihre Macht über ihn schien grenzenlos. Aber er war auch grenzenlos eifersüchtig. »Ich habe deinen Besitz mit meiner Seele bezahlt, vielleicht teilweise mit meinem Leben. Und du gehörst mir«[18], schrieb er ihr. Er lehnte alle Emanzipationsversuche seiner Geliebten ab: Weder durfte sie eine eigene Wohnung bei Bonn mieten, noch gestattete er ihr, während seiner Abwesenheit sein Atelier in Schwabing zu nutzen.

Mitte August 1905 mietete sich Kandinsky wieder in Schwabing ein, erst in einer Pension in der Türken-, dann in der Amalienstraße. Sofort nach seiner Rückkehr besuchte er seine Frau, von der er sich unter größten Gewissensbissen getrennt hatte, und nahm von nun an täglich die Mahlzeiten mit ihr ein. Freimütig berichtete er auch Gabriele, wie lange er jeweils bei Anna gewesen sei und worüber sie gesprochen hatten. Er durchstreifte die Münchner Umgebung mit dem Fahrrad und besuchte Seeshaupt, Tutzing, Garmisch, Starnberg und andere Orte. Er hatte Sehnsucht nach Gabriele, die sich weiterhin in Bonn aufhielt. Er wollte sie in Dresden oder Leipzig treffen, aber sie wollte nicht kommen, weil ihr der Weg zu weit war. Frankfurt a. M. hätte sie vorgezogen, aber sie befürchtete stets, von Bekannten gesehen und erkannt zu werden. Im Hinblick auf die geplanten Radtouren kaufte sich Münter ein neues Fahrrad, ein »Wanderer Vulkanrad« mit Kettenschutz, vernickelten Felgen und allen Extras, die es damals gab. Es kostete 206 Mark – viel Geld, wenn man bedenkt, dass ein möbliertes Zimmer in München etwa 50 Mark Miete im Monat kostete.

Ende September zog es Kandinsky wieder in seine Heimat, und zu seiner großen Freude erlebte er in Odessa, dass sein Vaterland nun eine Verfassung erhielt und die ehemaligen Untertanen zu Bürgern wurden. Er freute sich sehr über diesen Wandel in Russland, auf den er 25 Jahre gewartet hatte, obwohl er später immer von sich behauptete, völlig unpolitisch zu sein. In mehreren Briefen an Ella berichtete er über seine Erlebnisse und seine Flucht aus Odessa, zu der ihn schließlich die Unruhen und Plünderungen getrieben hatten. Das war die weniger schöne Seite der Revolution von 1905. Kandinsky schmerzte es, dass Münter seine Freude über die politische Entwicklung in Russland nicht ganz nachempfinden konnte.

Doch konnte er sich endlich zur Scheidung von Anna durchringen. Allerdings teilte er diese Absicht zwar seinem Vater mit, nicht aber seiner Mutter. Am 6. November 1905

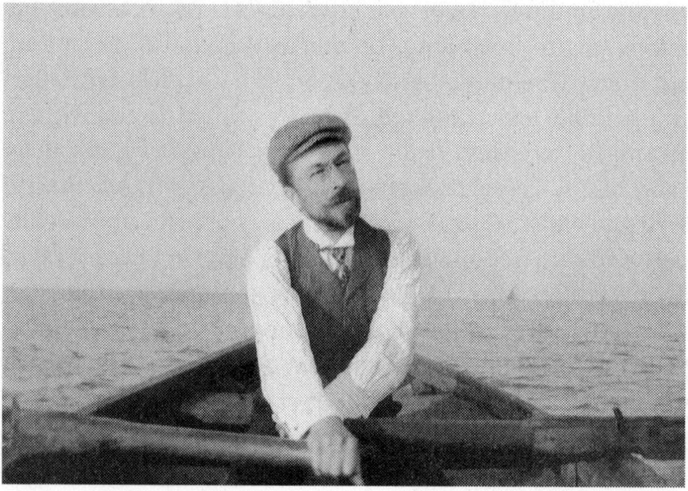

Kandinsky, vermutlich in Rapallo, Winter 1905/06

kündigte er Gabriele in einem Brief aus Odessa seine Abreise nach Moskau an, wo er die Scheidung einreichen wollte, solange noch die alten Gesetze galten. Sie wünschte sich aber, dass er nach München zurückkäme, die Scheidung könne er notfalls ja auch schriftlich einreichen. Sie wollte einfach nicht länger auf ihn warten. Er machte ihr Sorgen, ständig litt er an Herz- und Brustschmerzen. Obwohl er lange Briefe schrieb, fühlte sie sich nicht hinreichend informiert. Sie wollte, dass er ihr alles sagte, um ihn besser verstehen zu können, und sie wollte wie Anna seiner würdig sein und seine große Liebe vergelten. Schließlich kam Kandinsky in Etappen zurück nach Deutschland.

Zunächst trafen sich die beiden Liebenden in Köln, wo es erneut zum Streit zwischen ihnen kam. Sie reiste wieder nach Bonn, während er allein im Hotel »Großer Kurfürst« blieb. Schriftlich bat er sie um ein Wiedersehen, und sie willigte ein. Darauf gingen sie erneut auf Reisen, zunächst nach

Brüssel und Anfang Dezember nach Mailand und Genua. Einen Tag vor Heiligabend quartierten die beiden sich in der »Casa Valle Bella« in Rapallo ein, einem geräumigen Haus, umsorgt von einer italienischen Haushälterin. Immerhin lebten sie dort nicht ganz abgeschlossen, denn neben zwei Freunden aus der »Phalanx«-Schule kam auch Kandinskys Vater zu Besuch, der Gabriele Münter kennenlernen wollte. Es gelang ihr, sein Herz zu gewinnen. Während Kandinskys Ölbilder, Grafiken und Zeichnungen auf zahlreichen Ausstellungen in Deutschland, Russland, Italien und Frankreich zu sehen waren, zeichnete Gabriele ihre Skizzen und malte den »Hafen von Rapallo«. Auch Kandinsky nahm sich in gewohnt kraftvoller Manier die »Bucht von Rapallo« als Sujet. Zunächst waren sie so begeistert von der südlichen Landschaft, dass sie planten, dort ein Haus am Meer zu kaufen. Aber als im Frühjahr auf dem Grundstück Schlangen auftauchten, verließen sie den schönen Ort und fuhren im Mai 1906 nach Paris. Dennoch blieben diese vier Wintermonate in Rapallo die schönste Zeit, die sie zusammen verlebten.

Die Zeit von Ende Mai bis Ende Juni 1906 verbrachten beide in Paris. Zunächst bezogen sie ein Appartement in der Rue des Ursulines im Quartier Latin. In der Hauptstadt der Kunst gab es viele Möglichkeiten, sich mit den neuesten Tendenzen des Kunstgeschehens vertraut zu machen. Kandinsky war bereits bei der Ausstellung der »Tendances Nouvelles« vertreten gewesen, auch jetzt veröffentlichte er in der gleichnamigen Zeitschrift etliche Holzschnitte. Ende Juni zogen die beiden Künstler jedoch nach Sèvres, wo Gabriele Münter für ein ganzes Jahr die Beletage eines Landhauses mietete. Allerdings waren damit ihre Ersparnisse vorerst aufgebraucht, sie musste ihren Bruder Carl, der immer noch ihr Vermögen verwaltete, um Geld bitten. Sie beklagte sich, dass sie immer noch nicht über ihre Geldangelegenheiten Bescheid wisse und immer fragen müsse, wie viel sie ausgeben dürfe. Immerhin war sie nun 29 Jahre alt. In Sèvres erhielten sie Besuch von Olga Meerson und Elisabeth Epstein, zwei russischen Malerkolleginnen, die sie schon aus der Münchner Zeit kannten und mit denen sich Kandinsky in russischer Sprache unterhielt. Gabriele bedauerte, dass sie sich an diesen Unterhaltungen nicht beteiligen konnte. Leider fand sich auch kein Schulatelier für sie in der Nähe. Kandinsky zeigte wieder einmal seine Einsiedlernatur: Er war mit Farbtheorien beschäftigt und wollte keinen Kontakt mit anderen Künstlern, weder mit den Kollegen aus München oder aus Russland, die damals in Paris lebten, noch mit der Pariser Avantgarde. Bis auf einen Ausflug nach Dinard und zum Mont St. Michel verließ Kandinsky Sèvres kaum.

Gabriele hingegen wollte mehr am Kunst- und Stadtleben teilnehmen. Daher zog sie im November 1906 zurück nach Paris, um ihre künstlerische Ausbildung weiter zu betreiben. Sie mietete im November ein Zimmer in der Rue Madame und nahm Unterricht in der Académie Grande Chaumière. Ein Kurs im Pinselzeichnen kam ihrem Talent der raschen Umrisszeichnung und der Abstraktion entgegen. Immer wieder an den Wochenenden oder wenn er sie rief, fuhr sie nach Sèvres und besuchte ihren Wassily, der dort mit dem Hausmädchen Emilie und seinem Kater Waske zurückgezogen lebte und theosophischen Studien nachging. Kandinsky hatte seine vielen Eheversprechen nie erfüllt. Zwar wollten sie in Paris zusammenleben, aber eine Heirat war nicht in Sicht. Kandinsky hielt sie immer wieder mit Ausflüchten hin, aber der von ihm gewünschte »Gleichklang der Seelen« war nicht eingetreten, zumal er schon 1905 von ihr verlangt hatte, »daß du immer ordentlich und brav tust, *was ich will*, ohne Ermahnung«[19].

Aber Gabriele war eine eigenständige Persönlichkeit und wollte nicht ewig warten. Im Hintergrund stand immer noch Anna. Als Kandinsky 1904 mit ihr über seine Scheidungsabsicht gesprochen hatte, hatte sie verzweifelt geweint und sein Bild zerschlagen, sodass er erschrocken feststellte, dass sie ihn noch immer sehr stark liebte. Daraufhin argumentierte er gegenüber Gabriele, sie müsse Rücksicht nehmen. Er könne die Scheidung nicht so schnell betreiben. Er beschrieb ihr Annas Seelenzustände in allen Einzelheiten und fügte hinzu: »Stell' dir das alles, was sie sagt, zusammen, und da siehst du, wie sie mich noch liebt. Und deswegen kann ich auch nicht verlangen, daß sie ihre Erlaubnis gibt zum Anfang der Scheidung ... Wir müssen ihr Zeit geben, daß sie sich ein wenig von mir abgewöhnt.«[20] Auch zwei Jahre später fühlte er sich noch nicht in der Lage und empfand es als seelische Grausamkeit, mit Anna über die Scheidung zu sprechen. Deshalb kam er auf die Idee, dass sich beide Frauen kennenlernen sollten. Anna fand, Gabriele sei die einzige von seinen Lieben, die seiner wert sei, aber sie wollte nicht, dass die beiden zusammenzogen. Und Kandinsky fand, sie habe recht, er wollte nichts tun, was ihr unangenehm sein könnte.

Fünf Jahre hat es gedauert, bis Gabriele einsah, dass Kandinsky seine Ehe mit Anna ebenso brauchte wie seine Zukunftsvisionen mit ihr. Er war so stark in achtungsvoller Freundschaft mit seiner russischen Frau verbunden, dass das endgültige Zusammensein mit Gabriele immer wieder in die ferne Zukunft verschoben wurde. Also beschloss Gabriele Münter, die Gegenwart zu nutzen. In Paris knüpfte sie Kontakte zu der amerikanischen Schriftstellerin Gertrude Stein und deren Bruder Leo, in deren Salon sich die Avantgarde traf, zu der Picasso, Matisse, Braque, Gris gehörten. Sie besuchte die Ausstellungen und Galerien in Paris, studierte die Gemälde von Matisse, Gauguin, Rouault und Cézanne. Ihre Linol- und Holzschnitte, ihre zahlreichen Skizzen sowie ihre sonstigen Arbeiten zeugen von den künstlerischen Fortschritten, die sie in Paris machte. Auch Münter stellte nun im »Salon d'Automne« aus, unter anderem ein Porträt Kandinskys als Linolschnitt. Ihr Selbstporträt und das Ölbild »Promenade an der Seine« beweisen, wie kraftvoll sie mit explosiven Farben experimentierte. Im Frühjahr 1907 konnte sie sechs Ölstudien in der »Exposition du Salon des Artistes Indépendants« zeigen. Erstmals trat sie als eigenständige Künstlerin auf. Allerdings war die Kritik in der *Pariser Zeitung* niederschmetternd, sie sprach ihr jede Originalität ab. Aus diesem Grunde reichte sie beim »Salon d'Automne« 1907 nur ihre Holz- und Linolschnitte ein, die ihr eine freundlichere Kritik einbrachten.

Kandinsky intensivierte seine Kontakte in Paris auf geschickte Weise, denn ganz ohne die Resonanz der Außenwelt konnte er auch in Sèvres nicht leben. Nicht nur brachten die *Tendances Nouvelles* positive Rezensionen seiner Werke, er konnte auf dem »Salon d'Automne« 1906 auch 21 Arbeiten ausstellen, Gemälde, Holzschnitte, Zeichnungen und kunstgewerbliche Arbeiten. Gabriele Münter hatte nach seinen Entwürfen Perlstickereien und Applikationen in mühsamer Kleinarbeit angefertigt. Auf dem Foto mit diesen Arbeiten sieht sie unglücklich und sorgenvoll aus. Das Schüler-Lehrer-Verhältnis hatte sich offenbar trotz des Zusammenlebens und trotz ihrer zunehmenden Eigenständigkeit nicht geändert. Und Gabriele – wie viele andere Frauen von Malern – beschränkte sich oft auf kunstgewerbliche Arbeiten. Beide besuchten mit Kandinskys Schwester und Schwager aus Russland, dem Ehepaar Abrikosow, die Sonderschau russischer Kunst im Salon. Zwar war Kandinsky dort nicht vertreten, aber seine Bilder waren auf russischen Ausstellungen in Moskau und Odessa wie auch auf Ausstellungen der Berliner und der Wiener Sezession zu sehen.

Zu Weihnachten und Neujahr 1906/07 hielten sich Münter und Kandinsky in Sèvres auf, danach fuhr sie zurück nach Paris. Im März hatte sie ihr Studium bei der Grande Chaumière beendet und fuhr zurück nach Sèvres, beladen mit ihrem Malgepäck. Aber ihr Lebensgefährte fühlte sich zu schlapp und müde, um sie abzuholen. Von März bis Juni lebte sie wieder in Sèvres bei ihm. Zwar malten die beiden etliche Motive gemeinsam, etwa den »Parc von St. Cloud«, aber die um diese Zeit gemalten Bilder Kandinskys »Das bunte Leben« oder »Reitendes Paar« zeugen davon, wie weit er noch dem Jugendstil verhaftet war. Im Sommer 1907 kehrten sie getrennt nach Deutschland zurück; sie fuhr nach Bonn zu ihren Geschwistern, wo sie sich fremd und traurig fühlte. Sie mochte dort nicht länger zu Besuch sein, aber ihre »wilde Ehe« konnte sie nicht legalisieren.

Kandinsky reiste nach München, wo er sich sofort besser fühlte, er liebte die Münchner Luft. Die seit ihrer Abreise eingetretenen Veränderungen schilderte er seiner Geliebten in allen Einzelheiten. Nur in der Kunstszene hatte sich fast nichts verändert. Seit Juni litt Kandinsky unter so starken gesundheitlichen Beschwerden, dass er eine Kur in Bad Reichenhall antrat, wo ihm Arbeitsabstinenz und eine Bewegungs- und Wassertherapie verordnet wurden. Aber sobald es ihm besser ging, unternahm er mit russischen Freunden eine Radtour durch das Voralpenland, die ihm so wohl tat, dass er gleich eine weitere mit Gabriele in der Schweiz plante. Mit dieser Reise per Rad, Zug und Schiff verfolgte er aber nicht nur eine gesundheitliche Absicht: Er wollte seine Mutter treffen, die sich am Genfer See aufhielt, und ihr Gabriele vorstellen. Auch Anna fand es richtig, dass Gabriele Kandinskys Mutter und Schwester kennenlerne. Wegen heftiger Zahnschmerzen musste Gabriele Münter die Reise in Zürich unterbrechen. Durch den Zeitverzug blieb wenig Muße für diesen ihm so wichtigen Besuch. Danach unternahmen die beiden noch eine anstrengende Wanderung durch die Schweizer Bergwelt. Die Rückreise erfolgte in aller Eile – Kandinsky wollte rechtzeitig zur 14. Ausstellung der Berliner Sezession kommen, wo er u. a. mit Holzschnitten vertreten war. So kam das Paar pünktlich am 8. September 1907 dort an und blieb bis zum April 1908.

In Berlin erhielten die beiden Künstler neue Anregungen für die Bühnenkunst, insbesondere bei den Theateraufführungen Max Reinhardts im Deutschen Theater, dessen Inszenierungen aufsehenerregend waren. Ähnlich wie die Maler versuchte Reinhardt magische Raumillusionen auf der Bühne zu schaffen und das naturalistische Bühnenbild abzulösen. Und schließlich machte Kandinsky die Bekanntschaft Rudolf Steiners, dessen Vorträge er zusammen mit Münter und seiner ehemaligen »Phalanx«-Schülerin Maria Strakosch-Giesler besuchte. Allerdings war Gabriele keine Anthroposophin und beschränkte sich mehr auf die lebensreformerischen Methoden Steiners.

Während Kandinsky sich 1906 an einer Ausstellung der Künstlergemeinschaft »Brücke« in Dresden beteiligt hatte, freute sich Gabriele über ihre erste eigene Ausstellung im Kölner Kunstsalon Lenoble, die zur Jahreswende 1907/08 stattfand und 80 Gemälde umfasste. Sie war stolz darauf, endlich lobende Kritiken zu erhalten und nun als eigenständige Künstlerin Anerkennung zu finden. Immerhin war sie inzwischen 30 Jahre alt und finanziell immer noch abhängig von ihrer Familie. Der Bruder Carl, ein Spieler, hatte das Erbe der Geschwister beliehen und konnte die Zinsen nicht mehr bezahlen. So musste ihr Schwager Georg Schroeter, der

Mann ihrer Schwester Emmy, immer wieder einspringen. Das war für Gabriele eine zusätzliche Belastung. Zum Glück waren die Schroeters, die mit ihren beiden Kindern in Berlin lebten, gut gestellt. Bei ihnen wurde auch viel musiziert, Kandinsky spielte Cello, Klavier und Harmonium, die beiden Schwestern Klavier. Die Musik – zu der beide eine besondere Beziehung hatten – spielte also in den Berliner Monaten eine wichtige Rolle.

Aber auch professionelle Aufführungen wurden besucht. Ella war theaterbesessen, und an Konzert- und Opernaufführungen mangelte es in der Reichshauptstadt nicht. Kandinsky konnte hier seine kunsttheoretischen Überlegungen anstellen, er versuchte, Parallelen zwischen Musik und Malerei herzustellen, die sich in seinem Bühnenstück »Der gelbe Klang« niederschlugen. Beeinflusst von Rudolf Steiner, wurde Kandinsky mehr und mehr zum Esoteriker mit einer religiösen Zielsetzung, er wollte Symbolkraft und geistigen Wert der Farben in Licht-, Klang- und rhythmischen Kompositionen einsetzen, die das Transzendente erkennen ließen. Gabriele Münter hingegen glaubte fest, dass geistige Werte nicht abgelöst vom Objekt dargestellt werden könnten. Rückblickend formulierte sie ihren Glauben: »Für dies Unsichtbare, worauf es ankommt, ist das sichtbar Körperliche das natürliche Symbol.«[21] »In den Luftkreis des Geisterlandes« konnte und wollte Ella ihrem Geliebten nicht folgen – diese Formulierung hatte er selbst in Steiners *Theosophie* unterstrichen.[22]

Als der Berliner Aufenthalt zu Ende ging, machten sich beide erneut auf die Reise. Ende April 1908 fuhren sie nach Südtirol, wo sie ausgedehnte Wanderungen unternahmen, stets auf der Suche nach einem Ort für das gemeinsame Zusammenleben. Diese Reise blieb zwar ergebnislos, klärte jedoch ihre Vorstellungen. Jetzt wussten sie, dass ihr gemeinsames Zuhause im Voralpenland liegen müsse, möglichst an einem See. Nach einem Zwischenaufenthalt in München fuhren sie im Juni 1908 zum Würmsee (heute Starnberger See) und von dort nach Murnau am Staffelsee, das Kandinsky schon im Sommer 1904 entdeckt hatte: »Sehr, sehr schön ist es ... Diese ganz tiefliegenden und sich langsam bewegenden Wolken, der düstere, dunkelviolette Wald, die blendendweißen Gebäude, sammettiefe Dächer der Kirchen, dieses sattgrüne Laub – habe ich noch immer vor Augen, habe sogar von den Sachen geträumt«, schrieb er damals an Gabriele Münter.[23] Im Sommer 1908 waren beide von dieser Landschaft so begeistert, dass Münter mit ihrem Elan auch die russischen Malerkollegen Marianne von Werefkin und Alexej Jawlensky ansteckte. Auch dieses Künstlerpaar sah sich daraufhin in der Gegend um Murnau nach einer Bleibe um. Von August an verbrachten die vier einige Wochen intensiven Malens am Staffelsee, alle waren im Gasthaus »Griesbräu« abgestiegen. Nach eigener Aussage machte Gabriele Münter in dieser Zeit malerisch einen großen Sprung, sie schaffte es, von der Wiedergabe der Natur zur Abstraktion zu gelangen. Sie schätzte die Zusammenarbeit mit den Kollegen, insbesondere mit Jawlensky, der sie sehr ermunterte. »Ich zeigte Jawlensky besonders gern meine Arbeiten – einerseits lobte er gern ... viel ... andererseits erklärte er mir auch manches – gab mir von seinem Erlebten und Erworbenen und sprach von ›Synthès‹. Er ist ein netter College. Wir alle vier strebten sehr und jeder einzelne entwickelte sich. Es gab Tage, wo ich fünf Studien malte (die Pappen 33 × 41) ... und wenige, wo ich gar nicht malte. Wir waren alle fleißig.«[24]

Kandinsky nannte diese Wochen »heroisch«, und weil sie so erfolgreich waren, kamen sie im Frühjahr 1909 erneut nach Murnau. Auch diesmal wohnten Werefkin und Jawlensky im »Griesbräu«, Kandinsky und Münter dagegen im Knechtezimmer eines Schreinermeisters in der Pfarrgasse. Sie beschäftigten sich mit Volkskunst und malten Hinterglasbilder, deren religiöse Motive die Russen an die Ikonenmalerei ihrer Heimat erinnert haben mag. Sie legten sich selber eine Sammlung solcher Glasbilder zu und experimentierten mit der neu entdeckten Technik. Kandinsky blieb sein ganzes Leben lang beeindruckt von Marianne von Werefkin, der »Baronin«, die er als Gesprächspartnerin und Kunsttheoretikerin schätzte. Seit seiner Zeit in der Ažbe-Schule stand er in Verbindung mit den »Giselisten«, die nach ihrem Wohnsitz in der Münchner Giselastraße so genannt wurden. Die inzwischen 48-jährige von Werefkin strahlte eine wunderbare Kraft und Energie aus, zudem stand sie ihm mit ihren theosophischen Interessen, der Farbästhetik und ihrer Forderung nach »Gefühl« in der Kunst nahe. Beide erfüllte ein missionarisches Bewusstsein. Und die kunsttheoretischen Überlegungen, die Werefkin in ihren Tagebüchern darlegte, stimmen in Vielem mit Kandinskys Programmschrift *Über das Geistige in der Kunst* überein.

Kandinsky beendete im Herbst 1908 ein Bühnenstück »Daphnis und Chloe«. Dazu sollte der deutsch-russische Musiker Thomas von Hartmann die Musik komponieren, der ebenfalls russische Maler und Tänzer Alexander Sacharoff sollte die Hauptrolle spielen. Der Tänzer war nicht nur pantomimisch begabt, er entwarf auch seine eigenen Kostüme und Masken. Er überzeugte Kandinsky davon, dass der menschliche Körper Ausdruck der Seele werden könne. Obwohl Kandinsky, ganz anders als Münter, nicht viel vom Tanzen hielt, ließ er eine Modellbühne herstellen und entwarf die Bühnenbilder zu den geplanten Stücken. Gabriele Münter schrieb das Regiebuch für ein weiteres Spiel »Schwarz-Weiß-Bunt«. Auch für den damals in Mode kommenden Ausdruckstanz und für Eurythmie begeisterte sie sich. Aus Unzufriedenheit mit dem zeitgenössischen Theater und aus Kandinskys wachsendem Interesse an der Musik entstanden, war das Ziel dieser Bühnenkompositionen eine reine Tanz-, Klang- und Farbendramaturgie. Im weiteren Verlauf gab es jedoch Missstimmungen zwischen Kandinsky, Hartmann und Sacharoff, und so wurden die Bühnenprojekte wieder aufgegeben.

In Murnau malten Kandinsky und Münter den Blick aus dem Fenster des »Griesbräu« auf die Johannisstraße. Aber nicht nur der Ort selbst, auch das Murnauer Moos und die dahinter aufragende Alpenkette wurden vielfach zum Sujet. Die beiden Künstlerpaare malten und zeichneten sich auch gegenseitig, und diese Porträts sind in ihrer Aussage oft vielsagender und ausdrucksstärker als manche Beschreibung. So malte etwa Gabriele Münter ein Ölgemälde des Künstlerpaares Werefkin und Jawlensky. Die beiden lagern auf einer grünen Wiese, im Hintergrund die Berge und der blaue Himmel, der riesige Hut Werefkins nimmt die Farbe der Bergblumen wieder auf. Aber der sich hinlagernde Jawlensky wendet sich von seiner Partnerin ab, die aufrecht sitzend ein Buch liest, wobei die Gesichter bezeichnenderweise nicht ausgeführt wurden. 1909 malte Gabriele Münter auch das bekannte Porträt Werefkins, auf dem sie freundlich lächelt und mit ihrem großen, blumengeschmückten Hut ganz als Dame von Welt dargestellt wird. Die Baronin wiederum zeichnete eine Bleistiftskizze von Kandinsky und Münter, wobei die junge Frau etwas schwer an der Schulter Kandinskys lastet. Auch ihr Gesicht ist nicht ausgeführt, während Kandinsky nachdenklich und ernst vor sich hin zu meditieren scheint. Aber auch Jawlensky, ein Meister des Porträts, skizzierte mit wenigen Strichen Kandinsky im Profil. Kandinsky malte 1910 die beiden Frauen im Gespräch, wobei

Münter wiederum im Hintergrund bleibt, in eine Sofaecke gekauert, und Werefkin als die um siebzehn Jahre Ältere in aufrechter Haltung und mit bizarrem Kopfputz das Gespräch zu dominieren scheint. Beide Gesichter sind nicht ausgeführt; dieses Gemälde gilt als eine Art Hommage Kandinskys an Werefkin. Denn Kandinsky und die sechs Jahre ältere Baronin hatten nicht nur ihre russische Herkunft gemeinsam. Werefkin sei es auch gewesen, so heißt es, die Kandinsky zur Abstraktion geführt habe.

Trotz des Altersunterschieds scheinen sich auch die beiden Frauen gut verstanden zu haben. Gabriele Münter verteidigte stets Marianne von Werefkin und deren »großartige Werke«. Allerdings scheint sie deren Kleidung zu auffällig gefunden zu haben, zumal sich die Baronin stets in leuchtende Farben kleidete, während Kandinsky seine Gefährtin am liebsten in Schwarz sah. Deshalb ärgerte sie auch ein wenig, dass Kandinsky gegen die »Geschmacklosigkeiten« der Baronin so unkritisch war, gab aber zu, dass dieser wohl zu raten, aber »nicht dauernd zu helfen« sei.[25] Dennoch behielt Münter die verschiedenen Malurlaube mit den russischen Künstlern in guter Erinnerung. Werefkin und Jawlensky beeinflussten die Malerei von Kandinsky und Münter, alle vier lernten voneinander und diskutierten ihre unterschiedlichen Ausführungen der Motive.

Kandinsky malte neben vielen religiösen Sujets in dieser Zeit auch die Eisenbahn, die München mit Garmisch verband; auch Gabriele Münter und Alexej Jawlensky malten sie. Sie war ein fast provozierendes Motiv in der damals noch unberührten Landschaft, sie bedeutete aber auch, dass man schnell von München nach Murnau reisen konnte.

Während des Malaufenthalts mit Werefkin und Jawlensky im Sommer 1908 in Murnau fuhr Kandinsky für einige Tage nach München und mietete eine neue Wohnung in der Ainmillerstraße 36, 2. Stock im Gartenhaus, mit vier Zimmern, zwei Kammern, Küche und Bad. Seine Frau Anna war ab 28. September 1908 ebenfalls unter dieser Adresse gemeldet.[26] Gabriele Münter wohnte nach ihrer Rückkehr aus Murnau zunächst in der Schwabinger Pension »Stella«, in der Adalbertstraße 48 in Laufnähe zu Kandinsky. Zusätzlich mietete sie sich ein eigenes Atelier in der Adalbertstraße 19.[27] Obwohl ihr Bruder sie wegen ihres »äußerlich nicht geklärten Verhältnisses« mit Kandinsky tadelte und ihr vorhielt, Kandinsky habe sein Heiratsversprechen seit vier Jahren nicht eingehalten und übe moralisch einen schlechten Einfluss auf sie aus, verteidigte sie ihren Wassi und schrieb Carl zurück: »Ob legitimiert oder nicht, Kandinsky ist der mir am nächsten stehende Mensch, und darum tut es mir leid, ihn gerade von Dir geschnitten zu sehen. Er ist mir gewiß so viel oder mehr als mancher Mann seiner Frau.«[28] Und ihrem Schwager schrieb sie, sie habe kaum die Koffer ausgepackt, ihre einzige Sorge sei es gewesen, dass Kandinsky sich aus seiner Energie- und Kraftlosigkeit erhole. Ehe und Scheidung stünden deshalb für sie im Hintergrund.

Das »Russenhaus« in Murnau

Im Februar/März, dann wieder im Mai 1909 hielten sich Kandinsky und Münter erneut in Murnau auf und wohnten wieder im Knechtzimmer des Schreinermeisters Echter. Erst im Sommer, als sie von Juni bis September dort waren, entdeckten sie ein kleines, neugebautes Haus etwas außerhalb von Murnau, in das Kandinsky sich sofort verliebte. Nachdem sie gründlich überlegt hatten und er Ella auch ein wenig »bearbeitet« hatte, kaufte sie das Haus, das sie schon im Juni bezogen, am 21. August 1909. Ihr Schwager Georg Schroeter

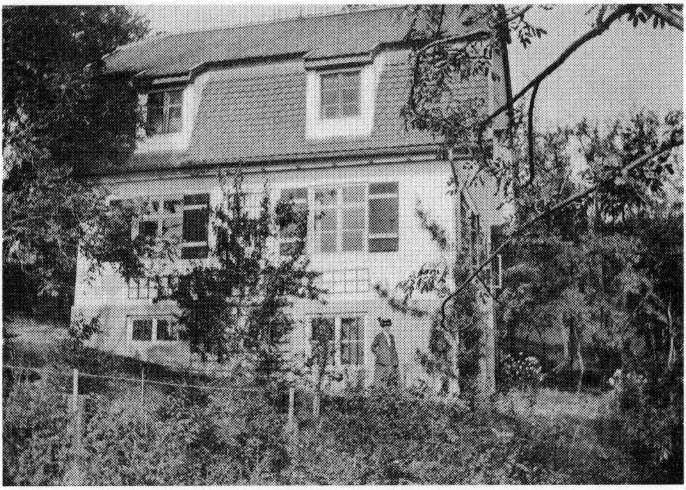

Gabriele Münter vor ihrem Haus in Murnau, 1913

hatte das Anwesen während seines Sommerurlaubs begutachtet und war bei den finanziellen Transaktionen behilflich. Endlich war das ersehnte gemeinsame Domizil gefunden. Murnau hatte 1905 nur 2258 Einwohner, und sehr viel mehr werden es auch 1909 nicht gewesen sein, als Gabriele Münter das Haus in der Kottmüllerallee 6 kaufte. Als Fremdenverkehrsort war Murnau jedoch bereits wegen seiner guten Luft bekannt. Das von der Bevölkerung »Russenhaus« genannte Anwesen lag am Ortsrand, und die Murnauer betrachteten das Kommen und Gehen dort mit Misstrauen. Und wenn Jawlensky mit seinem Sohn und der Baronin zu Besuch kam, wird man auch über die Eheverhältnisse gemunkelt haben. Für die Murnauer war die Münter wohl auch nur ein »Malweib«. Jedenfalls sind einige Einwohner bis heute der Meinung, dass es sich bei Münters Bildern um »Kindergartenmalerei« gehandelt habe.[29]

Das Haus war neu erbaut, aber es besaß weder Wasser –

nur in der Küche gab es eine Pumpe – noch Strom. Geheizt wurde mit einem Küchenherd und einem Kachelofen im Wohnzimmer. Aber der fehlende Komfort wurde durch die wunderschöne Landschaft und den Garten ersetzt, in dem Kandinsky sich mit Eifer betätigte. Gern ließ er sich in Lederhosen und mit Spaten bei der Gartenarbeit fotografieren, sie trug häufig Dirndl. Gemeinsam bepflanzten sie den Garten, sammelten Hinterglasbilder und Volkskunst und malten immer wieder die Umgebung, das Murnauer Moos, den Ort, die Berge, den Garten. Mit viel Liebe zum Detail richteten sie sich mit Bauernmöbeln ein und bemalten die eigenen, einschließlich der Treppenwangen. Das Innere des reizenden Hauses wurde in Fotografien und Gemälden dokumentiert, sodass in dem heute restaurierten Sommersitz annähernd der Zustand von damals wiederhergestellt werden konnte.

Auch in München fand ein weiterer Umzug statt: Gabriele Münter zog von der Pension »Stella« zu Wassily Kandinsky in die Ainmillerstraße 36, allerdings ein Stockwerk tiefer. Sie bewohnten nun gemeinsam eine Wohnung im Gartenhaus, 1. Stock, lebten also seit Oktober 1909 zusammen. Als Kandinskys Vater zu Besuch kam, logierte er in Kandinskys Atelier. Die nun sieben Jahre andauernde Geheimhaltung der Beziehung wurde endlich, zu Gabrieles Erleichterung, aufgegeben. Zur gleichen Zeit wurde auch Fanny Dengler als Haushälterin eingestellt, die Gabriele nur widerstrebend in Kauf nahm, hatte sie doch schon in Russland und während Kandinskys Ehe dessen Haushalt versorgt und war somit auf Seiten Annas.

Die »Neue Künstlervereinigung München«

Im Winter 1908/09 wurden in München im Salon der »Baronin« Pläne für eine Künstlergemeinschaft geschmiedet. Am 22. März 1909 wurde die »Neue Künstlervereinigung München« ins Vereinsregister eingetragen. Die Urkunde wurde von Gabriele Münter mit der Hand geschrieben und von ihr und Kandinsky unterzeichnet. Anlass für die Gründung dieser Neuen Vereinigung war, dass die »Münchener Sezession« Bilder von Jawlensky, Werefkin und anderen, die zu ihren Künstlerfreunden zählten, als zu revolutionär abgelehnt hatte. Der Kreis erweiterte sich im selben Jahr noch um Karl Hofer, Erma Bossi, Paul Baum, Vladimir von Bechtejeff, Moisse Kogan und den Tänzer Alexander Sacharoff. Im folgenden Jahr traten noch der französische Maler Pierre Girieud und der französisch-holländische Maler Henri Le Fauconnier, der später zum Kreis der Kubisten gehörte, der »Neuen Künstlervereinigung München« bei. In dem Schreiben, mit dem sich die Künstler an das Publikum wandten, hieß es: »Wir erlauben uns, Ihre Aufmerksamkeit auf eine Künstlervereinigung zu lenken die … die Hoffnung hegt, durch Ausstellung ernster Kunstwerke nach ihren Kräften an der Förderung künstlerischer Kultur mitzuarbeiten. Wir gehen aus von dem Gedanken, daß der Künstler außer den Eindrücken, die er von der äußeren Welt … erhält, fortwährend in einer inneren Welt Erlebnisse sammelt … welche … nur das Notwendige stark zum Ausdruck … bringen.«[30]

Am 1. Dezember 1909 eröffnete die erste Ausstellung der im Januar gegründeten »Neuen Künstlervereinigung München« in der »Modernen Galerie Thannhauser« in der Theatinerstraße. Das teuerste Gemälde war mit 3000 RM angesetzt, eines von Gabriele Münter mit 200–500 RM.[31] Das

Münchner Publikum reagierte auf die Bilder teils empört, teils belustigt. Nach zwei Wochen ging die Ausstellung weiter nach Brünn in der späteren Tschechoslowakei, danach nach Barmen, Hamburg, Düsseldorf, Wiesbaden, Schwerin und Frankfurt a. M. Allerdings war auch dort die Reaktion des Publikums ablehnend, wie Kandinsky in der russischen Kunstzeitschrift *Apollon* vermerkte. Dennoch wurde er nicht müde, seine Arbeit voranzutreiben. Er arbeitete gerade an den Bühnenkompositionen »Der gelbe Klang«, »Grüner Klang« und »Schwarz und Weiß«. Außerdem beschäftigte er sich in dieser Zeit besonders mit Holzschnitten, deren Drucke er selbst finanzierte, und stellte seine Werke in Russland und Frankreich aus.

Im Jahr 1910 hielten sich Wassily und Gabriele wieder oft in Murnau auf, im Frühjahr, Sommer und im Herbst, manchmal nur für drei Tage, dann wieder für mehrere Wochen. Sie kümmerten sich fleißig um Haus und Garten. Die Begeisterung Kandinskys für Murnau hielt auch im überaus heißen Sommer 1911 an, als er sich intensiv mit dem Garten dort beschäftigte, Blumen goss und Obst erntete, Salat und Radieschen züchtete und seiner Geliebten, die sich in Bonn bei ihrer Schwester befand, über jeden gärtnerischen Erfolg berichtete.

Im September 1910 fand die zweite Ausstellung der »Neuen Künstlervereinigung München« bei Thannhauser statt, diesmal nahmen auch die zur russischen Avantgarde zählenden Brüder Dawid und Wladimir Burljuk teil. Die Ausstellung wurde ebenfalls von der Presse verrissen. In dieser Situation kam Franz Marc Kandinsky zu Hilfe, ihrer beider »neuer feiner Freund«, wie Gabriele Münter später in ihrem Tagebuch notierte.[32] Marc schrieb – wie oben erwähnt – einen Aufsatz zu ihrer Verteidigung, ohne auch nur einen der Künstler zu kennen, und trat dem Verein bei.

Kandinsky vergaß ihm diese selbstlose Handlung nie. Noch nach dem Streit in der NKVM und seinem Austritt schrieb er am 4. Dezember 1911 an Marc: »Mein lieber Marc. Die ganze Geschichte geht mir noch sehr stark durch den Kopf, weckt mich, regt mich nachts auf. Zwei starke Gefühle habe ich dabei, die von zwei Arten menschlicher und künstlerischer Handlungsweise stammen. Der Abscheu gegen die Art unserer ›Gegner‹ wächst im selben Maße, wie die Freude und Dank an Ihrer Handlungsweise. Es wird mir immer klarer, wie uneigennützig Sie für den Verein gearbeitet haben und wie Sie verstanden, in Ihrem Streben zur Wahrheit auf alles zu verzichten, was Ihr Vorteil sein könnte. Mein ›gesetztes Alter‹ gibt mir das Recht so zu sprechen.«[33] Die Freundschaft zwischen Marc und Kandinsky, aber auch zwischen den beiden Künstlerpaaren, entwickelte sich sehr schnell, auch wenn alle Beteiligten stets beim »Sie« blieben. Kandinsky, der immer als gravitätisch und ernst geschildert wird, erlaubte sich sogar, über Marcs Malerei zu scherzen. Angesichts einiger Fotos von Gabriele Münter, die sie im Haus Marc gemacht hatte, schlug er vor, sie mit folgendem Text zu veröffentlichen: »Mit dem Bayer und Münchner Meister Franz Marc beginnt eine neue Periode in der Tiermalkunst. Der noch verhältnismäßig junge Künstler betrachtet das Tier im allgemeinen nicht als solches, sondern rührt die Kuh in die Landschaft hinein und schmeltzt Rehe mit dem Wald zu einer neu von ihm eroberten Weltanschauung, welche … (Fortsetzung folgt).«[34] Aber Marc nahm Kandinsky diese Ironie nicht übel. Viele lange Briefe zeugen von ihrer Freundschaft und boten Gelegenheit, Informationen und kunsttheoretische Überlegungen auszutauschen. Kandinsky, der sich schon seit Langem mit solchen Gedanken beschäftigte, verfasste ein Manuskript *Über das Geistige in der Kunst* und erhob dort den Anspruch, das Materialistische in der

Kunst des 19. Jahrhunderts durch die abstrakte Malerei zu überwinden. Diese wichtige Schrift erschien zwar im Dezember 1911 bei Piper in München, trug aber bereits die Jahreszahl 1912. Marc setzte sich bei Piper für Kandinskys Publikationen ein, wollte aber auch Münter weiterhelfen. So fragte er beispielsweise beim »Sonderbund westdeutscher Kunstfreunde und Künstler« an, warum sie nicht zur Ausstellung eingeladen sei, die 1912 in Köln stattfand. Besonders gefiel ihm eines ihrer großen Stillleben.

Die russischen Kontakte Kandinskys hatten 1910/11 bewirkt, dass die Münchner Kollegen aus der »Neuen Künstlervereinigung« eine Einladung zu der Ausstellung »Karo Bube« der russischen Avantgarde in Moskau erhielten, der Franz Marc, August Macke und der »Brücke«-Maler Ernst Ludwig Kirchner gern folgten. Kandinsky versuchte stets, Brücken zwischen seiner Heimat und Deutschland zu schlagen und die Künstler miteinander bekannt zu machen. Er pendelte vielfach zwischen München und Murnau, bis ihn erneut die Sehnsucht nach seiner Heimat erfasste und er 1910 im Spätherbst wieder einmal nach Moskau und Odessa reiste. Wegen der noch nicht erfolgten Scheidung von Anna hielt er sich einige Tage in Petersburg auf. Als er erfuhr, dass Gabriele und Anna in München freundschaftlich miteinander verkehrten, freute er sich dermaßen, dass er gleich zwei Briefe an einem Tag schrieb, so jung und glücklich wie ein »Bräutigam« fühle er sich.[35] Gabriele – und vermutlich auch Anna – erwarteten ihn sehnlichst, als er am 22. Dezember 1910 wieder in München eintraf.

Am 17. Oktober 1911 wurde die Scheidung Kandinskys von seiner Frau Anna rechtskräftig. Inzwischen lernte Gabriele Russisch und versuchte, im *Bonner Generalanzeiger* etwas über die Zustände in Russland zu erfahren. Kandinsky freute sich, unbedingt wollte er ihr seine Sprache beibringen. Als sie vorschlug, Weihnachten 1910 in Berlin zu verbringen, nannte er die Reichshauptstadt eine »Pfuistadt« und wollte lieber in das ruhige Murnau. Während seiner Abwesenheit malte Münter, besuchte Konzerte, traf sich mit Bekannten, schrieb Briefe und wartete sehnsüchtig auf seine Antworten. Die Briefe wurden nummeriert, damit keiner verloren ging. Im November 1910 kam einmal Kubin zu ihr und kritisierte Werefkin. Er halte nichts von deren Kunst, ihre Bildung stamme nur aus Büchern. Auch andere Mitglieder des Vereins hielt er für schlecht. Münter nahm die Kunst der Werefkin in Schutz, sie bringe damit ihr Wesen zum Ausdruck. Aber das genügte Kubin nicht. Wenige Tage später begann sich das Verhältnis zu den »Giselisten« zu trüben. Plötzlich schien die Baronin verändert, sie war nicht mehr so freundlich wie früher, benahm sich »komisch«. Auch Jawlensky, mit dem Münter sich immer so gut verstanden hatte, ließ nichts mehr von sich hören. Gabriele gestand Kandinsky in einem Brief, sie habe wieder einige kleine Ungeschicklichkeiten begangen, aber sie würde nicht die Initiative ergreifen, die »Giselisten« könnten ihr den Buckel runterrutschen. Schließlich ging sie doch wieder in die Giselastraße, vielleicht beruhte ja alles nur auf der Eifersucht der Baronin, oder hatte Kubin intrigiert?

Eine außerordentlich bedeutsame Künstlerfreundschaft entstand im Jahr 1911, die Beziehung zwischen dem Komponisten und Maler Arnold Schönberg und Kandinsky. Am 18. Januar 1911 hatte Kandinsky, nachdem er zusammen mit den Freunden ein Konzert in München gehört hatte, dem Musiker geschrieben und ihm ein paar Fotos sowie eine Mappe mit Holzschnitten geschickt. Kandinsky fand, dass Schönberg in seiner Musik das verwirkliche, was er sehnsüchtig gesucht habe und was auch für die Malerei gelten müsse. Er schrieb: »Die ›heutige‹ malerische und musikalische Dissonanz ist nichts als die Consonanz von ›morgen‹«, und er freue sich, denselben Gedanken bei Schönberg zu finden. Schönberg antwortete wenige Tage später. Auch er war der Meinung, die Kunst gehöre dem *Unbewussten*, der »Ausschaltung des bewussten Willens in der Kunst«. »Man soll *sich* ausdrücken! Sich *unmittelbar* ausdrücken! Nicht aber seinen Geschmack, oder seine Erziehung oder seinen Verstand, sein Wissen, sein Können. Nicht alle diese *nichtangeborenen* Eigenschaften. Sondern die *angeborenen*, die *triebhaften*«[36], schrieb er emphatisch. Aus dieser Korrespondenz erwuchs eine Freundschaft, die jahrelang andauerte und den beiden Freunden Gelegenheit zu intensivem Austausch über ihre künstlerischen Probleme bot. Schönberg veröffentlichte im Jahr 1911 seine *Harmonielehre* und wirkte am Almanach *Der Blaue Reiter* mit. Seine Gemälde sind wenig gegenständlich, sondern teils symbolistisch, teils expressionistisch. Kandinsky übersetzte Teile der *Harmonielehre* ins Russische. Beide Künstler experimentierten mit Malerei, Oper und Theater.

Der »Blaue Reiter«

Gleich zu Beginn des Jahres 1911 hatte Kandinsky den Vorsitz der »Neuen Künstlervereinigung« niedergelegt, gegen Ende des Jahres trat er ganz aus dem Verein aus. Zusammen mit Franz Marc gründete er jetzt den »Blauen Reiter«, dessen erste Ausstellung – wie oben geschildert – noch im gleichen Jahr bei Thannhauser in München stattfand. Gabriele Münter berichtete von dieser Ausstellung in einem Brief an die Marcs: »Liebe Marcs, heute war ich (sic) Moderne Galerie um noch einen Rest Prospekte abzugeben. Immer sind viel Menschen da – möchte wissen, ob Thannhauser immer so gut besucht ist. Ein sehr alter Herr schimpfte ganz erbost – ›Das ist ja alles Plunder – das ist ja – Schwindel!‹ und als er zurück kam murmelte er: ›da wunderts einen nicht, wenn die Zeitungen gar nichts schreiben wollen.‹ Außerdem gab es ernste interessierte meistens junge Gesichter und viel dumme Lacher. Man muß sich immer wieder wundern in welchen Massen der Stumpfsinn auftritt.«[37] Ein anderer Besucher der Ausstellung soll vor dem Bild Franz Marcs »Die gelbe Kuh« gesagt haben: »Nun möchte ich aber wissen, was für eine Milch diese Kuh gibt.«[38] Diese Berichte über Zuschauerreaktionen amüsierten die Künstler, die ja schon vorher auf Unverständnis beim Publikum gestoßen waren.

Im Februar 1912 fand die zweite Ausstellung des »Blauen Reiters« in der Galerie Goltz in München statt. Sie lief unter dem Titel »Schwarz-Weiß« und stellte nur Grafik aus. Auch August Macke beteiligte sich daran mit sechzehn Zeichnungen, obwohl er einige Vorbehalte gegenüber Kandinsky und einigen anderen Malern des »Blauen Reiters« hatte. Kandinsky wiederum hatte seine erste Einzelausstellung in der Berliner Galerie »Der Sturm« von Herwarth Walden. Obwohl er auch in diesem Jahr viel Zeit in Murnau verbrachte, reiste er von Oktober bis Dezember wieder nach Russland. Dort hielt er einen Vortrag über »Das Geistige in der Kunst«. Bereits im Vorjahr, auf dem »Allrussischen Künstlerkongress« in St. Petersburg, war aus dieser wichtigen Schrift in russischer Sprache vorgetragen worden.

Der Sturm Verlag publizierte 1913 Kandinskys *Album* mit seinen autobiografischen »Rückblicken«, Reproduktionen seiner Arbeiten und einigen Bildinterpretationen. Auch in Amerika wurde der Maler nun bekannt. In New York nahm er an der »Armory Show« teil, die ihm neue Käuferkreise erschloss. Wieder hielt er sich mehrfach, aber jeweils nur für kurze Zeit in Murnau auf und reiste in diesem Jahr schon vom 8. Juli bis zum 1. September nach Moskau.

Der Erste Weltkrieg

Das Jahr 1914 begann mit neuen Erfolgen: Kandinsky erhielt zwei Einzelausstellungen in Deutschland, die eine in München bei Thannhauser, die andere in Köln. Seine Schrift *Über das Geistige in der Kunst* wurde in englischer Sprache publiziert. Weltweit zeigte man nun seine Werke auf Ausstellungen, so in Japan, Schweden und anderswo. Von Campbell in New York erhielt er Aufträge für vier abstrakte Kompositionen für eine Eingangshalle. Im Frühjahr besuchte er seine Mutter in Meran, den Sommer verbrachte er mit Gabriele Münter in Murnau.

Als der Krieg ausbrach, musste Kandinsky als russischer Staatsbürger das feindliche Deutschland verlassen. Mehrere Monate verbrachte er mit Gabriele Münter in der Schweiz. Ihr Münchner Vermieter hatte ihnen seine leer stehende Villa in Mariahalde bei Goldach am Bodensee zur Verfügung gestellt und sie am 3. August 1914 selbst dorthin gebracht. Kandinskys Exfrau Anna, das Hausmädchen Fanny und drei weitere russische Verwandte gehörten ebenfalls zu dieser Exilantengruppe. Dort, im Gartenhäuschen, schrieb Kandinsky zwei Monate lang an seinem Buch *Punkt und Linie zu Fläche,* das allerdings erst 1926 veröffentlicht wurde. Am 13. November 1914 reiste er mit Gabriele Münter nach Zürich, wo er sich am 25. von ihr verabschiedete, um mit seinen Verwandten nach Russland zurückzukehren. Anna und Gabriele blieben zurück. Zunächst reiste er nach Odessa, wo er eine Woche blieb, dann fuhr er am 20. Dezember nach Moskau. Dort suchte Kandinsky Kontakt zur Avantgarde.

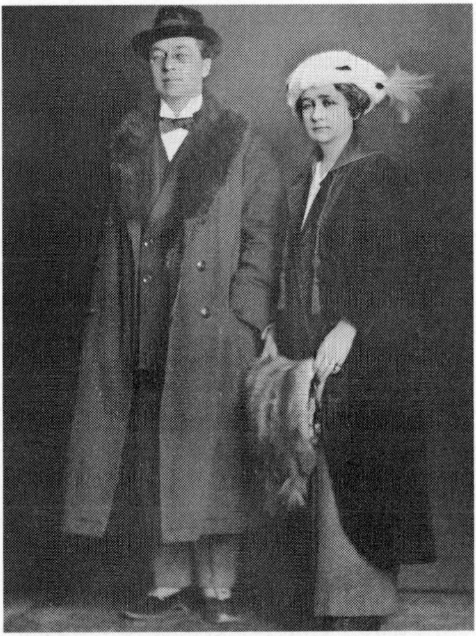

Gabriele Münter und Wassily Kandinsky in Stockholm, 1916

Er fand sofort Anschluss und beteiligte sich an mehreren Ausstellungen, von denen »Das Jahr 1915« besonders wichtig war. In Moskau konnte er in das von seinem Onkel geerbte Haus ziehen. Inzwischen sollte Gabriele die gemeinsame Wohnung in München auflösen. Sie reiste noch einmal mit Anna Kandinsky von Goldach nach München, um Sachen zu holen, verpackte alle Werke und Gegenstände aus dem gemeinsamen Haushalt und stellte sie bei einem Spediteur unter.

Gabriele Münter glaubte fest daran, dass sie sich in Bälde im neutralen Ausland wiedertreffen und erneut zusammenleben würden. In diesem Glauben wurde sie noch bestärkt durch die Briefe, die Kandinsky ihr unentwegt schrieb, über seine Reise, seine Einsamkeit, seine Besuche in Moskau und vieles mehr. Sie verabredeten ein Zusammentreffen in Stockholm für den Juli 1915. Bis dahin sollte Gabriele noch für Annas Ausreise sorgen, die am 1. März 1915 in Moskau ankam. Obwohl seit 1911 offiziell geschieden, hatte Kandinsky sich stets Sorgen um Anna gemacht. Nun begann er Ausflüchte zu suchen, warum Gabriele nicht ins Ausland gehen solle, und zählte seine Schwierigkeiten auf, die einem Treffen mit ihr entgegenstünden. Er lebe nun seit drei Monaten allein und sehe, dass diese Lebensform die richtige für ihn sei, auch wenn sie ihm oft fehle. Klar sei er sich noch nicht, schrieb er ihr am 2. März 1915.[39] Allmählich begann Gabriele zu verstehen, dass diese Briefe ihrem Zusammenleben eine Absage erteilten. Er blieb stets auf der Suche nach der vollkommenen, idealen Liebe – die ihre Beziehung nicht gewesen war.

Im Juli 1915 reiste Gabriele Münter über Berlin nach Kopenhagen, wo 1913 eine Ausstellung ihrer Werke stattgefunden hatte und wo sie bereits an Kontakte anknüpfen konnte. Nach zwei Wochen Aufenthalt in Dänemark reiste sie trotz seiner Vorbehalte gut gelaunt und voller Vorfreude auf das Wiedersehen mit Wassi weiter nach Stockholm. Nell Walden, die schwedische Musikerin und Malerin, Ehefrau von Herwarth Walden, hatte ihr eine Adresse in Stockholm genannt, und Nell Walden war es auch, die die Korrespondenz zwischen Münter und Kandinsky in Russland vermittelte.[40] Von dort telegrafierte Gabriele an Kandinsky in Moskau. Während sie auf ihn wartete, besichtigte sie alle Sehenswürdigkeiten Stockholms und versuchte sich abzulenken. Aber Kandinsky verschob den Termin ihres Treffens in Stockholm mehrfach, schließlich auf den September. Er könne jetzt nicht kommen, aber er wünsche sehr, sie zu sehen, schrieb er im Sommer. Nur zusammenleben wie einst könne er nicht mehr mit ihr. Aber man könne sich ja jedes Jahr einige Monate lang treffen. Ihre Stimmung sank. Um jeden Preis wollte sie, dass er sein Heiratsversprechen von 1903 einhielt. Er hatte inzwischen aber festgestellt, dass die einzige Art zu leben und zu arbeiten für ihn die Einsamkeit war. Der gesamte Briefwechsel musste wegen der Zensur in französischer Sprache abgefasst werden. Schließlich schrieb Kandinsky, er werde zunächst einen Erholungsurlaub auf der Krim machen und sich danach um ihre Heiratspapiere kümmern. Sie schwankte zwischen Hoffnung und Verzweiflung. Er kam auch im September nicht. Nun schaltete sich sogar Anna in den Briefwechsel ein und wünschte Gabriele, dass es ihr gelingen möge, für sich »eine Existenz ohne betrügerische Illusionen, unabhängig, dankbar für die neuen Möglichkeiten, freier und glücklicher«[41] zu finden.

Aber Gabriele antwortete entschieden, sie werde das Unrecht nicht dulden. Sie verlegte sich auf Drohungen und nannte juristische Gründe für die versprochene Heirat, und sei es nur ein formaler Akt. Es ging ihr in ihrem Schmerz nur noch um ihr Recht. Immerhin hatte sie jahrelang in »wilder Ehe« mit Kandinsky gelebt, was damals als skandalös galt und worunter sie oft genug gelitten hatte.

Während die Briefe hin und her gingen, erschloss sich Gabriele neue Künstlerkreise in Schweden, hielt einen Teesalon in ihrer Wohnung ab und scharte eine Gruppe junger Künstler um sich. Sie galt als Vertreterin des »Blauen Reiters«, der in Schweden durch verschiedene Ausstellungen bekannt geworden war. Es gelang ihr, innerhalb kurzer Frist eine eigene Ausstellung zusammen mit der schwedischen Malerin Lilly Rydström zu organisieren. Dieser Künstlerin zufolge hat Gabriele Münter in Schweden eine wichtige Vermittlerrolle gespielt, während auf dem Kontinent der Krieg herrschte. Gabriele war nun 38 Jahre alt, musste unter schwierigen Verhältnissen von ihren Bilderverkäufen leben und beschloss dennoch, zusammen mit Herwarth Walden eine Verkaufsausstellung für den nun ebenfalls in finanzielle Schwierigkeiten geratenen Kandinsky zu organisieren. Vielleicht war diese Ausstellung von ihr nicht allein aus Hilfsbereitschaft in Angriff genommen worden, sondern diente – bewusst oder unbewusst – auch als Lockmittel. Kandinsky kam schließlich doch am 23. Dezember 1915 nach Stockholm. Die Ausstellung in der Galerie Gummeson, die am 1. Februar 1916 eröffnet wurde, zeigte 19 Gemälde Kandinskys, die sich im Ausland befanden. Das ganze Jahr über hatte Kandinsky keine Ölbilder gemalt. In dem möblierten Zimmer Münters begann er sofort wieder zu malen. Überwiegend entstanden Tuschfederzeichnungen und Radierungen, die sich des Münchner oder Murnauer Repertoires bedienten und die er »Bagatellen« nannte; ein Ölgemälde aus der Stockholmer Zeit, das »Bild auf hellem Grund«, ist erhalten geblieben.

Kandinsky blieb drei Monate in Stockholm. Die Zeit wurde mit vielen gesellschaftlichen Ereignissen ausgefüllt. Gabriele Münter nahm an allen Veranstaltungen, die Kandinsky zu Ehren stattfanden, teil, aber die Atmosphäre zwischen den beiden scheint frostig geworden zu sein. Es war ihr letztes Zusammensein. Sie konnte ihn überreden, noch bis zu ihrer eigenen Separatausstellung zu bleiben, die vom 1. bis 14. März 1916 ebenfalls bei Gummeson stattfand. Er erfüllte ihr diesen Wunsch und schrieb noch eine Abhandlung zu dieser Ausstellung, die, ohne Münter direkt zu nennen, doch auf sie bezogen war. Der Text wurde dann zwar auf Schwedisch gedruckt, aber die deutsche Urfassung blieb erhalten. Darin sang Kandinsky ein hohes Lob auf den »schöpferischen Künstler«, der anders als der »virtuose Künstler« das Höchste in der Kunst erreiche, nämlich eine

Formbildung aus innerer Notwendigkeit heraus. Der Teil des 21 Seiten langen Textes, der Gabriele Münter gewidmet war und sich direkt auf ihr Werk bezog, wurde leider nicht mit abgedruckt, sodass dieses Vermächtnis Kandinkys an seine Lebensgefährtin lange Zeit unbekannt blieb. Manche Kunsthistoriker vermuten sogar, dass es Gabriele Münter selbst war, die den Abdruck verhinderte.

In diesem Teil schrieb Kandinsky: »Zu diesen seltenen Künstlern [den Künstler-Schöpfern] ist im heutigen Deutschland Gabriele Münter zu zählen. Sie hat folgende Eigenschaften: 1. eine präzise, diskrete, zarte und doch stark ausgeprägte Zeichnung, die aus den Elementen der Schalkhaftigkeit, Melancholie und Träumerei besteht – echt deutsche Eigenschaften der besten deutschen Zeiten, wie man sie bei alten deutschen Meistern sieht, und die man in der deutschen Volksmusik und Volksdichtung hört. 2. eine einfache, aus einigen ohne Ausnahme ernsten Farben bestehende eigene Harmonie, die durch ihre tiefen Töne mit der Zeichnung einen ruhigen Akkord bildet. Solche Farbenharmonie sieht man in den alten deutschen Glasmalereien, Hinterglasmalereien und bei primitiven deutschen Meistern, wie z.B. bei dem ›Meister des Marienlebens‹ ... Und sie ist trotzdem ... sie selbst geblieben, und ihre Bilder blieben unverkennbar ... weil eine echte schöpferische Begabung dem Fremden nie unterliegt, sondern vom Fremden das nimmt, was sie gerade braucht, um es zu *seinen* Mitteln zu verwandeln. Eine solche Begabung geht im Fremden nicht auf, sondern sie knetet mit fremdem Ton eigene Figuren.«[42] Das war höchstes Lob, aber gleichzeitig auch ein Abschied. Und Gabriele mag es nicht gefallen haben, in Kriegszeiten als »echt deutsch« bezeichnet zu werden.

Kandinsky verließ Stockholm am 16. März 1916. Trotz ihrer künstlerischen Erfolge in Schweden konnte und wollte

Gabriele sich nicht mit ihrem Schicksal der Verlassenen abfinden. Zwar hatte er – wohl auf ihr Drängen hin – versprochen, im Spätherbst mit den Heiratspapieren wiederzukommen. Aber die zunehmende Entfremdung war doch spürbar geworden. Sie schrieb zahlreiche Briefe, in denen sie grollend, drohend oder rachsüchtig ihr Recht forderte. Sie verfiel in eine tiefe Depression. Aber auch von seiner Seite kamen Briefe, die von Lebensüberdruss und künstlerischer Lähmung sprachen. Mit ihren Vorwürfen mache sie ihn unglücklich und krank. Gelegentlich ließ er Dankbarkeit für die gemeinsame Zeit und Achtung vor ihrem Talent durchscheinen. Um ihrem Kummer zu entkommen, ging sie auf Reisen und durchquerte Lappland, reiste nach Oslo. Schließlich nahm sie eine Einladung auf ein Gut in der Nähe von Göteborg an. Unterdessen hielt sich Kandinsky am Schwarzen Meer zu einem Erholungsurlaub auf. Ein vereinbarter Besuchstermin im Oktober verstrich, Kandinsky wollte noch seinen 50. Geburtstag am 5. Dezember 1916 in Moskau verbringen und erst dann zu ihr kommen.

Nun vertröstete er sie auf ein Zusammentreffen im Frühjahr 1917 in Schweden. Später kündigte er vage an, dass sein 50. Geburtstag ihm nur wenig Bewegungsfreiheit lassen würde, denn er sei Pflichten eingegangen, allerdings angenehme. Nun riss Gabriele Münter der Geduldsfaden: »Du weißt, daß ich keine ›Besuche‹ wünsche und kein Mitleid und keine Almosen – ich warte nur auf mein Recht«, schrieb sie ihm am 2. Dezember 1916. Was Gabriele Münter nicht wusste: Bald nach seiner Rückkehr aus Stockholm hatte der fünfzigjährige Kandinsky eine intensive Liebesbeziehung mit Nina Andrejewskaja, einer vierundzwanzigjährigen Generalstochter und Studentin der Literatur und Philosophie, begonnen. Im Februar 1917 gingen Nina und Wassily auf Hochzeitsreise.

Als Münter nichts mehr von Kandinsky hörte, machte sie

sich Sorgen über seinen Verbleib und gab eine amtliche Suchmeldung nach Moskau auf. Am 7. September 1918 erhielt sie die Antwort, dass er noch am Leben sei. Alle weiteren Kontaktversuche blieben unbeantwortet. Doch kümmerte sich Gabriele Münter weiter um Kandinskys Bilder und versuchte auch, ihm das Geld aus seinen Verkäufen zu übermitteln. Aber zu den Kriegswirren kam in Russland 1917 die Oktoberrevolution, derartige Transaktionen waren nun kaum noch möglich. Von Herwarth Walden erfuhr sie im Dezember 1918, dass er direkte Anordnung von Kandinsky hatte, das Geld aus Bildverkäufen in Berlin aufzubewahren. Darauf antwortete sie Walden Ende Januar 1919 voller Starrsinn, sie lasse sich in ihren Bemühungen, Kandinsky zu helfen, nicht stören.[43] Kandinsky wurde 1919 Direktor eines Museums für Malkultur in Moskau und blieb dort bis 1921. Er veröffentlichte Artikel über Kunst sowie eine kurze Autobiografie, die in Deutschland im *Kunstblatt* erschien. Er unterrichtete an den Freien Kunstwerkstätten in Moskau und wurde Honorarprofessor an der Moskauer Universität.

Gabriele Münter verließ Schweden, als alle Fäden nach Russland abgerissen waren. Nell Walden hatte sie zuvor nach Berlin eingeladen, das sei viel besser, als sich in Murnau oder München einzugraben. Aber Gabriele entschied sich für Dänemark. Dort hatte sie einige Freunde und konnte auch an ihre künstlerischen Erfolge vom Juli 1915 anknüpfen. An Schönberg schrieb sie am 8. Februar 1918: »Da man trotz manchen netten Menschen und einigen guten Freunden in Schweden nicht warm werden kann, kam ich im November 1917 nach Kopenhagen. Bin ziemlich allein auch hier, und habe die erste Zeit zu nichts Kraft gehabt, nun aber gehe ich stark mit dem Gedanken um, hier eine ganz große Ausstellung zu machen – das ist anregend.«

Münters Rückkehr nach Deutschland

Diese Ausstellung fand in der zweiten Märzhälfte 1918 im Künstlerhaus in Kopenhagen statt. Gabriele Münter wickelte die gesamte Organisation mit über 100 eigenen Ölgemälden, Radierungen, Holzschnitten und Hinterglasbildern einschließlich der Zollvorschriften umsichtig und geschickt ab und schuf sogar das eigene Ausstellungsplakat. Mit Walden, der ihre Bilder nicht problemlos herausgeben wollte, verhandelte sie unnachgiebig. Die Ausstellung in Kopenhagen war sehr erfolgreich. Ihren Lebensunterhalt konnte sie jetzt durch Porträtmalerei bestreiten. Auch bei weiteren Ausstellungen konnte sie Erfolge und positive Kritiken in der Presse verzeichnen. Aber im Februar 1920 entschied sie sich dennoch, nach Deutschland zurückzukehren.

Im Sommer 1921 erfuhr Gabriele Münter, dass Kandinsky wieder nach Deutschland komme, dass er mit einer Russin aus bester Familie verheiratet sei und ein Kind habe. Er lebe sehr zurückgezogen als Kunstbeamter in »bescheidener Vornehmheit«. Wenig später hörte sie, dass die Ausreise aus der Sowjetunion für ihn und seine Frau genehmigt, allerdings an andere Absprachen gekoppelt worden sei und dass das Kind gestorben sei. Da ihr die Gründe für seine Rückkehr nach Deutschland unklar waren, vermutete Gabriele Münter, dass die Sorge um seine Bilder Anlass zu dieser Reise sei. Im »Russenhaus« in Murnau wartete sie auf ein Zeichen von ihm. Im Januar 1922 fragte die Münchner Transportfirma Gondrand bei ihr an, ob zwei fremde Herren, die sich bei ihnen gemeldet hätten, berechtigt seien, Bilder aus dem Lager abzuholen. Darauf antwortete Münter, Kandinsky selbst möge seine Gemälde abholen. Sie nahm Verbindung auf zu dem Münchner Rechtsanwalt Dr. Siegel und beauftragte ihn, sie fortan in der Auseinandersetzung mit Kandinsky zu vertreten.

Im Herbst 1921 wurde Kandinsky in den Kreml bestellt und über eine Einladung, am Bauhaus in Weimar zu unterrichten, informiert. Im Dezember 1921 reiste er mit seiner Frau Nina nach Berlin. Er hatte durch Krieg und Revolution Jahre der Entbehrung mit Hunger und Kälte hinter sich und war völlig abgerissen. In Berlin traute er sich mit seinen zerschlissenen Schuhen offenbar nicht einmal in das Hotel. Kandinsky war erschöpft und krank und musste wochenlang das Bett hüten. Nach Jahren der Not bedeutete Berlin für die Eheleute die Erfüllung eines Freiheitstraums. Da Kandinskys Gehalt in den ersten drei Monaten weiterbezahlt wurde, hatten sie vorerst keine finanziellen Sorgen. Zwölf seiner Bilder hatten sie für alle Fälle ungerahmt aus Russland mitgebracht. In Berlin lebten viele Russen, auch Künstler, aber einer der wenigen, die sie in Berlin trafen, war Jawlensky, der eigens aus Wiesbaden angereist war, um etwas über die politische und künstlerische Lage in Moskau zu erfahren.

Kandinskys offizielle Funktion in Berlin war es, als »Begleitkommissar« für eine Ausstellung russischer Künstler in Berlin aufzutreten. Das russische Kultusministerium hatte ihn beauftragt, Informationen und Eindrücke über die Kunstszene in Deutschland für das damals noch junge Sowjetrussland zu sammeln und nach Moskau zu übermitteln. »Kandinsky fühlte sich hier in die Pflicht genommen, denn er bestand nach wie vor darauf, seinem Lande auch weiterhin nützlich zu sein. Wir waren uns bei der Abreise auch nicht sicher, ob wir Russland für immer verlassen hatten. Im Gegenteil: wir glaubten beide, bald wieder in unsere Heimat zurückkehren zu können«[44], schrieb Nina Kandinsky in ihren Memoiren.

Im Juni 1922 zogen die Kandinskys von Berlin nach Weimar, wo er einen Ruf an das »Bauhaus« erhalten hatte. Zunächst kamen sie provisorisch bei dem Architekten Walter Gropius unter. Dann fanden sie eine eigene kleine möblierte Wohnung. Zum Glück waren die Ateliers der Lehrer in einem separaten Gebäude untergebracht. Aber die Gehälter waren so minimal, dass sie kaum ihr tägliches Auskommen fanden, besonders während der Inflation. Kandinsky freute sich, in Weimar seinen langjährigen Freund Paul Klee wiederzusehen, der schon seit Januar 1921 als Lehrer am »Bauhaus« unterrichtete.

1924 gründete Kandinsky zusammen mit Lyonel Feininger, Klee und Jawlensky in Anlehnung an den »Blauen Reiter« die Gruppe »Die Blauen Vier«. Die Malerin und Freundin Jawlenskys Emmy Scheyer, die wegen ihrer schwarzen Haare auch Galka (russ. Dohle) genannt wurde, machte diese Gruppe in Amerika bekannt. Kandinsky hatte Ausstellungen in Dresden, bei der »Sezession« in Wien, in Braunschweig und nahm an der »Russischen Kunstausstellung« teil. 1925 übersiedelte das »Bauhaus« als »Hochschule für Gestaltung« nach Dessau. Gropius hatte dort Gebäude für Lehre, Ateliers und Meisterhäuser im Stil des »Bauhauses« errichten lassen. Klee und Kandinsky wurden in einem der Doppelhäuser Nachbarn. Gegen den Willen von Gropius ließ Kandinsky alle Innenwände seiner Haushälfte farbig anstreichen. Die Möbel ließ er nach eigenen Vorstellungen von Marcel Breuer entwerfen. Nach sieben Jahren in Russland und der langen Zeit in möblierten Wohnungen in Berlin und Weimar war das für die Kandinskys ein ersehnter, geradezu notwendiger Luxus. Unvergesslich waren Nina Kandinsky auch die wegen ihrer Ausgelassenheit und origineller Dekorationen berühmten »Bauhaus«-Feste. Erst 1926 legte Kandinsky in seinem Werk *Punkt und Linie zu Fläche* die »Harmonielehre« der abstrakten Malerei dar.

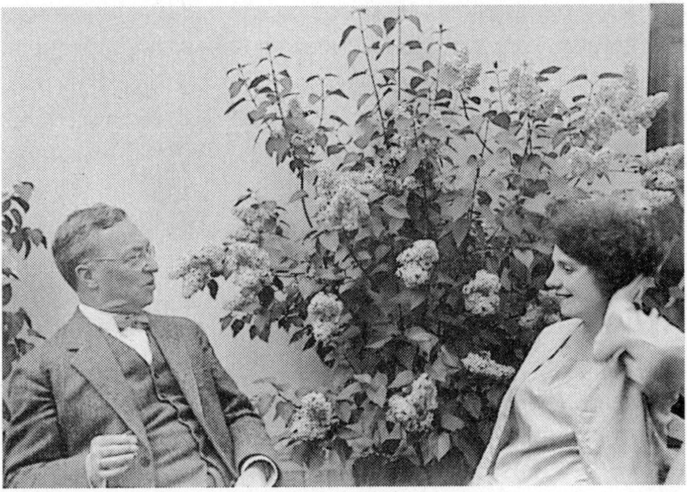

Nina und Wassily Kandinsky im Garten ihres Hauses in Dessau, 1931

Inzwischen sechzigjährig, feierte er Erfolge in Europa und den USA.

Ein langwieriges Problem konnte 1926 gelöst werden: der Rechtsstreit über sein Eigentum in Murnau. Nachdem Kandinsky nach jahrelangem Hin und Her sich schließlich weigerte, mit Münter zu sprechen, war sie tief getroffen und verfiel in Krankheit und Depression. Diese Missachtung nach langjährigem Zusammenleben schürte ihre Rachsucht, aus der sie sich nicht mehr befreien konnte. Im April 1922 hatte sie ihrem Anwalt geschrieben: »Alles in mir wehrt sich gegen die gehässige Übergehung meiner Person und das gehässige Schweigen Kandinskys.«[45]

Als Kandinsky schriftlich darum bat, wenigstens Kleidung und Wäsche, Malwerkzeug, sein Fahrrad und einige Bilder zurückzubekommen, weigerte sie sich entschieden. Sie entwarf ein Schuldbekenntnis, das er unterschreiben sollte. Darin führte sie alle nicht eingehaltenen Versprechen auf.

Der letzte Satz lautete: »Ich muß zugeben, daß ich Gabriele Münter um alles, was ein Mann einer Frau schuldig werden kann, betrogen habe. Dieses Schreiben gelesen, geprüft und für wahr befunden ...«[46] Der Rechtsstreit zog sich jahrelang hin. Gabriele Münter wollte keine materielle Entschädigung, die ihr Kandinsky anbot, sie wollte Gerechtigkeit. Sie war dermaßen verletzt und gedemütigt, dass sie keinerlei Gnade walten lassen konnte, selbst als sie erfuhr, dass er in Moskau sein Vermögen verloren hatte und dort nur am Rand des Existenzminimums gelebt hatte. Er bot ihr Bilder zur Entschädigung an, die sie ablehnte. Sie selbst fühlte sich entwurzelt, nicht nur wegen der langen Abwesenheit in Schweden und Dänemark, nicht nur wegen der Trennung von Kandinsky, sondern auch als Künstlerin. Sie hatte keine Inspirationen mehr, sie fühlte sich einsam und überflüssig. Kandinsky bot ihr im Sommer 1922 an, ein Drittel der eingelagerten Bilder als Entschädigung zu behalten und den Ertrag für ein finanziell unbeschwertes neues Leben einzusetzen. Schließlich endete der Rechtsstreit 1926 damit, dass er 26 Kisten mit seinem persönlichen Eigentum, darunter etwa ein Dutzend Gemälde, erhielt, während er ihr das volle Eigentumsrecht an allen zurückgelassenen Arbeiten einräumte.

Am 8. März 1927 erhielten Wassily und Nina Kandinsky deutsche Pässe. Zwar fühlten sie sich nach wie vor als Russen, doch freuten sie sich über die damit gewonnene Reisefreiheit. Ab sofort durften sie nun auch außerhalb Deutschlands reisen. Aber bereits Ende 1932 wurde die Hochschule in Dessau aufgrund von politischen Anfeindungen und Einengung der Entfaltungsmöglichkeiten geschlossen. Sie wurde nach Berlin verlegt, wo sie zunächst unter ihrem damaligen Leiter, Mies van der Rohe, privat weitergeführt wurde. Im Juli 1933, nach der Machtübernahme der Nationalsozialisten, wurde das »Bauhaus« auf einstimmigen

Beschluss des Lehrerkollegiums in Berlin aufgelöst. Ende des Jahres 1933 zog das Ehepaar Kandinsky endgültig nach Neuilly, einem Vorort von Paris.

Noch immer konnte sich Gabriele Münter nicht aus ihrer Depression befreien. Sie schrieb in ihr Tagebuch »Beichte und Anklage«, sie schrieb viele Briefe an Kandinsky, die sie nicht abschickte, kämpfte um die notwendige Energie, um den Alltag zu bewältigen. Während der Inflation lebte auch sie kärglich, hatte wenig zu essen und konnte sich keine neue Kleidung leisten. Allerdings verbrachte sie wiederholt eine Zeit auf Schloss Elmau, wo Johannes Müller, ein Theologe, der sich dem anthroposophischen Weltbild Rudolf Steiners angeschlossen hatte, ihr half, aus ihrer Depression zurückzufinden in das Leben. Dazu dienten Gesprächsrunden, Tanz und Eurythmie, Atemtherapie und Reformkost. Besonders der Tanz hatte es ihr angetan. Ob es nun diese Therapie war oder die verstrichene Zeit, jedenfalls machte sie 1925 den Versuch, das »Russenhaus« in Murnau zu vermieten oder zu verkaufen, aber niemand zeigte Interesse. Sie selbst fühlte sich dort nicht mehr wohl. So flüchtete sie im Oktober 1925 zu Schwester und Schwager Schroeter nach Berlin, die sie in den letzten Jahren auch finanziell unterstützt hatten.

Doch auch dort wurde sie nicht glücklich, sie besaß in Berlin kein Atelier, und verwandtschaftliche Querelen, zu denen auch ihre eigene Empfindlichkeit beitrug, taten ein Übriges. Finanziell ging es ihr so schlecht, dass sie in einem Brief an Maria Marc anfragte, ob sie einverstanden sei, wenn sie einige alte Postkarten Franz Marcs, die sie in einem Koffer gefunden hatte und die meist an Kandinsky adressiert waren, verkaufen würde. Da Maria Marc auch kein Geld hatte, bot sie ihr an, den Erlös mit ihr zu teilen. Sie glaubte, dies Kandinsky gegenüber verantworten zu können. »Geld ist *jetzt* nötig«[47], schrieb sie. Es kam aber nicht zum Verkauf, die Postkarten befinden sich heute im Besitz der Städtischen Galerie München.

Nach einiger Zeit begann sie wieder sich zurechtzumachen, kleidete sich nach der neuesten Mode und fand sich wieder ganz passabel. Sie nahm Unterricht in Bildhauerei, weil sie glaubte, auf diesem Gebiet sei ein Neuanfang möglich. Sie besuchte andere Künstlerinnen und vervollkommnete sich in der Porträtkunst. 1926 meldete sie sich in der Malschule von Arthur Segal an, der 1910 zu den Begründern der »Berliner Sezession« gehört hatte. Sie reiste zu ihrem Bruder nach Bonn und in die Schweiz auf der Suche nach Ausstellungen, auf denen sie ihre Bilder präsentieren konnte. Dort traf sie nach dreizehn Jahren Marianne von Werefkin wieder, die inzwischen zwar hoffnungslos verarmt von Postkartenmalerei und Kurzgeschichten lebte, aber wenigstens Wurzeln geschlagen hatte und sehr stolz darauf war, von den Einwohnern Asconas »Baronessa« oder »la Nonna« genannt zu werden.

Der neue Gefährte

Gabriele Münter gelang es nicht, an ihre früheren Erfolge anzuknüpfen. 1927 lernte sie auf einer Silvesterparty einen Mann kennen, der es vermochte, ihr Leben ins Positive zu wenden: Johannes Eichner war ein 1886 geborener Privatgelehrter aus einer sehr wohlhabenden Familie, die jedoch während der Inflation verarmt war. Er hatte Philosophie studiert und wurde mit einer Dissertation über den »Begriff der Erfahrung bei Kant« promoviert. Jetzt war er auch als freier Mitarbeiter für die *Deutsche Allgemeine Zeitung* tätig. Er war ein Einzelgänger, weitgereist, äußerst höflich und Frauen gegenüber sehr zurückhaltend. An Kunstgeschichte interessiert und gebildet, konnte er Gabriele in künstlerischen Fragen beraten und hatte durch seine Herkunft auch genug Kompetenz, ihre Finanzen zu verwalten, die sie ihm gern anvertraute.

Die beiden wurden bald gute Freunde, wenn sie sich auch zeitlebens siezten.[48] Eines seiner großen Verdienste war, dass er Gabriele Münter an der Vernichtung der Briefe Kandinskys hinderte. Er begriff ihren Wert als kunsthistorische Dokumente und sie folgte seinem Rat. In Fragen der Malerei waren sie nicht immer einer Meinung. Sie erkannte zwar an, dass er ihr helfen wollte, wieder zu malen, und war doch verunsichert durch seine Kritik an ihrer Malweise. Sie wollte sich seinen konventionellen Ansichten über Kunst nicht fügen. Als sie ihm Kandinskys Schrift über *Das Geistige in der Kunst* zum Lesen gab, fand er sie »unerheblich« und schrieb eine eigene Abhandlung.[49] Seine Kunstauffassung war nicht die ihre, er hielt nichts von der Moderne, sondern schätzte Gemälde, die Perspektive hatten und Schönes darstellten und dem Geschmack des Käufers entgegenkamen.

Als ihre Schulden immer mehr anwuchsen, versuchte sie 1928 sogar, einige ihrer Bilder in der Murnauer Buchhandlung zu verkaufen. Ihr Schwager Schroeter rechnete ihr die Summen, die sie benötigte, als Vorschuss auf den Verkauf eines Grundstückes in Berlin an, das sie gemeinsam mit ihrer Schwester geerbt hatte. Am 21. November 1928 verschloss sie erneut ihr Haus in Murnau und kehrte nach Berlin zurück. Erst im Juni 1929 kam sie wieder nach Murnau, wo der Garten brachlag. Gern hätte sie vermietet, aber niemand meldete sich. Umso aufgeregter war sie, als sich nun Eichner zu einem Besuch anmeldete. Er hatte Ansprüche und verlangte auch von ihr, anspruchsvoll, kennerhaft und urteilsfähig zu sein. Das erste Zusammenleben des Paares verlief offenbar nicht ganz reibungslos, aber er versprach wiederzukommen.

Ab Herbst 1929 versuchte die Malerin einen künstlerischen Neuanfang in Paris. Da das Berliner Grundstück verkauft worden war, erhielt sie eine Vorauszahlung von 12 000 Mark, die ihr den Frankreich-Aufenthalt ermöglichte. Hier hatte sie plötzlich großen Auftrieb und schuf allein bis Ende des Jahres 1929 sechzehn Gemälde. Sie traf alte und neue Freunde in Paris, wurde eingeladen und fühlte sich wieder selbstsicherer.

Mitte Dezember 1929 schlug Gabriele Münter ihrem Freund Eichner vor, eine gemeinsame Wohnung zu mieten, ja, sie bot ihm sogar an zu heiraten, wenn er das wolle. Aber die Beziehung blieb platonisch. 1930 fragte sie ihn, ob er sie nicht in Paris besuchen wolle. Auf seinen Einwand, er habe kein Geld, antwortete sie großzügig: »Wir haben eine freundschaftliche Gemeinschaft, in der jeder das gibt, was er hat.«[50]

Schließlich löste er seinen Berliner Haushalt auf und kam für einen zweimonatigen Aufenthalt nach Paris. Sie bezahlte alles, finanzierte seine Kleidung und eine kleine Wohnung in dem Pariser Vorort Meudon. Dorthin waren sie auf Eichners Wunsch gezogen, denn er wollte sie dem »schädlichen« Einfluss des Montmartre entziehen. Nach dem Aufenthalt in Paris unternahmen die beiden eine Reise durch die Provence an die Côte d'Azur, wo sie in Sanary-sur-Mer Station machten. Münter war von der Landschaft, der Vegetation, dem südlichen Licht und der Farbenpracht dermaßen begeistert, dass sie das hundertste Bild seit ihrem Aufbruch nach Paris malte und dieses Ereignis zusammen mit dem Maler Hans Purrmann feierte, der ebenfalls in Sanary lebte und sie mehrfach in sein Atelier eingeladen hatte. Vorbei war die Zeit der Depression, ihr Schaffensdrang kannte keine Grenzen. Ende Oktober kehrten Eichner und Gabriele Münter nach Berlin zurück, wo sie ein halbes Jahr blieb, bis sie im März 1931 zurück nach Murnau zog. Ihre im Midi gemalten Bilder wurden im November 1930 in einer Berliner Galerie ausgestellt und erhielten begeisterte Kritiken.

Trotz dieses Erfolgs konnte sie in München wieder nicht reüssieren, als sie versuchte, dort an der »Großen Münchner Kunstausstellung« bei der »Neuen Sezession« teilzunehmen. Nur ein einziges ihrer Bilder wurde angenommen. Sie war immer noch entwurzelt und konnte in der Kunstszene den ihr gebührenden Platz nicht einnehmen, zumal nun der Nationalsozialismus seine Schatten vorauswarf. Das spürte sie sogar in Murnau, einer Nazi-Hochburg, wo am 1. Februar 1931 eine Saalschlacht stattgefunden hatte. Anfang März 1932 wurden nachts Zettel mit Nazi-Parolen an die Tür des Münter-Hauses geklebt. Sie ahnte Schlimmes und doch waren diese Attacken nur der Anfang.

Im Winter 1933 berichtete Münter in einem ihrer täglichen Briefe an Eichner, der sich in Berlin aufhielt, von dem Fackelzug, den die Nationalsozialisten auf der Murnauer Hauptstraße veranstaltet hatten. Wenngleich sie dieses Spektakel nicht besonders aufregend fand, konnte sie am 11. Februar 1933 im *Murnauer Tagblatt* lesen, dass es im »Hotel Post« zu einem Zwischenfall mit dem Schriftsteller Ödön von Horváth gekommen sei, weil dieser die Kellnerin aufgefordert hatte, das Radio abzustellen, während gerade die Rede des neuen Reichskanzlers Hitler übertragen wurde. Nun wusste sie, dass jede abweichende Meinung gefährlich werden konnte und man sich in Zukunft unauffällig zu verhalten hatte. Eine große Gefahr sah Gabriele Münter in der neuen Kunstideologie, die schon seit Jahren propagiert wurde. Mit Kunst aus »Blut und Boden« oder »Völkischem« wollte sie nichts zu tun haben. Eichner schickte ihr vorsichtshalber ihre Bilderkisten aus Berlin mit ihren frühen Werken, die sich dort in einem Lager befunden hatten. Im März 1933 wurde das Reichsministerium für Volksaufklärung und Propaganda gegründet, im September die Reichskulturkammer: Von nun an wurden die modernen Maler, deren Kunst nicht der NS-Doktrin entsprach, als »geisteskrank« und »entartet« bezeichnet. Nur wer als Kunstschaffender der Reichskulturkammer beitrat, konnte hoffen, bei Ausstellungen und Ausschreibungen berücksichtigt zu werden.

Da Eichner lediglich eine kleine Rente bezog und Münter vom Verkauf ihrer Bilder leben musste, beantragte sie die Mitgliedschaft in der Reichskammer der bildenden Künste, einer Unterabteilung der Reichskulturkammer. Zwar musste sie dort auch noch Beiträge bezahlen und hatte längst gemerkt, dass das ganze System auf Gleichschaltung und Zensur hinauslief, aber ohne diese Mitgliedschaft – so schien es ihr – hätte sie überhaupt keine Berufsaussichten mehr gehabt. Bei den im Sommer 1933 durchgeführten »Säuberungen« der Nationalsozialisten wurden zwanzig Museumsdirektoren entlassen, die moderne Kunst gekauft hatten, an den Kunstakademien wurden unter anderen die Freunde aus dem Kreis des »Blauen Reiters«, Paul Klee und Heinrich Campendonk, gekündigt. Gegen den »Blauen Reiter« wurde öffentlich gehetzt.[51] Münter erfuhr, dass Kandinsky Deutschland verlassen wolle. Er wurde wegen »kommunistischer Gesinnung« von den Nationalsozialisten angefeindet.

Eichner, der die Öffentlichkeitsarbeit der Künstlerin übernommen hatte, gelang es 1933/34, eine Wanderausstellung unter dem Titel »50 Gemälde aus 25 Jahren« zu organisieren. Sie ging von Bremen über Bochum und dann nach Jena und Eisenach in Thüringen, 1935 war die Ausstellung in Altenburg und Stuttgart zu sehen. Auch die Pressearbeit hatte Eichner gut vorbereitet; er hielt sogar die Eröffnungsreden. Die Ausstellung wurde ein Erfolg – der einzige während der gesamten NS-Zeit. Man nannte Gabriele Münter eine »zeitgemäße Künstlerin« mit »blutsgebundener und bodenständiger Prägung«, sie sei »in kerniger Echtheit dem deutschen Volkstum verpflichtet«[52]. Gabriele Münter erlebte nun, dass sie, die einst zur Avantgarde, zum inzwischen diskreditierten und verfemten »Blauen Reiter« gehört hatte, jetzt von der Propaganda als Künstlerin dargestellt wurde, die dem herrschenden Kunstgeschmack der Nationalsozialisten entsprach. Eichner hatte dazu beigetragen und Gabriele Münter hatte sich gefügt.

Im Murnauer Haus herrschten in den Dreißigerjahren strengste Sparmaßnahmen, denn der Zinsertrag von Münters Vermögen musste zum täglichen Leben ausreichen. Der Geldmangel war so groß, dass sie sogar beim Finanzamt um Aufschub für ihre Steuerzahlung bitten musste. Sie wollte wieder nach München übersiedeln. Im Winter 1934/35 bezog sie das Badezimmer einer Münchner Freundin, weil ihr die Heizkosten in Murnau zu hoch waren. Als dieser Zustand unhaltbar wurde, nahm sie sich ein Pensionszimmer. Sie versuchte, Porträts zu malen und gefällige Seemotive zu verkaufen – alles war vergebens. Inzwischen nörgelte Eichner, der glaubte, ihr mangelnder Erfolg sei ihrem fehlenden Anpassungswillen zuzuschreiben. Trotzig schrieb ihm die Achtundfünfzigjährige, Hitler-Porträts werde sie trotzdem nicht malen. Eichner wurde dennoch mehr und mehr zu ihrem Beschützer, der ihr Anweisungen gab, wie sie sich in Gesellschaft zu verhalten habe, was sie sagen, was sie anziehen, mit wem sie verkehren solle, wie sie Ansehen gewinnen könne.

Im Januar 1936 war Münter endgültig entschlossen, nach München überzusiedeln. Eichner war dagegen. Es sei alles zu teuer. Er stellte Forderungen, die nicht erfüllbar waren. Nachdem sie ihm 60 Immobilienangebote vorgelegt hatte und er keines für geeignet hielt, wurde sein Ton strenger, aber auch mit ihrer Geduld war es nun vorbei. Er schrieb ihr: »Seit Jahren bemühe ich mich, Sie aufzuklären und Ihnen die richtige Einstellung zu geben. Vergeblich! Der Versuch, Ihnen eine gesellschaftliche Stellung zu ermöglichen, ist aussichtslos. In unberechenbarer, unzuverlässiger, verständnisloser Weise werden Sie immer wieder Ihr Leben verpfuschen … Ihr Münchner Versuch jetzt, sich dort eine Position zu gewinnen, ist darum Schaumschlägerei. Ich nehme daran nicht teil … An Ihnen verpfuscht man leicht ein Leben …«[53]

Diesmal war Gabriele nicht mehr gewillt, auf seine ständige Kritik einzugehen. Sie antwortete ihm: »Wie maßlos, heftig und ungerecht sind alle die Verdächtigungen und Anschuldigungen. Von Ihren Ängsten und Verdachten kann ich Ihnen nicht abhelfen, denn Sie sind starrköpfig … Wenn Sie sich zurückziehen wollen, … sagen Sie es klar, ich muß jetzt hier schon planen und beraten, wie ich mich weiter allein arrangiere. Ich knüpfe jetzt in München immer weiter alte und neue Beziehungen für die Zukunft an … Ich versuche nicht, Sie umzustimmen, Sie müssen wissen, was Sie tun.«[54]

Eichner lenkte ein. Er wolle sie nicht im Stich lassen, er wolle sein Provisorium in Berlin auflösen und zu ihr nach Murnau ziehen, allerdings nur unter der Bedingung, dass an dem Haus bauliche Veränderungen vorgenommen würden. Die Renovierungskosten wolle er übernehmen. Münter gab nach. Auch sie brauchte ein Zuhause, und wenn Schwabing noch so verlockend war gegenüber der Isolierung in Murnau, so wollte sie doch auch an Eichner festhalten. Im Sommer blieb sie also in München, während er das Haus komfortabler gestaltete. Er stattete das obere Stockwerk winterfest aus. Dort befanden sich nun seine Wohnung und ihr Atelier mit Blick nach Süden. Im Erdgeschoss wurde am gemeinsamen Wohnraum eine Terrasse angebaut, das ganze Haus war nun beheizbar, Küche und Bad technisch verbessert. Das war nun wirklich ein Fortschritt, aber was war der Preis! Am 22. Juli 1936 übereignete sie Johannes Eichner das Haus als Ausgleich für die Renovierungskosten – das Haus, das sie 1909 für das gemeinsame Leben mit Kandinsky gekauft hatte!

Im Frühjahr 1937 bekam Gabriele Münter endlich die Möglichkeit, im Münchner Kunstverein Bilder auszustellen. Anlass war ihr 60. Geburtstag, der aber »galant« verschwiegen wurde. Die Ausstellung war seit 1920 die erste in München und erforderte eine besonders sorgfältige Planung, die Eichner übernahm. Er entwarf Pressetexte, schrieb Einladungskarten und half bei der Auswahl der Gemälde. Ständig stand er beim Malen neben ihr und gab Anregungen. Aber auch diese Ausstellung hatte nicht den gewünschten Erfolg, möglicherweise weil die Presse an Gabriele Münters »Blaue Reiter«-Zeit erinnert hatte. Auch als die Ausstellung nach Stuttgart weiterreiste, führten NS-Kritiker ihre frühere Verbindung zu Marc und Macke gegen sie ins Feld. Gabriele Münter blieb während der Ausstellung in Stuttgart, wo sie viele Anregungen erhielt und auf Gleichgesinnte stieß. Die Ausstellung brachte jedoch finanziell nichts ein, und da der Kunsthändler Auslagen gehabt hatte, bezahlte sie ihn mit einer Ölstudie Kandinskys, einer kleinen bemalten Pappe, die damals 2000 Mark wert war. Diese Summe stellte für Münter ein Vermögen dar, denn sie musste von 100 Mark Zinsertrag ihren monatlichen Bedarf an Kleidung, Anschaffungen, Malutensilien und die Steuern bezahlen.[55]

In München wurde 1937 im neu eröffneten Haus der Kunst die ideologisch manipulierende »Große Deutsche Kunstausstellung« gezeigt. Von 15 000 Einsendungen waren 900 ausgewählt worden. Hitler selbst hatte zehn Prozent der ursprünglich von der Jury ausgewählten Werke wegen »mangelnder deutscher Klarheit« abgelehnt.[56] Gabriele Münters Gemälde waren nicht unter den ausgewählten Exponaten. Aber auch bei der gleichzeitig stattfindenden Ausstellung »Entartete Kunst«, bei der in diffamierender Weise beschlagnahmte Werke der modernen Kunst aus Privat- und Museumsbesitz gezeigt wurden, war sie nicht vertreten. Die Nationalsozialisten belegten fast die gesamte moderne Malerei mit dem Begriff »entartet«, die sie als »artfremd« und »ungesund« bezeichneten, weil sie nicht dem »gesunden Volksempfinden« und der nationalsozialistischen Kunstauffassung entsprach, die sich auf Rasse und Blut-und-Boden-Ideologie berief. Die Ausstellung hatte einen so ungewöhnlichen Erfolg – mehr als zwei Millionen Besucher wollten die Bilder der »Verfallskunst« sehen –, dass sie Ende November in München geschlossen wurde. Diese Menschen waren sicher nicht alle aus Sensationslust gekommen, viele müssen überzeugt gewesen sein, dass dies die letzte Gelegenheit sein würde, die Bilder der Avantgarde zu sehen. Gabriele Münter fand Werke ihrer ehemaligen Gefährten wie Campendonk, Klee, Jawlensky, Kandinsky, Macke und Marc wieder, die nun dem Spott und Hohn der Nationalsozialisten ausgeliefert wurden. Aber auch die Künstlerkollegen aus der »Brücke«, der »Neuen Künstlervereinigung München« und viele andere Moderne wurden hier verfemt. Anschließend kümmerte sich eine »Kommission zur Verwertung beschlagnahmter Werke entarteter Kunst« um die Gemälde. Sie wurden teils in der Schweiz versteigert, darunter acht Bilder von Marc, zwei von Klee, eines von Macke. Ein »unverwertbarer Bestand« von 1004 Gemälden wurde in Berlin verbrannt, der Rest diente der Bereicherung der NS-Funktionäre.

Gabriele Münter war nicht unter den »Entarteten«, d.h. sie wurde auch nicht verfolgt und durfte an Ausstellungen teilnehmen, aber sie wurde auch nicht mehr zur Avantgarde oder zu den Wegbereitern der Moderne gezählt. Durch Anpassungsversuche an den zeitgenössischen Geschmack hatte sie an Ausdruckskraft verloren.[57] Daran war ihr Lebensgefährte Eichner nicht unschuldig, der ihr stets geraten hatte, sich unauffällig zu verhalten, gefällige Bilder zu malen und ihre frühere Verbindung zu »Sturm« und »Blauem Reiter« möglichst nicht zu erwähnen. So konnte sie im Dritten Reich überwintern, ohne hervorzutreten, wenngleich sie versucht hatte, einige Sujets aus dem Arbeiter- und Bauernmilieu darzustellen. Zwischen 1937 und 1949 fanden überhaupt keine Münter-Ausstellungen statt.

Am 31. Mai 1938 wurde ein neues Gesetz verabschiedet, das »Gesetz über die Einziehung von Erzeugnissen entarteter Kunst«. Dadurch wurde die Konfiszierung von Kunstwerken in staatlichen und privaten Sammlungen nachträglich legitimiert.[58] Wieder einmal musste Münter fürchten, dass man Kandinskys Werke bei ihr finden könne. Mit Eichners Hilfe verstaute sie die Gemälde in einem trockenen Kellerraum und versperrte den Eingang mit Regalen. Dieses simple Versteck blieb unentdeckt. Während des Krieges lebte das Paar zurückgezogen in Murnau. Die Malerin bekam nun sogar ihre Malutensilien zugeteilt, alles war rationiert. Im Ort gab es ein Lager mit mehr als 4000 polnischen Offizieren, Gefangenen des Polen-Feldzuges 1939, durch die die Einwohner Murnaus sich vor Luftangriffen geschützt fühlten.[59] Gefährdet schien lediglich die Eisenbahn, die Kandinsky, Münter und Jawlensky schon vor dem Ersten Weltkrieg gemalt hatten. Die Züge wurden von Tieffliegern beschossen. Abends konnte man den Qualm und den Widerschein der Brandbomben in München von Murnau aus sehen, Münter fürchtete zuweilen, dass alles verbrennen würde. 1943 kamen Ausgebombte aufs Land, jeder, der ein Dach über dem Kopf hatte, musste fremde Menschen aufnehmen. Die Behörden durchsuchten das ganze Haus nach freien Räumen, aber der Bilderkeller blieb unentdeckt. Eichner, der spätere Biograf des Paares Münter-Kandinsky, war zum Luftschutz-Untergruppenführer gemacht worden. Vielleicht war es sein Verdienst, dass der Keller unentdeckt blieb.

Als die Amerikaner in den Ort einfuhren, eilte ihnen der Bürgermeister mit einer weißen Fahne entgegen. Aber nun mussten Häuser für die Besatzungstruppen geräumt werden – und hier erwies sich Gabriele Münter als mutige Frau. Sie suchte Schutz bei der amerikanischen »Oberleitung«. Mit einem Kunstbuch in der Hand sprach sie mehrere Offiziere an, die kunstverständig waren und ihr Schutz zusagten. Dennoch wurde das Haus am 2. Mai 1945 viermal von amerikanischen Truppen durchsucht, aber auch sie fanden das Versteck nicht. Um vor solchen Überfällen sicher zu sein, ging sie ins Rathaus, wo nun die Amerikaner residierten, und erhielt Hausschutz sowie einen großen Anschlag »Off limits«, der von nun an weitere Durchsuchungen und vor allem die Entdeckung des Verstecks ausschloss.[60]

Kandinsky lebte während des Krieges in Paris. Dort lernte er viele herausragende Künstler kennen, so Joan Miró, Piet Mondrian, Max Ernst, Sonia und Robert Delaunay, Fernand Léger und Constantin Brancusi. 1939 kaufte der französische Staat seine »IX. Komposition«, er malte im gleichen Jahr seine letzte, die »X. Komposition«. Im gleichen Jahr wurde er französischer Staatsbürger. Mangels englischer Sprachkenntnisse lehnte er Einladungen in die USA stets ab, obwohl sein Werk dort überall vertreten war. Sein Ruhm wuchs unentwegt. 1940, während der deutschen Invasion in Frankreich, tauchte er vorübergehend in den Pyrenäen unter. Als Freunde für das Ehepaar Kandinsky die Überfahrt nach New York organisieren wollten, lehnten sie es ab, Frankreich zu verlassen. Seit 1940 fanden nur wenige Ausstellungen Kandinskys statt, überwiegend in New York. 1944 belebte sich das Ausstellungswesen wieder, und es wurden mehr Ausstellungen in Paris sowie in der Schweiz gezeigt. Bis zum Sommer 1944 malte Kandinsky noch, dann erkrankte er an Grippe. Am 13. Dezember 1944 starb er im Alter von 78 Jahren an einem Hirnschlag.

Kandinskys Kunst verband Russland mit Westeuropa. In einer der frühen Biografien heißt es über seine Persönlichkeit: »Seine nächsten Freunde, Paul Klee und Franz Marc, haben bedingungslos anerkannt, daß er ihnen in der entscheidenden Epoche des Durchbruchs in der europäischen Kunst weit voraus war und den Mut zu neuen künstlerischen Konzepten gab. Seine Unbedingtheit in allen menschlichen und künstlerischen Dingen und seinen Glauben an die Unbesiegbarkeit des Geistes brachte er aus Rußland mit, und er blieb Russe bis zu seinem Tode, obwohl ihn Blut und Geist mit Westeuropa ebenso verbanden wie mit Asien. ... Der Mensch Kandinsky ist den meisten ein ebenso großes Geheimnis geblieben wie der Künstler ... Obwohl er sich sehr offen und unzeremoniell gab, wissen die meisten nichts anderes zu berichten, als daß er von adliger Erscheinung, größter Integrität und angeborener Liebenswürdigkeit war. Er wirkte auf sie wie ein Diplomat oder ein welterfahrener Gelehrter, nicht wie ein Maler. Nur seine Freunde wußten es besser, sie und seine Schüler erfuhren seine Güte, aber auch den Umfang seiner geistigen und schöpferischen Begabung. Sie spürten hinter Leben und Tun die Größe eines Einsamen, der, von Europa, seiner Problematik und Leistung angezogen, doch ein Fremder blieb, soviel Freundschaft und Hochachtung ihm auch entgegengebracht wurden. Er war der griechisch-orthodoxen Religion und dem Glauben an sein Vaterland verhaftet, er las weiter die russischen Klassiker, liebte die russische Musik ... Wenn Kandinsky auf seine Freunde bei aller Herzlichkeit kühl wirkte, bei aller Heiterkeit fern, wenn eine Glaswand zwischen ihm und ihnen blieb, so war es die andere Mentalität, die Distanz schuf, und daneben ein ganz Persönliches, der Wunsch, das Geheimnis seiner Existenz ebenso zu wahren, wie das seines Werkes.«[61]

Später Ruhm

Im September 1949 fand in München die erste Nachkriegsausstellung über den »Blauen Reiter« im Haus der Kunst statt. Gabriele Münter gehörte zum Ehrenausschuss dieser Gedächtnisschau. Allerdings wurde sie weniger als Malerin denn als Zeitzeugin herausgestellt. Im Katalog standen nur zwei Zeilen über sie und Marianne von Werefkin, in der Ausstellung wurde den Werken von Kandinsky, Klee, Macke, Marc und Kubin erheblich mehr Platz eingeräumt als ihren. Gabriele Münter nahm mit Eichner an der Eröffnungsveranstaltung teil. Ihre alten Freundinnen Maria Marc und Elisabeth Erdmann-Macke waren ebenfalls angereist. Deren Begrüßung fiel naturgemäß entschieden herzlicher aus als die mit Nina Kandinsky, die nun auch schon seit fünf Jahren Witwe war.

Im gleichen Jahr richtete Eichner eine weitere Ausstellung aus, »Gabriele Münter, Werke aus fünf Jahrzehnten«, die in Braunschweig begann, durch 22 Städte ging und 1953 in ihrer Heimatstadt Herford endete. Ihr Ruhm verbreitete sich nun unaufhaltsam. Die Künstlerin konnte Bedingungen für die Hängung ihrer Bilder stellen und trat erheblich selbstbewusster auf als früher. Ihre Bilder waren gefragt, und sie malte mit wachsender Geschwindigkeit, vor allem Blumenbilder. Im Oktober 1950, dreiundsiebzigjährig, reiste sie mit Eichner nach Venedig und gönnte sich einen Urlaub. Ansonsten blieb das Leben in Murnau äußerst spartanisch.

Allmählich ließ ihre Sehkraft nach, sie musste täglich die Augen baden, um klar sehen zu können. Nach einem Sturz litt sie an Gleichgewichtsstörungen und konnte nur noch im Sitzen malen. Zu ihrem 75. Geburtstag erhielt sie im Mai 1952 eine besondere Ehrung: In München wurden zum ersten Mal seit 1937 in einer Kollektivausstellung 60 ihrer Gemälde und 30 Zeichnungen gezeigt, die in dem heutigen Zentralinstitut für Kunstgeschichte, dem ehemaligen »Central Collecting Point«, in München, stattfand. Maria Marc war bei der Ausstellungseröffnung zugegen. Das Foto (s. S. 114) zeigt sie mit dem Lebensgefährten Münters, Johannes Eichner, den sie seit Anfang der Dreißigerjahre kannte. Auf einer weiteren »Blauer Reiter«-Ausstellung 1954 mit dem Titel »Unbekannte Werke von Kandinsky, Marc, Münter« war sie ebenfalls vertreten und erntete viel Beifall. Endlich erkannte man ihre bahnbrechende und eigenständige Rolle in der Malerei zu Anfang des 20. Jahrhunderts an. Welche Genugtuung muss es Gabriele Münter bereitet haben, dass ihr Werk nun doch die Anerkennung fand, die ihr jahrzehntelang versagt geblieben war! Sie malte, solange sie einen Pinsel halten konnte. Als ihr 1956 der Kulturpreis der Stadt München für Malerei verliehen wurde, sagte sie: »Es ist nun eingetreten, was Kandinsky mir schon früh prophezeit hatte, wenn ich als Frau immer zurückgesetzt und übersehen wurde, daß spät, aber sicher die allgemeine Anerkennung kommen werde.«[62]

Aber Gabriele Münter wusste auch, dass die in ihrem Keller nach wie vor versteckten frühen Bilder Kandinskys diese Anerkennung ebenso verdient hatten, und wollte sie der

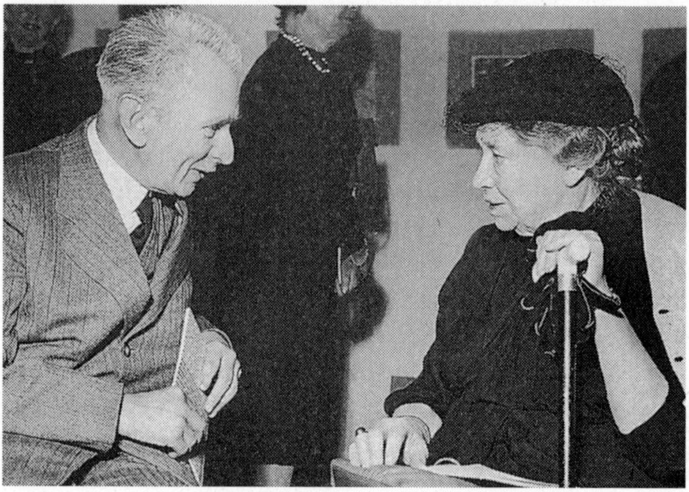

Johannes Eichner im Gespräch mit Maria Marc

Öffentlichkeit zugänglich machen, ohne dass sie in alle Welt zerstreut würden. Hans Konrad Röthel, zu dem sie Vertrauen gefasst hatte und der zum Direktor der Städtischen Galerie in München berufen worden war, konnte sie offenbar davon überzeugen, dass sein Haus der geeignete Platz sei, um das frühe Werk Kandinskys der Vergessenheit zu entreißen. Am 19. Februar 1957 schenkte Münter der Stadt München über 90 Ölgemälde und zahlreiche Temperabilder, Aquarelle und Zeichnungen, Grafiken und Hinterglasbilder Kandinskys aus der Zeit vor dem Ersten Weltkrieg. Am Vorabend ihres 80. Geburtstages, am 19. Februar 1957, wurde diese Schenkung in einer Ausstellung »Kandinsky und Gabriele Münter. Werke aus fünf Jahrzehnten« präsentiert. Sie machte über Nacht die Städtische Galerie im Lenbachhaus weltberühmt, die großzügige Geste der Stifterin wurde in der Presse gefeiert.

Allerdings kam es im Herbst 1957 noch einmal zu Komplikationen, als Kandinskys Witwe Nina aus Paris anreiste und geltend machte, die gestifteten Gemälde Kandinskys seien Teil ihres Gesamterbes. Kandinskys Übereignungserklärung von 1926 an Gabriele Münter enthielt tatsächlich keine Aussage über die Verwertungsrechte. So musste der Fall juristisch geklärt und eine Einigung erzielt werden. Demnach erhielt Nina Kandinsky sämtliche Urheberrechte der gestifteten Bilder und Werke, während die Städtische Galerie München deren Nutznießung zugesprochen bekam, d.h. die Bilder durften in München bleiben. Nina stimmte also der Verfügung Kandinskys, Gabriele Münter diese Werke zu überlassen, letzten Endes doch zu. Nina Kandinsky wurde am 2. September 1980 in ihrem Haus in Gstaad ermordet.

Am 11. Februar 1958 erlag Johannes Eichner einem Schlaganfall, als er sich zu einer Augenuntersuchung in der Münchner Universitätsklinik befand. Für Gabriele Münter war das – nach dreißigjähriger Partnerschaft – ein schwerer Schlag. Ein Jahr zuvor hatte er noch ein Buch publiziert, in dem er versucht hatte, die beiden Künstler und ihre Bedeutung für die moderne Kunst darzustellen: *Kandinsky und Gabriele Münter. Von Ursprüngen moderner Kunst.*

Im Juli 1958 unterzeichnete Gabriele Münter einen Erbvertrag mit der Stadt München, dem zufolge eine Stiftung mit dem Namen »Gabriele Münter- und Johannes Eichner-Stiftung« gegründet wurde. Zu dieser Stiftung gehörte auch das »Russenhaus«, das ja seit 1936 Eichner gehörte, sowie ihr gesamter künstlerischer Nachlass. In Murnau befanden sich außerdem noch zahlreiche Gemälde Kandinskys, hunderte Bilder Münters aus allen Epochen sowie zahlreiche Sammelobjekte der Volkskunst.

In ihren letzten Lebensjahren beschäftigte sich Gabriele Münter mit abstrakten, kleinformatigen Improvisationen, denen eine Separatausstellung in der Münchner Galerie

Stangl galt. Wegen ihrer Augenerkrankung und der Gleichgewichtsstörungen konnte sie das Haus nicht mehr allein verlassen. Trotzdem sagte sie im Alter von 83 Jahren, sie sei von einer »hemmungslosen Produktivität ... mal sehen, wann ich aufgeben muß«[63].

Gabriele Münter starb am 19. Mai 1962, im Alter von 85 Jahren, friedlich im »Russenhaus« in Murnau. Vor dem Tod hatte sie keine Angst, schließlich habe sie lange genug gelebt, sagte sie. Erst dreißig Jahre nach ihrem Tod erfuhr Gabriele Münter die Beachtung als eigenständige Künstlerin, die ihr im Leben nicht zuteil geworden war: Das Lenbachhaus in München veranstaltete eine Retrospektive, die ihre künstlerischen Stärken veranschaulichte: die Fähigkeit zur Vereinfachung der Gegenstände und die Malerei aus flächenhaft aufgetragener Farbe sowie konturierenden Umrisslinien. Auch ihr bis dahin wenig bekanntes druckgrafisches Werk wurde 2000/01 in einer Ausstellung gezeigt, in der ihr Beitrag zu den Neuerungen in der Kunst zu Beginn des zwanzigsten Jahrhunderts erneut gewürdigt wurde.

KAPITEL DREI

Marianne von Werefkin und Alexej Jawlensky

Jugend in Russland

Marianne von Werefkin wurde 1860 im russischen Tula geboren, einem damals wichtigen Handelsplatz im Süden von Moskau. Sie kam aus einer wohlhabenden Familie; ihr Vater war ein hoher General und entstammte dem Moskauer Uradel, die Mutter einer alten Kosakenfürstenfamilie. Beide Familien hatten stets Verbindung zum Zarenhof. Da Mariannes Vater zum Kommandanten der Peter-und-Pauls-Festung in St. Petersburg ernannt wurde, verbrachte sie dort einen Großteil ihrer Jugend. Sie kannte keinerlei finanzielle Sorgen, besaß eine gesellschaftlich repräsentative Stellung und wurde bereits in ihren jungen Jahren als Malerin und Porträtistin der »russische Rembrandt«[1] genannt, obwohl sie sich bei einem Jagdunfall ausgerechnet die Malhand verletzt hatte, die verkrüppelt blieb. Ihre Mutter, die ebenfalls Porträt- und Ikonenmalerin war, hatte früh das Talent ihrer Tochter erkannt und deren wissenschaftliche und künstlerische Neigungen gefördert. So erhielt das junge Mädchen seit seinem vierzehnten Lebensjahr Privatunterricht und genoss eine künstlerische Ausbildung. In St. Petersburg wurde sie Schülerin des berühmten Ilja Repin. Dieser hatte bis 1907 eine Professur an der St. Petersburger Kunstakademie inne und malte realistische und sozialkritische Bilder. Er gilt als die beherrschende Persönlichkeit der russischen Malerei in der zweiten Hälfte des 19. Jahrhunderts und wurde berühmt durch seine Historienbilder und die psychologische Intensität seiner Porträts. In seinen Malklassen lernte sie 1892 Alexej Jawlensky kennen und lieben.[2]

Jawlensky hingegen stammte aus einer kinderreichen Offiziersfamilie. Wann genau er geboren wurde, ob 1864 oder 1865, ist bis heute nicht geklärt. Jedenfalls war er einige Jahre jünger als Marianne von Werefkin. Seine Mutter lebte seit 1874 mit den sieben Kindern in Moskau, da der Vater meist in der Provinz im Einsatz war. Gemäß der Familientradition ging der Sohn in Moskau zur Kadettenschule. Zwar gab es dort Zeichenstunden, aber Jawlensky interessierte sich kaum dafür. Mit sechzehn Jahren besuchte er jedoch eine Ausstellung in Moskau, die ihn – ähnlich wie Kandinsky angesichts des Gemäldes »Heuhaufen in der Sonne« von Claude Monet – dermaßen beeindruckte, dass er Maler werden wollte: »Seitdem war die Kunst mein Ideal, das Heiligste, nach dem sich meine Seele, mein ganzes Ich sehnte.«[3]

Von nun an zeigte er sehr viel mehr Eifer im Zeichnen, seine Leistungen verbesserten sich erheblich. Er besuchte häufig die Tretjakow-Galerie. Eigentlich wollte er Kunst an der Moskauer »Lehranstalt für Malerei, Plastik und Architektur« studieren. Aber der Vater starb 1882, und seine Mutter war nicht in der Lage, von ihrer kleinen Pension sein Kunststudium zu finanzieren. So war Jawlensky gezwungen, die Militärlaufbahn einzuschlagen. Nach Abschluss der Militärschule, die er mit sehr gutem Ergebnis absolvierte, konnte er als Offizier in Moskau bleiben. Nach wie vor war sein Ziel, Kunst zu studieren, deswegen suchte er auch als Offizier ständig Kontakt zu Künstlern oder Kunstinteressierten. Auch zog er als Untermieter zu einem Maler namens Katalkow, der in einem Haus wohnte, das der renommierten Millionärsfamilie Botkin gehörte. Dmitri Botkin zählte zu den sehr reichen Kaufleuten und Industriellen, die im Russland des 19. Jahrhunderts nicht nur eine bedeutende wirtschaftliche Rolle spielten, sondern auch mit riesigen Summen Kunst und Wissenschaft unterstützten. In dessen Privatsammlung sah Jawlensky zum ersten Mal französische Kunst, die ihn außerordentlich beeindruckte. Er selbst beschäftigte sich vorerst noch mit dem Malen von Kopien nach den berühmten Meistern in der Tretjakow-Galerie, etwa des russischen Malers Wassili W. Wereschtschagin, der damals in der Heimat wie im Ausland großen Erfolg hatte.

Zu seinem heftigen Bedauern durfte Jawlensky aber die Moskauer Kunstschule als Offizier nicht besuchen. Die einzige Möglichkeit für ihn war, nach St. Petersburg versetzt zu werden, dort seinen Wohnsitz zu nehmen und eine Aufnahmeprüfung an der Akademie zu bestehen. Das gelang. Zunächst wurde er nach Kronstadt versetzt, der wichtigsten Seefestungsstadt Russlands, die im Westen von St. Petersburg auf einer Insel im Finnischen Meerbusen liegt. Einige Monate musste er dort seinen Dienst ableisten, bis er sein Ziel erreichte und im Herbst nach St. Petersburg versetzt wurde. Dort bestand er im September 1889 die Aufnahmeprüfung an der Akademie. Zunächst zeichnete der junge Mann, der in Militäruniform zum Unterricht erschien, dort nach einer Gipsreproduktion eines antiken Kopfes, im nächsten Jahr rückte er in die Figurenklasse auf. Das Studium an der Akademie erschien ihm zunächst enttäuschend rückständig und langweilig. Gleichwohl bekam Jawlensky, der alle Kritik zurückhielt, bei der Bewertung der Schülerarbeiten stets die besten Benotungen. Das hatte er allein seinem Ehrgeiz und seinem Fleiß zu verdanken.

Bald jedoch wurde der Unterricht an der Akademie völlig umgestellt; neue Lehrer wurden berufen, unter anderen im

Jahr 1893 Repin, der Lehrer Werefkins. Als Jawlensky sich mit einigen Kohlezeichnungen vorstellte, war dieser beeindruckt und lud ihn ein, an seinen »Jours fixes« teilzunehmen, wo Jawlensky viele berühmte Maler und Schriftsteller traf. Es wurde über Kunst diskutiert, nicht nur über russische, sondern auch über holländische und französische. Durch Repin lernte er nicht nur dessen Malweise kennen, sondern auch andere Maler der zweiten Hälfte des 19. Jahrhunderts wie den Landschaftsmaler Archip I. Kuindschi, einen der Wandermaler, die eine eigene Bewegung bildeten. Sie war aus dem Protest einiger Künstler gegen die Kaiserliche Akademie entstanden.[4] Zu ihnen gehörten auch Konstatin A. Korowin und Walentin Serow. Repin, Korowin und Serow zählten zum Künstlerkreis von Abramzewo. Auf dem gleichnamigen Gut in der Nähe von Sagorsk im Nordosten von Moskau hatte sich eine Künstlerkolonie gebildet, die zum Treffpunkt von Malern, Schriftstellern, Architekten, Musikern und anderen Künstlern wurde. Die Künstler in dieser Kolonie beschäftigten sich nicht nur mit Malerei im realistischen Stil, sondern auch mit russischer Volkskunst.

Als Repin sein großformatiges Gemälde »Die Saporoscher Kosaken schreiben dem türkischen Sultan einen Brief« günstig verkaufen konnte, erwarb er selbst ein Landgut im Gouvernement Witebsk. Vermutlich beeinflusst von Abramzewo, sammelte er dort ebenfalls bäuerliche Gegenstände, deren Abbildung dann seinen Gemälden mehr Authentizität verlieh. Jawlensky erlebte dort nicht nur die Fertigstellung einiger berühmter Gemälde Repins, er war von dessen Figuren auch so beeindruckt, dass er einige noch Jahrzehnte später in seiner eigenen Arbeit zitierte.

In dieser Zeit machte sich Jawlensky auch einen Namen als Schürzenjäger, als Florettfechter und als bester Schütze seines Regiments. Seine Amouren sollen Stadtgespräch gewesen sein, während seine militärischen Fähigkeiten ihm zu manchen Privilegien verhalfen. Die sein Leben bestimmende Begegnung Jawlenskys mit Marianne von Werefkin kam durch ihren gemeinsamen Lehrer Repin zustande. Er nahm seinen Schüler mit zu seiner Schülerin in die Peter-und-Pauls-Festung. Repin schätzte die begabte junge Frau nicht nur künstlerisch, sondern hatte in den 80er-Jahren auch ein Liebesverhältnis mit ihr.[5] Nachdem sie diese Beziehung gelöst hatte, verliebte sie sich in Dr. Lesin, den Arzt, der ihre Wunde vom Jagdunfall behandelt hatte. Aber es kam nicht zur Heirat, denn es dauerte sieben Jahre, bis der junge Arzt genug verdiente, um ihr ein würdiges Heim bieten zu können. Als der offizielle Heiratsantrag des Chirurgen endlich bei Mariannes Vater eintraf, hatte sie sich gerade entschlossen, ihr Leben der Kunst und der Förderung von Alexej Jawlensky zu widmen, der bald ihr Freund und Geliebter wurde.

Erste Begegnung

Das erste Zusammentreffen mit Alexej Jawlensky schilderte sie selbst rückblickend kurz und knapp: »Im Hause meines Vaters lernte ich vor 27 Jahren Jawlensky kennen. Er war ein kleiner Offizier, war arm wie eine Kirchenmaus. Seine Brüder lebten zwischen Hunger und Sattessen, und er studierte auf der Kunstakademie, zwar mit Anerkennung seines Talentes, aber nicht seines Erfolges ... Ich liebte seine Kunst und wollte ihr helfen. Er gefiel mir, ich wußte, daß er leichtsinnig und [ein] Frauenläufer war.«[6] 1892 – also noch im Jahr des Kennenlernens – beschloss Werefkin, diesen »kleinen Offizier« unter ihre Fittiche zu nehmen und in der Malerei zu unterrichten. Sie, die als Künstlerin erheblich weiter fortgeschritten war als der junge Alexej, war zutiefst

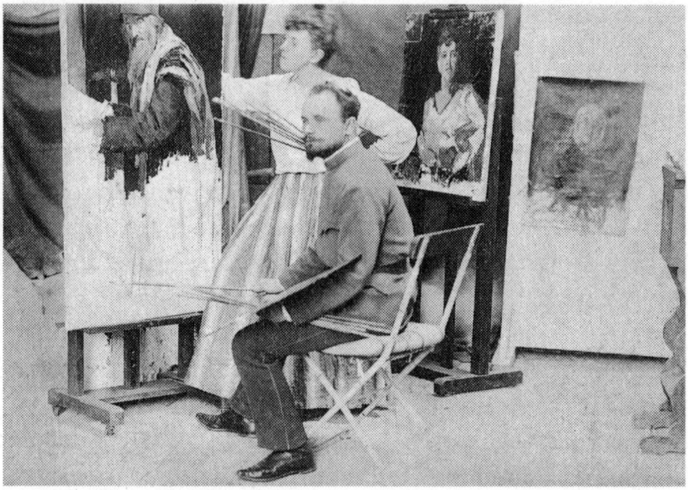

Alexej Jawlensky und Marianne von Werefkin im Atelier, 1893

von seiner Begabung überzeugt und begann sich ihm völlig zu widmen.

Zunächst boten Repin und Marianne von Werefkin Jawlensky an, in ihren Ateliers zu arbeiten. Er besuchte aber weiterhin die Kurse in der Akademie, wo er 1892 in die Aktklasse aufrückte. Dann lud Marianne ihn ein, in den Sommerferien auf das Landgut der Familie in Litauen zu kommen. Offenbar hatte Jawlensky ihr Angebot missverstanden, denn er machte ihr eine Liebeserklärung. Sie wies ihn jedoch zurück, wollte nur eine »zärtliche nette Freundschaft in gemeinsamer Liebe zur Kunst«, denn zwischen ihnen lag gesellschaftlich gesehen eine unüberbrückbare Kluft. Ihr Vater beobachtete die beiden misstrauisch. Auf dessen Frage, ob sie ihn heiraten wolle, lachte sie und antwortete nach eigenem Bekunden: »Ich denke nicht daran.« Der Vater machte ihr klar, dass sie nach seinem Tod zwar eine hohe Pension erhalten würde, aber nur bis zu ihrer Heirat. Erst jetzt erlaubte er ihr, Jawlensky auf das Gut »Blagodat« (Glückseligkeit) einzuladen.[7] Dieser Landsitz lag im Gouvernement Kowno und umfasste mehrere Gutshöfe, einen Wald und einen See. Er bot hinreichend Gelegenheit, sich mit Freunden und Besuchern aus der Stadt zu treffen, in der Natur zu malen und Ausflüge zu unternehmen. Die Atmosphäre auf »Blagodat« war der von Abramzewo ähnlich; die Gebäude und die Innenausstattung waren im russischen Stil und mit viel ornamentalen, geometrischen und floralen Schnitzereien versehen. Die Einrichtungsgegenstände und Gerätschaften wurden von der Malerin, Illustratorin und Kunstgewerblerin Jelena Dmitrjewna Polenowa entworfen. Sie waren also tatsächlich nicht alt; doch wurde das Lindenholz, aus dem sie bestanden, so behandelt, dass sie alt wirkten. Polenova war damals die Leiterin der Tischlerei von Abramzewo; nach ihrem Tod 1898 wurde nach ihren Entwürfen das »Russische Dorf« auf der Pariser Weltausstellung von 1900 ausgestattet. Elena Polenovas Wiederbelebung der russischen Volkskunst wirkte sich nicht nur in Russland aus; schon vor 1900 hatte sich die Avantgarde auch anderswo der Volkskunst zugewandt, so auch in Bayern, wo die Hinterglasmalerei, die bemalten Bauernmöbel, Textilien und Gebrauchsgegenstände wiederentdeckt wurden.

Das Ambiente von Abramzewo erlebte Jawlensky auch auf Repins Landgut im Gouvernement Witebsk. Auch dort wollte der Hausherr, wie sein Freund Tolstoi, wenigstens zeitweise zurückgezogen und einfach wie ein Bauer leben. Jawlensky schilderte die spartanische Lebensweise Repins auf seinem Gut, der kaum aß, nicht rauchte und nicht trank. »Er gab seine ganze Kraft der Kunst … Er wohnte dort mit seinen zwei Töchtern. Wir mußten von Anfang an dasselbe Leben führen wie er, das heißt, um acht Uhr ins Bett, um drei aufstehen und mit offenem Fenster schlafen. Repin schlief, obwohl es sehr kühl war, auf der Veranda … Wir mußten dann mit Schaufeln im Garten arbeiten, um den Weg zu reparieren. Repin arbeitete mit bis um sechs Uhr.« Repin wollte, dass sein Leben auf dem Gut so ursprünglich sei wie das der Griechen in der Antike, und hoffte, dass der Umgang mit der Erde seine Gedanken erneuern würde. Selbstverständlich wurde auf dem Gut auch gemalt. Jawlensky, fast dreißig Jahre alt, arbeitete damals an kleinen Landschaftsstudien. Sein Biograf Bernd Fäthke vermutet, dass er sich in seiner Ausbildung noch nicht weit genug fühlte, um richtige Ölgemälde, etwa ein Porträt seiner Künstlerkollegen, zu malen.[8]

Sicher aber ist, dass Marianne von Werefkin ihn an die Ölmalerei heranführte, als er sich im gleichen Jahr auf »Blagodat« in Litauen aufhielt. Auch im Zeichnen lernte er bei den gemeinsamen Aufenthalten auf dem Werefkin'schen Landgut in kurzer Zeit sehr viel. Wie Marianne von Werefkin in ihren Erinnerungen schrieb, arbeiteten die beiden Künstler gemeinsam mit großem Eifer in ihrem Atelier. Sie lebte mit ihrer Bedienung im kleinen Häuschen und »Lulu«, wie sie ihn inzwischen nannte, im großen Haus. Wie Jawlensky sich sehr viel später erinnerte, begann sie die Arbeit schon früh um sechs Uhr. Hier wurde nicht mehr nach Gipsmodellen gearbeitet, sondern nach lebenden Modellen, beispielsweise den »armen Juden aus einem in der Nähe gelegenen jüdischen Ort«[9]. Das nicht weit entfernte Wilna galt damals als religiöses und kulturelles Zentrum des Ostjudentums, in den Dörfern herrschte große Armut, und die Juden wurden gering geachtet, wenn nicht verachtet. Marianne von Werefkin hatte diese Menschengruppe im Zuge der sozial engagierten Peredwischniki-Malerei, der Wandermaler, für sich entdeckt. Sie machte Fotos von den Armen, die dann im Atelier in St. Petersburg in Öl umgesetzt wurden. Auch Jawlensky malte 1893 mehrere dieser Porträts, wobei er sich ausschließlich der Farben Schwarz, Weiß und den daraus gemischten Grautönen in Öl auf Leinwand bediente, der *Grisaille*-Technik. Während er auf der Akademie immer noch Unterricht im Zeichnen erhielt, war die Werefkin vom Lehrplan abgewichen und hatte ihn privat in die Ölmalerei eingeführt.

Sie war ihrem Zögling eine so gute Lehrerin und Mäzenin, dass er offenbar keine Abschlussprüfung an der Akademie mehr anstrebte. Und sie war tolerant genug, dass sie ihm sogar ein Verhältnis mit ihrer Zofe gestattete. Diese lebte mit Jawlensky dann auch in St. Petersburg und begleitete die beiden auf Reisen. Sie saß ihm Modell; obwohl schon fortgeschritteneren Alters, faszinierte sie Jawlensky offenbar auch wegen ihrer roten Haare, die er auf zwei Porträts malte.[10]

Eines Tages, im Frühjahr 1895, erhielt die Zofe den Auftrag, ein junges Mädchen als Zimmermädchen auszubilden, das Marianne als Neunjährige in ihre Obhut genommen hatte; sie hieß Hélène Nesnakomoff, auf Deutsch »die Unbekannte«. Den Erinnerungen Jawlenskys zufolge war sie zwar schon vierzehn, als sie in das Haus Werefkin kam; aber sie war auf jeden Fall noch ein Kind. Über ihre Herkunft gibt es widersprüchliche Aussagen. Laut Marianne von Werefkin entstammte sie einer sehr armen Familie, der Vater war gestorben, die Mutter eine Trinkerin, deren eine Tochter in einem Mädchenasyl untergebracht wurde, der Sohn, ein Dieb, war immer wieder im Gefängnis. Marianne von Werefkin nahm sich der kleinen Hélène an; sie wollte diesem Mädchen ein Zuhause und eine Ausbildung geben und ahnte nicht, dass sich der dreißigjährige »Lulu« in die inzwischen Zehnjährige verlieben würde, als er einmal auf »Blagodat« mit ihr allein gelassen wurde. Marianne, die die Fürsorgepflicht für dieses Kind übernommen hatte, gestand später ihre Schuld ein: »Daß ich Hélène als Kind ganz mißverstanden habe, gestehe

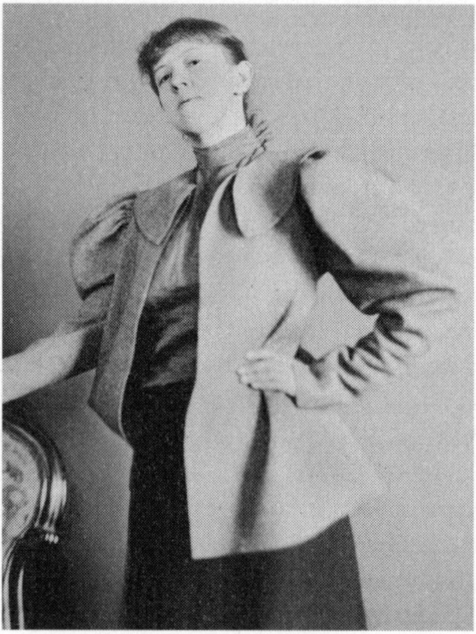

Marianne von Werefkin, um 1892/93

ich. Daß mit den Jahren die wachsende Unsympathie mich gegen sie zu Handlungen riß, die ich niemandem mir gegenüber je erlaubt habe – ist auch wa[h]r. – Diese Seite meiner Beziehungen zu Hélène liegt ganz auf meiner Schuld – aber das ist auch meine einzige Schuld in der ganzen Geschichte und die späte Einsicht in diese Schuld hat mich auch so handeln lassen, wie ich gehandelt habe. Diese Schuld habe ich mit vielen, vielen ... bezahlt.«[11] Jawlensky hielt fast sein Leben lang an Hélène fest und malte sie viele Male. Dennoch blieb sie für viele, auch für Freunde, die Unbekannte.

Die wachsende »Unsympathie« Marianne von Werefkins gegenüber Hélène ist unter diesen Umständen verständlich. Wenn Marianne sich auch von Jawlensky betrogen fühlte, so unterstützte sie ihn sie doch weiterhin. Denn sie glaubte damals noch, nur ein Mann könne Neues in der Kunst schaffen. »Ich bin Frau, bin bar jeder Schöpfung, ich kann alles verstehen und kann nichts schaffen«, schrieb sie am 25. März 1895 in ihr Tagebuch. Und im Mai fügte sie bitter hinzu: »Er nahm was er konnte, und so wie er konnte, war er dankbar. Aber er hat mich nie geliebt und auch jetzt liebt er mich nicht. Das andere ist Gewohnheit, die heute zum ersten Mal zerreißen muß.«[12] Marianne von Werefkin war eine charakterstarke Frau, der es zunächst in erster Linie darum gegangen war, Jawlenskys künstlerisches Talent zu fördern. Vielleicht gegen ihren eigenen Willen, hatte sie dann doch auf seine Liebe gehofft. Aber Jawlensky hatte offenbar wenig Neigung für seine Gönnerin, es fehlte auch an Dankbarkeit für ihren unermüdlichen Einsatz. Er nahm alles als selbstverständlich hin und schien nicht zu bemerken, dass er damit andere Menschen verletzte.

Drei Jahre lang hatte sich Marianne von Werefkin in Russland seinem künstlerischen Fortkommen gewidmet. Nun äußerte er den Wunsch, zu Studienzwecken ins Ausland zu gehen. Er selbst besaß nichts außer seinem Sold und vielleicht ein paar kleinen Ersparnissen, seine Gönnerin aber war reich. Und so nutzte Marianne von Werefkin vermutlich den Einfluss ihres Vaters, um Jawlensky vom Militärdienst freizustellen. Mit Hilfe einer Freundin, deren Vater General und oberster Vorgesetzter Jawlenskys war, erwirkte sie, dass Oberleutnant Jawlensky vorzeitig aus dem Militär entlassen und ihm sogar eine Pension zugestanden wurde. Dieses Verfahren war im Frühjahr 1896 beendet. Ehe die beiden Künstler aber ins Ausland reisen konnten, musste Jawlensky vor Mariannes Vater schriftlich das Versprechen ablegen, »daß von nun an bis zum Tode sein, Jawlenskys Leben« dessen Tochter gehöre, und das auf Ehre und Gewissen.[13]

Nach dem Tod ihres Vaters 1896 erhielt Marianne ebenfalls eine staatliche Rente, die allerdings nur bis zu ihrer Verheiratung ausgezahlt werden sollte. Ob sie überhaupt heiraten wollte, sei dahingestellt, jedenfalls machte schon diese Bestimmung eine Eheschließung höchst unwahrscheinlich. Man ging im zaristischen Russland eben noch davon aus, dass eine Frau heiraten würde. Allerdings war Marianne schon 36 Jahre alt und hatte vermutlich ihre Heiratswünsche längst begraben. Aufgrund der beiden Renten war nun die Möglichkeit gegeben, einen Auslandsaufenthalt zu planen. Durch ihre Herkunft und Bildung war Werefkin westlicher Kunst gegenüber aufgeschlossen, ja das Kunstverständnis der beiden war auch von der Malerei Westeuropas geprägt. Natürlich stellte sich – wie bei Kandinsky – die Frage: Paris oder München? Die russische Herkunft und die Stellung ihres Vaters garantierten ihr in München bei der kaiserlich russischen Gesandtschaft, bei der bayerischen Aristokratie sowie bei den städtischen Behörden das größte Entgegenkommen, und so fiel die Entscheidung für München.

Der Salon Marianne von Werefkins in München

Am 27. Oktober 1896 kam »Excellenz Werefkin« in München an und mietete für sich und Jawlensky eine komfortable Doppelwohnung in der Giselastraße 23, in die sie von nun an Künstler, Politiker und Adlige einladen konnte. Sie richtete Jawlensky ein Atelier ein, mit russischen Möbeln im Abramzewo-Stil, der Rest der Wohnung wurde mit Gegenständen aller Stilepochen, Bildern und Fotos aus Russland ausgestattet. Hélène Nesnakomoff begleitete das Künstlerpaar, allerdings ausdrücklich zur »persönlichen Bedienung der Werefkin«[14]. Sie war nun vierzehn Jahre alt. Jawlensky unterhielt auch aushäusige Liebesaffären, die Werefkin kaum entgangen sein werden. Sein Biograf schildert Jawlensky als einen Mann von einer »dumpfen Schwerfälligkeit« und von »melancholisch-phlegmatischem Temperament«[15]. Das widerspricht aber Werefkins Beobachtung, er sei leichtsinnig gewesen. Gleichwohl hat sich Jawlensky trotz seiner Affären oft einsam gefühlt. Und ihr wurden bei der Suche nach einem idealen Alter Ego enge Grenzen gezogen. Oft war sie verzweifelt und fühlte nur noch »Dürre und Leere« in sich.

Wie auf einem Gemälde Werefkins und auf einem Foto aus dem gleichen Jahr zu sehen ist, zeigte sich Jawlensky in München als feiner Herr mit eleganter Kleidung, weißem Hemd und Kragen, Schnurrbart und bereits etwas zurückweichendem Haaransatz; seine kräftige Statur stellt der junge Mann selbstbewusst heraus. Auch Marianne von Werefkin wirkt auf einem Foto von 1897 wie eine adlige Dame; mit Schoßhündchen, Spitzenkleid und Jabot blickt sie ernst in die Kamera. Hinter ihr posieren zwei weitere russische Künstler mit Jawlensky sowie deren slowenischer Lehrer Ažbe – derselbe, der auch Kandinsky unterrichtete. Sie sehen beide keineswegs wie Bohemiens aus, eher wie vornehme Bürger. Entsprechend erstaunt waren dann auch Malerkollegen wie Helmuth Macke, der Vetter von August, der vermutet hatte, die Russen seien Kerle mit langen Haaren, Läusen und extravaganter Kleidung. Die Garderobe fand er zwar extravagant, aber höchst distinguiert. »Einfach vornehm, die Kerle sehen aus wie geleckt«[16], lautete sein Urteil.

Nicht nur Helmuth Macke hatte den Eindruck, dass Marianne von Werefkin die Seele des ganzen Unternehmens war. Mit Jawlensky waren noch zwei Malerkollegen von der Akademie in St. Petersburg nach München gekommen, Dmitri Kardowsky und Igor Grabar. Die ganze Gruppe reiste ein Jahr später nach Venedig, wo eine Ausstellung Repins stattfand. Ihr Münchner Lehrer Anton Ažbe war auch dabei. Aber zwischen Jawlensky und Werefkin herrschte Zwietracht, denn ganz offensichtlich war er eifersüchtig auf ihre Kunst und ihr Können. Daraufhin hörte sie ganz auf zu malen und verzichtete zehn Jahre lang auf künstlerische Betätigung, um nicht seine Eifersucht zu provozieren und um sich ganz ihrem Schützling zu widmen. Dafür spielte sie in den intellektuellen Diskussionen in ihrem Salon eine umso größere Rolle. Jawlensky fühlte sich wohl in München. Schon morgens um halb acht wurde er von seinem Kollegen Kardowsky abgeholt. Sie arbeiteten den ganzen Tag in der Malschule; abends um acht Uhr gingen sie gewöhnlich noch in die Wohnung Jawlenskys, wo zu Abend gegessen und geplaudert wurde. Marianne von Werefkin war immer im Hause, erinnerte sich Jawlensky, und die Stimmung sei immer lustig und freundschaftlich gewesen.

Die Künstlerin beschäftigte sich in dieser Zeit intensiv mit Studien zu Farben, Pigmenten, alten Maltechniken und Bindemitteln und richtete 1898 in ihrer Wohnung ein chemisches Labor ein, in dem die russischen Maler ihres Umkreises mit Farbmischungen experimentieren konnten. Auch Kandinsky bereitete dort Farben zu, wobei er wohl auch mit Jawlensky zusammenarbeitete. Kandinsky verkehrte offenbar schon vor 1900 in dem Salon Marianne von Werefkins. Aber er fühlte sich in dieser Umgebung zunächst fremd und isoliert.[17] Werefkin aber hatte bald so großes Vertrauen zu ihm, dass sie ihm, während sie sich 1901/02 über ein Jahr lang mit Jawlensky in Russland befand, die Obhut über ihre Wohnung anvertraute.[18]

Jawlensky malte damals noch in dunklen Farben, bewunderte Lenbach und den »goldigen Galerieton«, den man in der zweiten Hälfte des neunzehnten Jahrhunderts schätzte und noch um 1900 durch gedämpfte Beleuchtung und lasierte Fenster verstärkte. Jawlenskys »Selbstporträt mit Hut« (1897 oder bald danach entstanden) zeugt von dieser Malphase der Dunkelmalerei und das in Rembrandt'scher Manier durch Licht hervorgehobene Gesicht. Sein Porträt Hélènes aus dem Jahr 1900 zeigt die erst Fünfzehnjährige mit fragendem, kindlichem Blick, die Gesichtszüge wenig ausgearbeitet. Erst später fand er zu den leuchtenden Farben, für die er berühmt wurde. 1899 fand Jawlensky, dass seine Studienzeit beendet sei, und verließ die Malschule Ažbes. Der Untergang der Schule war ohnehin offenkundig, denn ihr Leiter Ažbe war dem Alkohol verfallen und galt vielen seiner Schüler nur noch als Karikatur seiner selbst.

Russland 1901/1902

Im September 1901 hatte Jawlensky plötzlich Sorgen ganz neuer Art. Hélène erwartete ein Kind von ihm. Das musste unbedingt geheim gehalten werden. Jawlensky konnte sich darauf verlassen, dass Marianne von Werefkin ihm wieder helfen würde. Allerdings galt es auch, ihren eigenen guten Ruf zu retten. Aus diesem Grund reisten Werefkin, Jawlensky und Hélène nach Russland, dieses Mal auf das Gut »Anspacki« im Gouvernement Witebsk, das dem Sekretär der russischen Gesandtschaft in München, Nikolai Stolypin, gehörte, einem ihrer einflussreichen Freunde. Dort kam am 18. Februar 1902 der Sohn Jawlenskys und Hélènes in aller Heimlichkeit zur Welt. Während die beiden Maler für Monate auf die Krim und nach Finnland reisten, um befreundete Künstler zu besuchen, und Silvester in St. Petersburg verbrachten, hielt Kandinsky sie über das Münchner Geschehen auf dem Laufenden. Und am 23. November 1902 kehrte die ganze »Familie« wieder nach München zurück, diesmal in Begleitung auch von Maria, der älteren Schwester Hélènes. Um die Verwirrung vollständig zu machen, hatten die Beamten der bayerischen Meldebehörde auf den Legitimationsurkunden auch noch die Geburtsdaten der beiden Schwestern vertauscht.[19] Hélène war nun als Köchin eingetragen und die Schwester Maria als Zimmermädchen. Jawlenskys Sohn befand sich als Nachtrag im Pass Werefkins, denn die noch minderjährige Hélène besaß keinen eigenen Reisepass. Die Geheimhaltung der Geburt wurde in München weiter betrieben, Jawlensky gab Bekannten gegenüber Werefkin als seine »Cousine« und den kleinen André als seinen »Neffen« aus.[20] So unkonventionell die Menage à trois in aller Augen auch war, so bemühte sich zumindest Marianne von Werefkin doch um Vertuschung der ganzen Angelegenheit und wollte die bürgerliche Fassade wahren.

Werefkin begann während ihres Aufenthalts in Russland – um Abstand zu gewinnen, besuchte sie auch das Gut »Blagodat« – sich über ihr Leben als Künstlerin und ihre Beziehung zu Jawlensky Rechenschaft abzulegen. Sie schrieb zwischen 1901 und 1905 »Lettres à un Inconnu«, eine Art Tagebuch mit kunsttheoretischen Überlegungen, das überwiegend in französischer Sprache verfasst ist. Zum großen Teil ging es in diesem Text aber um die Frage, welche Rolle eigentlich Jawlensky in ihrem Leben spielte. Sie sehnte sich danach, die eigene Malerei wieder aufzunehmen, wagte es aber nicht. Sie empfand ihr Leben als ein Leben aus »zweiter Hand«. Ihre Idee, einen Menschen zu formen und Jawlensky zu einem Künstler nach ihren Vorstellungen zu machen, schien gescheitert. Sie war unendlich enttäuscht: »Ich bin ein energisches Wesen, intelligent und Künstlerin, ich habe eine schöpferische Seele, und ich bin der Trägheit verfallen, dem Nichtstun. Ich habe mir selbst nicht vertraut und deshalb ist mein Leben zum Teufel gegangen ... Ich bin zur Hure geworden und zur Küchenmagd, zur Krankenpflegerin und zur Gouvernante, nur um der großen Kunst zu dienen, einem Talent, das ich für würdig hielt, das neue Werk zu verwirklichen.«[21] Aus diesen wenigen Zeilen geht hervor, welche Opfer sie für ihr großes Ziel gebracht hatte: Jawlensky schien sich mehr und mehr Hélène und seinem Sohn zuzuwenden, Werefkin fühlte sich ausgeschlossen und einsam. In dieser Situation kam es fast zum Bruch zwischen den beiden Künstlern.

Frankreich 1903 und 1905

Aber es gelang ihr im Sommer 1903, Jawlensky zu überreden, mit ihr zusammen in die Normandie zu reisen und danach noch einen längeren Besuch in Paris zu machen. Diese Reise hat offenbar manchen Bruch zwischen den beiden wieder verheilen lassen. Werefkin schwärmte von der Landschaft, die sie in Tönen und Farben sah, Jawlensky teilte wohl ihre Sichtweise, denn nach der Rückkehr wandte er eine ganz neue Maltechnik an. In Paris gingen die beiden Seite an Seite, Hand in Hand, und ließen sich von den Glanzlichtern der Stadt verzaubern. Sie besuchten Galerien mit Gemälden von Edgar Degas, André Derain und lernten Bilder von Henri Rousseau kennen.

Nach dieser Reise mit ihren vielen neuen Eindrücken malte Jawlensky jahrelang nur noch in der neoimpressionistischen Weise: Das Licht bedurfte keiner äußeren Quelle mehr, es entstand direkt aus der Farbe, sein ehemals langer Pinselstrich wurde kürzer. Zurück in München, herrschte bald wieder der Alltag. Werefkin beklagte sich in ihren »Briefen an einen Unbekannten« über Zank und Streit, Kindergeplärr und herumstehende Nachttöpfe. Am meisten brachte sie auf, dass Jawlensky das »Küchenpersonal« favorisierte, ja in der Küche aß, mit Hélène einkaufen ging und ihr als Einziger Zutritt zu seinem Atelier gewährte. Hélène beherrsche ihn und ließe ihn niemals die Freveltat vergessen, die er an ihr begangen habe, schrieb Werefkin. Aber auch die hübsche Maria genoss seine Aufmerksamkeit, er malte sie mehrfach. Jawlensky sei aufbrausend, habe keine Selbstbeherrschung und ließe sich von momentanen Launen bestimmen, fand seine Gönnerin. Dies alles erduldete sie nur deshalb, weil sie ihre Mission darin sah, Jawlenskys Talent zu fördern, seinen Erfolg und sein Glück herbeizuführen. Allerdings verursachte ihr diese selbst gewählte Aufgabe häufig »Nervenkrämpfe«. Erst 1906 begann sie wieder selbst zu malen und zwar zunächst mit Blei- und Zeichenstiften. Sie füllte ihre Notizbücher nun nicht mehr mit Worten, sondern mit Skizzen aus dem täglichen Leben.

Ein bedeutender Besuch traf im Februar 1904 im Werefkin'schen Salon ein: Es war Lovis Corinth, der schon damals ein sehr bekannter Vertreter des deutschen Impressionismus und Vorstandsmitglied der »Berliner Sezession« war. In ihren Erinnerungen berichteten Jawlensky und Werefkin unabhängig voneinander über diesen Besuch, der sie offensichtlich nachhaltig beeindruckte. Werefkin hielt fest, dass Corinth von »Lulus« Arbeiten begeistert gewesen sei und ihm vorgeschlagen habe, alles, was vorhanden sei, in der »Sezession« auszustellen. Werefkin war entzückt über dieses hohe Lob, sie fühlte sich bestätigt und verzieh Jawlensky wieder einmal alles. »Die Kunst, das ist L. [Lulus] große Macht über mich«[22], schrieb sie in ihren »Lettres à un Inconnu«. Sie sah darüber hinweg, dass das Bild »Hélène in spanischem Kostüm« womöglich noch nass auf der Staffelei stand, als Corinth Jawlenskys Atelier besuchte. Der hohe Besuch sah

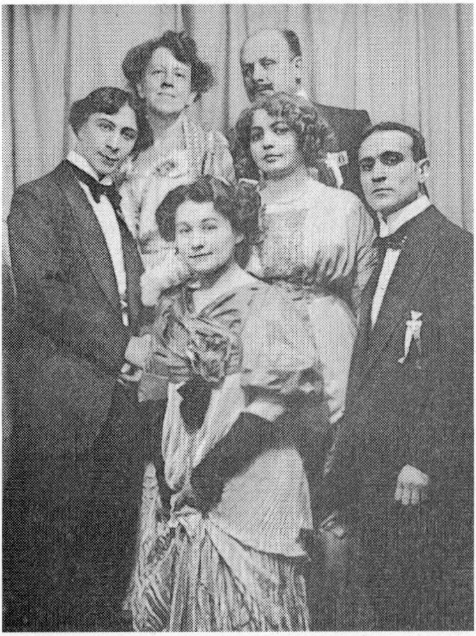

Alexander Sacharoff, Marianne von Werefkin, Alexej Jawlensky, um 1919. Im Vordergrund Hélène Nesnakomoff; neben Sacharoff steht Clotilde von Derp, seine Tanzpartnerin und spätere Ehefrau.

in dem Jüngeren einen Kollegen, der ähnliche Ziele in der Malerei verfolgte wie er selbst.

Eine Bereicherung des Zirkels um das russische Paar stellte auch der Maler und Tänzer Alexander Sacharoff dar. Er hatte seine Ausbildung als Maler in Paris begonnen, ehe er sich entschloss, Tänzer zu werden. Diese Entscheidung hatte radikale Folgen; er soll alle seine Gemälde verbrannt haben, ehe er Anfang des Jahrhunderts nach München kam. Nur einige wenige Zeichnungen, die sich im Besitz Marianne von Werefkins befanden, haben überlebt. In München widmete sich Sacharoff ganz der Tanzkunst. Sein Stil zeichnete sich durch äußerste Reduzierung der Form und gesteigerte

Geistigkeit aus. Er machte Anleihen bei der frühen griechischen Kunst, die – ähnlich wie bei Isadora Duncan – seine Choreografien beeinflusste. Seine Rollen und Bühnenbilder besprach er mit Werefkin und Jawlensky und probte in ihrem Atelier. Werefkin, schon immer theaterbegeistert, half ihm mit Rat und Tat, ja sie half sogar bei den Inszenierungen. Sie malte einige Gouachen von ihm bei den Tanzproben, die seine ungeheure Beweglichkeit ahnen lassen. Das Porträt, das Werefkin 1909 von ihm malte, zeigt deutlich asiatische Züge. Nicht nur war Werefkin wie viele andere Künstler dieser Epoche von der japanischen Kunst inspiriert, auch Sacharoff selbst ließ sich von japanischen Holzschnitten anregen.[23]

Sein androgynes Äußeres, das in dem Gemälde Jawlenskys von 1909 fasziniert, beeindruckte viele Zuschauer und Maler. Es heißt, er habe sich gern in Frauenkleidern malen lassen. Dieses Bild, das Jawlensky in nur einer halben Stunde kurz vor einem Auftritt Sacharoffs gemalt haben soll, nahm dieser ihm sofort weg, weil er befürchtete, Jawlensky würde es noch verändern. Als Sacharoff 1910 in München debütierte, erregte er großes Aufsehen. Er fertigte seine Kostüme selbst und brachte sie in Einklang mit dem Bühnenbild. Seine Gabe, Emotionen tänzerisch und pantomimisch darzustellen, machte ihn zu einem frühen Meister des Ausdruckstanzes. Eine junge deutsche Tänzerin, Clotilde von Derp (eigentlich Clotilde Edle von der Planitz), widmete sich zur gleichen Zeit ebenfalls der Tanzkunst. Beide debütierten unabhängig voneinander 1910 in München, lernten sich aber erst 1913 persönlich kennen. Die beiden Tänzer gingen gemeinsam auf Tourneen, heirateten 1919 und wurden weltberühmt. Sacharoff verkehrte als einer der engsten Freunde fast täglich in der Wohnung Marianne von Werefkins und Jawlenskys in der Giselastraße, und er verstand es, auch nach deren Trennung mit beiden befreundet zu bleiben. Jawlensky charakterisierte Sacharoff als intelligenten, feinfühlenden und begabten Menschen.

Die Parallelen zwischen Malerei, Tanz und Musik erkannte Sacharoff als einer der ersten Ausdruckstänzer, als er schrieb: »Ich habe häufig mit besonderem Nachdruck betont, daß wir – Clotilde Sacharoff und ich – nicht mit der Musik tanzen und daß die Musik unsere Tänze auch nicht begleitet, sondern daß wir Musik selber tanzen. Das soll heißen, daß wir die Musik in visueller Form verwirklichen, indem wir mit den Mitteln der Bewegung das ausdrücken, was der Komponist in Tönen ausdrückt.«[24] Ähnliche Bestrebungen kennzeichnen ja auch Kandinskys Experimente mit der Bühnenkunst, die eine Revolution des Theaters herbeiführen sollten, und seine Versuche, Musik oder Klang malerisch darzustellen – Gedanken, die auch Franz Marc bewegten. Den Künstler sollte eine »innere Notwendigkeit« zur Kunst führen, forderte Kandinsky. Dies empfand offenbar auch Sacharoff, der die Tanzkunst erneuern wollte, indem er eine Synthese zwischen Tanz und Musik herstellte, zu der auch das Bühnenbild und die Kostüme gehörten. Die Tiefenwirkung des Bühnenbildes wurde dabei aufgehoben, Beleuchtungseffekte und die Farben des Kostüms sollten eine flächige, zweidimensionale Wirkung erzielen. Sacharoffs Kunst muss sehr beeindruckend gewesen sein, denn beide, Jawlensky und auch Werefkin, machten Skizzen von seinen Auftritten. Mehr als zwanzig Jahre später begleitete Marianne von Werefkin das Tänzerpaar als Bühnenmeisterin.

1905 verbrachten Werefkin und Jawlensky fast ein ganzes Jahr in Frankreich. Diesmal bereisten sie die Bretagne, die Heimat Gauguins, und Paris, wo das gesamte französische Kunstgeschehen präsent war, sowie die Provence, wo die berühmten lichtdurchfluteten Bilder van Goghs gemalt worden waren. Zuvor hatte Jawlensky aber schon ein Porträt Werefkins in der Manier des bewunderten Vorbilds gemalt, das sie im Seitenprofil zeigt. Erstmals sieht man ihr ihre Sorgen und Verzweiflung an, die Jawlensky, trotz aller gegenteiligen Behauptungen der Freundin, sehr gut gekannt haben muss. Anlass der Frankreich-Reise war nicht nur, die Stätten des Schaffens berühmter Vorbilder wie Matisse zu besuchen, vor allem sollte Jawlensky am begehrten »Salon d'Automne« in Paris 1905 teilnehmen. Dort war ein Pavillon der russischen Malerei vorbehalten, den der berühmte Impresario Sergej Diaghilew organisiert hatte. Insbesondere wurden dort die »Fauves« einer größeren Öffentlichkeit zugänglich gemacht. Mit diesem »Salon d'Automne« muss Werefkin ihre Aufgabe, Jawlensky auszubilden, als beendet angesehen haben. Sie erklärte, er sei als Maler die markanteste Persönlichkeit der zeitgenössischen Kunst. Und von dieser Reise zurückgekehrt, nahm Werefkin nach zehnjähriger Pause ihre eigene Malerei wieder auf. Sie beendete ihre »Briefe an einen Unbekannten« mit den Worten: »Auf dieser Seite beschließe ich die Briefe an den Unbekannten. Erst ganz unbestimmt, hat er später menschliche Gestalt angenommen. Jetzt ist der Unbekannte wieder geworden, was er am Anfang war. Er ist mein Ich außerhalb von mir ... Diese Briefe, die so voll sind von einem naiven Glauben und blauen Träumen, existieren nicht mehr. Ich habe in mein Herz geschaut. Ich habe dort die Ruhe gesehen. Ich kann dieses Heft schließen.«[25]

Während Werefkin sich von nun an der Temperamalerei widmete und entschieden expressionistisch malte, entschloss sich Jawlensky zur Ölmalerei. In seinem Atelier eröffnete er eine Malschule. An seinen Kursen nahm im Jahr 1906 auch Franziska zu Reventlow teil. Gabriele Münter wollte sich auch einschreiben, denn sie schätzte Jawlensky als Künstler

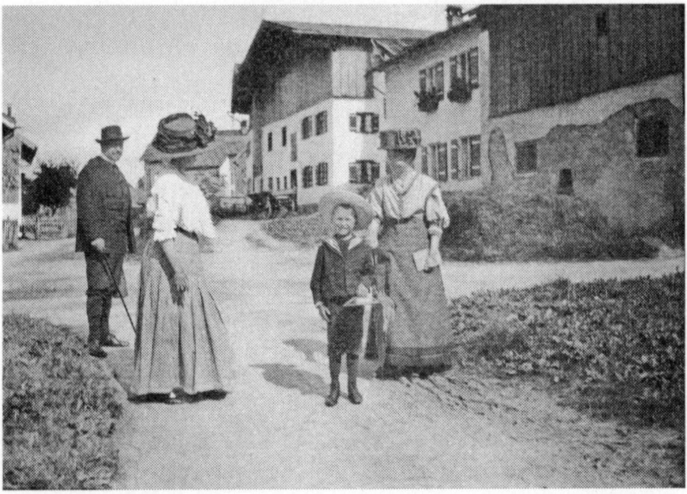

Alexej Jawlensky, Marianne von Werefkin, Andreas Jawlensky und Gabriele Münter auf einer Dorfstraße in Murnau, 1909

und Lehrer außerordentlich. Aber Kandinsky redete es ihr aus, diese Tupfenmalerei sei als Schulprinzip nicht zu empfehlen, meinte er.[26] Wenngleich er Jawlensky als Künstler schätzte, hielt er ihn für einen Schürzenjäger und als Lehrer für Gabriele Münter nicht geeignet. Obwohl am Haus Giselastraße 23 ein Schild hing, das »Zeichen- und Malschule A. Jawlensky« verkündete, war wohl allen Kennern klar, dass die »Baronin« dort das Sagen hatte. Später erwähnte sie gern, sowohl Jawlensky als auch Adolf Erbslöh und Alexander Kanoldt unterrichtet zu haben, insbesondere Jawlensky verdanke seine ganze Kunst ihr, sagte sie noch 1919 zu Paul Klee.[27] Fest steht allerdings, dass sie schon 1897 theoretischen Kunstunterricht gegeben hat und dass mancher Schüler davon begeistert war. Sie nahm sogar viele der Erkenntnisse Kandinskys vorweg, die dieser in seiner berühmten Schrift *Über das Geistige in der Kunst* niederlegte.[28]

Die »Neue Künstlervereinigung München«

Die Wohnung der Giselisten hatte sich allmählich zum Treffpunkt vieler Künstler entwickelt. Im Winter 1909 wurde im rosafarbenen Salon der »Baronin« die bereits erwähnte »Neue Künstlervereinigung München« gegründet. Nach Eröffnung der ersten Ausstellung im Dezember 1909 reiste Marianne von Werefkin allein nach Kowno, um Weihnachten mit ihrem Bruder im Gouverneurspalast zu verbringen. Zwar schrieb sie von dort bald mit bunten Bildern illustrierte Briefe an Jawlensky, aber ihre Rückkehr nach München verzögerte sich. Sie erkrankte und musste bis Ostern 1910 bleiben. Nach ihrer Rückkehr begann sie mit erneuter Schaffenskraft zu malen, und die Bilder, die in dieser Zeit entstanden, stellen den Höhepunkt ihrer künstlerischen Karriere dar, den sie erst jetzt, im Alter von fünfzig Jahren, erreichte. Offenbar hatte »der Künstler in der Frau die Oberhand«[29] gewonnen. Sie malte Zirkusskizzen, die sie auch farbig ausführte, und Ölgemälde, unter anderem das berühmte Selbstporträt, auf dem sie den Zuschauer mit leuchtend roten Augen streng anblickt. Aber dieses Selbstbildnis strahlt auch das neu gewonnene Selbstvertrauen aus, sie verzichtete auf Eitelkeit und Beschönigung und malte sich selbst als Frau, deren Gesicht die Spuren des Erlebten trägt. Dieses Porträt stellte eine Herausforderung dar; Jawlensky unternahm drei Versuche, bis er mit seinem eigenen Selbstbildnis von 1912 nachziehen konnte.

Werefkins Gemälde aus dieser Zeit leuchten in kräftigen Farben und verbreiten eine heitere Stimmung. Sie konnte einige Schüler um sich scharen und gewann neue künstlerische Sicherheit, wobei Kandinsky sie kräftig unterstützte. Jawlensky litt damals an Selbstzweifeln. Franz Marc gegenüber gestand er: »Ich verstehe es so gut, über Kunst zu urteilen; die Empfindung und der Ausdruck dafür ist mir wie angeboren. Aber dafür kann ich nicht malen. Ich bin ein schlechter, miserabler Maler. Sie ahnen nicht, was für ein tief unglücklicher Mensch ich bin.«[30]

Marc lernte Werefkin und Kandinsky erst bei der zweiten Ausstellung der »Neuen Künstlervereinigung München« kennen und suchte sie bald in ihren Ateliers auf. Mitte November 1910 führte er auch das Ehepaar Macke bei Werefkin und Jawlensky ein. Die jungen Mackes waren tief beeindruckt von den Gemälden der beiden russischen Künstler, doch blieben ihnen wohl deren Lebensverhältnisse immer ein Geheimnis.

Elisabeth Macke schilderte ihren Besuch in München während der Vorbereitungen für den *Blaue Reiter*-Almanach sehr anschaulich: »Sie hatten zwei Atelierwohnungen auf dem gleichen Stock inne. Es war ein seltsames Milieu, ein Durcheinander von altmodischen Möbeln, künstlerischen Dingen, orientalischen Teppichen, Stickereien und Fotografien von Ahnen … Sie war eine ungemein temperamentvolle starke Persönlichkeit, voll revolutionären Geistes gegen alles Laue und Ängstliche. Wir sahen sie zuerst, als wir in Jawlenskys Atelier eintraten, sie kehrte uns den Rücken zu, eine schmale hochgewachsene Gestalt mit knallroter Bluse, einem dunklen Rock und schwarzem Lackgürtel, im Haar eine breite Taftschleife. Man glaubte, ein junges Mädchen stünde da. Als sie sich umdrehte, sah man das vom Leben geprägte ausdrucksvolle Gesicht einer alternden Frau, die, wenn sie in Begeisterung geriet, mit ihrer rechten Hand, an der der Mittelfinger fehlte – er war ihr einmal abgeschossen worden, wie es hieß –, drohend in der Luft herum gestikulierte. Sie lebten damals in großer Freundschaft miteinander, sie hatte wohl auch die Geldmittel, die zu dem unbekümmerten Künstlerle-

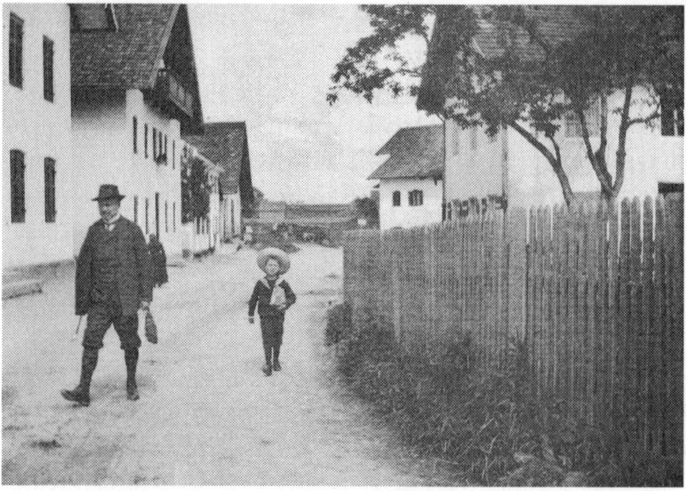

Alexej Jawlensky und sein Sohn Andreas in Murnau, um 1909

ben nötig waren, aber sie hatte auch die Herrschaft im Hause, sie bestimmte und nach ihrem Willen mußte alles gehen.«[31]

Es war Elisabeth Macke auch nicht entgangen, dass in einem kleinen Nebenzimmer Hélène wohnte, die still und unauffällig den Haushalt versorgte, aber nie mit am Tisch saß, wenn Gäste da waren. Elisabeth Macke schilderte Jawlensky als ungemein sympathischen Menschen, »voll Güte und Zartheit, ein vollendeter Kavalier, früherer Offizier mit viel alter Tradition«[32]. Sie war von ihm ebenso eingenommen wie Gabriele Münter – er hatte wohl nicht zu Unrecht den Ruf eines Frauenhelden. Jawlenskys und Marcs Bewunderung für van Gogh führte dazu, dass auch diese unterschiedlichen Charaktere Freunde wurden. Marianne von Werefkin wurde nicht müde, die französische Malerei in Deutschland zu propagieren. Macke, Marc, Kandinsky und viele andere Zeitgenossen waren beeindruckt von der »Baronin«: ihrem Verstand, ihrem pädagogischen Impetus und ihrer Kunst.

Im Sommer 1911 fuhr die »Familie« – Marianne von Werefkin, Jawlensky, Hélène Nesnakomoff und deren Sohn André – in die Sommerfrische an die Ostsee und hielt sich unter anderem in dem Badeort Prerow auf. Dort lebten sie in der komfortablen Villa »Seestern«, wo Marianne von Werefkin zahlreiche Bilder und Skizzen malte. Ihre früh erworbene sozialkritische Malweise lebte hier wieder auf. Sie malte neben den Landschaftsbildern auch das Leben der kleinen Leute, der Arbeiter und Wäscherinnen. Vermutlich lernte sie hier auch Erich Heckel kennen, eines der Mitglieder der »Brücke«[33]. Dieser Kontakt hatte zur Folge, dass die Maler der »Neuen Künstlervereinigung München«, des späteren »Blauen Reiters« und der »Brücke« an der Berliner Ausstellung der »Neuen Sezession« teilnahmen, die vom November 1911 bis Januar 1912 stattfand. Offenbar hatten Marc und Kandinsky die volle Bedeutung dieser Ausstellung zunächst nicht erkannt und wurden erst von Werefkin und Jawlensky überzeugt.

Nach dem Zerwürfnis in der »Neuen Künstlervereinigung München« und dem Austritt Kandinskys, Marcs und Münters wurde die ursprünglich geplante Beteiligung Werefkins und Jawlenskys am Almanach *Der Blaue Reiter* hinfällig – sie tauchten darin nicht auf, ebenso wenig wie Erbslöh und Kanoldt. Insbesondere mit Erbslöh waren Werefkin und Jawlensky befreundet und schätzten seine Malerei. In der Sitzung, deren Verlauf Maria Marc in einem Brief an August Macke anschaulich geschildert hat, versuchte Werefkin noch, die Wogen zu glätten, und hielt ein flammendes Plädoyer für Kandinsky und die künstlerische Freiheit. Als die drei ausgetretenen Mitglieder den Raum verlassen hatten, sagte die scharfsinnige Baronin: »So, meine Herren, jetzt verlieren wir die beiden würdigsten Mitglieder, dazu ein wundervolles Bild, und wir selbst werden bald Schlafmützen auf dem Kopf haben.«[34] Ihr war klar, dass die »Neue Künstlervereinigung München« nun dem Untergang geweiht war. Sie und Jawlensky blieben jedoch, weil sie Erbslöh nicht im Stich lassen wollten; im Nachhinein bereute sie dies aber.

Anfang Dezember 1912 verließen Werefkin und Jawlensky schließlich ebenfalls die »Neue Künstlervereinigung München« und beteiligten sich an der »Blauer Reiter«-Ausstellung in der Berliner Galerie »Der Sturm«. Persönlicher Kummer veranlasste Marianne von Werefkin, wieder nach Russland zu fahren, sie wollte sich nun endgültig von Jawlensky trennen. Doch Jawlensky reiste hinterher, kehrte aber ohne sie nach München zurück. Erst Ende Juli 1914 kam Werefkin von ihrem Gut in Litauen zurück, eine Woche später brach der Erste Weltkrieg aus. Es gelang ihr, den Mietvertrag in der Giselastraße dahin gehend zu ändern, dass nur noch Jawlenskys Atelier und drei weitere Räume gemietet waren, in denen sie die Möbel und vor allem die Bilder einlagern ließ.[35] Danach emigrierten Werefkin, Jawlensky und die als Dienstpersonal geführten Schwestern Maria und Hélène Nesnakomoff sowie deren Sohn André in die Schweiz, wo sie zwei Tage nach der Kriegserklärung Deutschlands an Russland eintrafen.

Das Exil in der Schweiz

Zunächst wohnten sie in St. Prex bei Genf in einer kleinen Pension. Kriegsbedingt mussten Marianne von Werefkin und Jawlensky eine erhebliche Kürzung ihrer russischen Pensionen hinnehmen, was bedeutete, dass die »Familie« sich erheblich einschränken musste. Während Jawlensky sich ständig beklagte, wie schlecht es ihm nun gehe und welchen Verzicht er üben müsse, kämpfte Werefkin gegen ihr

Schicksal an. Beide malten weiter, dazu verurteilt, auf engstem Raum miteinander zu leben und zu arbeiten. Jawlensky war allen kunsttheoretischen Überlegungen abhold, er hielt sie für überflüssig. Marianne hielt die Frau für die »geistig inspirative Kraft«, den Mann für den »kühnen Ideenvollstrecker«, und diese Rollenverteilung wirkte sich auf die Dauer sehr nachteilig auf ihre Beziehung aus.[36] Jawlensky malte aus seinem inneren Erleben heraus, selbst wenn er Landschaften malte. Seine kräftigen, farbigen Porträts wurden im Verlauf der Schweizer Jahre immer abstrakter und »ikonenhafter«, seine Bilder wurden immer mystischer und introvertierter, er zog sich zunehmend auf sich zurück, während Werefkins Bilder aus dieser Zeit eher die harte Wirklichkeit widerspiegeln, den Krieg oder ihre Umgebung in St. Prex.

Allmählich wurden die Ersparnisse der »Baronin«, die sie noch bei einer Münchner Bank deponiert hatte, aufgebraucht. Werefkin und Jawlensky mussten bei dem Schweizer Maler Cuno Amiet eine Anleihe auf ein Gemälde van Goghs, »Straße in Auvers«, aufnehmen, das ihnen gemeinsam gehörte. Lily Klee, die gute Freundin aus München, spielte bei dieser Transaktion eine wichtige Rolle, denn sie tauschte die Schweizer Franken in 2400 Mark. Damit war zunächst einmal für den Lebensunterhalt gesorgt. Die Freundin holte auch wichtige Malutensilien aus der Giselastraße und schickte sie in die Schweiz. Inzwischen zog in St. Prex der Winter ein, das Haus war kalt und ungemütlich. Aber die Versuche Werefkins, Geld aus Russland oder ihre Pension zu bekommen, scheiterten zunächst. Nur Jawlensky erhielt Ende 1915 wieder seine Offizierspension.[37]

1917 hielten sich Werefkin und Jawlensky vorübergehend in Lugano auf, wo sie mit dem Tänzer Sacharoff zusammenarbeiteten und seine Tanzaufführungen inszenierten. Während Jawlensky in der Schweiz zunächst die Serie »Variationen auf ein landschaftliches Thema« malte, verlegte er sich seit 1917 auf »Mystische Köpfe« und »Heilandsgesichte«.

Die Isolation im Exil und die schwierigen Lebensverhältnisse machten allen Beteiligten zu schaffen. Offenbar war es zuerst Jawlensky, der sich umorientierte und in Zürich auf Wohnungssuche ging. Vom Herbst 1917 bis zum Frühjahr 1918 zog nun der ganze Haushalt nach Zürich-Wollishofen in die Drosselstraße. In der Stadt hielten sich zahlreiche Künstler aus vielen Nationen auf, die während des Krieges dort ein Refugium gefunden hatten, darunter die Sacharoffs und Else Lasker-Schüler. Sie hatte schon 1913 einen Brief an sie mit »des blauen Reiterreiterin Freundin« unterzeichnet. In Ascona schrieb sie ein Gedicht auf Marianne von Werefkin, später einen Nachruf auf ihre Künstlerfreundin. Die deutsch-französische Schriftstellerin Claire Goll schilderte das Zentrum der Dadaisten in Zürich, viele Mitglieder dieser Gruppe waren den beiden Russen bereits aus der Vorkriegszeit bekannt.[38] Zwar beteiligten sich Werefkin und Jawlensky nicht direkt an den Aktivitäten der Dadaisten, aber Jawlensky pflegte zu einigen freundschaftliche Kontakte. Das Leben in Zürich muss zu dieser Zeit ziemlich turbulent gewesen sein.

Jawlensky erkrankte an einer schweren Grippe. Ob nun wegen seiner dortigen Affären oder wegen des milderen Klimas, jedenfalls organisierte Werefkin 1918 den Umzug nach Ascona nördlich des Lago Maggiore, wo die »Familie« nun ein Schlösschen direkt an der Piazza bezog. Die angrenzende südländische Landschaft und die subtropische Vegetation begeisterten Jawlensky, das Klima war angenehm, sodass er sich bald von seiner Krankheit erholte. Zudem besaß Ascona bereits ein reges Kunstleben, das Marianne von Werefkin vermutlich bewogen hatte, dorthin zu ziehen.

Ascona

Auf dem legendären Monte Verità in Ascona hatte sich seit 1900 eine lebensreformerische Künstlerkolonie angesiedelt. Ihre Jünger waren der Überzeugung, dass man zuerst sich selbst ändern müsse, bevor man darangehen könne, die Welt zu verändern. Also fanden sich dort Vegetarier ein, eine Naturheilanstalt wurde eröffnet, eine »Liebeskommune« etabliert, Ausdruckstanz gepflegt. Die Reformer wandten sich gegen die patriarchalische Gesellschaftsform und das militaristische Denken der Zeit; Anthroposophie, Psychoanalyse, fernöstliche Weisheit und viele andere Denkrichtungen waren en vogue. Zahlreiche berühmte Künstler hielten sich dort auf. Während des Ersten Weltkrieges wurde der Monte Verità zum Refugium für politische Flüchtlinge, Emigranten und Pazifisten aus den kriegführenden Staaten. Von Dichtern wie Hermann Hesse besungen, wurde dieses Zentrum zum Inbegriff alternativen Lebens.

Der Geldmangel Werefkins und Jawlenskys bestand weiter, wenn auch das Leben in Ascona damals preiswerter als in Zürich war. Es kam oft zu Streitigkeiten zwischen Werefkin und Jawlensky sowie Hélène, der Mutter seines Sohnes. Claire Goll, deren autobiografische *Chronique scandaleuse* erst 1976 erschien, kannte viele Künstler und Literaten und schilderte sie sehr scharfzüngig:

»Alexej von Jawlensky hatte bereits die Fünfzig überschritten, als wir ihn in Zürich kennenlernten. Er war ein ehemaliger zaristischer Gardeoffizier, der den Dienst quittiert hatte, um sich der Malerei zu widmen. Von seiner kurzen Militärlaufbahn hatte er sich den Sinn für Organisation und eine straffe Hierarchie bewahrt. Aber sonst war nichts Militärisches an ihm. Mit seinem runden Kopf und seinem zur Fliege gebundenen Schlips teilte er seine Zeit zwischen Marianne von Werefkin, einer Gouverneurstochter aus Wilna, die seit dreißig Jahren seine Geliebte war, und seinem Sohn Alexej, der Frucht eines Schäferstündchens mit dem Dienstmädchen, das Marianne von Werefkin aus Rußland mitgebracht hatte. Jawlensky vergötterte das Kind, was seiner Mutter die Möglichkeit gab, Marianne das Leben unerträglich zu machen. Das baufällige Schlößchen, das sie in Ascona bewohnten, schallte vom Morgen bis zum Abend von zankenden Stimmen. Eines Tages sollte es soweit kommen, daß der Grandseigneur Jawlensky die Werefkin verstieß und die Köchin heiratete.«[39] Wenn in diesem Bericht auch manche Einzelheiten nicht stimmen, so liefert er doch ein anschauliches Bild dieser seltsamen Ménage à trois, und Claire Goll als Zeitzeugin war gewiss nicht spießig in ihrem Urteil. Jawlensky, für den sie oft Modell gesessen hatte, verlor sich ihr zufolge – wie auch andere Künstler in dieser chaotischen Zeit – in Mystizismus, Frömmigkeit und Gebet. Er soll gesagt haben: »Die Kunst ist doch letzten Endes das Verlangen, Gott näherzukommen.« Diesen Glauben hegten auch Marc und Kandinsky.

Bereits 1916 hatte Jawlensky die Malerin Emmy Scheyer kennengelernt. Sie war fünfundzwanzig Jahre jünger als er und stammte aus einer wohlhabenden Familie. Als Tochter eines Konservenfabrikanten aus Braunschweig war sie weit gereist und verfügte über gute Sprachkenntnisse. Auch hatte sie kurze Zeit in München Kunstgeschichte studiert. Nun befand sie sich in der Schweiz, um zu malen, und traf dort auf Jawlensky, der sie offenbar mit in die enge Wohnung von St. Prex aufnahm.[40] Emmy Esther Scheyer, die er wegen ihrer schwarzen Haare »Galka« (russ. Dohle) nannte, war von Jawlenskys Kunst derart beeindruckt, dass sie ihre eigene seit der Jugend betriebene Malerei aufgab. Ähnlich wie seinerzeit Marianne von Werefkin sah sie nun ihre Lebensaufgabe darin, Jawlenskys Werk zu verbreiten und ihn zu unterstützen. In Galka fand er jetzt die Vertraute, die ihn verstand, als Mensch und als Künstler, während er sich mit Werefkin offenbar ständig stritt. Galka Scheyer porträtierte er häufig in seiner Serie »Mystische Köpfe«.

Seit dem Sommer 1920 überließ Jawlensky vertraglich den Verkauf seiner Bilder der neuen Freundin, die sie äußerst professionell vermarktete. Sie verlangte Auskunft über den Verbleib jeden Bildes, auch derer, die Jawlensky verscherbelt oder verschenkt hatte. Auch plante sie, eine Biografie über Jawlensky zu schreiben, aber dieser Plan scheiterte an Jawlensky selbst. Zwar arbeitete Scheyer immer wieder daran, denn sie wollte ihm den Band zu seinem 60. Geburtstag überreichen, aber inzwischen hatte er es sich anders überlegt und nahm Kontakt zu einem Kunsthistoriker auf, von dessen bekanntem Namen er sich mehr versprach. Später brüskierte er Galka mit anderen Vorschlägen von weiteren Autoren für seine geplante Biografie. Scheyer war zweifellos getroffen, blieb aber bis zu seinem Lebensende seine Agentin und Helferin.

Marianne von Werefkin hingegen musste für sich selbst sorgen. 1919 nahm sie sogar eine Beschäftigung als Pharmavertreterin an, um etwas zu verdienen. Jawlensky wurde nun sowohl von Hélène als auch von seinem mittlerweile siebzehnjährigen Sohn zur Ehe gedrängt. Das stürzte ihn in tiefe Gewissenskonflikte, hatte er doch Mariannes Vater hoch und heilig versprochen, sein Leben dessen Tochter zu weihen. Diese hatte 27 Jahre lang für ihn gesorgt, ihn gefördert und seine zahlreichen Affären erduldet. Kein Wunder, dass das Gezänk wegen der Heiratsabsichten Jawlenskys auf der Piazza von Ascona für alle hörbar war. Jawlensky schrieb an

Galka Scheyer: »André muß meinen Namen tragen, und wenn ich nur adoptiere, nehme ich von Hélène alles, sogar Sohn, und das ist ganz und gar unmöglich. Marianne versteht das nicht, sie denkt nur an sich selbst … Wenn Marianne nicht einverstanden mit Heirat, dann fahren wir nach Deutschland ohne sie.«[41] Offenbar ging es ihm also weniger um Hélène als um seinen Sohn, den er auch ohne Heirat hätte adoptieren können.

Die Trennung

Diesmal machte Jawlensky Ernst. Marianne von Werefkin war zutiefst getroffen. Sie fühlte sich berufen, ihre Ehre zu verteidigen – eine Ehre, die auch insofern verletzt war, als sie sich überhaupt nicht vorstellen konnte, dass man in ihren Kreisen Dienstboten heiratete. Hatte sie nicht alle Affären Jawlenskys toleriert? Die Adoption Andrés hätte sie akzeptiert, aber die Heirat mit ihrer Köchin? Sie schrieb an Freunde und Bekannte, so auch im Dezember 1920 an das Ehepaar Klee: »Meine lieben Freunde … Kein Pfarrer gibt seinen Segen zu so was … Bern und Genf haben eben nein gesagt. – Und nun liegt unser 27jähriges Leben auf der Piazza von Ascona im Staub und Dreck … Da ich, wie Sie wissen, nur ein Weniges von 5 Franken hatte, habe ich mich als Geschäftsreisende in Novocoin [Novocain] Duprorum für die Merzwerke [Merck] engagieren lassen. Somit kann ich weiterleben. Aber daß ich – der Künstler, statt zu malen – bei Zahnärzten Novocain einführen soll, verdanke ich dem Mann, der mir seine ganze Kunst verdankt, von A bis Z. Vom ersten Begriff bis zum letzten und dieses trotz Biographien oder Scheyer-Schreiereien.«[42]

1920 begleitete Werefkin die Sacharoffs als »Bühnenmeisterin« auf eine dreimonatige Tournee. Auch wollte sie die gemeinsame Wohnung in der Münchner Giselastraße, für die sie bis dahin aufgekommen war, auflösen, aber wie sollte sie eine Einreisegenehmigung erhalten? Lily Klee, die Zugang zur Wohnung in der Giselastraße hatte, erhielt im April 1920 ein Schreiben vom Städtischen Wohnungsamt, in dem die Beschlagnahme der Wohnung angedroht wurde. Als sie in der Wohnung nachsehen ging, stellte sich heraus, dass eingebrochen worden war. Das veranlasste Werefkin, Anzeige bei der Münchner Polizei zu erstatten. Daraufhin erhielt sie überraschenderweise eine Aufenthaltsgenehmigung für sich selbst, Jawlensky, Hélène und André für drei Monate. Also ging die »Familie« nach München; vom 5. Mai bis zum 15. Juli 1920 waren Werefkin und Jawlensky dort und konnten über ihre Bilder sowie den Hausrat verfügen. Die Schäden infolge des Einbruchs waren zum Glück gering. Da die beiden im Frühjahr 1920 noch davon ausgingen, eines Tages gemeinsam nach Deutschland zurückzukehren, wurde der Hausrat bei einer Spedition eingelagert, wo Werefkins Besitz – darunter viele ihrer Bilder – blieb. Ende der Zwanzigerjahre schenkte sie einen Teil ihrer Möbel ihrem Neffen. Jawlensky hingegen schaffte seinen Besitz etwa zwei Jahre später, nach seiner endgültigen Trennung von Werefkin, nach Wiesbaden.

Dorthin war er durch Galka Scheyer gekommen, der es gelungen war, ihm 1921 eine sehr erfolgreiche Ausstellung mit Gemälden, Zeichnungen und Aquarellen zu organisieren. Durch ihre Vermittlung lernte Jawlensky den reichen Kunstsammler Kirchhoff kennen. Allerdings verspielte er sich die Protektion dieses Mäzens, weil er ein Verhältnis mit dessen jüngerer Frau Toni einging, das zum Stadtgespräch wurde.[43] Zunächst jedoch gefiel es Jawlensky in Wiesbaden, und so beschloss er, einfach dort zu bleiben. Bereits 1920 hatte Jawlensky einen Ruf an das »Bauhaus« mit der Begründung abgelehnt, Kunst sei nicht lehrbar. Im März 1922 teilte er seiner langjährigen Lebensgefährtin Werefkin schriftlich mit, dass er mit ihr Schluss mache. So hart dies für sie war, hatte Jawlensky sich doch mit diesem Brief aufrichtiger verhalten als Kandinsky, der es über Jahre vermieden hatte, Gabriele Münter direkt über seine Trennungsabsichten zu informieren. In Ascona waren Werefkin, Hélène Nesnakomoff und deren Sohn zurückgeblieben. Jetzt trennte sich Marianne von Werefkin von dem Rest der »Familie«. Sie mietete sich ein kleines Appartement in der »Villa Perucchi«, das lediglich aus einem Vorzimmer und einem Zimmer mit Balkon bestand, der einen Blick auf den See bot. Hier lebte und arbeitete sie, wohlgelitten von der Bevölkerung Asconas. Jawlensky wiederum hatte keine Eile; erst ein Jahr später ließ er Hélène mit André nach Wiesbaden kommen, wo sie am 20. Juli 1922 heirateten.

Die zutiefst verletzte Marianne von Werefkin begann, wieder an ihren »Briefen an einen Unbekannten« zu schreiben. Aber bald akzeptierte sie ihr Schicksal und gewann neue Kraft, um ihr Leben auch unter den neuen, sehr viel einfacheren Verhältnissen zu meistern. In Ascona fühlte sie sich wohl. Sie wurde immer heimischer und schrieb einmal, dieser Ort habe sie gerettet. Allerdings dürften ihre expressionistischen Bilder nicht immer auf das Verständnis der Bevölkerung gestoßen sein, und sie fühlte sich häufig einsam, nur selten erhielt sie Besuch aus Russland. Doch ihr Bruder Pierre, der sich Sorgen um sie machte, besuchte sie 1920 in Ascona.

Santo, eine späte Liebe

Bald aber trat ein Mann in Werefkins Leben, der ihr über ihren Schmerz hinweghalf. Es handelte sich um Ernst-Alfred Aye, einen kaufmännischen Angestellten und Sänger aus Berlin, der sich als Tourist in Ascona aufgehalten hatte. Werefkin verliebte sich und blieb bis zu ihrem Tod freundschaftlich mit »Santo«, wie sie ihn nannte, verbunden, ihrem »Helfershelfer in der Kunst wie auch im Leben«.[44] Sie schwärmte von ihm und verewigte ihn in vielen Bildern, selbst an den Wänden ihrer Wohnung. Die alternde Künstlerin fühlte sich nun – mit über sechzig Jahren – künstlerisch beflügelt und konnte wieder malen.

Sie schrieb mindestens einmal in der Woche einen ausführlichen, oft auch illustrierten Brief an Aye. In ihrem Tagebuch hielt sie 1925 fest: »Meine Liebe zu Dir Santo hat den Tod in mir bezwungen und in den Händen des Triumphierenden. Liebe strahlt die Kunst, die verklärte, über allen Kämpfen stehende Kunst. Zu ihr heben wir unsere vereinten Herzen, Santo! – Es gibt in der Kunst nur eine Richtung: zu Gott!«[45] Ebenso wie Jawlensky war Werefkin eine Künstlerin, die Gott suchte, wenn auch die Ausprägung dieser Suche in den Gemälden beider Maler völlig unterschiedlich war.

Else Lasker-Schüler schrieb ein Gedicht auf das Paar, das sich in ihrem Nachlass befand:

Marianne von Werefkin
Ihrem Santos
Marianne steht schon in den Morgenstunden,
Perlenborden grüngelbrote um den Hals gewunden
An dem Autokarren mit den anderen Kunden
und kauft Kirschen, die ihr ganz besonders munden.

Marianne kleidet sich so ungezwungen
Und ihr Temperament macht Ehre allen Straßenjungen.
Doch auf ihres Herzens Balalaika,
Ist das süße Liebeslied noch nicht verklungen.

Mariannens heiße Bilder offenbaren
In der bunten Wildnatur die Tänze der Tartaren.
Zwischen Schellen in der Troika
Naht ein Brautpaar,
Das sich auf der Zauberleinwand »gerad'« gefunden.[46]

Else Lasker-Schüler, die expressionistische Lyrikerin, verehrte und bewunderte die russische Malerin, deren späte Liebe zu »Santo« sie hier besingt.

Werefkin malte visionäre Bilder mit Symbolcharakter in kräftigen, dunklen Farben, die einer subtilen Interpretation bedürfen. Dem Betrachter ihrer Gemälde hilft, wenn er ihr persönliches Schicksal kennt. Wenn sie in ihrem Spätwerk auch mit vereinfachten Formen und einem von Kandinsky beeinflussten expressionistischen Stil arbeitete, so war sie doch auch von den Fauves und den Nabis[47] geprägt. Wenngleich sie in ihrem Exil seit 1914 auch abstrakte Bilder malte, blieb sie doch oft gegenständlich und schilderte Menschen, ihre Arbeitswelt und ihr soziales Umfeld. In Ascona fand sie ihr Credo, das sie am 14. September 1931 niederschrieb: »Ascona hat mich gelehrt, nichts Menschliches zu verachten, das große Glück des Schaffens und die Armseligkeit der Existenzmöglichkeiten gleich gut zu lieben und sie als Schatz der Seele in mir zu tragen. Aber es ist ein berauschendes Gefühl, vor einem großen Werk in Tränen der Bewunderung zu stehen und sich sagen zu können: Dieser Weg ist auch Dein Weg – ob du ihn gehen kannst oder nicht.«[48]

Anders Jawlenskys schöpferischer Weg in dieser Epoche: Er vereinfachte seine Bilder, insbesondere seine Porträts, immer mehr, bis sie nur noch serielle ikonenhafte Köpfe darstellten, die er »Mystische Köpfe« und »Heilandsgesichte« nannte. Eine Serie nannte er »Abstrakte Köpfe«. Jawlensky hat sein zentrales Thema – das menschliche Antlitz – in den Schweizer Jahren gefunden, dort erlebte er seine fruchtbarste Schaffensphase. Das menschliche Gesicht in seiner abstrakten Form transportierte spirituelle Inhalte – und das in einer erstaunlich klaren Form, die einen seltsamen Kontrast zu seinem chaotischen Leben bildete.

Wenngleich Werefkin und Jawlensky nun getrennt waren, hatten sie doch noch gemeinsame Probleme zu lösen. So mussten sie versuchen, ihre Kunstsammlungen in München zu verkaufen, um leben zu können. Jawlensky, der sich wieder in Deutschland aufhielt, sollte die Verkäufe organisieren. Aber erst 1925 gelang es ihm, das bereits erwähnte van-Gogh-Bild »Straße von Auvers« zu verkaufen und Werefkin ihren Anteil in Höhe von 4000 Schweizer Franken zu überweisen. Jawlensky hatte Marianne von Werefkin gegenüber ein schlechtes Gewissen und bat Galka Scheyer, Auskünfte über sie einzuholen. Um sie versöhnlich zu stimmen, wollte er ihr ein Buch widmen, das über ihn geschrieben wurde. Denn, »wenn man widmen müßte, dann nur Werefkin. Ich bin mit ihr auseinander wegen Lebensnot, sogar menschlich ich bin nicht auseinander. Aber als Künstler bin ich ihr sehr, sehr verpflichtet«, schrieb er an Galka.[49]

»Der Große Bär« und »Die Blaue Vier«

Trotz ihrer miserablen finanziellen Lage schenkte Werefkin dem Museo Comunale in Ascona eigene Bilder sowie Gemälde anderer Künstler aus ihrem Besitz. 1924 trat sie einer Künstlergruppe »Der Große Bär« bei, die aus sieben Künstlern bestand und nach dem Sternbild benannt war. Diese Gruppe veranstaltete Ausstellungen in verschiedenen Schweizer Städten, 1928 auch in Berlin. Im selben Jahr gründete Jawlensky mit Kandinsky, Klee und Feininger auf Betreiben von Galka Scheyer die Gruppe »Die Blaue Vier«, deren Name Assoziationen an den »Blauen Reiter« weckt. Gleichzeitig reiste Scheyer in die Vereinigten Staaten und versuchte, die Gruppe dort bekannt zu machen. Im März 1926 beschreibt Scheyer in einem Brief ihre selbst gewählte Mission: »Meine Aufgabe beruht hier absolut nicht darauf, Kunsthandel zu treiben, sond[ern] Kunstverständnis zu erwecken und zu entwickeln.«[50] Auch ein Vertrag mit den vier Künstlern definierte als ihre Aufgabe, Ausstellungen der »Blauen Vier« zu veranstalten und durch Vorträge deren künstlerische Ideen zu verbreiten. Sie unterrichtete auch an amerikanischen Kunstschulen in New York und Kalifornien und bemühte sich, die Liebe zur modernen Kunst besonders bei der Jugend zu wecken. Dieser Lebensaufgabe widmete sie sich in Amerika zwanzig Jahre lang. Sie konnte zahlreiche Ausstellungen organisieren und etliche Gemälde der »Blauen Vier« verkaufen. Wenn das nicht gelang, trieb sie anderweitig Geld auf. Der letzte handgeschriebene Brief Jawlenskys an Galka stammt vom 5. September 1938. »Galka, Galka, meine liebe Galka, mein teuer Freund! Ich kann nicht schreiben, aber ich will Dir selbst einige Zeilen schreiben. Ich danke Dir für Deine Hilfe, ich danke von ganzem Herzen.

Das Geld erlaubt mir weiter leben. … Ich leide unendlich, aber ich brauche noch etwas am Leben bleiben. Bitte Galka, verlasse Helene nicht, wenn ich nicht da bin. Sie leidet geduldig und hat Angst mich zu verlieren. Bitte, bitte. Ich umarme Dich Galka, mein guter Freund. Ach Gott! … Dein A. Jawlensky.«[51] Am 13. Dezember 1945 starb Galka Scheyer in Hollywood an Krebs.

Der Verkauf des Van-Gogh-Bildes ermöglichte es Marianne von Werefkin, sich einen lang gehegten Wunsch zu erfüllen: Sie fuhr nach Rom, erstand eine Pilgerkarte, durch die sie im »Heiligen Jahr« Vergünstigungen bei der Eisenbahn und preiswerte Unterkünfte bekam. Bisher hatte sie als Emigrantin nicht ins Ausland reisen können. Aber sie hatte sich seit Langem gewünscht, nach Italien mit seinen Kunstschätzen zu reisen. Also schrieb sie direkt an Mussolini und bekam tatsächlich die Einreisepapiere. Sie unternahm diese Reise in Begleitung von Santo. Zusammen fuhren sie nach Rom, Neapel, Pompeji, Assisi, Siena und in andere Städte. Sie schrieb ein Reisetagebuch, das in der *Neuen Zürcher Zeitung* veröffentlicht wurde. Viele ihrer Skizzen bildeten Vorlagen späterer Gemälde. Besonders begeistert war sie von Assisi und dem heiligen Franziskus, den sie zutiefst verehrte: »Ich ahne die große Kunst von Assisi und sage mir: das alles ist groß, ungeachtet der Dimensionen, weil groß und heilig der Wille, der sie geschaffen. In sich gekehrt seinen Gott schauend, nicht im Dienste menschlicher, noch so herrischer Gelüste stehend. Diesen Weg zu gehen, demütig wie ein Mönch, einfältig wie ein Kind. Gläubig strecke ich die Hände zu neuen künftigen Zielen.«[52]

Ende der Zwanzigerjahre lebte Werefkin zeitweise völlig mittellos. Auch mit ihrer Gesundheit stand es nicht zum Besten; offenbar litt sie an Rheuma und Gicht. Aber wieder gab es eine Rettung in der Not. Sie lernte das Ehepaar Diego und Carmen Hagmann kennen, er Versicherungskaufmann, sie Sängerin, beide keine Kunstkenner. Aber sie kauften auf einer Benefizveranstaltung eines ihrer Bilder, weil das Gemälde sie an van Gogh erinnerte. Ein Jahr später lernten sie die Künstlerin persönlich kennen und beschlossen, ihr durch Bilderkäufe zu helfen. So konnte Werefkin immer wieder ihre Schulden bezahlen. Den Gepflogenheiten des Handels wollte Werefkin sich aber nicht unterwerfen. Das »Drücken ihrer modesten Preise« betrachtete sie als Missachtung ihrer Kunst.

Noch Ende der Dreißigerjahre malte Marianne von Werefkin, nach wie vor erfüllt von ihrer Mission als Künstlerin. Im Tessin war sie inzwischen fest verwurzelt. Ihre »Ascona, Impressionen« widmete sie dem Kunstkritiker der *Neuen Zürcher Zeitung*. Diese Tuschzeichnungen geben Episoden aus dem täglichen Leben in Ascona wieder, etwa ein Kostümfest oder eine Prozession mit der Furcht einflößenden Schwarzen Madonna, vor der die Einheimischen Angst hatten. Marianne von Werefkin aber hatte sich in der Weihnachtsnacht, nach Jawlenskys Abreise, mit dieser Schwarzen Madonna verbündet. Oft fand sie es unerträglich, dass sie trotz ihrer künstlerischen Arbeit von Almosen leben, dass sie Schulden machen musste, um auch nur Farben und Pinsel kaufen zu können. Dennoch verschenkte sie im Lauf der Zeit in der ihr eigenen Großzügigkeit über 500 Bilder. Doch ließ sie manche Gelegenheit aus, sich etwas zu verdienen. Ihr Auskommen mit Malunterricht zu bestreiten war sie zu stolz, dafür wollte sie ihre kostbare Zeit nicht opfern. Bei dem Verkauf des Wahrzeichens von Ascona, dem Monte Verità, bei dem sie eine wichtige Vermittlerrolle gespielt hatte, nahm sie die Chance nicht wahr, von dem reichen Käufer Eduard Freiherr von der Heydt eine Provision zu verlangen. Dieser errichtete auf dem legendären Berg ein Luxushotel. Stattdessen versuchte die Werefkin mit Postkartenverkauf an Touristen ihr Auskommen zu finden. Sie hatte gleich mehrere gleichzeitig auf dem Tisch liegen und übertrug die jeweilige Farbe von Himmel, Seen und Bergen dann seriell auf alle Bilder. Die Postkarten kosteten fünf Franken pro Stück.

Im Alter wirkte Werefkin mit ihrer abgetragenen Kleidung, den vielen Halsketten und ihrem seltsamen Kopfputz, der ihr immer noch volles braunes Haar verdeckte, vielleicht ein wenig sonderbar. Jedenfalls spielte sie in Ascona die Rolle eines stadtbekannten Originals. Doch ließen ihre Persönlichkeit, ihre lebhaften braunen Augen und ihr Lächeln diese Äußerlichkeiten vergessen. Sie konnte laut werden, wenn sie in ihrem Stolz verletzt war. So wollte einmal der Besitzer der Brissago-Inseln ihr zwar ein Bild abkaufen, schickte aber seinen Diener, der unbesehen irgendein Gemälde nehmen sollte. Das versetzte sie derart in Wut, dass sie ihm in einer Rede öffentlich eine Abfuhr erteilte. Sie wollte lieber bei den Armen betteln gehen als von jemandem Geld annehmen, der Kunst so wenig achtete. Sie wollte Liebe und Achtung und war den Asconesern tief dankbar, dass sie eine Heimat bei ihnen hatte, auch wenn sie wusste, dass ihre Kunst noch nicht den Weg zu ihren Herzen gefunden hatte.

Vom Schweizer Roten Kreuz erhielt sie erst ab 1937 eine Pension von 90 Franken im Monat, die natürlich nicht ausreichte. Schon vorher hatten sich Hagmann und Santo Gedanken gemacht, wie sie Mariannes Kunst bekannter machen könnten. Sie planten eine signierte Mappe mit Reproduktionen ihrer Bilder und einem Text von ihr. Ein in der Schweiz lebender deutscher Kunsthistoriker hatte sich angeboten, eine Biografie Werefkins zu schreiben. Aber sie selbst verhinderte all diese Aktivitäten. Sie hasse jede Besprechung ihres persönlichen Lebens und wolle auch keine Zeit dafür opfern. »Meine Bilder sind da – das genügt«, entschied sie im August 1935 kategorisch.[53]

Nach einem langen, kalten Winter, der sie an die Winter in Russland erinnerte, machte sie sich im Frühjahr 1936 wieder an die Arbeit. Diesmal malte sie Plakate, um etwas zu verdienen. Überraschenderweise erhielt Werefkin nun Besuch von einem Herrn, der von Jawlensky gebeten worden war, bei ihr zu vermitteln. Ihrem alten Freund ging es inzwischen so schlecht, dass er kaum noch reisen konnte. Sein unheilbares Leiden betrachtete er als Strafe für sein Verhalten; er betete zu Gott, ihm zu verzeihen. Nun sollte auch Marianne ihm vergeben. Als der Vermittler, ein Kunstsammler aus Basel, den Namen Jawlenskys nannte, fragte Werefkin: »Jawlensky? Ach so! Ich habe ihn ja vergessen, da kann ich ihm doch nicht verzeihen. Aber nun, da Sie mir sagen, daß er leidet, so bitte ich Sie, ihm zu sagen, daß ich für ihn beten werde.« Sie soll in dem Gespräch auch gesagt haben: »Ich denke ohne Bitterkeit an Jawlensky«, wollte ihm aber weder schreiben noch Briefe von ihm entgegennehmen.[54]

Die letzte Reise

Im Herbst 1936 verschlechterte sich Werefkins Gesundheitszustand. Sie bekam einen Luftröhrenkatarrh, ein altes Herzleiden meldete sich erneut. Sie fühlte, dass ihre Tage gezählt waren. Dennoch wollte sie weiterhin malen. Sie litt an Schwächeanfällen, aber sie wollte sich nicht beugen. Sie glaubte, sie könne ihr Leben verlängern, wenn sie sich bei diesen Schwächeanfällen nicht hinlege, sondern in aufrechter Position bliebe. Aus diesem Grund verbrachte sie mehrere Wochen sitzend in ihrem Sessel, überzeugt, die ganze Bevölkerung Asconas, reich und arm, habe sie gepflegt. In diesem Sessel trugen Freunde sie sogar auf die Piazza, damit sie draußen am Leben teilnehmen konnte.

Auch frühere Freunde nahmen an ihrem Schicksal Anteil, so verlieh Kandinsky noch in einem Brief an Maria Marc der Hoffnung Ausdruck, dass es ihr besser gehen möge. Werefkin hatte immer noch Pläne. Sie wollte an einer Kunstausstellung in Zürich und an einer des »Großen Bären« in Ascona teilnehmen, doch versagten ihre Kräfte, und Rosetta Perucchi musste das Packen erledigen. Sie wusste, dass ihre Bilder im nationalsozialistischen Deutschland gefährdet waren, und bat Hagmann um deren Transport in die Schweiz. Wieder machten Santo und Hagmann Pläne, wie sie ihre Bilder und Hausrat in die Schweiz bringen könnten. Zusammen mit einer Gruppe junger Männer wollten sie den Umzug bewerkstelligen. Aber als Werefkin von der Ausstellung »Entartete Kunst« in München las, verzagte sie und wollte die Aufmerksamkeit der Nationalsozialisten lieber nicht auf sich lenken. Schließlich schmuggelten die Hagmanns Werefkins Bilder aus dem Münchner Zollbahnhof, wo sie noch immer eingelagert waren, in die Schweiz. Sie sorgten dafür, dass ihr gesamter Hausrat und die restlichen Bilder aus München nach Basel transportiert wurden. Von da aus gelangten sie nach Ascona, wo sie heute noch zu besichtigen sind.

Inzwischen verschlechterte sich ihre Gesundheit. Sie litt an starken Schmerzen, Muskelschwund und war völlig abgemagert. Dann wieder erstickte sie fast an Wasseransammlungen in ihrem Körper, konnte die Arme nicht mehr heben, und die Hände zitterten, sodass nun die andere Perucchi-Tochter ihre Schreibarbeit übernehmen musste. Ihren Humor hatte sie trotzdem nicht verloren, ihre Briefe geben davon Zeugnis. Ende Januar 1938 kam ein orthodoxer Geistlicher aus Mailand nach Ascona, um ihr die Beichte abzunehmen. Am 5. Februar phantasierte sie stark, und man beschloss, sie ins Bett zu legen. Am nächsten Morgen starb sie. Die Perucchis bahrten sie in ihrem Haus auf und schmückten eine Wand mit ihrer Franziskus-Trilogie »Zyklus der Liebe«. Zur Totenfeier sangen ihre beiden Nichten und ein Russe vom orthodoxen Kirchenchor in Mailand.

Der lange Trauerzug wurde von den Geistlichen der katholischen und der reformierten Kirche von Ascona sowie von Nazi-Spitzeln begleitet. Selbstverständlich war Maria Marc anwesend, um der alten Freundin das letzte Geleit zu geben. Lily Klee, ebenfalls angereist, schilderte das eindrucksvolle Ereignis: »Es gab eine feierliche Beerdigung. Der Bruder Pierre von Werefkin und die beiden Nichten waren da, auch ihr Mäcen und Freund aus Zürich [Diego Hagmann] ... Das ganze Dorf folgte in langem Zuge. Am Grab eine Rede des Popen in russischer, französischer und italienischer Sprache. Zum Schluß sprach noch der Maler Walter Helbig für die Künstlervereinigung des Bären und dann war noch der Abschied der Kollegen. Sie ruht nun in Ascona auf dem Dorffriedhof. Wie sehr ist ihr die Ruhe zu gönnen, nach ihrem langen, wechselvollen Leben ... Eine romantische Seele. Ein großangelegter Mensch, eine starke vitale Natur und künstlerische Persönlichkeit ist mit ihr dahingegangen. das ganze Dorf ist in Trauer um seine verehrte und geliebte ›Nonna‹.«[55]

Wie war es Jawlensky, Werefkins wirklich großer Liebe, inzwischen ergangen? Die geplante Biografie, die Galka Scheyer hatte schreiben wollen, wurde zu seinen Lebzeiten nie beendet. Aber er begann, als er selbst kaum noch schreiben konnte, Lisa Kümmel seine Lebenserinnerungen zu diktieren. Er war ihr 1927 begegnet, sie war Kunstgewerblerin und arbeitete in Wiesbaden als Innenarchitektin. Auch diese

Frau blieb ihm bis an sein Lebensende treu ergeben. Sie ordnete sein Œuvre, erstellte einen Katalog und übernahm die gesamte Korrespondenz. Er nannte sie »rote schöne Lisa« wegen ihrer roten Haare, und sie opferte sich für ihn auf, umsorgte ihn täglich, auch als er schon krank war. 1927 fuhr Jawlensky aus gesundheitlichen Gründen nach Bad Wörishofen, wo er Kneipp-Kuren machte. Er litt an Arthritis deformans, einer Krankheit, die sehr schmerzhaft verlief und sich immer mehr ausbreitete.

Gegen Ende des Jahres 1927 lernte Jawlensky eine weitere Frau kennen, die neben Lisa Kümmel eine wichtige Rolle in seinem Leben spielen sollte: die Kunsthändlerin, Malerin und Bildhauerin Hanna Bekker vom Rath. Sie gründete 1929 die »Vereinigung der Freunde der Kunst Alexej von Jawlenskys«, wohl um ihm finanziell zu helfen. Die teuren und langwierigen Behandlungen seiner Krankheit waren für ihn unerschwinglich. Jedes Mitglied dieses Vereins sollte laut Satzung vier Jahre lang 20 Mark monatlich einzahlen und dann ein Bild Jawlenskys erhalten.[56] 1929 litt Jawlensky an ersten Lähmungserscheinungen. Er machte Kuren in verschiedenen Bädern und fand immer wieder Freunde und Freundinnen, die ihn finanziell unterstützten. Die Schmerzen traten in Schüben auf, oft musste er monatelang das Bett hüten. Das Geld des Fördervereins reichte nicht einmal für den Haushalt, geschweige denn für die Arztrechnungen. Immer wieder half Galka Scheyer ihm aus der Not. Da kein Arzt den Grund seiner Krankheit kannte, kam er selbst zu dem Schluss: Die »Ursache ist meine wahnsinnige seelische Depression in letzten zehn Jahren«.[57] Das war der Zeitpunkt, zu dem er Marianne von Werefkin verlassen hatte.

Im Mai 1932 erfüllte sich Jawlensky einen großen Wunsch: Er fuhr nach Berlin zur ärztlichen Behandlung und auf dem Rückweg nach Dessau zu Kandinsky. Dort wurde er freundlich aufgenommen, er fühlte sich Kandinsky verbunden wie einem Bruder. Dieser war es auch, der ihm Briefe schrieb und ihn später über die künstlerischen Entwicklungen in Paris informierte.

1933 erhielt Jawlensky in Deutschland Ausstellungsverbot, obgleich er 1934 die deutsche Staatsbürgerschaft erhielt. Das Verbot traf ihn hart, denn er war bereits so krank, dass er keinen Pinsel mehr führen konnte.[58] In einem Brief an einen nationalsozialistischen Landeskulturverwalter schilderte er deshalb seine künstlerische Herkunft: »Jeder Künstler arbeitet in einer Tradition. Einige nehmen ihre Tradition von der Kunst der Griechen, andere von der Renaissance. Ich bin geborener Russe. Meiner russischen Seele war immer nahe die altrussische Kunst, die russischen Ikonen, die byzantinische Kunst, die Mosaiken von Ravenna, Venedig, Rom und die romanische Kunst. Alle diese Künste hatten meine Seele immer in eine heilige Vibration gebracht, da ich dort eine tiefe geistige Sprache fühlte. Diese Kunst war meine Tradition.«[59]

1937 wurden seine Werke als »entartet« beschlagnahmt und auf der Münchner Ausstellung diffamiert. Offenbar hatte er die politischen Entwicklungen in Deutschland nicht richtig eingeschätzt. Umso erschütterter war er, als er im Rollstuhl die Ausstellung besuchte. Er teilte die Empörung mit Kandinsky; der alte Freund bemühte sich in Paris für ihn um Ausstellungsmöglichkeiten und ärztliche Behandlung. Im Alter malte Jawlensky aufgrund seiner Bewegungsunfähigkeit nur noch kleinformatige Bilder, die er »Meditationen« nannte. Sie stellen immer abstrakter werdende, oft nur noch mit wenigen Strichen gestaltete Christusköpfe dar. Sie waren Ausdruck seiner seelischen Verfassung und strahlen eine tiefe Traurigkeit aus. Er selbst empfand diese Werke als Vollendung seines Schaffens. Wenn Jawlensky auch damals noch mehrere Frauen hatte, die ihn künstlerisch und finanziell unterstützten, so war es doch Hélène Nesnakomoff, seine Ehefrau, die unauffällig und offenbar fast stumm den Haushalt versorgte. Ein Besucher berichtete, dass sie keinerlei Verständnis für seine Malerei gehabt und die Christusköpfe als »dumme Kreuzchen« bezeichnet habe.[60] So scheint die Abneigung Marianne von Werefkins gegen diese Eheschließung eine späte Rechtfertigung zu finden.

Als Marianne von Werefkin starb, war Jawlensky tief getroffen. Er ließ sich Fotos von der Beerdigung und Zeitungsausschnitte über eine Gedenkausstellung, die in Zürich stattfand, schicken. Noch immer glaubte er, dass seine unheilbare Krankheit die Strafe für sein Verhalten ihr gegenüber gewesen sei. Die letzten Jahre seines Lebens war er völlig ans Bett gefesselt und konnte nicht mehr malen. Er starb ungefähr drei Jahre nach Marianne von Werefkin am 15. März 1941 in Wiesbaden und wurde auf dem russisch-orthodoxen Friedhof beigesetzt. Laut Grabinschrift wurde er 77 Jahre alt.

»Marianne Wladimirowna Werefkin gehört zu den interessantesten Frauengestalten im Bereich der modernen Kunst. Zwanzig Jahre nach ihrem Tod konnte ihr Werk der Vergessenheit entrissen werden, und da zeigte es sich, daß sie nicht nur eine überdurchschnittlich begabte und kultivierte Malerin gewesen war, sondern ihre Tagebücher ergaben einwandfrei, daß sie nicht der geistige, aber der seelische Mittelpunkt des Münchner Künstlerkreises gewesen ist, aus dem sich der Blaue Reiter gebildet hat.«[61] So urteilte Clemens Weiler, der erstmals Teile der drei dicken Hefte mit über 800 Seiten ihrer »Briefe an einen Unbekannten« aus dem Französischen übersetzte und sich an eine Würdigung ihres Œuvres wagte.

Marianne von Werefkin, außerordentlich belesen und weit gereist, hatte einen scharfen Verstand und beschäftigte sich schon in jungen Jahren mit kunsttheoretischen Fragen. Ihre Kenntnis der Romantiker und der Symbolisten führte sie zu der Erkenntnis, dass alles in der Kunst gewollt sein müsse. Ein Künstler müsse die Natur mit den Augen des Geistes sehen und nicht mit denen des Körpers. Einer ihrer Schlüsselsätze lautete: »J'aime les choses qui ne sont pas.« Sie liebte also die nichtexistenten, unsichtbaren Dinge, eben das »Geistige in der Kunst«, wie Kandinsky formulierte. Aus dieser Sicht ging Marianne von Werefkin den Weg in die Abstraktion, nie aber wollte sie ein allgemeingültiges System schaffen. Sie verstand sich als Prophetin, als Werkzeug, das der neuen Kunst zum Durchbruch verhelfen sollte. Diese Rolle sah sie als spezifisch weibliche an, während der Mann für den schöpferischen Part zuständig sein sollte. Mit untrüglichem Instinkt hatte sie Jawlenskys Genie erkannt, hatte ihn hingebungsvoll gefördert, während sie ihr eigenes Werk jahrelang hintanstellte. Dass er diese Uneigennützigkeit bedenkenlos hinnahm, hätte sie ihm verziehen, dass er ihre Liebe enttäuschte, gehörte zur Tragik ihres Schicksals, an der sie jahrelang litt. Zweifellos gehört Marianne von Werefkin zu den Wegbereiterinnen der modernen Kunst, als Entdeckerin Jawlenskys, aber auch als eigenständige Malerin.

KAPITEL VIER
Maria und Franz Marc

Franz Marc wurde am 8. Februar 1880 als Sohn des Malers Wilhelm Marc und dessen Ehefrau Sophie Maurice in München geboren. Der Vater entstammte einer Beamtenfamilie, der Großvater war Jurist und hatte Pauline Freiin von Pelkoven geheiratet, in deren Familie Sophie, die Mutter Franz Marcs, als Erzieherin gearbeitet hatte. Sie war Elsässerin französischer Abstammung und eine strenggläubige Kalvinistin. Vermutlich unter ihrem Einfluss trat Wilhelm Marc 1895 vom katholischen zum protestantischen Glauben über.

Kindheit und Jugend

Die Marcs waren darauf bedacht, ihren beiden Söhnen Paul und Franz eine solide humanistische Ausbildung zu geben. Ursprünglich wollte der junge Franz, der sein Abitur am Münchner Luitpoldgymnasium ablegte, Theologie studieren oder, wie sein drei Jahre älterer Bruder, Altphilologe werden. Aber dann, während seines einjährigen Militärdienstes 1899/1900 in Lechfeld bei Augsburg, reifte doch der Entschluss in ihm, Maler zu werden wie sein Vater.

Er schrieb sich im Herbst 1900 an der Kunstakademie in

München ein und besuchte dort zunächst die Zeichenklasse von Wilhelm Hackl, dann die Malklasse von Wilhelm von Dietz. Die Sommerzeit verbrachte er auf der Staffelalm in der Nähe von Kochel, das er seit seiner Kindheit als Ferienort kannte. Die Sommer 1904 und 1905 lebte er in großer Abgeschiedenheit in den Bergen. Er wohnte bei dem Senner Hans Müller und malte dort auf der Alm seine ersten Ölgemälde, freilich noch ganz im Stil der Münchner Schule. Außerdem fertigte er mit großer Genauigkeit Farbstudien an. Einige dieser frühen Arbeiten sind im Münchner Lenbachhaus zu sehen, aber insgesamt hat sich wenig aus dieser frühen Phase erhalten. Mit dem Unterricht an der Kunstakademie war Marc bald nicht mehr zufrieden: Er gab schon nach zwei Jahren sein akademisches Kunststudium wieder auf. Danach ging er 1903 mit einem Studienfreund, dem wohlhabenden Friedrich Lauer, auf eine ausgedehnte Frankreichreise, die sie mehrere Monate nach Paris und in die Bretagne führte. Aber die französische Malerei, insbesondere die Malerschule von Pont Aven um Paul Gauguin, blieb vorerst noch ohne Auswirkung auf Marcs Schaffen.

Der Dreiundzwanzigjährige zog Anfang 1904 aus dem Pasinger Elternhaus aus und mietete sich ein kleines Atelier in der Kaulbachstraße 68 in Schwabing. Aufsehen erregte er damals weniger wegen seiner Malerei, sondern wegen einer Liebesbeziehung mit der neun Jahre älteren Annette Simon, geborene von Eckardt, einer verheirateten Frau und Mutter von zwei kleinen Töchtern. Ihr Mann war Professor für Indologie und Sanskrit an der Münchner Universität, und seine Frau beschäftigte sich mit Kunstgewerbe und Webarbeiten, für die Marc gelegentlich Web- und Stickvorlagen schuf. Außerdem vermittelte sie Antiquitäten und Bücher an Münchner Kunsthändler und Antiquare und war in einschlägigen Kreisen auch als Kunstschriftstellerin bekannt.

Sie war eine hübsche Person, dunkelhaarig und zierlich. Zwischen dem jungen Marc und Annette Simon entwickelte sich bald eine tiefe und leidenschaftliche Beziehung, die aber im Lauf des Jahres 1904 von ihr beendet wurde. Gleichwohl spielte sie in Marcs Leben auch weiterhin eine bedeutende Rolle als Freundin und Bezugsperson.[1] Marc verkehrte im Hause Simon und zeichnete Annette und deren jüngere Tochter Elisabeth mehrmals.

Maria Franck, Marcs spätere Ehefrau, hörte von dieser Affäre durch einen Freund, der hinzufügte, dass die Ehe der Simons nicht glücklich sei und Professor Simon von diesem Verhältnis wisse. Einmal war sie diesem ungleichen Paar begegnet, in der Nähe des Bahnhofs vor dem Warenhaus Tietz. Nach ihrer Schilderung war Marc ein »großer, gutaussehender Mann, sehr besonders gekleidet. Er trug eine hohe, schwarze Pelzmütze und eine kurze Jacke aus braunem Tuch mit Schnurverzierung an den Knöpfen, der man die Pelzfütterung ansah.«[2] Bald aber lernte Maria Franck selber den Maler kennen, auf einer Bauernkirchweih in der Schwabinger Brauerei im Jahr 1905.

Maria Franck, in Berlin am 12. Juni 1876 geboren, wuchs zusammen mit ihrem jüngeren Bruder Wilhelm in gutbürgerlichen Verhältnissen auf. Der Vater, der Leiter einer Bank war, ermöglichte ihr den Besuch eines Lyzeums. Außerdem erhielt sie eine gründliche musikalische Ausbildung am Klavier und durfte Zeichenunterricht an der »Königlichen Kunstschule« nehmen, die sie mit neunzehn Jahren abschloss. Danach verbrachte sie einige Jahre im Elternhaus. Von 1899 an besuchte sie drei Jahre den Unterricht des Malers Karl Storch im Berliner Damenatelier, der auch Sommeraufenthalte auf dem Lande, etwa in Schleswig-Holstein, einschloss. Wie Gabriele Münter war auch Maria Franck damals auf private Malschulen oder die Schulen der Künstlerinnen-Vereine angewiesen.

Anfang 1903 bekam die nunmehr fast Siebenundzwanzigjährige von ihren Eltern die Erlaubnis, nach München zu gehen und dort ihr Kunststudium fortzusetzen. Sie trat in die Damenakademie des »Künstlerinnen-Vereins« ein und nahm Unterricht bei Max Feldbauer und Marie Schnür. Feldbauer, der der Künstlergemeinschaft »Die Scholle« angehörte und Mitarbeiter der Zeitschrift *Jugend* war, prägte ihren Malstil nachhaltig. Seine Malweise galt damals in München als fortschrittlich, er pflegte eine atmosphärische Freilichtmalerei mit lockerem, breitem Pinselstrich. Mit Marie Schnür, die ebenfalls der »Scholle« nahestand und Zeichnungen in der *Jugend* veröffentlichte, war sie bald freundschaftlich verbunden. Ihre heimliche, aber unglückliche Liebe galt dem von vielen jungen Damen umschwärmten Professor an der Damenakademie, Angelo Jank.

Begegnung beim Bauernball

Zu ihrer Zerstreuung und zur Ablenkung von ihren traurigen Gedanken entschloss sich Maria Franck, der Einladung einer Kollegin zu folgen und auf einen Bauernball zu gehen. Als sie gerade heimgehen wollte, weil es ihr nicht gefiel, sah sie ihre Kollegin »auf dem Knie« von Franz Marc sitzen, der tief auf dem Boden saß. Später gestand ihr Marc, dass er sie unbemerkt lange angeschaut und sich gefragt habe, wer dieses blonde Mädel wohl sei. Kurze Zeit später traf Maria, eingeladen von ihrer hübschen Lehrerin Marie Schnür, mit Franz Marc erneut zusammen. Dieses Mal unterhielt er sich die ganze Zeit mit Maria Franck und begleitete sie auch nach Hause. Diese Begegnung war schicksalhaft für beide, aber auch für Marie Schnür, die bald darauf eine Beziehung mit Angelo Jank einging und Anfang 1906 ein uneheliches Kind von ihm heimlich in Paris zur Welt brachte. Maria Franck aber musste zurück nach Berlin und wusste bereits, dass ihre Eltern nicht bereit waren, ihr einen weiteren München-Aufenthalt zu finanzieren. Als sie Marc dies erklärte, »redete [er] ganz ernst auf mich ein, daß ich bei aller Liebe u. allem Respekt für die Eltern darauf bestehen müßte, wieder zu kommen – ja – daß für jeden Menschen einmal der Augenblick einträte, an dem er die Verantwortung für sein Leben selber zu tragen hätte u. dann auch verpflichtet sei, sein Leben selber in die Hand zu nehmen. Er gab mir ganz warm die Hand und sagte: ›auf Wiedersehen‹.« Maria verbrachte dann den Sommer und Herbst traurig und einsam in Worpswede, wo sie bei Otto Modersohn weiterstudierte und gut vorankam. Nach heftigen Auseinandersetzungen mit ihren Eltern kam Maria im Dezember 1905 – eingedenk der Äußerungen von Marc – endgültig nach München zurück. Dort traf sie, wiederum bei einem Bauernball, erneut auf Franz Marc. Diesmal blieben sie »die ganze Nacht bis zum Morgen zusammen auf dem Fest, tanzten nur miteinander, aßen – tranken – und sprachen alles mögliche und waren lieb und bald vertraut. Er freute sich sehr, daß ich zurückgekommen war. – Am Morgen frühstückten wir noch in der Konditorei Graupner zusammen«[3], schrieb sie in ihren Erinnerungen.

Maria war eine füllige Blondine, deren Gesicht breitflächig und bäuerlich wirkte. Ihr Äußeres war ganz anders als der dunkle, zierliche Frauentyp der anderen Geliebten Marcs, Annette Simon und – später – Marie Schnür. Maria empfand sich selbst als »reizlos, dick und unbedeutend«. Sie wirkte jedoch auf Außenstehende gutmütig, warmherzig und freundlich. Offenbar hatte sie eine mütterliche Ausstrahlung, die Franz Marc anzog, denn alle drei Frauen waren älter als er. Nie hätte Maria gedacht, dass sich ein so gut aussehender Mann in sie verlieben könne. Er gestand ihr, dass er sehr traurig und unglücklich über seine Freundin Annette sei, die eine schwere Operation hinter sich habe und todkrank sei. Die Besuche Marias im Atelier von Franz in der Kaulbachstraße oder von Franz bei ihr führten bald zu einer intensiven Liebesbeziehung, die aber voller Spannungen war. Sie wusste genau, dass sie ihm ganz verfallen würde, wenn sie sich vollkommen auf ihn einließe. So stimmte sie zwar zu, im Februar 1906 mit ihm nach Kochel zu fahren, lehnte jedoch seine Zärtlichkeiten ab und bereute dann aber, so schroff gewesen zu sein. Im März 1906 fuhren sie erneut nach Kochel zum Malen, übernachteten im »Hotel Post«, gingen spazieren und malten Winterbilder. Es war zu spät für einen Abbruch der Beziehung, Maria war hoffnungslos verliebt in Franz. Umso mehr fühlte sie sich belastet von seiner Liebe zu Annette, die er immer wieder in seinen Briefen erwähnte. Es war ihr durchaus bewusst, dass sich auch noch andere Frauen für ihn interessierten.

Marc versuchte erst einmal, durch räumliche Distanz seine eigenen Verhältnisse zu klären. Im April unternahm er mit seinem Bruder Paul eine Studienreise nach Griechenland. Allerdings blieb die künstlerische Ausbeute dieser Reise gering; es gab lediglich einige Skizzen, die den Berg Athos oder den Bruder auf einem Maultier zeigen. Marias Eifersucht suchte er durch Briefe zu zerstreuen, in denen er schilderte, dass sich die »von Dir gefürchteten Türkinnen … vom Scheitel bis zur Sohle in tiefschwarze Gewänder«[4] hüllten und die Gesichter vom Schleier vollkommen verdeckt blieben. »Nun lass' Dich küssen und umarmen, mein gutes Lieb, arbeite und sei etwas fröhlich«, schrieb er ihr. Sie versuchte seinem Rat zu folgen, arbeitete viel, zog sich ganz zurück und schrieb ihm, sie müsse sich erst einmal mit den Ereignissen der letzten Zeit auseinandersetzen. Sie liebe ihn und wolle Glück und Freude in sein Leben bringen. Das sei aber nicht so einfach. Sie freue sich auf die gemeinsame Arbeit und hoffe, selbst wieder glücklicher zu sein, wenn sie ihm durch ihre treue Liebe und Hingabe Freude an der Arbeit und damit am Leben geben könne. Sie wolle sich ganz in den Dienst *seiner* Kunst stellen.

Kochel

Kurz nach seiner Rückkehr aus Griechenland zog Franz Marc aus München aufs Land nach Kochel, wo er sich bei dem Schreinermeister Anton Heinritzi eine Wohnung mietete. Zwar folgte Maria ihm dorthin, aber sie wurden nicht glücklich miteinander. Sie konnte nicht wissen, dass Franz Marc auch Marie Schnür, der hübschen und selbstbewussten Kunstlehrerin aus München, geschrieben hatte, er freue sich auf die gemeinsame Malerei. Auch sie hatte er aufgefordert, nach Kochel zu kommen: »Kommen Sie, kommen Sie! … Ach kommen Sie bald!«

Sie zögerte nicht lange, im Juni traf sie also ebenfalls in Kochel ein. Ihr Kind aus ihrer heimlichen Affäre mit Angelo Jank, den vier Monate alten Klaus, hatte sie nach Eisenach in Pflege gegeben, so fühlte sie sich offenbar wieder frei. In Kochel begann Marc nun auch mit der elf Jahre älteren Marie Schnür ein Liebesverhältnis, dessen stumme Zeugin Maria wurde. Diese Dreierbeziehung machte niemanden glücklich. Marc malte beide Frauen, und die Nacktfotos, die offenbar Bruder Paul Marc in der freien Natur aufnahm, sprechen Bände. Hier sitzt Maria am Ufer des Kochelsees, mit einer Hand das Gesicht verdeckend, sichtlich gehemmt zwischen dem ebenfalls nackten Franz und der provokant in die Kamera blickenden Marie Schnür.

Auf dem Gemälde, das Franz Marc von den beiden Frauen anzufertigen versuchte – er schleppte monatelang ein lebensgroßes Bild den Berghang hinauf, auf dem er die beiden Frauen sittlich bekleidet im Gras sitzend darstellte –, war die Farbe schon viel zu dick aufgetragen. Aber er wurde damit nicht fertig, ebenso wenig wie mit der Dreiecksbeziehung. Leider zerstörte er das Gemälde bei seiner Rückkehr nach München im Oktober; nur eine Ölstudie zu diesem Bild blieb erhalten. Maria Franck, die wohl am meisten unter diesen Verhältnissen litt, nannte den Berghang später den »Thränenhügel«. Ihre Gefühle, die sich in den Briefen dieses Sommers spiegeln, schwanken zwischen Hass und Liebe. Sie bemühte sich sogar, Verständnis für Franzens Leiden aufzubringen, denn er nahm seine eigene Gefühlslage keineswegs leicht. Eines aber war ihm klar: Er wusste, dass etwas in ihm schlummerte, das die anderen nicht hatten: seine Begabung, die bisher noch nicht zum Durchbruch gekommen war. Franz sah aber auch Marias Begabung und suchte sie zu fördern. Er ermunterte sie immer wieder zur Malerei und hoffte damit, ihr Selbstwertgefühl zu stärken. Gleichwohl klangen seine Briefe jetzt deutlich distanzierter als ihre.

Eine Dreiecksbeziehung

Im August 1906 kündigten Marias Eltern ihren Besuch in Garmisch an. Um jeden Preis musste die Tochter ihre Beziehung und das skandalöse Verhältnis verheimlichen. Am Ende des Sommers zog Franz wieder in sein Pasinger Elternhaus, Maria in ihr Zimmer in Planegg. Sie versuchte wieder Fuß zu fassen und setzte den Besuch der Malklasse bei Feldbauer fort. Doch im November kam der nächste Schlag: Franz teilte ihr mit, dass er beschlossen habe, Marie Schnür zu heiraten, damit diese ihren Sohn zu sich nehmen könne. Maria machte diese Mitteilung völlig mutlos und verzweifelt; sie bemühte sich, nicht verbittert zu sein und Franz noch tiefer und inniger zu lieben. Aber sie fand keinen inneren Frieden. Die Unruhe zerstörte jeglichen Willen und die Stimmung zur Arbeit. Franz hingegen schrieb ihr einen langen Brief, in dem er sie aufforderte, ihre »müßigen Selbst- und Nächstenquälereien« zu lassen und sich an den Schönheiten der Natur zu erfreuen. »Denn wir sind stündlich umringt und umworben von tausend Schönheiten, – warum willst Du sie nicht sehen? *Warum ziehst Du vor so zu sein wie Du bist?* Es ist mein Ernst, Teure. Mit einem Kuß Dein Fz. M.«[5] Aber Maria konnte ihren Charakter nicht ändern, auch wenn sie es ihm zuliebe gern getan hätte.

Den Jahreswechsel 1906/07 verbrachte Maria bei ihren Eltern in Berlin, immer noch in tieftrauriger Stimmung, denn die Heirat ihres Geliebten mit Marie Schnür stand kurz bevor. Dennoch überwand sie sich bei ihrer Rückkehr nach München dazu, die Stilllebenklasse ihrer Konkurrentin weiter zu besuchen. Deren Heirat fand am 27. März 1907 statt. Noch am selben Abend fuhr Franz Marc allerdings allein nach Paris, nachdem er seine frischgebackene Ehefrau seinem Freund anvertraut hatte. Offenbar bestand für ihn nie ein Zweifel daran, dass trotz der Ehe mit Marie und der unglücklichen Liebe zu Annette die Beziehung zwischen ihm und Maria weiterbestehen sollte. Auch nicht, als Marc sich im Sommer 1907 mit seiner Ehefrau in Indersdorf, im Norden Münchens, zum Malen aufhielt und sich Annette ebenfalls in der Nähe, in Großinzemoos, für den Sommer einmietete.

Während Franz von Paris schwärmte, neue Impulse für seine Malerei durch van Goghs und Gauguins Malerei empfing, fuhr Maria wieder zu ihren Eltern nach Berlin und nach Ostpreußen. Seit April litt sie an einer rheumatischen Entzündung der rechten Hand, was ihr Malen und Hausarbeit unmöglich machte. Die Aufregungen der letzten Zeit hatten sich in dieser Krankheit niedergeschlagen, die so schmerzhaft war, dass sie sogar im Krankenhaus behandelt werden musste. Als Marc im Mai 1907 einen Anatomiekurs an der Schule des »Künstlerinnen-Vereins« abhielt, um etwas Geld zu verdienen, konnte sie wegen ihres Gesundheitszustandes nicht daran teilnehmen. Franz stellte bald fest, dass Marie Schnür nicht die richtige Frau für ihn war, und überhäufte sich mit Selbstvorwürfen. An Maria schrieb er: »... der Zustand mit ihr ist einfach fürchterlich; es gemahnt mich immer an einen Dostojewskyschen Roman. Keiner versteht auch nur das geringfügigste Wort vom andern. Für mich ist ihre Liebenswürdigkeit eine ewige Qual, für sie muß meine abweisende Kälte das gleiche sein ... Diese Ehe ist für mich die einzige indirekte Rettung aus einem unmöglichen Seelenzustand ... Ich werde jetzt S.(chnür) gegenüber, wegen Claus, äußerlich meine Pflicht thun und dann mich völlig frei machen, in eventuell 1, 1½ Jahren. Weißt Du, an was ich jetzt immer denke? Du weißt es, ich will, daß Du bis dahin auch ganz *selbständig fühlend,* – rücksichtslos, – geworden bist. Ich will Dich sicher noch einmal an der Hand führen, um Dir die Wunder der Welt zu zeigen in einem schönen Sommer.«[6]

Im Juni 1907 bezog Franz Marc ein Atelier im Rückgebäude der Schellingstraße 33, das zuvor Annette Simon genutzt hatte. Die kleine Wohnung, in der Marc mit Marie lebte, lag in einem der oberen Stockwerke. Aber das Eheleben gestaltete sich weiterhin schwierig. Wieder einmal gestand er Maria: »Ich spreche mit S. … gar nichts Intimes mehr; sie ist zwar noch immer etwas wie Butter so weich, aber ich esse die Semmel dieser Ehe lieber ganz trocken.«[7] Damit wollte er wohl Marias »törichte« Eifersucht zerstreuen. Er wusste wohl, dass er beide Frauen quälte. Maria Franck rang ihren Eltern einen Kuraufenthalt in Bad Aibling ab. Bei der Durchreise in München traf sie erneut mit dem Geliebten zusammen. »Mein heißgeliebtes Lieb … mein Verlangen gehört dir und meine Sehnsucht den Bildern, zu denen du mir noch verhelfen sollst und wirst«, schrieb er ihr. Sie verabredeten heimliche Treffpunkte: »… bei dir. Anderes möchte ich nicht; ich möchte sogar Schnür am liebsten gar nicht wissen lassen, daß du hier bist.« Aber Maria war unzufrieden mit solchen Treffen; sie konnte unter diesen Umständen nicht »froh, innerlich frei u. sicher«[8] sein, wie er es von ihr verlangte.

In dieser Zeit malte Franz Marc Aktbilder von Maria, die er später zerstörte. Die Ungewissheit seiner künstlerischen Zukunft bedrückte ihn ebenso wie sein privates Liebesleben. Maria, inzwischen 31 Jahre alt, pochte wohl darauf, ihrer künstlerischen Begabung zu folgen, war aber weit davon entfernt, Erfolg – auch finanziell – zu haben. Sie war völlig abhängig von ihren Eltern. Auch die Krankheit, die sich verschlimmert hatte und zu rheumatischen Schmerzen im ganzen Körper führte, ließ ihre Zukunft düster aussehen. Sie traute sich nichts mehr zu. Das Einzige, das sie sich wünschte, war ein Kind. Auch Franz hatte immer mehr Sehnsucht nach dem Zusammensein mit Maria. Während Franz zwischen Kochel und München pendelte und Anatomiekurse im »Künstlerinnen-Verein« gab, zog Maria in ein Atelier in der Giselastraße, wo er sie besuchte, um ihre Arbeiten zu korrigieren. Denn seine künstlerische Überlegenheit stellte

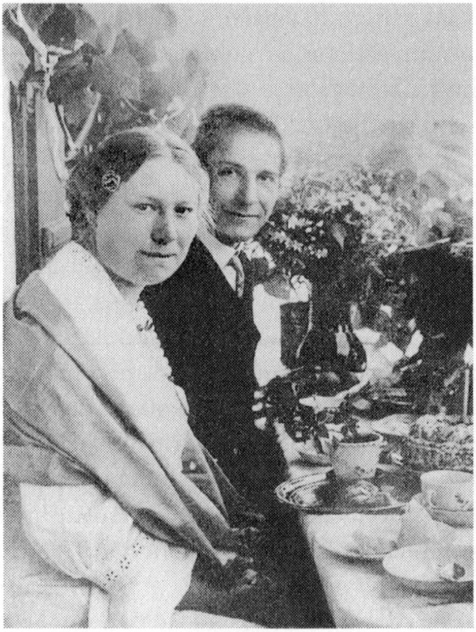

Maria Franck und Franz Marc in Lenggries, 1908

sie nie in Frage. Auf sein Anraten hin beschäftigte sie sich in dieser Zeit mit Plakatentwürfen, in der Hoffnung, damit etwas Geld zu verdienen.

Lenggries

Ab Januar 1908 versuchte Maria durch Entwurfszeichnungen für kunstgewerbliche Arbeiten, unter anderem für Annette Simon, ihr Budget etwas aufzubessern. Ähnliche Bemühungen unternahm auch Franz, der seine Kontakte zu Münchner Antiquaren ausbaute, um als Vermittler und Weiterverkäufer etwas zu verdienen. Im Frühjahr zogen beide nach Lenggries;

er wohnte auf der Staffelalm bei seinem alten Freund Hans Müller. Sie lebte zunächst allein in einem Zimmer für Sommergäste im Haus Pacher, wo die beiden auch Marias 32. Geburtstag begingen. Sie war begeistert von der Natur und der schönen Landschaft und freute sich an der gemeinsamen Arbeit mit ihrem Franzl. In dieser Zeit schuf er ein großes Bild mit vier Pferden, das er später zerstörte; sie malte »Junges Bäumchen« und »Tannen am Wiesenrand«, sehr zarte Bilder, die sich von seinen Bildern wie »Junge Lärche« kaum unterscheiden. Erstmals kam es während dieses Aufenthalts zur produktiven Zusammenarbeit der beiden Künstler.

Franz Marc ließ sich zwar im Jahr 1908 von seiner Ehefrau Marie Schnür scheiden. Aber es dauerte noch fünf Jahre, bis er den sogenannten Dispens erhielt, der damals nötig war, um eine neue Ehe eingehen zu können. Denn Marie hatte trotz der Absprache, dass die Ehe bald wieder getrennt werden sollte, Klage wegen Ehebruchs mit Maria Franck eingereicht.

Als Franz und Maria nach einem langen Sommer im November nach München zurückkehrten, fehlte es ihnen wieder einmal an Geld. Marc versuchte an sämtlichen Malschulen Münchens Schüler für seine Anatomiekurse zu gewinnen, aber es meldeten sich nur wenige. Maria bemühte sich, zehn Blätter mit Kinderbildern als künstlerische Wandbilder für Kinderzimmer oder auch als wertvolle Lithografiemappe zu veröffentlichen. Diese Thematik, vermutlich ausgelöst durch ihren Kinderwunsch, beschäftigte sie viele Jahre lang. Sie plante Illustrationen für Kinderbücher und baute Spielzeug in ihre Stillleben ein. Es war eine Enttäuschung für Maria, als der Insel Verlag in Leipzig ihre Mappe ablehnte. Marc riet ihr daraufhin, sich nicht auf Kinderbilder allein zu konzentrieren. Er selbst schuf die kleine Bronze »Zwei Pferde« und hoffte, nun mit Bronzeplastiken etwas zu verdienen.

Zusammenleben in Sindelsdorf

Trotz aller Geldsorgen blieb Franz Marc optimistisch und bestellte im Januar 1909 wieder Karten für den Bauernball in München. Damit wollte er die Geliebte, die die Weihnachtszeit wieder mit ihren Eltern in Berlin verbrachte, nach München locken. Maria kam. Anfang des Jahres entdeckten die beiden Künstler bei einem Winterausflug den Ort Sindelsdorf in der Nähe von Kochel im Murnauer Moos. Lenggries war ihnen zu teuer geworden und auch zu wenig einsam; Franz Marc suchte einen völlig stillen und abgelegenen Ort. Sofort mietete das Paar eine Wohnung für den Sommer. Dort wollte er mit Maria fern vom Münchner Betrieb malen. Er wusste, dass auf den Wiesen in dem hügeligen Voralpenland im Sommer viele Pferde weiden würden. In dieser Situation erfuhr Marc ein einziges Mal Hilfsbereitschaft von einem Malerkollegen: Fritz Oswald, der ihm sonst nicht nahestand, vermittelte ihm den Kontakt zu den Münchner Kunsthändlern Brakl und Thannhauser. Seit dem Winter 1908/09 kauften sie Lithografien und Gemälde von ihm, zwar ohne Begeisterung, aber doch so, dass er – wie Maria Franck sich später erinnerte – eine Zeit lang sorglos arbeiten konnte. Sein künstlerisches Sendungsbewusstsein erstarkte, und er entwickelte eine ungeheure Arbeitskraft.

Schon im Frühjahr 1909 zogen Franz und Maria nach Sindelsdorf. Dazu mussten sie von der Bahnstation Penzberg eine Stunde durch den Schnee laufen. Er trug einen Rucksack, sie in einem Korb die Katze, und der Hund Russi lief mit. Beide Tiere erlangten durch die Bilder des Künstlers Weltruhm. Die möblierte Wohnung im Haus des Schreiners Josef Niggl war zunächst kalt und ungemütlich, aber bald richteten sich die beiden bequem ein. Über der Wohnung befand sich ein ungeheizter Speicher, den Marc als Atelier nutzte. Bei der Arbeit trug er deshalb eine Pelzmütze, wie man auf Fotos sehen kann. Das tägliche, gleichmäßige Arbeiten dort oben, »immer besonnen bei aller Glut«, schrieb Maria, wurde durch Spaziergänge in der wunderschönen, friedlichen Landschaft unterbrochen.

Auch für Maria begann in Sindelsdorf eine intensive Schaffenszeit. Sie malte Stillleben, Naturstudien, »Apfelkorb im Gras« und »Pfingstrosen«, sowie viele Skizzen und Tierstudien, die ihr Talent zeigen. Alles erscheint hell und sonnenbeschienen, die leuchtenden Naturfarben werden mit entschiedenem Pinselstrich aufgetragen. Auch in Marcs Studien nach der Natur lassen sich noch Einflüsse des Spätimpressionismus erkennen. Viele Motive wurden von beiden Künstlern dargestellt. Auf ihre Bitte hin korrigierte Franz nach wie vor Marias Zeichnungen in ihren Skizzenbüchern.

Als die Wirtsleute Zwillinge bekamen, freuten sich Franz und Maria ungemein; jetzt versuchten sie häufiger, die Kinder darzustellen. Aber offenbar bereiteten ihnen die Säuglinge Schwierigkeiten. Sie mussten viel üben, dennoch wirken die Kinderköpfchen von beiden unbeholfen. Jetzt wünschte sich auch Franz Kinder: Als sich Maria zur Verlobung ihres Bruders in Ostpreußen aufhielt, hatte er ihr geschrieben: »Dienstagmittag, Liebste, Gute, unserm Haus ist Heil widerfahren: Zwillinge. Denke aber ja nicht, daß sie von unserem Kätzchen stammen. Frau Niggl wurde heute Nacht davon überrascht. Ich hab die Kleinen gesehen, – reizend und scheinbar sehr gesund. Ein Bübchen u. ein Mädchen. Ach, die sollten uns gehören!« Aber der Kinderwunsch wurde nie erfüllt, obwohl die Liebe der beiden immer stärker wurde. Wenn sie einmal getrennt waren, sprechen ihre Briefe eine immer innigere und leidenschaftlichere Sprache. Er vermisste Maria deutlich und gab seiner Sehnsucht nach ihr beredten Ausdruck. Sie fühlte sich wohl in der nun eingetretenen Phase ihres Zusammenseins sicherer, und ihre Briefe klangen weniger selbstquälerisch als früher.

Anfang 1910 erhielt Franz Marc in seinem Atelier in der Schellingstraße 33 einen Besuch, der nicht nur für ihn persönlich, sondern für die Entwicklung der Malerei in Deutschland entscheidende Bedeutung haben sollte: August Macke war zusammen mit seinem Vetter Helmuth Macke und Bernhard Koehler, dem Sohn des bekannten Berliner Kunstsammlers, vom Tegernsee, wo er sich mit seiner Frau Elisabeth zum Malen aufhielt, nach München gekommen. Die drei hatten in der Kunsthandlung Brakl Lithografien von Marc entdeckt. Sie waren dermaßen begeistert, dass sie spontan beschlossen, den jungen Künstler aufzusuchen. Marc war damals 29 Jahre alt, Macke erst 22. Marc war beeindruckt: »Die drei machten auch einen mehr als vermögenden Eindruck. Haben sich alles angesehen … Aber keine Spur von Bohème – das Gegenteil, Tip-top.«[9] Dieser Besuch beendete die Isolation Marcs; es entstand eine sehr intensive Künstlerfreundschaft. Die beiden jungen Männer waren sich auf Anhieb sympathisch, durch Macke wurden weitere Kontakte geschlossen. Auch der Vater des jungen Bernhard Koehler sollte später große Bedeutung erlangen, denn er, ein Onkel von Elisabeth Macke, war ein wohlhabender Fabrikant, Kunstsammler und Mäzen. Er unterstützte Franz Marc mit 200 Mark pro Monat; damit konnte dieser in Ruhe malen und musste sich nicht um den Verkauf der Gemälde kümmern. Marc war lediglich gehalten, Koehler jeweils die Bilder zu schicken, die er fertig hatte. Dieser Vertrag kam Marc im Moment gelegen; er hinderte ihn auch nicht, andere Verkaufsgelegenheiten wahrzunehmen. Der Gegenbesuch der Marcs bei Mackes fand am 22. Januar in Tegernsee statt. Franz war mit Maria per Bahn aus München gekommen. Einen lebhaften Bericht darüber verfasste die junge Elisabeth Macke in ihren Erinnerungen:

»Am 22. Januar fand der Besuch von Marc in Tegernsee statt, zu dem er sich angesagt hatte und darum bat, auch seine Kollegin Fräulein Frank mitbringen zu dürfen. Es war ein unbeschreiblich schöner Wintertag, nachdem es vorher ununterbrochen geschneit hatte, strahlendste Sonne, klirrender Frost, aber um Mittag die köstliche warme Luft der Berge. August und Helmuth gingen zur Bahn, um die Gäste abzuholen; ich hatte derweil alles hübsch hergerichtet, im kleinen gemütlich warmen, sonnigen Wohnzimmer den Tisch festlich gedeckt und mich selbst so nett wie möglich gemacht, mein schönes blaues Weihnachtskleid von Mutter angetan und einen hübschen Shawl darüber. Ab und zu guckte ich am Fenster, ob ich noch niemanden sähe, als ich plötzlich Stimmen vor dem Haus hörte. Ich ging zur Begrüßung auf die Diele an die Wendeltreppe und sah mich einem schönen, eigenartig südlich anmutenden Mann gegenüber, breitschulterig, mit leichten eleganten Bewegungen, eine Pelzmütze auf dem Kopf, dunklem Haar mit Koteletten am Ohr entlang, ausdrucksvollen starken Zügen, in der Hand einen Biedermeierstock mit silbernem Knauf, neben ihm wie ein junger Eisbär sein Hund, der treue weiße Russi. Wir beide standen uns einen Augenblick sprachlos gegenüber, ich reichte ihm die Hand hin, die er nur zögernd ergriff, ich sehe noch die Überraschung, die sich in seinen Mienen spiegelte, bis er Worte des Grußes fand. Er sah sich etwas hilfesuchend um nach rückwärts, da kam auch schon August breit lachend hinter ihm die Stufen herauf und half, indem er vorstellte: ›Meine Frau, Herr Marc!‹ ›Aber nein, dös hab i ja garnet g'wußt, daß Sie verheirat sein, i hab g'dacht, i komm da in so a Jungg'selln-Bohème-Wirtschaft und bin höchst erstaunt!‹ August freute sich königlich über die gelungene Überraschung und führte ihn ins Zimmer. Jetzt kam auch Helmuth mit der Kollegin Fräulein Frank herauf. Ich sehe sie noch vor mir: breit und üppig, warm eingehüllt, über die Ohren Shawl und Mütze gezogen, mit hohen braunen Schnürstiefeln. Sie war ganz blond mit etwas slawisch breiten Gesichtszügen und hellen Augen. Als sie sich aus ihren warmen Umhüllungen herausschälte, sah man erst das wundervolle dicke goldblonde Haar, das sie in einem schweren Knoten aufgesteckt trug. Es wurde gegessen, Kaffee getrunken und dann, die Hauptsache, wurden Bilder hervorgeholt und gezeigt. Ich sehe noch den Franz im Ohrensessel sitzend, Maria auf der Lehne, er nur mühsam sein Erstaunen verbergend über die Arbeiten, die August ihm zeigte. Er war tief davon beeindruckt, wollte es aber den um sieben Jahre jüngeren Kollegen nicht merken lassen und ließ nur ab und zu kurze Bemerkungen fallen, wie sie die Maler bei ihren Gesprächen häufig machen. Die Kollegin sah ihn erwartungsvoll von der Seite an und stimmte ihm jedesmal bei.«[10] Franz mit seiner »Kollegin« blieb gleich über Nacht, und kein Mensch konnte ahnen, dass dies der Beginn nicht nur einer Freundschaft zwischen den Männern war, sondern auch einer zwischen den Frauen, die »durch alle Zeiten und alles Erleben und trotz der sehr verschiedenen Wesensart und Charakterveranlagung immer gleich vertraut und herzlich blieb«[11].

Im Februar 1910 fand die erste Einzelausstellung Franz Marcs in der Kunsthandlung Brakl statt. Franz war sehr aufgeregt, erhielt aber, vermittelt durch die Mackes, Unterstützung von Bernhard Koehler sen. Er hielt sich zufällig in München auf und half dem jungen Künstler sogar beim Hängen der Bilder. Einige kaufte er sofort, sodass sie schon das »Verkauft«-Etikett trugen, was den Kunsthändler Brakl, aber auch das Publikum beeindruckte. Diese erste Ausstellung ließ neue künstlerische Energie in Franz erwachen. Nun traf er eine andere wichtige Entscheidung: Im Sommer 1910 gab er seine Münchner Wohnung auf und zog mitsamt seinen Möbeln und dem Hausrat ganz nach Sindelsdorf. Ein Teil der Sachen war ohnehin den Winter über schon dort geblieben. Und auch Maria zog jetzt mit ihrer Habe endgültig dort ein. Sie besaßen zwei Schlafzimmer und ein Wohnzimmer. Offensichtlich fand Franz Gefallen daran, die Tür zwischen den Schlafzimmern tagsüber stets mit Bildern zu verstellen, um getrennte Schlafzimmer vorzutäuschen, denn immer noch war ja Maria offiziell eine Kollegin. Abends räumte er dann leise die Bilder weg. Jedenfalls wurde es für beide »ein Sommer voller Glück und Arbeit« und offenbar auch voller Sinnlichkeit.[12] Zahlreiche Aktbilder und -fotos von Maria existieren aus dieser Zeit.

Berliner Intermezzo

Im Sommer 1910 erhielt das in »wilder Ehe« lebende Künstlerpaar Besuch von Marias Eltern, der zwar glücklich verlief, unter anderem weil zwei gute Mittagessen von Marias Mutter sich versöhnlich auf die Stimmung ausgewirkt hätten. Dies berichtete Franz Marc in einem Schreiben an August Macke. Dennoch hatte Marias Vater es nicht an Ermahnungen fehlen lassen, und als das Jahr zu Ende ging, musste sie früher als üblich nach Berlin. Nun sollte sie bis zur Erteilung des Dispenses überhaupt nicht mehr nach Sindelsdorf reisen dürfen. Eine Eingabe hatte Marc bereits gemacht. Nun schrieb er wieder sehnsüchtige Briefe nach Berlin. Maria fühlte sich zu Hause überhaupt nicht mehr wohl, Berlin widerte sie an. Auch sie wollte zurück in ihr eigenes Heim in Sindelsdorf, zu den Katzen und nicht zuletzt zu ihrem zukünftigen Ehemann. Aber der Dispens wurde abgelehnt. Maria sollte nun auf unbestimmte Zeit in Berlin bleiben.

Wie sehr Marc inzwischen seine Muse vermisste, geht aus seinen Briefen an sie hervor. Er beschwor sie, nach Sindelsdorf zurückzukehren. Er schrieb schöne und eindringliche Liebesbriefe nach Berlin: Er sei zuversichtlich, den Dispens doch noch zu erhalten, die Eltern würden sich schon noch an ihre Abwesenheit gewöhnen. Er könne weder schlafen noch essen ohne sie, sie fehle ihm, nichts freue ihn, wenn sie sich nicht mitfreuen könne. Sie sei der gute Geist und die Liebe in Sindelsdorf, in Berlin aber nur ein unnützes Möbelstück. Wieder wurde Maria krank, und er schrieb ihr als Wunsch für das Jahr 1911: »Nun adio, schlaf ruhig, halte alle deine Gedanken nur auf einen Punkt gerichtet, das ist Sindelsdörfchen u. stelle dir diesen Punkt so fabelhaft farbig vor, in sämtlichen Farben des Sonnenspektrums strahlend, daß du eines Tages wie eine Biene darauf zuschwirrst. Mit Küssen dein Fanné.«[13] Diese Aufforderung konnte nur von einem Künstler stammen, der sich gerade intensiv mit Licht und Farben beschäftigte, wie Franz Marc es damals tat. Aber Maria konnte erst am 1. April 1911 aus Berlin zurückkehren. Inzwischen hatte sich in der Münchner Kunstszene viel ereignet.

Marc verteidigt die »Neue Künstlervereinigung München«

Vom 1. bis 14. September 1910 hatte die zweite Ausstellung der »Neuen Künstlervereinigung München« stattgefunden, die Werke von Kandinsky, Münter, Jawlensky, Werefkin, Erbslöh, Kanoldt, Bechtejeff, Bossi und anderen Malern sowie Gästen aus Frankreich wie Picasso, Derain, Braque und van Dongen in der Galerie Thannhauser zeigte. Marc hatte die Ausstellung gesehen. Als sie in den *Münchener Neuesten Nachrichten* verrissen wurde, schrieb er, der die Künstler gar nicht kannte, spontan eine Erwiderung, die der Galerist an den neuen Vorsitzenden Erbslöh weitergab, denn Kandinsky hatte den Vorsitz bereits niedergelegt. Dort heißt es unter anderem: »Gegenüber der allgemeinen Ablehnung, die die ›neue Künstlervereinigung‹ in München erfährt, ist es vielleicht angebracht, auch eine andere Stimme und Meinung laut werden zu lassen. –

An etwas stößt sich hier das Publikum augenscheinlich: es sucht Staffeleikunst und wird nervös und zweiflerisch, wenn es kaum ein reines Staffeleibild von gewohntem Stil in dieser Ausstellung findet. Bei allen Bildern ist noch ein Plus im Spiel, das ihm die reine Freude nimmt, aber jedesmal den Hauptwert des Werkes ausmacht.

Die völlig vergeistigte und entmaterialisierte Innerlichkeit der Empfindung, der im ›Bilde‹ beizukommen unsre Väter, die Künstler des 19. Jahrhunderts, nie auch nur versuchten. Dies kühne Unterfangen, die ›Materie‹, an der sich der Impressionismus festgebissen hat, zu vergeistigen, ist eine notwendige *Reaktion*, die in Pont-Aven unter Gauguin begann und bereits unzählige Versuche aufweist. Was bei diesem Neuen, das die ›neue Künstlervereinigung‹

macht, uns so aussichtsreich erscheint, ist, daß ihre Bilder neben ihrem auf's Höchste vergeistigten Sinn höchst wertvolle Exempel für Raumaufteilung, Rhythmus und Farbentheorie enthalten.«

Im weiteren Text hob er noch Kandinsky und einige andere Künstler lobend hervor und schloss sein Plädoyer mit folgenden Worten:

»Die Art, wie das Münchner Publikum die Aussteller abtut, hat fast etwas Erheiterndes. Man benimmt sich, wie wenn es vereinzelte Auswüchse kranker Gehirne seien, während es schlichte und herbe Anfänge auf einem noch unbebauten Lande sind. Weiß man nicht, daß an allen Enden Europas heute der gleiche, neuschaffende Geist tätig ist, trotzig und bewußt? Man denke sich die kleine Ausstellung ergänzt durch ein paar deutsche wie Barlach, Metzner, Thorn Prikker, Brühlmann, Weiß, Hofer, der selbst Mitglied ist, und Ausländer wie Matisse, Minne, Manguin, Puy u.a. – Wer Augen hat, muß hier den machtvollen Zug der neuen Kunst sehen.«[14] Im Februar 1911 schloss sich Marc selbst der »Neuen Künstlervereinigung« an, nachdem Erbslöh, Werefkin, Jawlensky und Helmuth Macke ihn in Sindelsdorf besucht und von ihrem »gemütlichsten Beisammensein« dort eine Postkarte an Maria geschickt hatten. Adolf Erbslöh und die anderen Künstler waren Marc dankbar für seine Verteidigung.

Zwar lernte er im Oktober 1910 Erbslöh, Jawlensky und Werefkin kennen, aber Kandinsky befand sich noch auf einer Russland-Reise und kehrte erst im Dezember zurück. Kandinsky und Münter traf er erstmals am 31. Dezember 1910, anlässlich eines Besuches mit Helmuth Macke bei Jawlensky. Franz Marc war begeistert: Er berichtete Maria, er habe sich »den ganzen Abend mit Kandinsky und Münter unterhalten – fabelhafte Menschen. Kandinsky übertrifft alle, auch

Jawlensky an persönlichem Reiz; ich war völlig gefangen von diesem feinen innerlich vornehmen Menschen, und äußerst patent bis in die Fingerspitzen. Daß *den* die kleine Münter, die mir *sehr* gefiel, ›glühend‹ liebt, das kann ich ganz begreifen. Sie wollen mich und Helmuth nun alle in Sindelsdorf besuchen, desgleichen wir Kandinsky und Münter in Murnau. Ach, wie freue ich mich, später mit Dir mit diesen Menschen zu verkehren, du wirst Dich sofort wohl fühlen, auch mit Münter, glaub ich. Ich bin begierig, was sie zu Deinen Blättern sagen ...«[15] Und etwas später heißt es, er stehe *sehr* freundschaftlich mit Kandinsky/Münter und die beiden freuten sich schon auf den Besuch von Maria. Im März 1911 wurde auch Marcs Verhältnis zu Jawlensky immer »herzlicher und inniger«. Er hatte Einladungen zum »Jour fixe« bei Jawlensky und bei der Baronin, die auf Marias »fachfrauliches Urteil« warteten. Und schließlich sorgte er sich sogar um den Sindelsdorfer Haushalt. »Die Baronin hat 2 sehr sehr ordentliche Mädchen für uns in petto für Sindelsdorf... ganz von Herzen und in Liebe dein treuer Franz, dein Mann«, schrieb er ihr.[16] Bis zu Marias Rückkehr lebte der junge Maler Helmuth Macke bei Franz Marc, die beiden unterhielten eine regelrechte Junggesellenwirtschaft. Als Maria zurückkehrte, zog Macke in ein anderes Quartier im Ort, aber die Freundschaft blieb erhalten.

Ein anderes Ereignis war für Marc in dieser Zeit außerordentlich wichtig, die Begegnung mit Arnold Schönberg. Bereits am 2. Januar 1911 besuchte Marc mit Kandinsky, Münter, Jawlensky, Werefkin und Helmuth Macke ein Konzert von Arnold Schönberg, das ihn vollkommen erfüllte, wenn er auch Mängel erkannte, wie bei der Malerei der »Neuen Künstlervereinigung München«. Es wurde ihm sofort klar, dass diese Art von Musik und die Malerei zusammengehören. Das Konzert wurde gestört durch »stete[n], feige[n] und ungezogene[n] Protest durch Unruhe, Kichern und Scharren *während*! des Spielens!«, schrieb er empört an Maria. Er habe sich als Münchner geschämt. Später seien sie alle noch in den Münchner Ratskeller gegangen.[17]

Maria kränkelte inzwischen in Berlin, es ging ihr sogar so schlecht, dass sie Franz bat, sie dort zu besuchen. Ihre Eltern hatten ihn eingeladen, um ihrer Tochter eine Freude zu machen. Aber der im Ganzen angenehme Besuch dauerte nicht lange. Er schickte seiner Geliebten Noten von Schönberg und bezog sie brieflich in die Diskussionen mit Macke über Farbtheorien ein. Demnach war »blau das männliche Prinzip, herb und geistig. Gelb das weibliche Prinzip, sanft, heiter und sinnlich. Rot die Materie, brutal und schwer und stets die Farbe, die von den beiden anderen bekämpft und überwunden werden muß! … Ich werde trotz aller Spektralanalysen den Malerglauben nicht los, daß Gelb (das Weib!) der Erde Rot näher steht, als Blau, das männliche Prinzip«, schrieb er an seinen Freund Macke.[18]

Immer wieder versuchte Marc, Maria zum Malen und zur Arbeit an sich selbst zu ermutigen: »Nutze Deine Zeit soviel Du kannst, musikalisch und vielleicht zeichnerisch u. thu alles für deinen Körper. Du sollst später schon zum Malen kommen, mein Lieb. Dann gibt es kein Berlin mehr, keine so blöden Unterbrechungen und Hemmungen. Und deine Hand wird wohl auch immer besser werden. Sei nur vergnügt und freue dich, freue dich!«[19], schrieb er ihr. Er beschwor sie auch, als Teil ihrer Aussteuer das Klavier mitzubringen, wenn denn der Dispens endlich da wäre.

Am 5. Februar 1911 konnte er seiner Liebsten vermelden, dass er einstimmig zum Mitglied und zum dritten Vorsitzenden der Vereinigung gewählt worden sei. »Nun ist's geschehen, und ich freue mich; und ich weiß, Du tust es auch! Es gibt keine andere Wahl, – die Eigenbrödelei hab ich satt;

nun geht's gemeinsam. Langweilen werden wir uns nicht in den nächsten Jahren, mein Lieb; und was Du Dir gewünscht hast, haben wir nun: einen Kreis von Künstlern und vornehmen Menschen, wie wir ihn uns besser nicht wünschen können …«[20] Sodann berichtete er über den Besuch von Erbslöh, Werefkin und Jawlensky bei ihm in Sindelsdorf, die seine Bilder erfreut bestaunt hätten. Franz versäumte aber auch nicht, die Blätter der abwesenden Maria zu zeigen und die neuen Freunde um ihre Meinung zu bitten. Dann erzählte er von der Unterhaltung mit den fröhlichen Gästen und erläuterte ihr erneut die Farbtheorien, mit denen er sich unablässig beschäftigte. Seinem Wunsch gemäß hatte sie sich am Klavier mit Schönberg befasst und einen langen Brief darüber geschrieben. Beide wollten die Parallelen zwischen Malerei und Musik entdecken. Ihm erschien die Musik Schönbergs wie ein extremes Auseinanderlegen der zusammengehörigen Farben. Auch in der Malerei diene die Dissonanz (verschiedener Farben) dazu, eine Steigerung der malerischen Mittel zu ermöglichen. Maria war ihm bildungsmäßig durchaus gewachsen und versuchte ihm auch über die Entfernung Berlin–München wenigstens gedanklich nahe zu sein.

Für immer verbunden

Als klar wurde, dass der Dispens noch eine Weile auf sich warten lassen würde, beschlossen Franz und Maria, nun im Ausland zu heiraten. Er sparte für die Hochzeitsreise, strich die Räume in Sindelsdorf und erwartete seine Maria, die am 1. April 1911 wieder in München eintraf. Schon am nächsten Tag lernte sie Jawlensky und Werefkin kennen, ebenso Kandinsky und Münter. Nun entwickelte sich ein reger Besuchsverkehr zwischen Murnau und Sindelsdorf, denn Marc und

Kandinsky waren sich auf Anhieb sympathisch. Ihre Ideen über Kunst waren denen der »Neuen Künstlervereinigung München« weit voraus. Maria wurde im Freundeskreis sofort akzeptiert. Um die Beziehung nun endlich zu legalisieren, fuhr das Paar jetzt, nachdem der zweite Antrag auf Dispens abschlägig beschieden worden war, nach London. Auf dem dortigen Standesamt wurde ihnen versprochen, wie Maria Marc später festhielt, dass ihnen der Hochzeitstermin mitgeteilt würde. Stattdessen erhielten sie eine enttäuschende Absage.

»Franz Marc's Geduld war nun zu Ende – ohne mir etwas zu sagen ging er aufs nächste Postamt und verschickte nach allen Seiten Telegramme unserer glücklichen Verheiratung und ließ daraufhin die Vermählungsanzeigen in Deutschland verschicken. Was wir damit taten, war uns unklar – darüber belehrte uns dann nach unserer Rückkehr unser Anwalt in München, der uns klar machte, wie gefährlich solch eine Sache sei. Er versprach uns aber sofort Schritte zu tun, um die Heirat in Deutschland zu erwirken. Da er Verbindungen hatte, ist es uns [unleserlich] gelungen, den Dispens zu erhalten und wir konnten dann endlich richtig verheiratet leben. So war die ewig lange Wartezeit vorbei. Das war doch auch vor allem für mich notwendig geworden, denn ich habe oftmals schwer unter diesen Unklarheiten gelitten.«[21] Das glückliche Ende war zwar noch gar nicht erreicht, aber fortan nannte Franz seine Maria »meine Frau« und sie galt von nun an als »Frau Marc«.

Die Hochzeitsreise im Juli 1911 ging zu Kunstfreunden nach Köln, dann zu den Mackes nach Bonn, denen sie von ihrer Heirat erzählten. Erst viel später erfuhren August und Elisabeth Macke, »dass dies gar nicht möglich gewesen war, weil ihnen dazu die nötigen Papiere fehlten«[22]. Anschließend ging es ins Folkwang-Museum in Hagen und zu einer Marc-

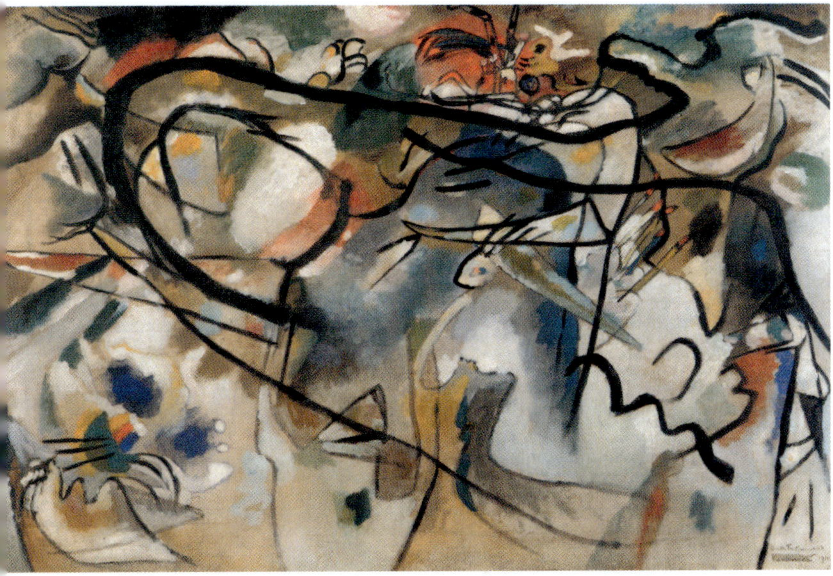

Die Ablehnung von »Komposition V« durch die Jury der »Neuen Künstlervereinigung München« ist der Anlass für den Austritt Wassily Kandinskys, Gabriele Münters und Franz Marcs aus der Künstlervereinigung – und zugleich Anstoss für die Gründung des »Blauen Reiters«.

Wassily Kandinsky, Entwurf zu »Komposition V«, 1911

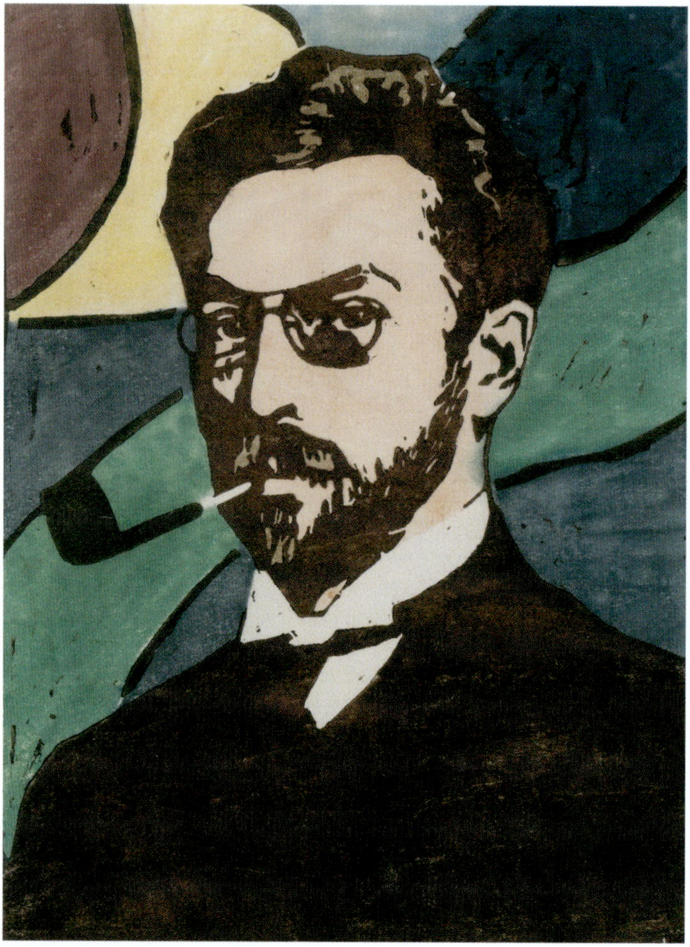

Wassily Kandinsky ist der Erste, der Gabriele Münters Begabung erkennt und sie nach Kräften fördert. Er wird ihr Lehrer und bald auch ihr Geliebter.

Gabriele Münter, »Wassily Kandinsky«, Farblinolschnitt, 1906

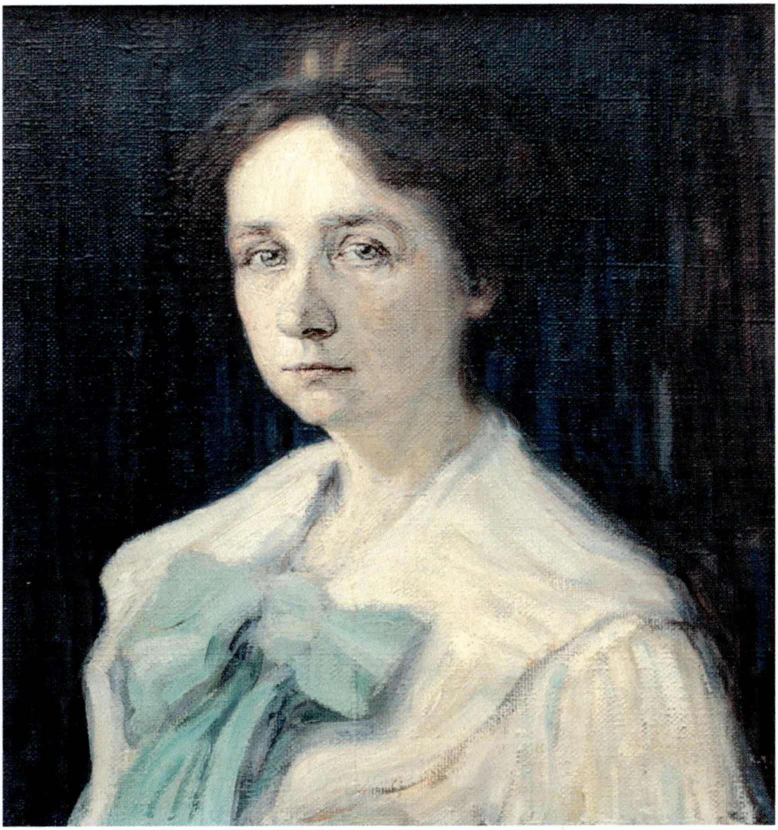

Dieses Porträt von Gabriele Münter malt Kandinsky im Sommer 1905. Zuvor hatte er, wenn auch unter größten Gewissensbissen, für Münter seine Frau Anna verlassen. Doch bis zur rechtskräftigen Scheidung 1911 hält Kandinsky die Beziehung zu seiner Schülerin geheim.

Wassily Kandinsky, »Gabriele Münter«, 1905

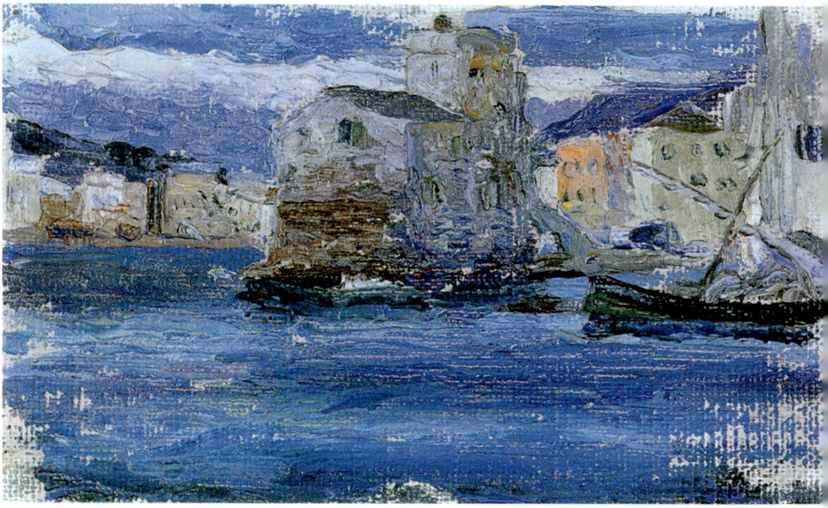

Die vier Monate, die Gabriele Münter und Wassily Kandinsky im Winter 1904/05 in Rapallo verleben, zählen zu den schönsten ihrer gemeinsamen Zeit. Von der südlichen Landschaft sind beide so begeistert, dass sie sogar erwägen, dort ein Haus zu kaufen – doch dazu sollte es nie kommen.

Gabriele Münter, »Hafen von Rapallo«, 1905

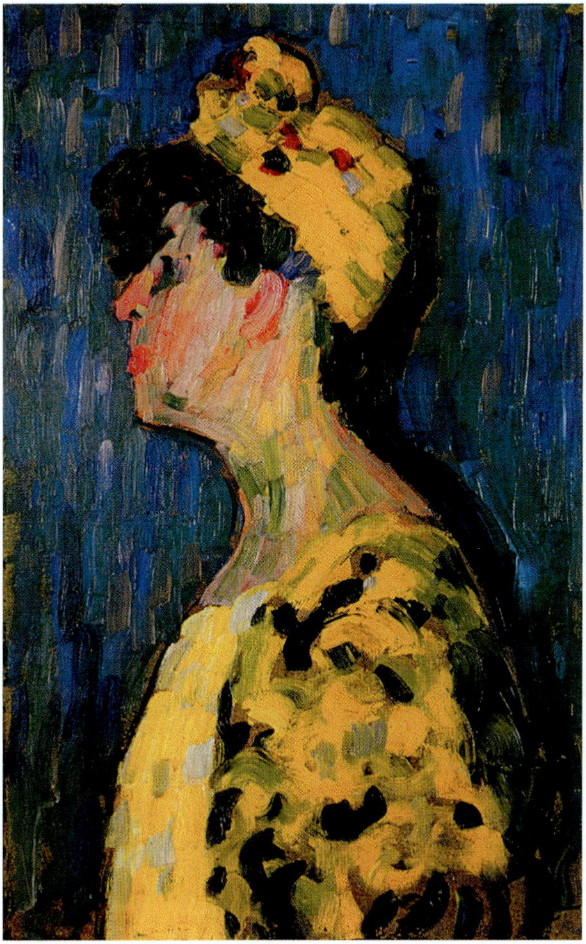

Dieses Porträt seiner Mäzenin, Freundin und Geliebten Marianne von Werefkin malt Alexej Jawlensky 1905, in der Manier des von ihm bewunderten Vincent van Gogh.

Alexej Jawlensky, »Porträt Marianne von Werefkin«, 1905

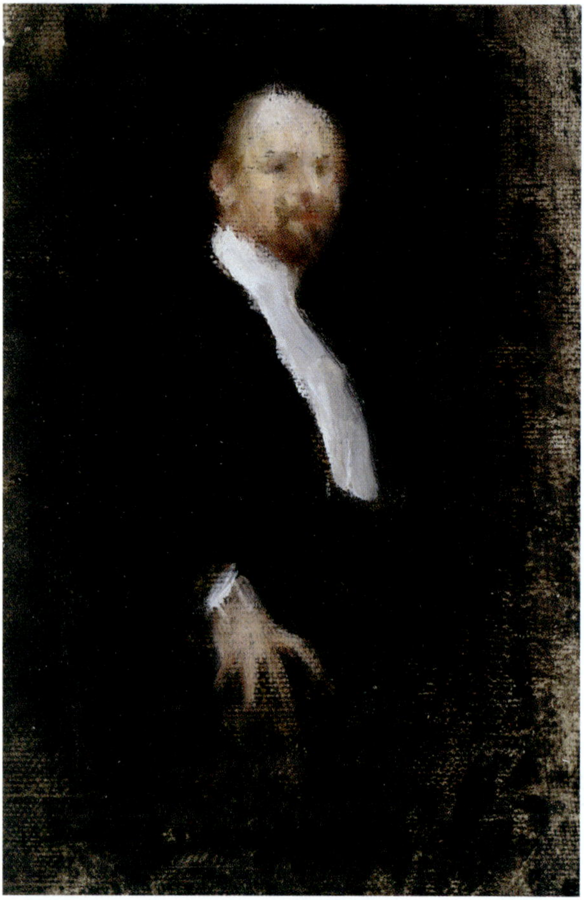

Über ihr erstes Zusammentreffen mit Alexej Jawlensky schreibt Marianne von Werefkin rückblickend: »Ich liebte seine Kunst und wollte ihr helfen. Er gefiel mir, ich wußte, daß er leichtsinnig und [ein] Frauenläufer war.«

Marianne von Werefkin, »Bildnis Alexej Jawlensky«, 1896

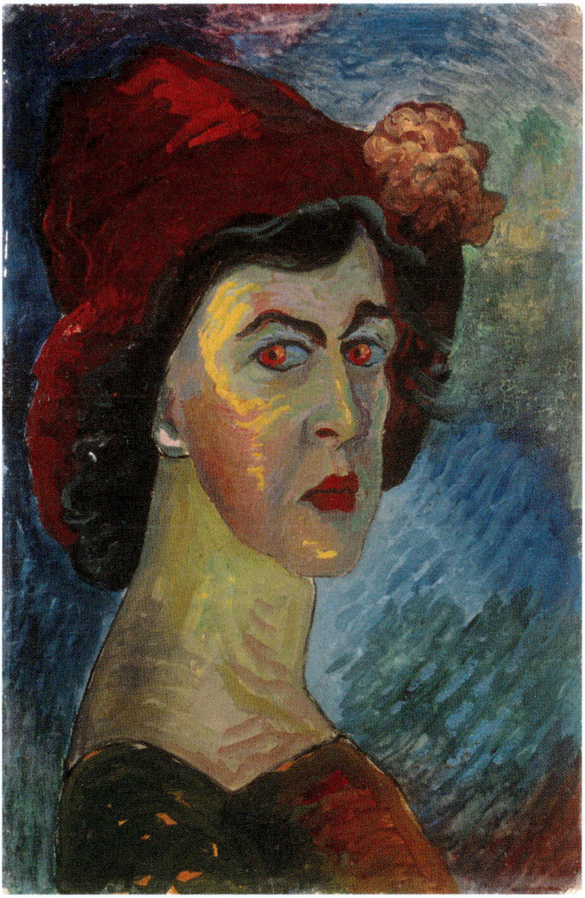

In München unterbricht Marianne von Werefkin ihre Malerei für zehn Jahre, um sich ganz der Förderung und Unterstützung Jawlenskys zu widmen. Erst 1906 beginnt sie wieder selbst zu malen.

Marianne von Werefkin, »Selbstbildnis«, 1910

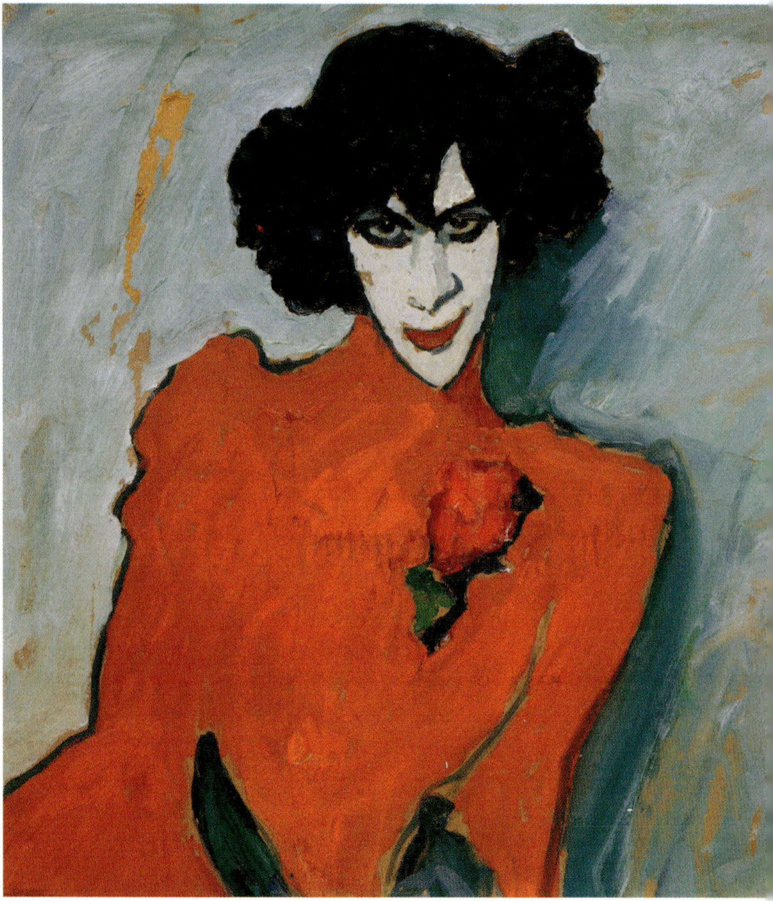

Das Porträt Alexander Sacharoffs soll Jawlensky in einer halben Stunde kurz vor einem Auftritt des Tänzers gemalt haben. Sacharoff nahm es ihm sofort weg, weil er befürchtete, Jawlensky könnte es wieder verändern.

Alexej Jawlensky, »Bildnis des Tänzers Alexander Sacharoff«, 1909

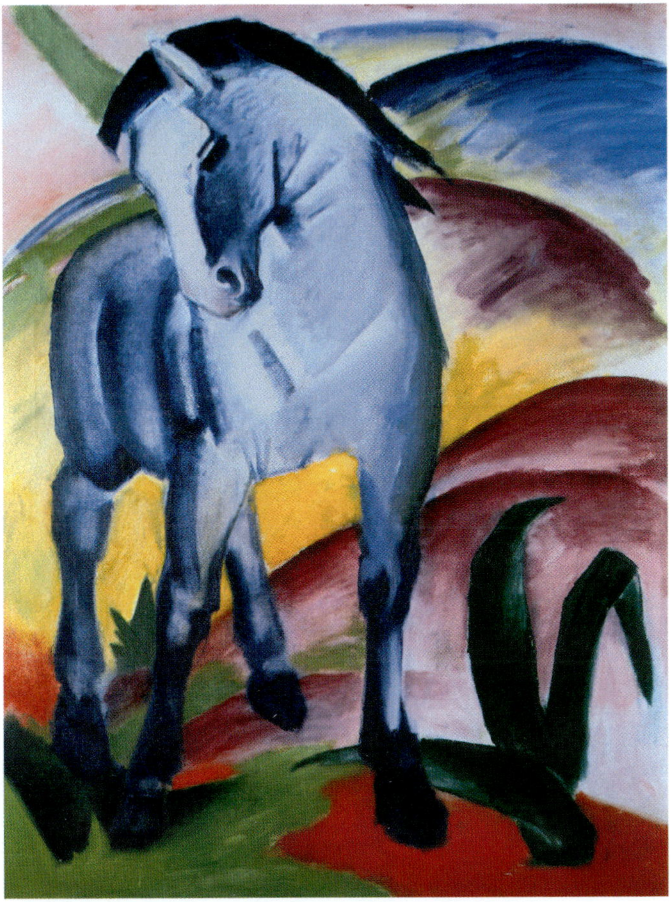

1911, im Jahr der Gründung des »Blauen Reiters«, entsteht »Blaues Pferd I«, das wohl berühmteste Gemälde der Gruppe.

Franz Marc, »Blaues Pferd I«

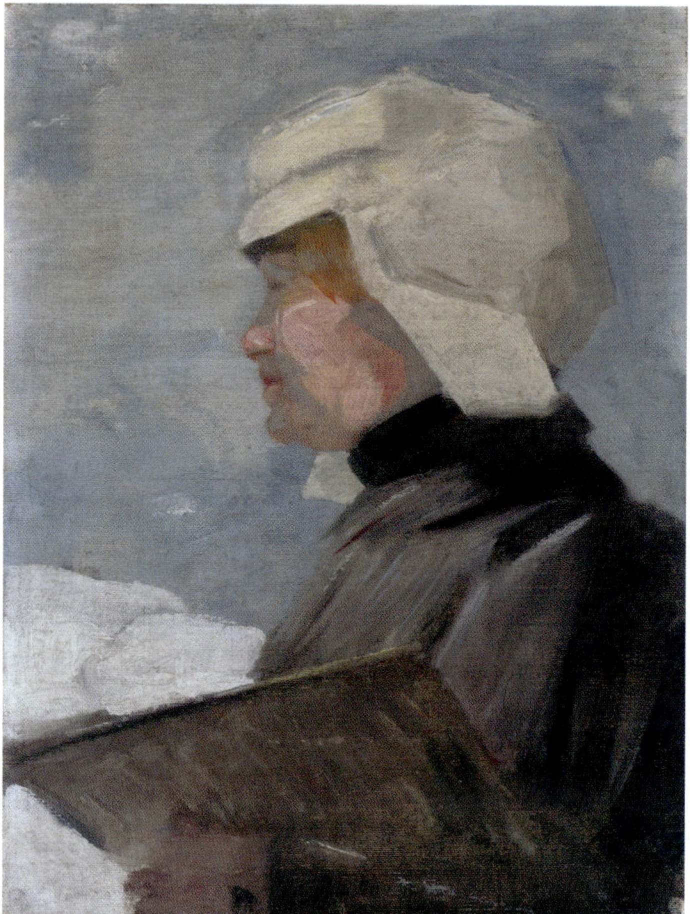

Franz Marc erkennt schnell Maria Francks künstlerische Begabung und ermuntert sie immer wieder zum Malen.

Franz Marc, »Bildnis Maria Franck mit Palette«, 1906

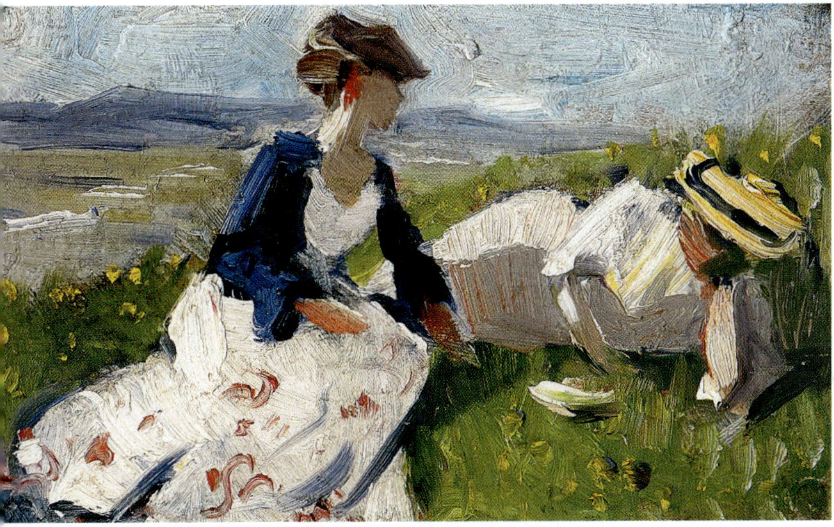

Den Sommer 1906 verbringt Marc mit Marie Schnür und Maria Franck in Kochel – man lebt zu dritt. Besonders für Maria ist diese Zeit überaus qualvoll. Den Hügel, auf dem Marc sie zusammen mit Marie Schnür malt, nennt sie den »Tränenhügel«.

Franz Marc, »Zwei Frauen am Berg«, Skizze, 1906

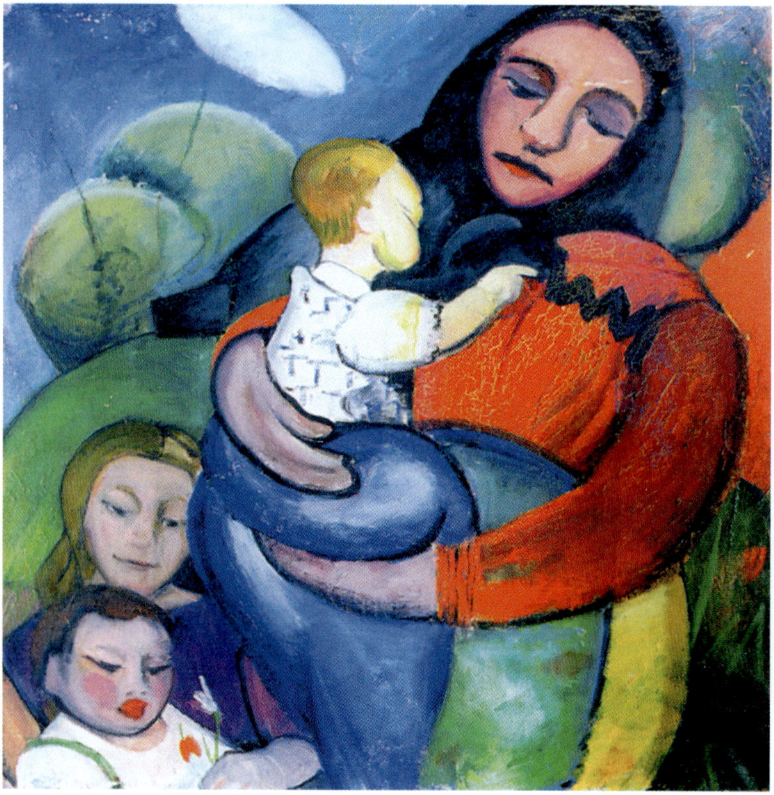

Das Mutter-Kind-Motiv ist ein zentrales Thema im künstlerischen Schaffen Maria Marcs. Sie wünscht sich sehnlichst ein Kind, doch bleibt dieser Wunsch unerfüllt.

Maria Marc, »Mutter mit Kindern«, um 1913

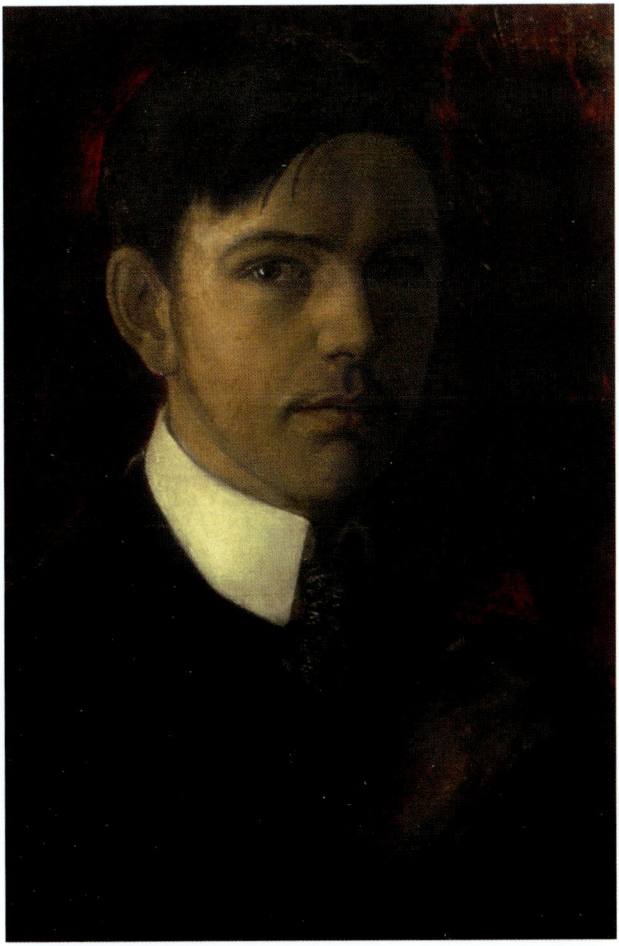

August Mackes Selbstbildnis aus dem Jahr 1906 ist eines der wenigen Ölgemälde, das aus der Zeit des Künstlers an der Düsseldorfer Kunstakademie erhalten ist.

August Macke, »Selbstbildnis«, 1906

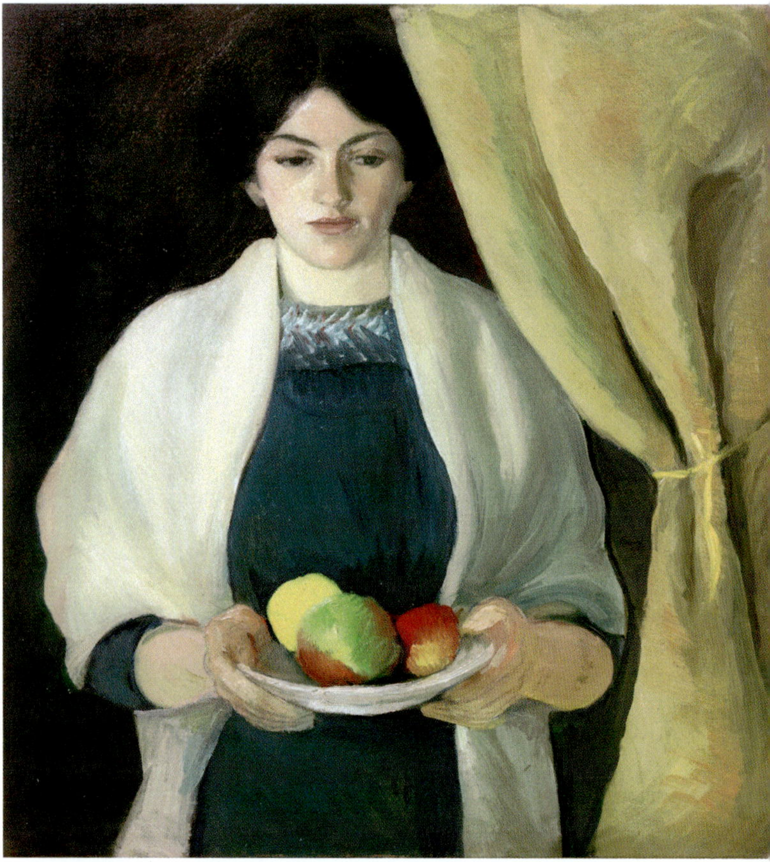

Am 5. Oktober 1909 heiratet August Macke seine langjährige Freundin und »Muse« Elisabeth Gerhardt. Nach der Hochzeit übersiedelt das Paar für ein Jahr an den Tegernsee.

August Macke, »Porträt mit Äpfeln« (Lisbeth Macke), 1909

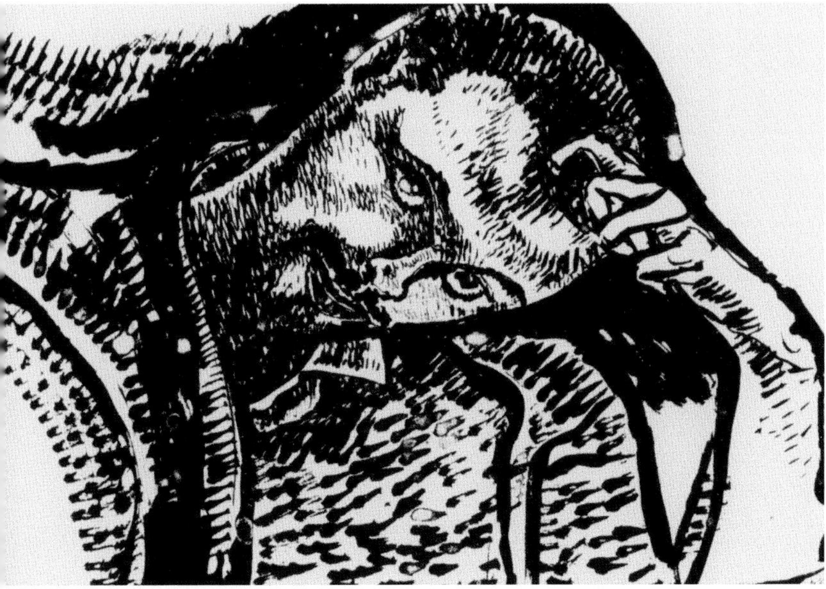

Das Bild »Junger Mann, ausruhend« zeichnet Paul Klee im Jahr 1911. Im selben Jahr lernt er in München Wassily Kandinsky, Franz Marc und andere Künstler des »Blauen Reiters« kennen.

Paul Klee, »Junger Mann, ausruhend«, 1911, 42
Pinsel und Bleistift auf Papier auf Karton 13,8 x 20,2 cm

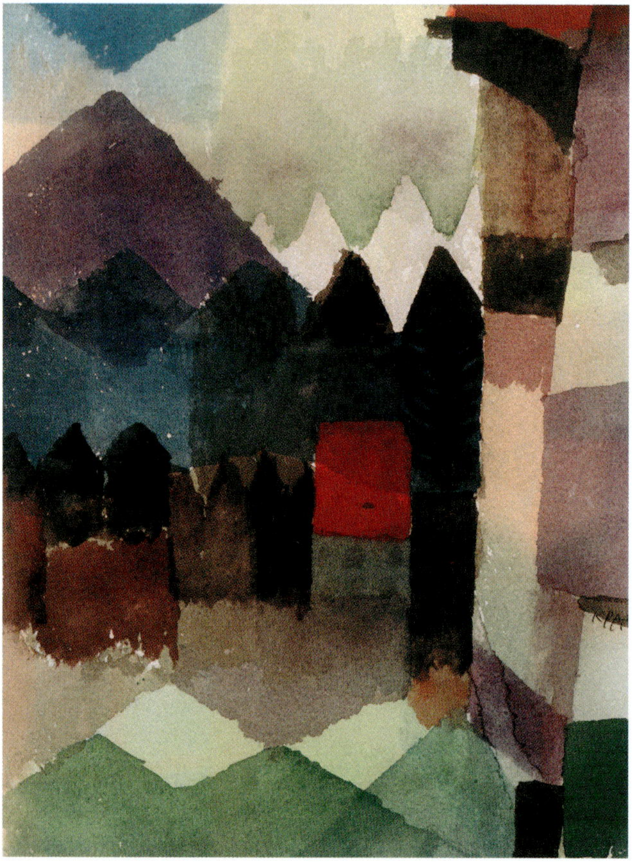

Die Begegnung mit Marc ist für Klee prägend; beide Künstler verbindet eine enge Freundschaft. Auch ihre Frauen, Maria Marc und Lily Klee, bleiben einander über Jahrzehnte freundschaftlich verbunden. Ein Jahr vor Franz Marcs Tod, 1915, malt Paul Klee dieses Bild des Gartens in Ried.

Paul Klee, »Föhn im Marc'schen Garten«, 1915, 102
Aquarell auf Papier auf Karton 20 x 15 cm

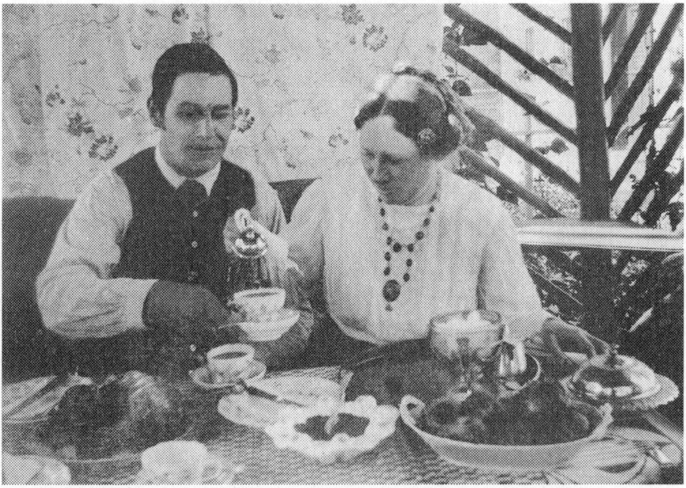

Franz und Maria Marc in der Gartenlaube in Sindelsdorf, 1911

Ausstellung im »Barmer Kunstverein«, bei der Marc zwei Bilder verkaufen konnte. Per Rheindampfer fuhren sie nach Mainz und Frankfurt, wo sie unter anderen den Direktor des Städelschen Kunstinstituts Swarzenski trafen. Zurück in Sindelsdorf zogen sie wieder bei Schreinermeister Niggl ein, während Helmuth Macke bei Heinrich Campendonk Unterschlupf fand. Der Schweizer Tiermaler Jean Bloé Niestlé mit seiner zukünftigen Frau Marguérite Legros wohnte ebenfalls in der Nähe.

Im Mai 1913 wurde schließlich das Aufgebot für drei Paare gleichzeitig bestellt, Campendonk und Adda Deichmann, Niestlé und Marguérite Legros in Sindelsdorf, Franz Marc und Maria Franck in München. »Wir haben jetzt Dispens bekommen und legitimieren unsere Ehe noch deutsch. Das soll nun natürlich möglichst keiner merken und wissen. Auch Sindelsdorf umgehen wir vollständig«, schrieb Maria ihrer Freundin Lisbeth Macke zu Pfingsten 1913.[23]

Während des Sommers 1911 stellte sich viel Besuch in der kleinen Künstlerkolonie Sindelsdorf ein: Marias Eltern, die nichts von der Scheinehe ahnten, aber auch Kandinsky, dessen Lebensgefährtin Gabriele Münter zu ihren Verwandten nach Bonn und Berlin gereist war. Es entstanden stimmungsvolle Fotos von dem glücklichen Landleben, zugleich schmiedete man ernsthafte Pläne für einen Almanach, der die neuesten Kunstströmungen im In- und Ausland vorstellen sollte. Währenddessen war Gabriele Münter nicht untätig, sondern warb auf ihrer diplomatischen Reise in Bonn, Köln, Hagen, Barmen, Elberfeld und Düsseldorf bei Museen und Kunsthändlern für den Münchner Verein. Nicht zuletzt sollte sie auch August Macke von den Zielen der Vereinigung überzeugen, was trotz der persönlichen Sympathie beider aber nur teilweise gelang.[24]

Elisabeth Macke schilderte den Besuch Gabriele Münters in Bonn mit einem leichten Anflug von Eifersucht: »Anfang August kam, mit viel Geschrei und Reklame durch ihren Bruder angekündigt, Fräulein Münter nach Bonn, eine kleine, schmächtige, äußerlich unscheinbare Person, die sehr temperamentvoll und begeistert von der Vereinigung, vor allem von Kandinsky erzählte und ihn August nahebrachte, ehe er ihn persönlich kennengelernt hatte. Sie war des öfteren bei uns, und August war sehr angetan, ja begeistert von ihr; sie nicht minder von ihm. Leider ging diese Freundschaft später durch kleinliche Mißverständnisse in die Brüche.«[25]

August Macke schrieb am 1. September 1911 an seinen Freund Franz Marc: »Die Münter hat mir sehr gut getan. Ich denke mir ja Kandinsky so sehr als den geistigen Anreger auch ihrer Malerei, daß ich mit ihrer Ansicht, daß sie ganz persönlich arbeitet, genauso wenig ganz übereinstimme, als ich mich ohne stark französischen Einfluß denken kann. Im übrigen verstanden wir uns gut. Ich habe das Gefühl, daß sie stark zum Geheimnisvollen (siehe Stilleben, Heilige, Lilien in Gartenecke, scharfbeleuchtete Gewitterwolke, Lampen und Altväterstühle) neigt. Es ist etwas ›Deutsches‹ darin, etwas Altar- und Familienromantik. Ich habe sie sehr, sehr gern. Aber lieber habe ich Kandinsky doch.«[26] Die »kleinlichen Mißverständnisse«, die die Freundschaft unter den Künstlern des »Blauen Reiters« störten oder gar zerstörten, beruhten vor allem auf der Empfindlichkeit Gabriele Münters. Sie identifizierte sich dermaßen mit Kandinsky, dass sie jede Kritik an ihrem Lebensgefährten auf sich bezog. Macke machte gern Witze und wurde übermütig, aber für Gabriele Münter hörte der Spaß auf, wenn es um Kandinsky ging. Und auch in Bezug auf ihre eigene Person war sie mitunter sehr leicht verletzbar.

Als Gabriele Münter einmal anlässlich einer Ausstellung Franz Marcs in München der Dichterin Else Lasker-Schüler begegnete, wurde sie – allerdings ohne eigenes Verschulden – von dieser beleidigt: »Nach ganz liebenswürdiger Begrüßung und gemeinsamem Herumgehen sagt Lasker-Schüler etwas schwärmerisch und pathetisch: ›Dies Bild hat mich am tiefsten berührt.‹ Münter fragt: ›Welches? Der Tiger oder der Affe?‹ Lasker-Schüler: ›Der Tiger.‹ Münter: ›Was berührt Sie so an dem Bild?‹ Lasker-Schüler: ›Das Gefährliche in dem Bild.‹ Dann geht man auseinander, ganz harmlos, sieht andere Bilder an etc. Plötzlich kommt Lasker-Schüler festen Schrittes auf Münter zu und fängt an: ›Gnädige Frau, wie kommen Sie dazu, mich zu beleidigen? Ich bin Künstlerin durch und durch‹, und in dem Sinne redet sie weiter auf Münter ein. Ich lege mich furchtbar aufgeregt dazwischen und will vermitteln, aber Lasker-Schüler fährt fort, über die Größe und Schönheit der Bilder zu reden – aber immer wütend gegen Münter und sagt plötzlich noch: ›Ich bin Künstlerin, ich bin ganz stark, ein ganz starker Mensch und lasse mir das nicht bieten von solch einer *Null!*‹«[27] Diese Szene berichtete Maria Marc an August Macke. Ihr sei vor Entsetzen »grüner und blauer« vor Augen geworden als auf Franz Marcs Bildern, dann fügte sie hinzu: »Lasker-Schüler hat einen fabelhaften Instinkt, und Münters Seele lag vom ersten Moment an offen vor ihr; sie kann *unheimlich* die Menschen beurteilen. Aber – der Anlaß, Münter die Wahrheit in's Gesicht zu schleudern, war *nicht da.*«[28] Die kleine Episode beleuchtet das exzentrische Wesen Else Lasker-Schülers und deren Identifizierung mit Franz Marc, macht aber auch deutlich, dass Maria Marc deren Einschätzung in Bezug auf Gabriele Münter teilte. Eingedenk früherer Streitigkeiten schrieb Maria Marc sogar einen Brief an Kandinsky, in dem sie versuchte, das Verhalten von Lasker-Schüler zu entschuldigen: »Es tut uns wirklich leid, daß Frau Lasker-Schüler diese plötzliche Scene verursachte und es ist uns schmerzlich, daß Münter die Betroffene war. Wir bedauern die Geschichte um so mehr, als wir gehofft hatten, zwischen Ihnen Beiden und Frau Lasker-Schüler ein künstlerisches Verstehen und freundschaftlichen Verkehr herbeizuführen … Mit den herzlichsten und freundschaftlichsten Grüßen für Münter und Sie von uns beiden.«[29]

Freundschaft mit Else Lasker-Schüler

Woher kannten sich die Frauen, wie war es zu dieser Begegnung gekommen? Im Dezember 1912 trafen sich in dem bekannten Künstler- und Literaten-Café »Josty« in Berlin die Marcs mit Else Lasker-Schüler zum ersten Mal. Vorausgegangen war ein Briefwechsel zwischen Marc und Lasker-Schüler, in dem es um eine Illustration Marcs zu einem ihrer Gedichte ging. Dort stellte sie sich in der von ihr erfundenen Rolle des »Prinz Jussuf von Theben« vor. Marc ging auf dieses Rollenspiel ein und sandte ihr kurz vor dem Besuch in Berlin eine bunt bemalte Postkarte, sein Selbstbildnis mit einem großen Pferd. Darauf stand: »Der Blaue Reiter präsentiert Eurer Hoheit sein Blaues Pferd«, daneben die Adresse von Marias Eltern in Berlin, wo die Marcs die Weihnachtstage verbringen wollten. Da Marc mit dem Kunsthändler und Publizisten Herwarth Walden zusammenarbeitete und Else Lasker-Schüler gerade von diesem geschieden worden war, kam es bei diesem Treffen im Café zu einer prekären Situation. Denn auch Walden mit seiner zweiten Frau Nell stieß zu Else Lasker-Schüler und den Marcs.

Ungeachtet des ungewöhnlichen Auftretens Else Lasker-Schülers lernten die Marcs im Anschluss an dieses Treffen nun nicht nur ihre künstlerische Seite kennen, sondern auch ihre menschliche. In Berlin, dem literarischen Hexenkessel, hätten er und seine Frau einen »prachtvollen Menschen gefunden: Else Lasker-Schüler, sie wird wahrscheinlich für ein paar Wochen im Januar nach Sindelsdorf kommen, worauf wir uns *riesig* freuen«, schrieb er an Kandinsky.[30] Die Marcs hatten voller Mitleid Else Lasker-Schüler, der es damals sehr schlecht ging und die stets in Geldnot war, zu sich nach Sindelsdorf eingeladen, damit sie sich ein wenig erholen könne. Ihnen erschien ohnehin die Großstadtluft unrein, die Menschen dort kamen ihnen verdorben vor. Leider hatte die Einladung aber nicht den gewünschten Erfolg, die Dichterin war in Sindelsdorf zutiefst unglücklich. »Sie hielt aber die Einsamkeit und die Stille in der Natur nicht aus; Jahre hindurch hat sie nur in Berlin und zwischen Mauern und in Kaffeehäusern gewohnt, und so war diese plötzliche Veränderung keine Wohltat, sondern eine Beun-

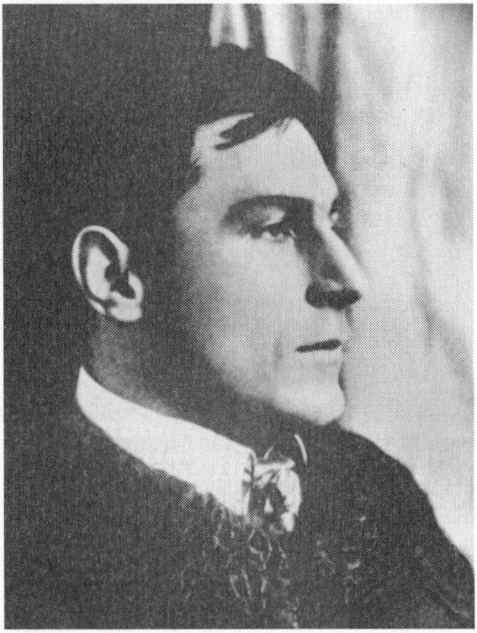

Franz Marc, um 1912

ruhigung für ihre kranken Nerven. Wir brachten sie wieder nach München, wo sie Freunde hat und eine Kur durchmacht, die ihr scheinbar besser hilft«, schrieb Maria an Elisabeth Macke.[31] Nach diesem Besuch benötigten die Marcs selbst dringend Ruhe. Franz fügte seinem Brief einen Ratschlag für August Macke hinzu: »Liebe Lisbeth, wenn der August sich mal wieder verdickt und zur Behäbigkeit neigt, verschreib ich ihm für vierzehn Tage Frau Lasker-Schüler, – das greift an. Aber großartig ist sie doch, trotz der blöden Streiche.« Jedenfalls ließ sich Franz Marc nicht von seiner Freundschaft zu der Dichterin abbringen und sie himmelte ihn an. Er machte sie auch mit dem Paar Münter Kandinsky bekannt, aber die Begegnung verlief in eher kühler Atmo-

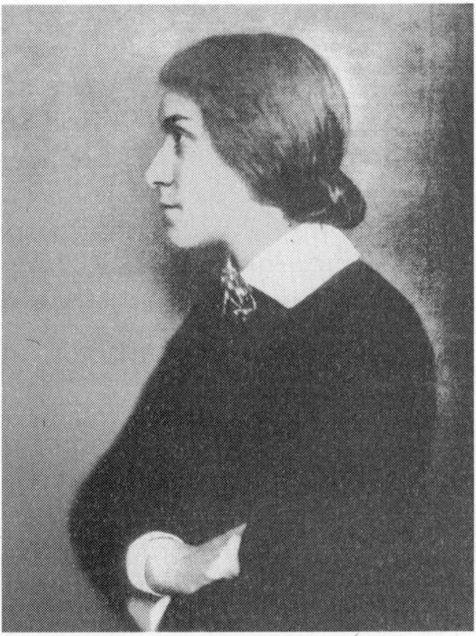

Else Lasker-Schüler, um 1912

sphäre, denn Kandinsky kannte die Lyrikerin nicht und hielt sie für eine »Weltschmerzlerin aus dem ›Café des Westens in Berlin‹«. Else Lasker-Schüler wiederum gingen die Glas- und Heiligenbilder auf die Nerven, sie fand, Kandinsky sei eher ein Professor als ein Künstler.

Zwischen der Dichterin und Franz Marc entspann sich ein reger Briefwechsel, in dem sie ihre märchenhafte Rolle weiterspielte. Auch sie schmückte ihre Karten mit Zeichnungen. Darin wurde aus Franz ihr Bruder »Ruben« und aus Maria ihre Schwester »Mareia«, eine »goldgelbe Löwin«, was sich auf die dicke Haarpracht Marias bezog. Der kleine Ort Sindelsdorf in Bayern erscheint in der Korrespondenz als »Traumfelsen« gegenüber dem Berliner Zimmer der Dichterin, das sie als Opiumhöhle und ungesunde Spelunke schilderte. Überhaupt zieht sich durch den gesamten Briefwechsel der Gegensatz zwischen gesundem, friedlichem Landleben und ungesunder, verdorbener Stadtluft.[32] Wenn auch die Erholung der Freundin gescheitert war, so wollten die Marcs ihr doch helfen. Sie nahmen an einer Versteigerung teil, die Richard Dehmel, Karl Kraus, Adolf Loos und andere Freunde zugunsten der kranken und armen Dichterin veranstalteten, und warben bei ihren Freunden für deren Teilnahme. Da die Maler des »Blauen Reiters« wenig Geld hatten, konnten sie lediglich ihre eigenen Kunstwerke oder etwas aus den Beständen spenden. Franz Marc stiftete das Bild »Der Traum« mit dem Zusatz, »dem Prinzen von Theben gewidmet v. Fz. Marc«. Immerhin kamen bei der Auktion 1600 Mark zusammen, die die Dichterin umgehend wieder ausgab. Die Marcs kümmerten sich auch um Else Lasker-Schülers Sohn Paul, der zeichnerisch sehr begabt war und Marc an seine eigene Kindheit erinnerte. Paul Lasker-Schüler starb trotz aller Bemühungen der Ärzte und seiner Mutter 1927 an Tuberkulose.

Ein wichtiges Ereignis der Vorkriegszeit war für die Marcs der »Erste Deutsche Herbstsalon« 1913 in Berlin. Franz Marc war mit sieben Gemälden vertreten, aber die Pressestimmen waren auch in der Hauptstadt völlig deprimierend: Die Maler wurden als »Horde farbspritzender Brüllaffen« und »Hottentotten im Oberhemd« bezeichnet.[33] Der »Brüllaffe« ging mit Sicherheit auf das Konto Marcs.

Das Haus in Ried bei Benediktbeuern

Als Franz Marc Anfang 1914 in den Besitz des elterlichen Hauses in Pasing gelangte, bemühten sich Franz und Maria, aus Sindelsdorf fortzuziehen. Maria schrieb später in ihren Erinnerungen, dort sei es zu klein und zu primitiv gewesen. Nachdem Franz Marc berühmt geworden sei, habe man ein größeres Domizil benötigt, vor allem mit einem beheizbaren Atelier. Bei ihrer Suche stießen sie auf ein Haus in Ried bei Benediktbeuern; der Zufall wollte es, dass die dortigen Besitzer in einen Vorort Münchens ziehen wollten. So wurde getauscht, Ried gegen Pasing. Ende April 1914 fand der Umzug statt, mit zwei stattlichen Fuhrwerken, auf denen Hausrat, Kleidung, Staffeleien, Gemälde, die Kiste mit den zahmen Rehen Hanni und Schlick sowie die Katzen verstaut waren. Franz und Maria begleiteten den Transport auf dem eineinhalbstündigen Weg zu Fuß mit dem Hund Russi. »Es war doch etwas ganz Rührendes dabei, wie wir da auf der Landstraße mit all' unserem Hab u. Gut wanderten, mit Russi u. d. Rehen, die Franz immer streichelte, liebkoste und tröstete. In Ried war alles bereit für ihren Einzug – die ganze neu gekaufte Wiese sollte ihr Platz sein – es waren Tännchen und Kiefernbäumchen gepflanzt und ein sehr netter kl. Stall gebaut, den Franz mit ein paar primitiven Ornamenten bemalte. Es war so schön, wie sie aus der Kiste heraussprangen u. auf der großen Weide herumliefen. Auf zwei Seiten war der Wald. Und wir zogen nun hinein in das Haus – das sehr schön hergerichtet war. Die Zimmer neu gestrichen – ein Bad eingerichtet, und wir waren froh und vergnügt – aber mich verließ das bange Gefühl nie ganz – es war mal stärker und mal schwächer, war aber immer da. Und dazu klagte jeden Abend ein Käuzchen – sehr bedrückend zu hören.«[34] Diese Erinnerung schrieb Maria Marc 1938 im Engadin nieder. Ihr diffuses »banges Gefühl« war, wie sie im Nachhinein erkannte, die Vorahnung der Katastrophe, die über sie kommen sollte.

Kaum war der Umzug überstanden – die beiden hatten Rucksäcke mit Pflanzen und Blumen von Sindelsdorf nach Ried geschleppt, die im Garten eingepflanzt wurden, die Handwerker waren fertig, das Haus geputzt –, kamen nacheinander die Mutter von Franz, sein Bruder Paul und dessen Frau Hélène, danach die Mutter von Maria zu Besuch. Beiden Familien hatten sie das Haus zu verdanken. Auch die Familie Klee mit Sohn Felix kam zu Gast. Mit ihnen verstand sich auch die Familie Macke gut. Franz Marc hatte sich schon 1912 mit Klee befreundet und setzte sich für den noch wenig bekannten Maler ein. Die Frauen Lily und Maria ihrerseits waren über die gemeinsame Musikliebe freundschaftlich verbunden. Auch andere Besuche trafen ein, darunter Jawlensky mit seinem Sohn André, Arnold Schönberg, der sich in Murnau einmietete, und schließlich Kandinsky, der bei Kriegsausbruch noch einen Abschiedsbesuch machte. Der Umzug hatte zwar allerlei Arbeit und Unruhe, auch in der künstlerischen Arbeit, mit sich gebracht, aber die beiden fühlten sich wie im Paradies.

Schon vor dem Umzug hatte Franz Marc begonnen, abstrakt zu malen. Sein düsteres Gemälde »Tirol« etwa, das er 1913 geschaffen hatte, wurde in Ried übermalt. Es zeigt ein Chaos mit düsteren, zersplitterten Formen, in das jedoch Strahlen der Hoffnung dringen, ein Symbol seiner eigenen Geisteshaltung. Und auch die anderen abstrakten Gemälde aus dieser Zeit erwecken den Eindruck, als habe er den kommenden Krieg geahnt.

Franz und Maria waren überglücklich, im eigenen Haus schalten und walten zu können. Ein Atelier sollte noch angebaut werden. Allerdings würden sie nun weniger reisen können, denn sie mussten trotz Zuwendungen, auch von Marias Mutter, tüchtig sparen, um alles so zu gestalten, wie sie es sich vorstellten – oder viele Bilder verkaufen. Franz lud die Mackes herzlich ein, sie dort zu besuchen, denn an einen Besuch in Hilterfingen in der Schweiz, wo sich die Mackes gerade aufhielten, oder an die Teilnahme an der Tunis-Reise war nun nicht mehr zu denken.

Franz machte Zukunftspläne. Noch vor dem Umzug zeichnete er stolz die Lage des »Häuschens«, wie er die Villa nannte, auf eine Postkarte an seinen Freund August und schrieb: »Dort wird die Geburtsstätte des 2. Blauen Reiter-Bandes, – lach nur; er wird doch! Ich brüte wie eine Henne darüber; diesen 2. Band werde ich allein, d. h. natürlich mit Mitarbeitern, wozu ich dich auch zähle, hoffentlich, herausgeben. Einen späteren wird dann Kandinsky übernehmen. Diese Arbeitsteilung ist die einzige Möglichkeit, die Bände weiterzuführen und etwas Einheitliches zu schaffen; wenn Du mal was Näheres darüber hören willst und Muße hast, sag es. Dann schreibe ich Dir mal ausführlich. Nach Ried müßt Ihr kommen!«[35] Franz Marc war übrigens neben Kandinsky der einzige Maler des »Blauen Reiters«, der in zahlreichen Veröffentlichungen seine Gedanken und kunsttheoretischen Überlegungen publizierte.

Der Erste Weltkrieg

Aber alles kam anders, als es die Lebensplanung von Franz und Maria Marc vorgesehen hatte: Am 1. August 1914 brach der Erste Weltkrieg aus, schon am 6. August wurde Franz Marc im Zuge der allgemeinen Mobilmachung eingezogen, zunächst in die 1. Ersatzabteilung des Königlich Bayerischen 1. Feld-Artillerie-Regiments in München. Zuvor war er nach seinem Militärdienst, den er 1899/1900 abgeleistet hatte, zum Gefreiten befördert und zur Reserve entlassen worden. Den Krieg betrachtete er zunächst vor allem als Mittel zur Reinigung des alten Europa, ja, er sah in ihm sogar den »heilsamen, wenn auch grausamen Durchgang zu unseren Zielen; er wird die Menschen nicht zurückwerfen, sondern Europa reinigen, ›bereit‹ machen«, schrieb er im Oktober und November 1914 an Kandinsky.[36]

Schon während der ersten Wochen wurde Marc vom Gefreiten zum Unteroffizier befördert. Ende August rückte seine Truppe an die französische Front aus, wo er die schweren, verlustreichen Schlachten bei Nancy und Epinal erlebte. Franz hatte zunächst Glück im Unglück, er erkrankte an der Ruhr. Von heftigen Darmkoliken gepeinigt, lieferte man ihn ins Lazarett von Schlettstadt ein. Während des zweiwöchigen Krankenhausaufenthaltes verfasste er einen Aufsatz, der unter dem Titel »Im Fegefeuer des Krieges« in der *Vossischen Zeitung* veröffentlicht wurde. Danach musste er seine Truppe wieder einholen, was gar nicht so einfach war. Er wurde bei den Stellungskämpfen in den mittleren Vogesen eingesetzt, wo der Vormarsch seiner Truppe zum Stillstand gekommen war. Ende des ersten Kriegsjahres nahm er an Gefechten bei Mühlhausen und an anderen Orten teil. Für seine Tapferkeit erhielt er 1915 das Eiserne Kreuz. An Maria, die stets gegen den Krieg gewesen war, schrieb er häufig. Er glaubte, einer Truppe anzugehören, die vielleicht früher heimkehren werde. Er sehnte sich nach dem Malen, fragte nach seiner Mutter, die vorübergehend bei Maria weilte, den Tieren und dem Garten. Trotz seiner Auszeichnungen sehnte er sich nach dem friedlichen Dasein in Ried.

Auch August Macke und sein Schwager Walter Gerhardt

hatten ihren Stellungsbefehl erhalten. Franz Marc und August Macke hofften nun, sich vielleicht irgendwo an der Front zu treffen, Maria blieb in Ried, Elisabeth mit den Kindern in Bonn. Falls es unruhig würde, war sie eingeladen, nach Ried zu kommen. Elisabeth berichtete sorgenvoll von der Kriegsbegeisterung, die in Bonn zu spüren war. Der Briefwechsel zwischen den beiden zu Hause gebliebenen Frauen setzte sich fort, wie auch der zwischen Franz Marc und Lisbeth Macke. Er schrieb die sorgenvollsten und rührendsten Briefe an Lisbeth und bangte um seinen Freund und dessen Schicksal. Schließlich traf die traurige Nachricht ein, dass August Macke gefallen war.

Maria schrieb ihrem Mann aus Ried: »Ja – der arme August und die tapfere kleine Lisbeth. Sie ist halt ein unverbrauchter Mensch – hat *nie* wirklich etwas durchgemacht –, ihre Kraft ist ungebrochen und sie kann sich, infolge ihrer großen Jugend noch ein Leben aufbauen – zunächst für ihre Kinder. Sie *hat* eben *Kinder,* das ist ja ein großer Segen und Trost.«[37] Maria fand, dass für Lisbeth der schwere Schlag erleichtert werde durch die Familie und durch sorgenfreie Verhältnisse. Ihr Leben sei nicht seines ganzen Inhaltes beraubt.

Marc schrieb der jungen Witwe aus dem Felde, und sie schickte ihm Päckchen mit seinem geliebten Tabak und Lebensmitteln. Aber auch Gabriele Münter sandte ihm Schweizer Schokolade an die Front, für die er sich herzlich als »grauer Reiter« bedankte, der er ja in seiner Uniform als Meldereiter tatsächlich war. Maria Marc berichtete ihm in einem ihrer zahlreichen Briefe an die Front, sie habe die Münter getroffen: »Übrigens – Münter ist in München – in *furchtbar* gedrückter Stimmung. Sie ist kaum wiederzuerkennen. Klee traf sie auf der Straße ... Wir vermuten, daß sie die Wohnung und Murnau auflöst. – Ich ging einen

Augenblick zu ihr – sie sprach zu mir vom Ordnen ihr[er] Sachen – alles aufschreiben, Listen machen, etc. Kandinsky ist in Moskau. Ob sie, wenn der Krieg Schluß ist, auch dorthin geht und was sie tun wird mochte ich nicht fragen … K. kommt nicht nach München zurück – diesen Eindruck haben wir alle.«[38]

Im Verlauf des ersten Kriegsjahres schrieb Marc weitere Kriegsaufsätze, viele Briefe an Freunde und Bekannte sowie seine »100 Aphorismen«, die er im Februar 1915 an Maria schickte. Zwar konnte er nicht malen, aber er zeichnete sein kleinformatiges »Skizzenbuch aus dem Felde«, zu seinem Leidwesen unter Verzicht auf Farben.

Im Felde erhielt Marc auch noch von einer anderen Seite Päckchen, nämlich von Else Lasker-Schüler. Sie schickte ihm eine Spieldose, Bonbons, die er nie aß, zu Weihnachten ein kleines Bäumchen und schließlich einen »törichten blauen Glashund«, einen Dackel, mit dem er im Felde gar nichts anfangen konnte. Sie schrieb ihm gar, sie wolle ihn an der Front besuchen, sie sei schon bis zur Grenze gekommen, aber niemand habe sie mitgenommen. Aber sicher würde sie eine Erlaubnis bekommen. Er brauche sich ihrer auch nicht zu schämen, sie komme »ganz neu angezogen und schlicht«. Das bezog sich auf ihre sonst übliche extravagante Kleidung. Erschrocken schickte Marc diesen Brief an seine Frau mit den Worten: »habe natürlich energisch abgeschrieben; sie weiß ja zum Glück nicht, in welcher Gegend ich bin; es könnte mir die *größten* Unannehmlichkeiten zuziehen. Gibt es einen sonderbareren Träumer als diese Lasker?«[39] Bei aller Freundschaft, das Ansinnen, ihn auf dem Kriegsschauplatz zu besuchen, war denn doch zu viel für den Maler.

Obwohl es zwischen Else Lasker-Schüler und Franz Marc

nicht zu einer Liebesbeziehung gekommen ist, waren Marias Briefe nicht frei von Eifersucht. Wollte sie nun auch ihren Franz eifersüchtig machen mit begeisterten Berichten über ihren neuen Mieter, den jungen Komponisten Heinrich Kaminski, der in eine Hütte auf ihrem Grundstück eingezogen war? Er war aus ihrer Heimatstadt Berlin gekommen und vermittelte ihr neue geistige Anregungen und ganz andere Ansichten, als es der ferne Ehemann an der Front konnte. Seine Kompositionen waren von religiös-mystischer Stimmung, die er mit moderner Klangtechnik zu verbinden suchte. Allerdings war Kaminski mit einer jungen Sängerin befreundet, und zwei ältere Fräulein kümmerten sich finanziell um ihn, sodass Franz sich bei einem Fronturlaub hinsichtlich des neuen Mitbewohners beruhigen konnte. Denn im ersten Kriegsjahr hatte der Ton in den Briefen zwischen den Eheleuten gelegentlich etwas gereizt geklungen, sodass manche Biografen von einem sich ankündigenden Zerwürfnis sprechen. Insbesondere Maria klagte ständig. Bedenkt man, dass Franz im Krieg viel mehr Anlass zum Klagen gehabt hätte als Maria, muss man wohl diese Gereiztheit auf den Krieg zurückführen, der den Lebensentwurf der beiden zerstört hatte.

Anfang 1915 schrieb Franz Marc an Elisabeth Macke, die nun als Witwe mit ihren zwei kleinen Söhnen in Bonn allein zurückgeblieben war: »Ich denke auch daran, wie wehmütig mich ein Besuch in Eurem lieben Häuschen machen würde und doch möchte ich so gern einmal noch einmal August's Atelier sehen, seine letzten Arbeiten und den kleinen Wolfgang kennenlernen. Wann wird das alles einmal sein? Und wie wird es dann in Europa aussehen? Und in unseren Herzen! Auch ich komme nicht mehr ganz als derselbe zurück. Der Krieg hat mein ganzes Denken … durchschüttelt.«[40] Nur wenige Male noch bekam er Fronturlaub und konnte seine geliebte Maria und das neue Haus, auf das er so stolz war, besuchen. Bei diesen Gelegenheiten traf er auch die anderen Künstlerfreunde und Malerkollegen.

Während der ersten beiden Kriegsjahre hatten die Eheleute sich weitgehend schriftlich verständigen müssen, in Hunderten von Briefen. Sie behandeln nicht nur den Alltag in Ried oder das Kriegsgeschehen, sondern stellen auch einen Dialog über Kunst, Literatur und innere Werte dar. Nicht zuletzt zeigen diese Briefe auch den Abscheu und den Hass, die Maria schon immer dem Krieg gegenüber empfunden hatte. Sie litt unter Depressionen, immer wieder aufflammenden rheumatischen Krankheiten, die sie am Malen hinderten, und an ihrer Kinderlosigkeit. Ihrem geliebten Mann schrieb sie ins Feld: »Auch wenn ich, wie letzthin auf der Taufe zwischen lustigen u. glücklichen Menschen bin u. gar selber mitlache – verläßt mich nie innerlich die namenlose Traurigkeit – die Trauer um das, was wir verloren und die Sorge und Sehnsucht um Dich. Ich halte schon durch – auch in Deinem Geist – mein Lieb – bis Du kommst. Aber – komme gesund wieder – was soll ich leben und anfangen, wenn Du nicht kämst!«[41]

Auch Franz litt unter dem Krieg, vor allem trauerte er um seinen Freund August. Am 5. Oktober 1915 schrieb er an Lisbeth Macke: »Meine liebe gute Lisbeth, wie lieb von Dir, immer wieder so freundlich meiner zu gedenken; ich bin sehr schreibunlustig geworden, – die Welt, die Arbeit und die Liebe, alles rückt so traumhaft ferne in diesem endlosen, lieblosen Krieg!! Ich schrieb in den letzten Monaten fast nur mehr Maria und meiner Mutter, aber meine Gedanken waren eigentlich in einem Nirgendwo, unstät, unproduktiv, voll Haß gegen diesen Krieg; und was mir diesen Zustand besonders unheimlich macht: ich werde ein immer besserer

Soldat! Ich kenne mich oft nicht wieder; wir Männer sind ein merkwürdiges Geschlecht. Der Krieg vermännlicht uns leider noch mehr; ich kann mir Euch Frauen kaum mehr vorstellen; und daß es Kinder gibt und Kinderleben!! … Ich selbst kann über nichts klagen; ich bin jetzt Offiziersstellvertreter und werde in Bälde Offizier sein; das erleichtert natürlich mein Leben äußerlich sehr; aber die geistige Luft, in der ich nur mühsam atme, wird dadurch nur dicker. Dabei ›genieße‹ ich den unbestrittenen Ruf eines ›vorzüglichen‹ Soldaten! Ich bin es sogar, das ist das Groteske meines jetzigen Lebens.«[42]

Im gleichen Monat wurde er zum Leutnant befördert. Danach – zum Weihnachtsfest 1915 – wurde sein Regiment unverhofft für einen Monat in die Armeereserve zurückgezogen, und er konnte seinen Soldaten ein ganz ›gemütliches‹ Weihnachtsfest richten. In den Zeiten des Stillstands las Marc viel. Er beschäftigte sich auch mit Leo Tolstoi, dessen 1897 veröffentlichte Schrift *Was ist Kunst?* 1911 in deutscher Sprache erschienen war. Tolstoi verband mit dieser Schrift die Absicht, die Religion wieder ins Zentrum des Menschen zu rücken, und Marc glaubte, dass die Kunst hierfür ein geeignetes Mittel sei.

Maria in Ried war inzwischen »schwarzseherisch und melancholisch gestimmt«. Sie wollte ihre Freundin Lisbeth in Bonn nicht besuchen, vielleicht weil sie das Haus nicht so lange allein lassen wollte oder aus Geldmangel. Franz aber wollte sie nicht drängen. Er vermutete, seine Frau fürchte, zurzeit keine gute und aufmunternde Gesellschaft für die junge Witwe sein zu können. Im Februar 1916 entschloss sich Maria nun doch, der Bonner Freundin einen Besuch abzustatten.

Franz Marcs Kriegstod

In diesem Monat kam Bewegung in die Truppe, die nun in Richtung Verdun vorrücken musste. Die große Schlacht endete nach einem fast ein Jahr anhaltenden, nervenzermürbenden Stellungskrieg mit insgesamt 700 000 deutschen und französischen Toten. In den letzten Wochen konnte Franz nur noch einige Postkarten an seine Frau schicken. Maria war im Januar nach Berlin gereist, anschließend zu Elisabeth Macke nach Bonn. Der letzte Brief ihres Mannes sprach von der Gewissheit, in diesem Jahr nach Hause zu kommen: »…ja, dieses Jahr werde ich auch zurückkommen in mein unversehrtes liebes Heim, zu Dir und zu meiner Arbeit. Zwischen den grenzenlosen schaudervollen Bildern der Zerstörung, zwischen denen ich jetzt lebe, hat dieser Heimkehrgedanke einen Glorienschein, der gar nicht lieblich genug zu beschreiben ist. Behüte nur dies mein Heim und Dich selbst, Deine Seele u. Deinen Leib und alles was mir gehört, zu mir gehört!«[43]

Am selben Tag fiel Franz Marc. Er wurde unter großer Anteilnahme seiner Truppe im Park des kleinen Schlosses Gussainville bei Braquis in der Nähe von Verdun beerdigt. Die schreckliche Nachricht, dass ihr Mann am 4. März während eines Erkundungsrittes durch Granatsplitter an der Schläfe tödlich verwundet worden war, erreichte Maria in Bonn bei Lisbeth Macke. Alle Lebenspläne der Marcs waren zunichte gemacht. Offiziell verheiratet waren sie erst seit drei Jahren, und an seinem schönen Haus hatte er sich nur wenige Monate erfreuen können. Der zweite Band des *Blauen Reiters* konnte nicht mehr fertiggestellt werden, obwohl Marc bereits ein Vorwort dazu verfasst und begonnen hatte, Beiträge dafür zu sammeln. Auch Kandinsky wollte den Band nicht übernehmen. Er sagte, Marc sei sein Freund gewesen und ohne ihn wolle er ihn nicht beenden.

Marc starb im Alter von 36 Jahren, sein »Spätwerk« war das eines zu früh Verstorbenen. Die Tierbilder, die ihm Weltruhm verschafften, symbolisierten seine Vorstellung einer paradiesischen Harmonie zwischen der sie umgebenden Natur und den Tieren. Am 12. April 1915 erklärte er Maria: »Der unfromme Mensch, der mich umgab, (vor allem der männliche) erregte meine wahren Gefühle nicht, während das unberührte Lebensgefühl des Tieres alles Gute in mir erklingen ließ. Und vom Tier weg leitete mich ein Instinkt zum Abstrakten, das mich noch mehr erregte; zum Zweiten Gesicht, das ganz indisch-unzeitlich ist und in dem das Lebensgefühl ganz rein klingt. Ich empfand schon *sehr* früh den Menschen als ›häßlich‹; das Tier schien mir schöner, reiner; aber auch an ihm entdeckte ich so viel Gefühlswidriges und Häßliches, sodass meine Darstellungen instinktiv, (aus einem inneren Zwang) immer schematischer, abstrakter wurden … Hauptsache ist *mein Gefühl*, mein Gewissen, wie Du sagst.«[44] Vermutlich hätte er also weiterhin abstrakt gemalt, wie er es schon vor Kriegsausbruch getan hatte.

In seinen letzten Lebensjahren hatte Marc geplant, zusammen mit seinen Freunden Erich Heckel und Alfred Kubin die Bibel zu illustrieren. Er selbst wollte die Genesis darstellen und hatte bereits einen Holzschnitt geschaffen mit dem Titel »Geburt der Pferde«. Dieses Bild zeigt eine abstrakte Komposition, in der aber noch mehrere übereinander gestaffelte und miteinander verschränkte Pferde zu erkennen sind. Sie scheinen auseinander hervorzugehen, und während das eine friedlich schläft, das zweite grast, entsteht über ihnen ein größeres, feuriges, das, von den Strahlen einer roten Sonne getroffen, den Kopf zum Licht wendet. Auch hier erstrebte

Marc die Darstellung einer harmonischen Schöpfung, in der Tier und Erde eine Einheit bilden und die ursprüngliche Einheit von Gott und Welt versinnbildlichen.

Nach dem Tod ihres Mannes kümmerte sich Maria weiterhin um Else Lasker-Schüler, unterstützte sie finanziell und nahm mehrfach deren Sohn bei sich auf. Denn zwar hatte sie sich Franz gegenüber beklagt, dass Else Lasker-Schüler sich nie um ihre Freundschaft bemüht und kein Verständnis für ihre Lage nach Kriegsausbruch gezeigt habe; auch hatte sie die »Liebesbriefe« an Franz als illoyal ihr gegenüber empfunden. Sie wollte aber doch wohl Franzens Wunsch erfüllen, der geschrieben hatte: »Besuche diese gute traurige Frau auf alle Fälle, ich fühle wohl, daß sie unsereins nie Gültiges wird sagen und geben können, aber sie ist doch ein lebendiger, tragischer Geist, der Liebe verdient.«[45] Die einzigartige Künstlerfreundschaft endete mit Marcs Tod. Sein letzter Gruß an Else Lasker-Schüler stammte aus Ried bei Kochel am See. Das Bild dieser Villa wählte Else Lasker-Schüler als Frontispiz für ihren 1919 erschienenen Roman *Malik.* Dass die expressionistische Dichterin den Maler zu vielen bunten Postkarten inspiriert hat und er sie zu ihren poetischen Texten und Zeichnungen, war ein Glücksfall in der Kunstgeschichte. Ob Franz Marc die Künstlerin allerdings als Muse betrachtet hat, sei dahingestellt. Nach seinem Tod schrieb sie ein Gedicht auf Franz Marc:

»Der blaue Reiter ist gefallen, ein Großbiblischer, an dem der Duft Edens hing. Über die Landschaft warf er einen blauen Schatten. Er war der, welcher die Tiere noch reden hörte; und er verklärte ihre unverstandene Seele. Immer erinnerte mich der blaue Reiter aus dem Kriege daran: es genügt nicht alleine, zu den Menschen gütig zu sein und was du namentlich an den Pferden, da sie unbeschreiblich auf dem Schlachtfeld leiden müssen, gutes tust, *tust du mir* … Nie sah ich irgend einen Maler gotternster und sanfter malen wie ihn. »Zitronenochsen« und »Feuerbüffel« nannte er seine Tiere, und auf seiner Schläfe ging ein Stern auf. Aber auch die Tiere der Wildnis begannen pflanzlich zu werden in seiner tropischen Hand …

Franz Marc, der blaue Reiter vom Ried,
Stieg auf sein Kriegspferd.
Ritt über Benediktbeuern herab nach Unterbayern,
Neben ihm sein besonnener, treuer Nubier
Hält ihm die Waffe.
Aber um seinen Hals trägt er ein silbergeprägtes Bild
Und den todverhütenden Stein seines blonden Weibes.
Durch die Straßen von München hebt er sein biblisches
 Haupt
Im hellen Rahmen des Himmels.
Trost im stillen Mandelauge,
Donner sein Herz.
Hinter ihm und zur Seite viele, viele Soldaten.«[46]

Die Postkarten Franz Marcs verkaufte Else Lasker-Schüler 1919 aus finanzieller Not für 8300 Mark an die Berliner Nationalgalerie. Zwei Jahre später wollte sie sie mit der Begründung zurückkaufen, sie seien für ihren Sohn *und* sie gezeichnet worden und sie habe kein Recht gehabt, sie zu veräußern. Aber es war zu spät, die Antwort war abschlägig: »Die von Frau Lasker-Schüler käuflich erworbenen Bildchen von Franz Marc sind in den Staatsbesitz übergegangen und können daher nicht zurückgegeben werden«, hieß es lapidar im amtlichen Schreiben.[47] 1937 wurden die 28 Postkartengrüße von Franz Marc und die 23 Zeichnungen Else Lasker-Schülers als »entartete Kunst« von den Nationalsozialisten beschlagnahmt und eingelagert. Ein Sammlerehepaar, das sie den Nationalsozialisten abkaufte bzw. gegen deutsche Romantiker eintauschte, rettete sie vor der endgültigen Vernichtung.

Marias Leben als Witwe

Trotz ihrer Depressionen und ihrer immer wiederkehrenden Beteuerungen, sie könne ohne ihren Mann nicht leben, scheint Maria Marc in den letzten beiden Kriegsjahren über sich hinausgewachsen zu sein. Sie führte ihre eigene künstlerische Arbeit fort und stickte – soweit es ihre Krankheit zuließ – nach Entwürfen ihres Mannes; später spezialisierte sie sich auf das Teppichweben. Im September 1916, also wenige Monate nach seinem Tod, unterstützte sie nach Kräften eine Gedächtnisausstellung für Franz Marc in München, indem sie mit zahlreichen Leihgebern wie Paul Klee, Kandinsky und Koehler verhandelte. In dieser Ausstellung waren 182 Werke Franz Marcs zu sehen, darunter Lithografien und Plastiken. Zum Jahresende 1916 schrieb sie an Gabriele Münter: »Die Ausstellung war so wunderschön – aber was für eine wehmütige Freude! ich verwinde den Tod von Franz niemals – wenn ich auch – mir selbst unerklärlich – eine merkwürdige Kraft und Stärke habe, das Leben, das ich nun ganz allein lebe, so in die Hand zu nehmen, daß ich weiterbaue – nicht von Erinnerungen zehrend, sondern innerlich zu reifen trachte, wie Franz durch die Erschütterungen des Krieges gereift war … werden wir uns je wiedersehen, liebe Münter? Oft denk' ich an Murnau und Ainmillerstr. – oft nehme ich den ›Blauen Reiter‹; wie viel mehr weiß ich heut, als damals, wie historisch ist das Buch geworden.«[48]

Auch in Berlin wurde eine Gedächtnisausstellung für Franz Marc organisiert, von Herwarth Walden in seiner »Sturm«-Galerie. Aber Maria scheint ihm gegenüber misstrauisch gewesen zu sein, am liebsten hätte sie alle Bilder ihres Mannes wieder mitgenommen in ihr stilles Haus in Ried. Deshalb löste sie 1917 das Vertragsverhältnis mit Herwarth Walden und übernahm selbst die Nachlassverwaltung und die Geschäftskorrespondenz. In jenem Jahr ließ sie auch den Leichnam Franz Marcs aus Frankreich nach Kochel überführen. 1920 gab sie nach längeren Vorarbeiten Franz Marcs *Briefe, Aufzeichnungen und Aphorismen* sowie das *Skizzenbuch aus dem Felde* heraus. Beide Bücher wurden große Erfolge. Der zunehmende Bekanntheitsgrad Marcs hatte für Maria auch viel Schriftverkehr zur Folge. So mussten beispielsweise Genehmigungen für Reproduktionen oder das Ausleihen von Bildern erteilt werden: »Ewige Schreiberei um jede Reproduktion – Holzschnitt drucken und versenden etc. etc.«, klagte sie in einem weiteren Brief an Gabriele Münter vom 20. März 1920.

Die Freunde aus München fanden nur selten den Weg nach Ried. Aber weiterhin korrespondierte die Witwe mit Gabriele Münter, die jetzt in Kopenhagen lebte. Sie schilderte ihr ihre Einsamkeit und ihren Wunsch, Franz näher zu sein, und schrieb: »Äußerlich geht es mir gut – ich muß wohl dankbar sein, daß ich damit nicht Sorgen und Not habe, wenigstens im Augenblick nicht – und daß ich in meinem lieben Häuschen wohnen darf, mir tüchtige Hilfe im Haushalt leisten kann und somit die etwas komplizierte und ungewohnte Nachlaßverwaltung bewältigen kann …«[49] Gabriele Münter berichtete sie auch, dass im Januar 1918 Frau Klee mit ihrem Sohn Felix ein paar Tage da gewesen sei, ein Besuch, der für sie eine Aufmunterung gewesen sei. Sie hielt auch noch Kontakt mit Campendonks und Niestlés in Seeshaupt, aber immer empfand sie eine Kluft zwischen sich und den anderen, stets fühlte sie sich innerlich einsam. Sie sehnte sich nach Kunst, durch die sie eine Harmonie zwischen innerem und äußerem Leben herstellen wollte, aber sie fühlte sich nicht als eigenständige, unabhängige Künstlerin. »Ich glaube nicht an mein Talent – an eine eigene schöpferische Kraft«, gestand sie im vorgenannten Brief an Gabriele Münter. So beschäftigte sie sich mit Stickereien nach Entwürfen, die ihr Marc in seine Skizzenbücher gezeichnet hatte, sowie mit ihren Kinderbildern.

Die Edition der Bücher ihres Mannes führte Maria Marc zu neuen Kontakten in ihrer Geburtsstadt Berlin, unter anderen zu dem berühmten Galeristen Paul Cassirer und dessen Kunstverlag. Im Juli 1919 verkaufte sie Franz Marcs berühmtes Bild »Der Turm der Blauen Pferde« an Ludwig Justi für die Berliner Nationalgalerie. Denn sie wollte nicht, dass die Bilder ihres Mannes der Öffentlichkeit vorenthalten würden. Ursprünglich war »Der Turm der Blauen Pferde« ein Postkartengruß zu Neujahr 1913 für Else Lasker-Schüler gewesen. Noch im gleichen Jahr wurde es zum großformatigen Gemälde. Das Bild wurde von Anfang an als Sinnbild des Geistigen in der expressionistischen Kunst betrachtet und besonders verehrt. Während des Zweiten Weltkriegs wurde dieses Bild von Hermann Göring beschlagnahmt. Leider ist es bis heute verschollen.

Zu Maria Marcs engsten Freunden zählten nach wie vor die Klees, die sie oft besuchte und die alle paar Monate zu ihr nach Ried hinausfuhren. »Sie halten treu zu mir seit dem Tod von Franz. Im letzten Jahre komme ich viel seltener nach München – und sah infolgedessen auch die Freunde nicht oft. Immer wenn ich zu Klee's gehe, schau ich in den Hof der Nr. 36 [Ainmillerstraße] mit viel Wehmut. Was soll man reden?«, schrieb sie an Gabriele Münter.[50] Die Erinnerung an frühere, glücklichere Zeiten war noch immer stark. Die genannte Adresse war die ehemalige Wohnung Kandinskys und Münters. Auch mit Kandinsky, der sich – wie bereits dargestellt – ab 1921 mit seiner jungen Frau Nina in Weimar aufhielt, wo er einen Ruf an das »Bauhaus« angenommen hatte, wechselte Maria Briefe. Es existieren mehrere Schreiben Kandinskys an Maria, auch aus den späteren Jahren in Dessau, wohin das »Bauhaus« 1925 unter dem Namen »Hochschule für Gestaltung« übersiedelte. Auch als Kandinsky nach Paris zog, schrieb er ihr. Offensichtlich hat Maria Mitte der Zwanzigerjahre das »Bauhaus« in Weimar und in Dessau besucht. In Dessau schloss sie Freundschaft mit Julia und Lyonel Feininger, der damals ein Kollege Kandinskys war. Auch die Familie Klee traf sie dort wieder. Vielleicht erhielt sie hier die ersten Anregungen zum Teppichweben. Allerdings hat sie erst im schweizerischen Ascona begonnen, selbst »moderne Gobelins« zu weben.[51]

Vielleicht zog sie wegen des wärmeren Klimas 1929 nach Ascona in die Schweiz. Ihr Haus in Ried vermietete sie nun ganz dem Freund Kaminski und dessen inzwischen großer Familie. In Ascona blieb sie, bis auf die Besuche in Ried zu Weihnachten und zu Ostern, bis zum Ausbruch des Zweiten Weltkrieges. Weiterhin fuhr sie in diesen Jahren auch nach Berlin und Dessau. In Ascona traf sie auf viele frühere Bekannte, die am »Blauen Reiter« mitgewirkt hatten, aber auch auf andere deutsche und schweizerische Künstler und Kunstliebhaber. Vor allem lebte dort Marianne von Werefkin, seit sie sich von Jawlensky getrennt hatte. Gab es Kontakte? 1935 hatte Maria an Albert Bloch berichtet, die Baronin Werefkin lebe ebenfalls in Ascona und male nach wie vor in erstaunlicher Frische. 1937 berichtete Maria Marc in einem Brief an Kandinsky, Marianne von Werefkin gehe es momentan ein wenig besser. Sie säße manchmal am Abend eine Weile im Café, weil sie nicht schlafen könne, und dann setze sie sich dazu. Das gebe ihr immer ein Gefühl der Zusammengehörigkeit. Darüber sei sie sehr froh, und wenn es Marianne einmal nicht mehr gäbe, würde sie ihr sehr fehlen.

Zunächst begann Maria wieder zu zeichnen, bald aber beschäftigte sie sich mit den Wandteppichen, die die Formensprache ihres Mannes und Paul Klees aufweisen. Mit letzterem blieb sie weiterhin in Verbindung und verfolgte intensiv seine Entwicklung. Nach häufigen Wohnungswechseln lebte Maria ab 1934 in einem kleinen Häuschen, das etwas außerhalb von Ascona lag. Dort fühlte sie sich, wie schon in der Abgeschiedenheit Rieds, am wohlsten. Wegen ihrer chronischen Leiden lebte sie nun ganz als Vegetarierin und ernährte sich nach der Methode von Dr. Bircher-Benner.

Am 1. November 1929 fragte die alte Freundin Elisabeth Macke, die sich gerade anlässlich einer Ausstellung August Mackes in Dresden aufhielt, bei Maria Marc an, wie es ihr denn gehe. Sie wollte wissen, ob sie dort die »Baronin« besucht habe. Sie selbst habe gerade Jawlensky getroffen und viel mit ihm über die »damalige schöne Zeit« gesprochen. »Als ich ihn nach der Baronin fragte, strahlte er übers ganze Gesicht. Aber es geht ihm nicht gut, pekuniär nicht u. auch gesundheitlich nicht – er ging am Stock, hatte Schmerzen im Bein, wollte so gerne nach Dessau fahren, um Kandinsky zu sehen, aber er fühlte sich nicht wohl. In seinem Leben und seiner künstlerischen Arbeit liegt eine Tragik; er ist so einsam u. von allen verlassen!«[52] Und Helmuth Macke, der sich um 1930 ebenfalls in Ascona aufhielt und freundschaftlichen Anschluss bei Maria fand, bezeichnete im August 1931 Ascona als »das reinste Neuschwabing«. Es sei »die Flucht der Vielen vor der Wirklichkeit, die – selbst wenn sie entsetzlich ist – doch irgendwie Leben bedeutet«[53].

Für Maria Marc war der Aufenthalt in Ascona kein erzwungenes Exil, eher ein freiwilliges Ausweichen vor dem Nationalsozialismus, dessen Gefahren sie durchaus richtig einschätzte. Ein guter Bekannter, Alois Schardt, Kunsthistoriker und Direktor der Staatlichen Galerie Moritzburg in Halle, hatte einige Arbeiten und Plastiken Franz Marcs für sein Museum erworben und auch das Bild »Tierschicksale« von Maria Marc direkt gekauft. Zusammen mit Schardt konnte Maria 1936, zu Marcs 20. Todestag, eine erste Monografie mit Werkverzeichnis erarbeiten. Die Vorbereitungen dafür nahmen Jahre in Anspruch. Mehrfach trafen sich die beiden in Ried, und Maria erfuhr selbst die kunstpolitischen Repressalien der Nationalsozialisten. 1935 schrieb sie an Albert Bloch, der schon am Almanach mitgewirkt hatte und mit dem Franz Marc befreundet gewesen war, und bat ihn um einen Erinnerungstext für den geplanten Band.

In diesem Brief an Bloch gab Maria einen aufschlussreichen Bericht über ihr Leben in Ascona und die gemeinsamen früheren Münchner Freunde: Der Tiermaler Jean Bloé Niestlé, der in Seeshaupt am Starnberger See wohne, sei nie mehr gesund geworden, seitdem er vor Jahren an der »Schlafgrippe« erkrankt sei. Die Medikamente, die er einnehmen müsse, würden immer schwerer und er litte an schweren Lähmungserscheinungen. Seine Frau Marguérite sei in ihre Aufgabe in bewunderungswürdiger Weise hineingewachsen. Die beiden Zwillingstöchter seien sehr musikalisch und würden Geigerinnen. Er selbst habe bis vor zwei Jahren noch mit seinen zittrigen Händen zarte Wiesenblumen mit einem Vogel gemalt, ein sehr schönes und weniger naturalistisches Bild. Die Campendonks seien vor Jahren an den Rhein gezogen, wo er als Professor an die Düsseldorfer Akademie berufen worden sei. Mit dem »Umschwung« habe er Deutschland verlassen müssen, sei nach Belgien gegangen und unterrichte dort. Die Ehe mit Adda sei geschieden, es seien zwei Kinder da. Später habe er in Brüssel wieder geheiratet. Jawlensky lebe in Wiesbaden und habe Hélène, die Mutter seines Kindes, geheiratet. Die Verbindung mit der Baronin sei gänzlich zerrissen. Nun sei Jawlensky sehr krank, litte an Gelenkrheumatismus und sei verarmt. Den Sohn André habe sie bei Kandinsky in Dessau einmal gesehen, er sei Reisender für Kaffee oder Zigarren und male überhaupt nicht. Nell Walden, die zweite Frau Herwarth Waldens, lebe in Ascona, habe zwei Häuser und eine fabelhafte Sammlung von Exoten sowie die Bildersammlung. Ihr Mann sei in Russland. Und schließlich: Kandinsky lebe mit einer jungen Frau in Paris und sie, Maria, müsse ihm dringend schreiben wegen eines Artikels über Franz in den *Cahiers d'Art* und wegen der Ausstellung in Deutschland.

Sie wusste also trotz ihrer zurückgezogenen Lebensweise über die Freunde von einst recht gut Bescheid. Kandinsky antwortete ihr und freute sich über die in Berlin und Hannover stattfindenden Ausstellungen Franz Marcs. Er sei auch auf das Buch von Schardt sehr neugierig, bekannte er. Er selbst fühle sich in Deutschland außerordentlich ungerecht behandelt, weil seine Bilder im Berliner Kronprinzenpalais nicht ausgestellt waren wie beispielsweise die von Klee und Feininger, obwohl er 37 Jahre in Deutschland gelebt und davon zwölf Jahre an einer deutschen Hochschule unterrichtet hatte. Er hoffe, Maria könne bei Schardt etwas für ihn ausrichten. Tatsächlich aber konnte Maria wenig für ihn tun.

Der Nachlass Franz Marcs im Nationalsozialismus

Maria Marcs Anliegen war, den Nachlass ihres Mannes vor den Nationalsozialisten zu schützen: »Heut drängt mich noch etwas ganz Bestimmtes dazu, Ihnen zu schreiben; ich war im Frühjahr längere Zeit in Deutschland weil ich Geldschwierigkeiten habe, wie alle Deutschen, die im Ausland wohnen. Und da habe ich allerhand Einblick bekommen in die künstlerischen Verhältnisse, die natürlich überaus schwierig sind. Und doch spürt und weiß man, daß es ein geheimes Deutschland giebt. Jedenfalls ist es mir wie eine neue Verpflichtung klar geworden, daß ich den Nachlaß von Franz nicht einfach still liegen lassen darf. Wenn auch heute nach außen nichts geschehen kann, so muß es doch nach innen weitergehen. Ich fühle die Verpflichtung, den Nachlaß zusammenzuholen. Darum komme ich heute mit zwei Fragen und Bitten zu Ihnen«[54], schrieb sie im August 1935 an Albert Bloch. Diese Fragen bezogen sich auf Briefe Franz Marcs und auf Erinnerungen Blochs. Ihre Bitte wurde mit einem hoch interessanten Erinnerungstext Blochs erfüllt, der Maria half, ihre selbst auferlegte Verpflichtung gegenüber dem Lebenswerk ihres Mannes einzuhalten.

In diesem Zusammenhang schrieb Maria 1936 aus Ascona auch an Lily Klee und bat um die Korrespondenz und Abschriften von Postkarten und Briefen ihres Mannes. Lily Klee schrieb getreulich alle Briefe und Postkarten Marcs aus den Jahren seit 1912 ab, aber die Klees mahnten dann zur Vorsicht, sie solle mit der Veröffentlichung des Briefwechsels noch warten, bis sie sich mündlich darüber verständigt haben würden. Trotzdem erschien 1936 das Buch von Schardt über Franz Marc im Berliner Rembrandt Verlag, und in Berlin und Hannover fanden dank Marias Aktivitäten zwei Gedenkausstellungen zum 20. Todestag Franz Marcs statt. Zur Eröffnung im Mai 1936 fuhr Maria nach Berlin und wohnte dort bei Elisabeth Erdmann-Macke und deren zweitem Mann, Lothar Erdmann. Die Freundschaft der beiden Frauen hatte also zwanzig Jahre überdauert. Zunächst freute sich Maria über die positive Reaktion in der Presse. Einige Zeit später erfuhr sie dann zu ihrer Enttäuschung, dass das Buch und die Ausstellungen Ende des Jahres 1936 von den Nationalsozialisten verboten wurden. Schardt wurde zwangspensioniert. Den Nationalsozialisten zum Trotz schrieb sie an Bloch, sie wolle sich wieder mit Schardt in Berlin treffen, um am schriftlichen Nachlass ihres Mannes weiterzuarbeiten. Allerdings müsse das in aller Stille geschehen, »bis die Menschen dafür da sind – und die Zeit die geeignete Atmosphäre schaffen kann. – Die heutige traurige Wirklichkeit ist nicht mehr zu begreifen.«[55]

Maria verstand es in dieser schwierigen Zeit, sich ein Netz von Freunden zu erhalten. Nicht nur mit dem in Kansas/USA lebenden Bloch korrespondierte sie, sondern auch mit den ihr seit ihren Besuchen in Dessau freundschaftlich verbundenen Feiningers und besonders herzlich mit Kandinsky. Dieser berichtete ihr ausführlich über die Pariser Kunstszene, die Maria sehr interessierte. Ja, sie wollte sogar zur Internationalen Weltausstellung 1937 nach Paris reisen und das Ehepaar Kandinsky besuchen. Mitte des Jahres 1937 sagte sie jedoch ab, denn sie musste plötzlich von Ascona nach Ried fahren, weil die Kaminskis das Haus im Winter nicht mehr nutzen wollten und sie befürchtete, es würde völlig leer stehen. »Und was dann?«, fragte sie, »ich kann allein nicht in Ried wohnen, es ist zu einsam und weitab, – das halte ich nicht aus. ich muß eben schauen, jemand zu finden, der dort wohnen kann und will. Dazu ist es notwendig, daß ich selber hinfahre.«[56]

In diesem Brief an Kandinsky findet sich auch eine Anspielung auf die Diffamierung der Kunst der Avantgarde durch die Nationalsozialisten und auf deren kunstpolitische Propagandaveranstaltungen, insbesondere die Kunstausstellung in den Hofgartenarkaden in München unter dem Titel »Entartete Kunst«, dazu die »Große Deutsche Kunstausstellung« im Haus der Deutschen Kunst. In der Ausstellung »Entartete Kunst« waren auch sechs Bilder von Franz Marc als Beispiele für »dekadentes«, »undeutsches« Kunstschaffen zu sehen. Maria war tief betroffen. »Es ist eine sehr schwere Zeit für uns, – daß man innerlich die starke Zuversicht hält, und nicht wankt im Vertrauen auf das Wahre und Echte, das ist der einzige Halt, den man heute hat. Aber für mich ist doch noch ein plus an Schmerz da, – wenn ich daran denke, daß Franz sein Leben hingegeben hat und nun derart beschimpft wird.« Sie bat ihre Korrespondenten auch, Vorsicht beim Schriftverkehr walten zu lassen, weil die ihr aus Deutschland nachgesandte Post kontrolliert werde.

Während des Zweiten Weltkrieges lebte Maria Marc wieder in Ried, wo sie auf ihrem Grundstück eine »Weber-Hütte« errichten ließ, in der die Wolle für das Weben vorbereitet wurde und die Teppiche trocknen konnten. Dort führte sie ihre Webarbeiten fort. Einige Bilder konnte sie im Schlafzimmer hinter einem Wandpaneel verstecken. Nach Kriegsende beschäftigte sich Maria erneut mit der Pflege und Erschließung des Nachlasses ihres Mannes. Als es in ganz Deutschland den Menschen noch sehr schlecht ging, wuchs paradoxerweise wieder das Interesse an der Kunst und an der Moderne. Auch Franz Marc wurde rehabilitiert und genoss zunehmende Anerkennung. Die nun siebzigjährige Witwe setzte sich mit vielen Leihgaben und großem persönlichen Engagement für die erste Franz-Marc-Ausstellung in München ein, die bereits 1946 in der Galerie Günther Franke stattfand. Diese Tätigkeit fand sie sehr anstrengend, denn sie musste alle Wege in dem zerstörten München zu Fuß zurücklegen, und die Fahrt nach Ried und zurück war angesichts der damaligen Verkehrsverhältnisse umständlich. Über die positive Resonanz in der Presse und Öffentlichkeit freute sie sich aber dann doch sehr und berichtete ihrer alten Freundin Gabriele Münter darüber. Obwohl diese wieder in Murnau, also nicht weit von Ried, wohnte, scheinen sich die beiden Frauen dort nicht getroffen zu haben.

Dankbar griff Maria nun auf die Hilfe anderer zurück. Diese bot sich zunächst in dem jungen Kunsthistoriker Klaus Lankheit, den das Kriegsschicksal von Landsberg an der Warthe nach Ried verschlagen hatte und der bereit war, ihr zu helfen. Mit ihm zusammen konnte Maria ab 1948 intensiv und wissenschaftlich fundiert das schriftliche und künstlerische Material sammeln, sichten und bearbeiten. 1947/48 übergab sie die Vertretung des künstlerischen Nachlasses von Franz Marc dem Münchner Galeristen Otto Stangl, der sie bis zu seinem Tod 1990 wahrnahm.

Maria litt weiterhin unter verschiedenen Krankheiten, unter anderem klagte sie über Schwindelanfälle, die durch die Behandlungen in der Schweiz auch nicht gebessert werden konnten. Sie kam zu wenig zur Ruhe, weil sie ständig Ärger mit dem Haus in Ried und Aufregungen wegen des Nachlasses durchstehen musste. So hatte man in ihrer Abwesenheit das Haus in Ried mit »Fremden« belegt (vermutlich Flüchtlinge), sie hatte nicht einmal mehr Platz für eine Haushaltshilfe, die bei Nachbarn schlafen musste. Die Mitbewohner ihres Hauses in Ried seien unangenehm und verfolgten sie bis in die Schweiz. Sie machten ihr den Gedanken an eine Rückkehr schwer, schrieb sie am 16. August 1949 aus Ascona an Gabriele Münter. »Dieses Ried frißt mich auf und ist mir keine rechte Heimat mehr, durch die unangenehmen fremden Leute. Es ist traurig, aber schwer zu ändern. Dr. Lankheit will sich bemühen, eine Änderung zu erreichen – es ist aber sehr schwer«, klagte sie in ihrem Brief. Sie fühlte sich überfordert mit der Korrespondenz für den Nachlass und mit der Herausgabe der Briefe Franz Marcs.

Zum Glück konnte sie mit der Hilfe von Freunden immer wieder eine Aufenthaltsgenehmigung für die Schweiz erwirken und sich wiederholt in Sanatorien begeben, so auch 1949. Am 4. September dieses Jahres fand in München die große »Blauer Reiter«-Ausstellung statt, organisiert von Ludwig Grote. Diese Ausstellung zeigte Bilder von Kandinsky, Marc, Klee, Münter, Macke, Jawlensky und anderen. Die einzige Künstlerin aus dem engeren Kreis des »Blauen Reiters«, die noch lebte, war Gabriele Münter. Die anderen Erben wie Elisabeth Erdmann-Macke, Maria Marc und Nina Kandinsky wurden ebenfalls als Leihgeber hinzugezogen. Trotz der Schwierigkeiten mit den Schweizer Behörden gelang es Maria, bei der Eröffnung im Münchner Haus der Kunst zugegen zu sein und nicht nur Elisabeth Erdmann-Macke, sondern auch zahlreiche Bilder aus dem alten Freundeskreis wiederzusehen. Sie selbst begann nun, das Haus in Ried allmählich aufzulösen, und so, wie sie von Gabriele Münter alte Briefe von Franz zurückerhalten hatte, gab sie nun auch Bilder aus ihrem Besitz an Freunde zurück, so an Gabriele Münter das Bild »Grabkreuze«. Die »Straße in Murnau« wollte sie jedoch zur Erinnerung an frühere Zeiten behalten.

Für das erste Buch Lankheits über Franz Marc, das 1950 herauskam, schrieb die Witwe ein längeres Nachwort, »Maria Marc über Franz Marc«, in dem sie besonders die Bedeutung des Einflusses von Kandinsky und dessen Ideen auf Franz Marc betonte. Sie selbst war ihren Ideen und Prinzipien treu

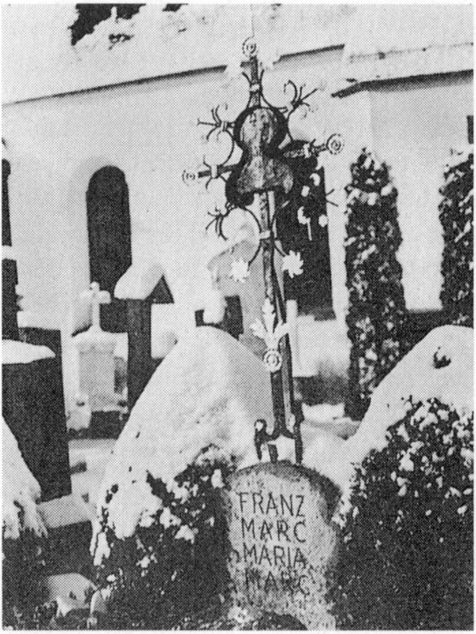

Das Grab von Franz und Maria Marc in Kochel, aufgenommen 1960

geblieben: Sie propagierte – wie früher in dem Zusammenleben und den Briefen mit ihrem Mann – die Idee eines »reinen und geistigen Seins«, die ein Maler mit seinem ganzen Wesen anstreben müsse, um diese Ebene zu erreichen.

Erst 1952 fand die erste und einzige Ausstellung von Maria Marcs Teppichen in der Galerie Stangl in München statt. Sie zeigte elf ihrer Wandteppiche zusammen mit 35 Zeichnungen Marcs aus seinem letzten Skizzenbuch. Maria webte nachweislich noch bis Anfang der Fünfzigerjahre und nahm dabei auch Formen der zeitgenössischen abstrakten Malerei auf. Damit hat sie ihren eigenen schöpferischen Bereich, den sie sich anfangs nicht zugetraut hatte, doch noch gefunden.

Der *Münchner Merkur* brachte eine positive Besprechung. Allerdings schaffte sie es nie, den geplanten Erinnerungsband über Franz Marc zu schreiben, es blieb bei mehreren Fragmenten.

1953 besuchte sie ein letztes Mal Elisabeth Macke in Bonn. Am 25. Januar 1955 starb Maria nach längerer Krankheit in Ried. Sie fand ihre letzte Ruhestätte an der Seite ihres Mannes in Kochel.

KAPITEL FÜNF

Lisbeth und August Macke

Die frühen Jahre

Als August und Lisbeth Macke im Oktober 1911 nach Murnau reisten, kannten sie die Münchner Maler bereits seit dem Vorjahr und waren mit den Marcs fortan eng befreundet. August Macke, 1887 in Meschede im Sauerland geboren, war sieben Jahre jünger als Franz Marc und 21 Jahre jünger als Kandinsky. Sein Vater August Friedrich Hermann Macke stammte aus Niedersachsen, war Tiefbauingenieur und leitete ein Bauunternehmen. Seine Mutter Maria Florentine entstammte einer sauerländischen Bauernfamilie. Kurz nach der Geburt des kleinen August – zwei Töchter waren im Kindesalter gestorben – zog die fünfköpfige Familie nach Köln, später nach Bonn, wo August das Gymnasium besuchte. Vater Macke war musisch begabt, interessierte sich für historische Stiche und Münzen, zeichnete und beschäftigte sich liebevoll mit seinem jüngsten und einzigen Sohn, dem er viele Anregungen gab. Allerdings war er kein geschickter Unternehmer, durch geschäftliche Fehlschläge verlor er immer mehr Geld. Die Mutter musste nach und

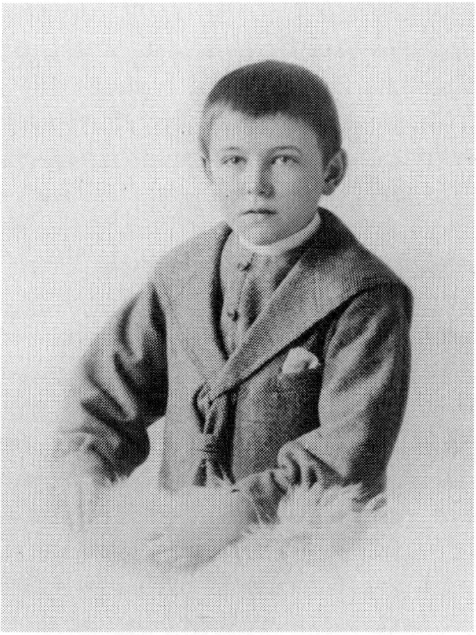

August Macke im Alter von sechs Jahren

nach ihr beträchtliches Vermögen opfern, um die Familie über Wasser zu halten. Sie war eine entschlossene und energische Frau und eröffnete schließlich in der Meckenheimer Straße in Bonn eine Fremdenpension. Das bedeutete für den jungen August, dass er Umgang mit vielen unterschiedlichen Menschen hatte. Aber er interessierte sich ausschließlich für die Malerei. Für die Schule tat er nur das Nötigste.

Schon mit sechzehn Jahren begegnete er auf dem Schulweg seiner »Muse«, der fünfzehnjährigen, auffallend hübschen Elisabeth Gerhardt, Lisbeth genannt, die einer wohlhabenden Kaufmannsfamilie entstammte. Ihr Vater, Carl Gerhardt, besaß in Bonn eine Firma für pharmazeutische, chemische und physikalische Geräte. Ihre Mutter stammte aus Erfurt und war mit dem späteren Förderer des »Blauen Reiters«, Bernhard Koehler, verwandt. Schon damals war August Macke dafür bekannt, dass er gut zeichnen konnte. Unter dem Vorwand, den Bruder Lisbeths porträtieren zu wollen, bekam er Zugang zu ihrem Elternhaus und wurde dort zu einem häufigen und gern gesehenen Gast.

Allerdings mussten die beiden Jugendlichen ihre Liebe vorerst verheimlichen. Nicht nur Lisbeths Eltern machten sich Sorgen, auch der Vater Mackes wollte nicht, dass sein Sohn, dem er finanziell nicht mehr helfen konnte, seine Ausbildung vernachlässigte. Dennoch verließ August das Gymnasium vorzeitig und begann im Oktober 1904 ein Studium an der Königlichen Kunstakademie in Düsseldorf. Unterstützt wurde er dabei von Alfred Schütte, einem reichen Kölner Fabrikanten und Vater eines Schulfreundes. August lernte nach Gipsfiguren zeichnen, genau wie Kandinsky und Jawlensky, nur dass er nach eigener Einschätzung viel dabei lernte. Aufgrund seiner Begabung und seines Fleißes rückte er zwar nach wenigen Wochen in die Malklasse auf und durfte, anders als die Damen in München, am Aktzeichnen teilnehmen. Und doch fand er, wie seine späteren Malerfreunde, die akademische Ausbildung zunehmend unbefriedigend. Da er sehr lern- und wissbegierig war, nahm er ab Herbst 1905 nebenbei Abendkurse an der Düsseldorfer Kunstgewerbeschule. Seine geliebte Lisbeth konnte er in dieser Zeit nur selten sehen. Die beiden hatten weder die finanziellen Mittel für heimliche Treffen, noch wäre es schicklich gewesen, sich schon so früh vor Bekannten und Verwandten als Liebespaar auszugeben. Die wohlerzogene Lisbeth gestand jedoch später, welche Listen sie sich ausgedacht hatten, um sich trotzdem hin und wieder zu sehen.

Die Düsseldorfer Kunstgewerbeschule stand unter Leitung des Architekten Peter Behrens, der ein Anhänger der englischen Kunstgewerbebewegung war und deren Ideen reformatorisch umsetzte. Macke freute sich über das freie Arbeiten nach der Natur, die Darstellung einer Form oder eines Gegenstands in unterschiedlichen Techniken oder aus der Erinnerung. Er lernte sehr viel, las viel, studierte japanische Kunst, beschäftigte sich mit der Kunst der Gegenwart und fertigte neben seiner Malerei viele kunstgewerbliche Arbeiten an, die der Öffentlichkeit kaum bekannt sind, weil sie oft privater Natur waren. Es handelte sich um Gebrauchsgegenstände, Exlibris, Bucheinbände, Stickereien und Webarbeiten, Holzschnitzereien, Keramik und Schmuck. Die Stickereientwürfe führte später überwiegend seine Frau Lisbeth aus, erst zusammen mit ihrer Mutter und Großmutter, dann auch mit Anni Breuer, die im Haushalt half. Nicht zuletzt malte Macke – wie andere Künstler des »Blauen Reiters« – Hinterglasbilder. Angeregt durch die Bekanntschaft mit Wilhelm Schmidtbonn und Herbert Eulenberg, beide Dramaturgen am Düsseldorfer Schauspielhaus, sowie Louise Dumont, die zusammen mit Gustav Lindemann das Schauspielhaus leitete, begann sich der junge Macke mit Dekorationen und Kostümen für das Theater zu beschäftigen. Er entwickelte Ideen für eine neue Bühnenkonzeption, wollte Stimmungen allein durch Farben und Vorhänge erzeugen und die gesamte naturalistische Bühnendekoration einschließlich der gemalten Kulissen hinauswerfen. Schließlich bot man ihm sogar an, künstlerischer Leiter der Vereinigung »Die Bühne« zu werden. Das lehnte er aber ab, obwohl er damit seine Zukunft hätte sichern können, denn das Gehalt hätte zehntausend bis achtzehntausend Mark jährlich betragen. Auch Lisbeth, die wusste, dass er viel zu sehr Maler war, riet ihm ab. Er selbst war sich bereits in diesen jungen Jahren darüber im Klaren, dass er freischaffender Künstler werden wollte.

Im April 1905 unternahm Macke zusammen mit Lisbeths Bruder Walter seine erste Italienreise. Die junge Frau hielt sich damals bei Verwandten in München auf, weil ihr Onkel Heinrich Brüne sie porträtieren wollte. Nach Italien durfte sie nicht mitfahren. Ihr Bruder, der diese Reise zum Abitur geschenkt bekommen hatte, durfte einen Freund mitnehmen. Seine Wahl fiel auf August, der darüber sehr glücklich war. Da die Reise in München begann, ergab sich eine willkommene Gelegenheit, Lisbeth wiederzutreffen, Schwabing, die Münchner Museen und Galerien, den Englischen Garten, den Starnberger See kennenzulernen und in der Oper Wagners »Tristan« zu hören. August und Lisbeth waren sehr verliebt und malten sich auf ihren langen Spaziergängen ihre Zukunft aus, die doch noch ganz ungewiss war. Schließlich mussten sie wieder Abschied nehmen. Die beiden jungen Männer stiegen am Münchner Hauptbahnhof in den Zug nach Italien, Lisbeth blieb traurig zurück. Nach bangem Warten erhielt sie schließlich einen Brief von August aus Venedig. Die weiteren Stationen seiner Reise waren Verona, Padua, Bologna, Florenz, Pisa, Rapallo und Bozen.

Im Mai erkrankte Lisbeths Vater schwer, und das junge Mädchen wurde nach Bern geschickt, zu Frau Oberst Moilliet. Die Offizierswitwe nahm jeweils drei oder vier junge Mädchen zur Erziehung und Ausbildung auf. Lisbeth erhielt dort weiter Musikstunden, lernte Französisch, Englisch und ein wenig Italienisch, Haushaltsführung und Gartenarbeit und konnte obendrein an der Universität noch Vorlesungen über Kunstgeschichte und Philosophie hören. Die Tage in Bern waren sehr ausgefüllt. Einer der Söhne der Frau Oberst, Louis René Moilliet, war ebenfalls Maler, er wurde später der beste Freund Augusts. Die ganze Familie war sehr musikalisch. Lisbeth, die selbst Klavier spielte und sang, profitierte sehr von diesem Lehrjahr. Nicht nur Lisbeths Mutter Sophie

Gerhardt und Frau Moilliet wurden Freundinnen, besonders in der jüngeren Generation entwickelten sich engere Beziehungen. In Bern unterhielt Lisbeth einen lebhaften Briefverkehr mit August, der noch in Düsseldorf lebte. Einige Male gelang es Lisbeth, ihn dort heimlich zu besuchen, und wenn er in Bonn war, verkehrte er in der Familie Gerhardt, immer noch unter Geheimhaltung ihrer Liebesbeziehung.

Im Sommer 1906 reiste August mit seinem Freund Schmidtbonn und weiteren Reisegefährten nach Holland. Der Dichter war zusammen mit August eigens zu Lisbeths krankem Vater gegangen, um ihn zu bitten, Lisbeth doch mitreisen zu lassen. Aber die Bitte wurde abgelehnt. August berichtete ihr von der herrlichen Rheinlandschaft, von Rotterdam, Den Haag und Knocke. Ende Juli fuhren die beiden Freunde noch weiter nach London, wo Macke bei einer Kusine wohnen konnte, die ein Hotel garni führte. Die riesige Stadt, das Leben auf den Straßen, die Parks und die großartigen Museen hinterließen bei dem jungen Maler bleibende Eindrücke. Zurück in Bonn, traf er Lisbeth und tröstete sie über seine Abwesenheit mit einem wundervollen silberfarbigen indischen Seidenschal. Im November 1906 verließ Macke die Düsseldorfer Akademie, arbeitete aber noch den Winter über am Schauspielhaus und an der Kunstgewerbeschule. Aus diesem Jahr existiert ein Selbstporträt. Das Bild ist unvollendet, es stellt den jungen Mann mit ernstem, aufmerksamem Blick im Dreiviertelprofil dar, in der – malerisch nicht ausgeführten – Hand hält er vermutlich einen Pinsel.

Leider sind nur wenige Ölgemälde Mackes aus der Düsseldorfer Zeit erhalten. Eine große Bedeutung hatte für ihn seit seiner Schulzeit das Zeichnen. Er hielt alle Eindrücke seiner Umgebung in Skizzenbüchern fest, insgesamt füllte er in seinem kurzen Leben 78 Skizzenbücher beidseitig, mit über dreitausend Blättern. 1904 schrieb er an seine Mutter: »Fast immer habe ich auf der Straße das Skizzenbuch zur Hand, um Bewegungen von Menschen und Tieren allmählich voll beherrschen zu lernen, denn das lehrt einen kein Professor, und es ist das Wichtigste, was es gibt.«[1] Ursprünglich von Böcklin beeinflusst, zeigen seine kleinen Ölbilder aus dieser Zeit den symbolistischen Einfluss von Max Klinger, den naturalistischen von Hans Thoma und Wilhelm Leibl. Obwohl diese Bilder und Zeichnungen von außerordentlichem Talent zeugen, hatte Macke noch nicht zu seinem eigenen, unverkennbaren Stil gefunden.

Eine seiner Schwestern war in Kandern im Schwarzwald verheiratet, was dem jungen August Gelegenheit gab, sie zu besuchen und von dort aus wichtige Museen kennenzulernen, beispielsweise die Baseler Kunsthalle. Hier kaufte er sich Julius Meier-Graefes Bücher *Impressionisten* sowie *Manet und sein Kreis.* So lernte er den französischen Impressionismus durch Bücher und Fotografien kennen und war tief beeindruckt von dem, was er las. Diese Bilder, in Deutschland noch weitgehend unbekannt, öffneten dem jungen August die Augen. »Er warf plötzlich alle Gefühlsmalerei, zu der er Böcklin und Thoma zählte, über Bord. Nun ging er ganz auf in Manet, Monet, Whistler, Turner, Liebermann und den Japanern«[2], schrieb Lisbeth über diese wichtige Entwicklungsphase des jungen Künstlers. Als ihr Vater erkrankte und das Unternehmen brachlag, kam ihr Onkel Bernhard Koehler aus Berlin, um sich um das Geschäft zu kümmern. Er entdeckte riesige Unterschlagungen des ersten Buchhalters und blieb länger als erwartet in Bonn. Inzwischen war August Macke nach Paris gefahren, um die Impressionisten im Original anzusehen, hatte aber nur Geld für eine Woche Aufenthalt. Als der künstlerisch interessierte Onkel davon hörte, ermöglichte er ihm trotz der schwierigen Lage des Gerhardt'schen Unternehmens, die Reise auf vier Wochen auszudehnen. August Macke schrieb an Bernhard Koehler: »Wie soll ich Sie anreden, Sie guter Spender dieser für mich so reichen Tage in Paris. Sie kennen mich nicht und die Lisbeth wird Ihnen allerlei vorgeschwärmt haben von ihrem geliebten Malersjüngling, der nach Paris geht. Ich weiß nicht, ob ich wer bin, daß man mir soviel Glück und Schönheit gönnt. Aber freuen kann ich mich, freuen, daß es solche Menschen gibt, die so ohne Vorurteil der Jugend gegenüberstehen. Man findet sie so selten …«[3] In der Tat hatte August Glück, denn er brauchte sich nie im Leben um Geld zu sorgen, immer halfen ihm Menschen, die sein Talent erkannt hatten oder ihm aufgrund seines aufgeschlossenen Wesens zugetan waren.

Zurück in Bonn, lernte er endlich Bernhard Koehler persönlich kennen, und beide waren voneinander begeistert. Die unmittelbare künstlerische Ausbeute der Paris-Reise war allerdings gering. In Mackes Skizzenblock befanden sich Straßenszenen, alltägliche Begebenheiten, modisch gekleidete Damen im Café und andere flüchtige Eindrücke, die seinen Sinn für das präzise Erfassen und die Beschränkung auf das Wesentliche einer Situation oder einer Bewegung demonstrieren. Nun beschäftigte sich Macke nicht nur mit den Malern, deren Bilder er in Paris gesehen hatte, Degas, Toulouse-Lautrec, Monet, Manet, Renoir, Sisley und andere. Durch ihre Werke war er auch auf die Bedeutung von Licht und Farbe aufmerksam gemacht worden. Ein weiteres Thema, das er zu ergründen suchte, war der Zusammenhang zwischen Musik und Malerei. »Er hatte die Idee, daß man Farben genauso wie Noten in ein System bringen könnte. Dies hat ihn immer zu allen Zeiten beschäftigt. Er hat oft runde Farbsonnen (Sérusier) entworfen und verglich die einzelnen Farben mit korrespondierenden Tönen und

Klängen in der Musik (Farbklavier).«[4] Ohne es zu wissen, beschäftigte er sich zeitlich nahezu parallel mit denselben Themen wie Marc und Kandinsky.

Macke begann nun auch zeitgenössische deutsche Maler wie Max Slevogt, Max Liebermann und Lovis Corinth zu studieren und fand deren Malweise geeigneter zum Lernen als die der Franzosen. Er beschloss, sein Studium in Berlin fortzusetzen, und reiste im Oktober 1907 dorthin. In Berlin lebte er in einer Art Wohngemeinschaft mit zwei Juristen; einer von ihnen, Vinzenz Hundhausen, war ein früherer Freund Augusts. Jeder musste seine Betten mitbringen und seinen Teil der Miete bezahlen, konnte ansonsten aber alle Annehmlichkeiten der Schöneberger Etagenwohnung genießen. Die Portiersfrau putzte und räumte auf. Die beiden Mitbewohner zeigten lebhaftes Interesse an seiner Malerei.

In den Studienateliers bei Corinth wurde selbstständig nach Modell Porträt, Akt, Stillleben gearbeitet, Corinth kam gelegentlich zur Korrektur. An dessen raue Art musste sich der empfindsame junge August aber erst gewöhnen. Corinth pflegte etwa zu sagen: »Wenn Se schlapp werden und murxen, fangen Sie lieber was anderes an. Immer frisch bleiben, das ist die Hauptsache.«[5] Natürlich besuchte der Kunststudent auch die Berliner Museen, dort studierte und kopierte er die alten Meister. Und er nahm die Gelegenheit wahr, Bernhard Koehler zu besuchen, der so wichtig für die Entwicklung der modernen Kunst in Deutschland werden sollte. Koehler hatte bis dahin keine bestimmte Kunstrichtung gesammelt, er hatte seine Käufe auf Dinge beschränkt, die ihm gefielen, schöne Dinge, darunter Antiquitäten, Kunstgewerbe, auch Bilder der Maler aus dem Münchner Kreis »Die Scholle«, die man ihm empfohlen hatte. Koehler war ein aufgeschlossener Mensch und besaß auch die Mittel, Kunst zu erwerben. Er war Inhaber einer Stempelfabrik und

Gravieranstalt in der Berliner Brandenburger Straße. Nun entwickelte er sich zum kenntnisreichen Kunstsammler, beraten von August Macke, der ihn auf Auktionen begleitete. Der junge Mann wurde von Bernhard Koehler wie ein Sohn angenommen, er brauchte nur einen Wunsch zu äußern, und schon wurde er erfüllt. Auch ein weiterer Onkel Lisbeths, Richard Koehler, der große Gärtnereien in Berlin-Dahlem besaß, nahm August herzlich auf. Gleichwohl beendete August diesen Studienaufenthalt in Berlin nach nur wenigen Monaten.

Im April/Mai 1908 unternahm Macke zusammen mit der Familie Gerhardt die zweite Italienreise. Endlich war Lisbeth dabei, und er konnte seiner zukünftigen Braut die Kunstschätze Italiens zeigen, von denen er ihr schon so oft vorgeschwärmt hatte. Im Juli unternahm er mit ihr und Bernhard Koehler eine Paris-Reise, bei der sie die wichtigsten Kunsthandlungen, Bernheim jeune und Vollard, besuchten. Ihr Hauptinteresse galt vor allem den Impressionisten, denn Onkel Bernhard wollte sich einige französische Bilder für seine Galerie anschaffen. Aber auch die anderen Pariser Sehenswürdigkeiten wurden nicht vernachlässigt. Und zum Dank für die Beratung bei den Bilderkäufen des Onkels erhielten Lisbeth und August eine Lithografie von Cézanne geschenkt. 1908/09 trat August seinen Dienst als Einjährig-Freiwilliger im Infanterie-Regiment 160 an, das zur Hälfte in Bonn stationiert war. Auch jetzt hatte er wieder Glück.

Seine Schwester Ottilie, die soeben in Köln geheiratet hatte, lieh ihm 1800 Mark, die August und Lisbeth später zurückzahlten. Das ermöglichte ihm, in Bonn wohnen zu bleiben. Im Stillen hatte er gehofft, vom Militärdienst befreit zu werden. Er überlegte, welche Gründe er dafür anführen konnte. Aber er wurde für tauglich befunden. Er diente sein

Jahr gewissenhaft ab, ja, fand sogar Freude daran, obwohl er Kriegsgegner war. Er wurde in der Nähe der Familie Lisbeths stationiert und kam fast täglich zu den Gerhardts zum Essen. Dann schilderte er mit Humor und der ihm eigenen schauspielerischen Gabe die täglichen Begebenheiten beim Kommiss, ahmte die Ausbilder nach und erzählte Soldatenwitze.

Verlobung und verheimlichte Schwangerschaft

Am Weihnachtsabend 1908 verlobten sich August und Lisbeth im engsten Familienkreis. Früher hatte ihr im Oktober 1907 gestorbener Vater gelegentlich Einwände gegen die Verbindung seiner Tochter mit dem Maler gehabt. Er konnte sich nicht vorstellen, »daß seine einzige Tochter einmal ein sorgenvolles Künstlerdasein fristen sollte«. Einmal hatte er sogar geäußert: »Ich möchte aber unter keinen Umständen, daß das eine Liebelei wird mit dem Macke.«[6] Er ahnte nicht, dass es längst mehr war als eine Liebelei. Mutter und Großmutter Lisbeths betrachteten August inzwischen aber als ihren Sohn und Enkel. Es war auch höchste Zeit, dass die beiden sich verlobten. Schon im Sommer 1909 wurde Lisbeth schwanger, und »was das für eine Tochter aus gutbürgerlichem, wohlhabendem Hause bedeutete, kann wohl jeder ermessen, der die damals herrschenden Anschauungen kennt. Das erste Gefühl, das wir hatten, war so schön und feierlich und wir waren nur noch fester und inniger verbunden, aber wir waren so jung und es war eine große Verantwortung, die wir auf uns nahmen. Zudem war August ein armer ›Malerlehrling‹ und vorläufig noch Soldat.«[7]

Lisbeth beriet sich mit ihrer Freundin und kaufte sich daraufhin einen billigen Ehering, um nicht als »Mädchen« aufzutreten. Dann ging sie zu einem bekannten Frauenarzt.

Der bestätigte ihre Diagnose, fand aber, es sei doch gar kein Grund vorhanden, das Kind nicht zu wollen. Er bot ihr seine Privatklinik für die Entbindung an und wünschte ihr alles Gute. Der zweite Arzt, den sie konsultierte, riet ihr Folgendes: »Nun, wenn Ihr Freund Maler ist und Sie von zu Hause aus etwas Mittel haben, dann gehen Sie aufs Land nach München und leben dort miteinander. Das tun doch so viele Künstler und niemand findet etwas dabei.«[8] Aber so abrupt konnten und wollten die beiden jungen Leute doch die Konventionen nicht brechen – und wovon hätten sie auch leben sollen? Tag und Nacht fragte sich Lisbeth, »Was wird die Mutter sagen?« Als sie ihr schließlich reinen Wein einschenkte, war diese tief getroffen, verletzt und fühlte sich hintergangen. Ihre Vorwürfe und Beschuldigungen richteten sich in erster Linie gegen August, der im Manöver in der Eifel war und sich selbst Vorhaltungen machte, das Vertrauen der Mutter gebrochen zu haben. So schrieb er seiner Verlobten: »Liebes Kind, Deine Mutter hat sich darüber aufgeregt. Ich habe bei ihr sehr viel verloren. Das ist mir ein tiefer, tiefer Schmerz. Und trotzdem habe ich mich nicht darüber aufgeregt. Ich fühle nur einen stillen Schmerz über etwas Unabwendbares ... Bin ich denn ein Verbrecher, der keinem ins Auge sehen kann ... Ich habe keine Sünden meiner Ansicht nach. Ich freue mich über meine zukünftige Nachkommenschaft, über den Regen, die Sonne, die Erde, über alles, alles ... Geliebtes Weib, ich liebe Dich so, kann dich überhaupt jemand so lieben? Das Zusammentreffen mit Deiner Mutter ist auch nichts Schlimmes. Ich werde meine Sache vertreten. Ich kann ihr in die Augen sehen. Das ist mir die Hauptsache.«[9]

Die Hochzeit wurde auf Anfang Oktober 1909 festgesetzt; das junge Paar bekam als Hochzeitsgeschenk 1000 Mark und ein Fixum aus dem väterlichen Vermögen von 400 Mark im

Monat, wovon sich damals gut leben ließ. Die Hochzeitsreise ging über Frankfurt, Basel nach Bern zu den Moilliets, wo Lisbeth ihr Lehrjahr verbracht hatte. Louis Moilliet und August Macke wurden auf der Stelle Freunde, sodass sie zu dritt nach Paris weiterreisten. Dort erlitt Lisbeth beinahe eine Fehlgeburt und musste einen Teil ihrer Hochzeitsreise im Krankenhaus verbringen. Die frischgebackenen Eheleute überlegten, wo sie ihr Heim einrichten wollten. Da Paris zu teuer war, kam ihnen ein Angebot des alten Freundes Schmidtbonn gerade recht. Er lud sie ein, nach Tegernsee in die »Villa Brand« zu kommen, wo er wohnte und bereits eine Etage für das junge Paar gemietet hatte. Lisbeth musste sich noch schonen, denn das lange Reisen hatte ihr zugesetzt.

Am Tegernsee

So waren sie froh, ab November 1909 eine eigene Häuslichkeit zu haben. »Tegernsee – letzte sonnendurchflutete Herbsttage, Morgennebel über den klaren Bergen, mittags sommerlich warme Sonne, frühe Kühle, Abende und Nächte mit blitzendem Sternenhimmel. Der See, täglich neu. Wege durch weite Alleen, die Blätter aufleuchtend wie reines Gold«[10], so schwärmte Lisbeth vom Tegernsee. Doch zeigten sich nur zu bald auch Nachteile. Das Haus war leicht gebaut, ganz auf sommerlichen Fremdenverkehr eingestellt, im Winter war morgens das Wasser in den Waschschüsseln gefroren. Nur im Wohnzimmer gab es einen großen Kachelofen, um den herum sich nun das Leben der Mackes abspielte. Ein Zimmer wurde völlig ausgeräumt und diente als Atelier. Sämtlicher Nippes und Kitsch wurde zum Entsetzen der Besitzer in eines der leeren Zimmer weggeräumt. Sofort ließ sich August aus München Farbe und Leinwand kommen und begann zu malen. Als Erstes entstanden dort Porträts von Lisbeth im lila Mantel mit grünem Velourhütchen und das »Porträt mit den Äpfeln«, das Onkel Bernhard Koehler sich später aussuchte. Überhaupt inspirierte Lisbeth ihren Mann zu vielen Gemälden und Zeichnungen; sie ist stets erkennbar, ob stickend, lesend, auf dem Sofa, im Sessel. Sie war dankbar, wenn sie beim Malen sitzen durfte, denn ihre Schwangerschaft machte ihr zu schaffen. August war ein geselliger Mensch und forderte bald seinen Vetter aus Krefeld, den Maler Helmuth Macke, auf, nach Tegernsee zu kommen und ihr einfaches, arbeitsames und doch so reiches Leben zu teilen. So geschah es nach einigem Hin und Her. Die beiden malten nun eine stämmige junge Sennerin oder einen alten Jäger, die ihnen Modell standen und dafür etwas Geld bekamen. Von der Frau gab es viele Aktzeichnungen und zwei Porträts.

Auch andere Besucher trafen ein, Bernhard Koehler, der Onkel, aber auch Bernhard jun., der Vetter, außerdem ihr Bruder Walter Gerhardt. Das freundschaftliche Verhältnis zu Schmidtbonns, die in der oberen Etage wohnten, war entspannt, bis Lisbeth erzählte, dass nun aus Bonn ihr Klavier geliefert würde, damit sie weiter ihren musikalischen Neigungen nachgehen könne. Der Freund ließ durchblicken, dass er Musik schlecht vertrage, und man einigte sich darauf, nur bestimmte Stunden, während er im Caféhaus am See weilte, zu nutzen. August sang aber auch gern abends, vorwiegend Brahms-Lieder, die er ohne Notenkenntnis nach Gehör mit Lisbeth einstudierte. Als dann zu Weihnachten noch weitere Verwandte auftauchten und die Gesellschaft zu ausgelassen wurde, gab es ein heftiges Donnerwetter zwischen dem neun Jahre älteren Schriftsteller und den jungen Leuten. Daraufhin zogen die Mackes in die Bahnhofstraße zu dem Schreinermeister Staudacher, wo sie einen herrlichen Blick auf den Wallberg hatten. In diesem alten, traditionsreichen Bauernhaus richteten sie sich gemütlich ein und fühlten sich wohl. Helmuth und August konnten direkt vom Haus aus Skilaufen und an Lisbeths Klavierspiel nahm offenbar ebenfalls niemand Anstoß. Staudacher stellte sogar eine leere Werkstatt als Atelier zur Verfügung. Viele Porträts entstanden hier von Lisbeth und den Menschen und Kindern der Umgebung, aber auch Landschaftsstudien, Aktdarstellungen und Aquarelle.

Für den jungen Maler war der Winter 1909/10 eine fruchtbare Schaffenszeit. In nur einem Jahr am Tegernsee entstanden etwa zweihundert Gemälde. Die ländliche Ruhe und die Konzentration in der Abgeschiedenheit führten zu mehr stilistischer Sicherheit und zu einem künstlerischen Entwicklungsschub bei August. Während die ersten Gemälde noch impressionistisch waren und Einflüsse von Degas aufwiesen, entfernte er sich allmählich vom Impressionismus und näherte sich der Kunst Cézannes und des bewunderten Matisse an. Cézanne hatte mit seiner neuen Malweise dem Kubismus zu neuen Impulsen verholfen, während Matisse zu den »Fauves« zählte, den französischen »Wilden«. Dieser Gruppe gehörten neben Matisse auch Derain, Vlaminck, Rouault, Dufy und Kees van Dongen an, ihre Wegbereiter waren van Gogh, Gauguin, Seurat und Cézanne. Obwohl nicht erwiesen ist, dass August Macke die »Fauves« während seiner Pariser Aufenthalte gesehen hat, kannte und bewunderte er doch Cézanne, den er erstmals im Original 1908 in der Galerie Vollard gesehen hatte und der ihm während seines dritten Pariser Aufenthalts von dem Cézanne-begeisterten Karl Hofer noch näher gebracht worden war. Die beiden Porträts, die August von Lisbeth malte, lassen bereits deutlich die Gestaltungsprinzipien der »Fauves« erkennen, die klare Konturen und betonte Flächen in synthetischen und dekorativ gebauten Bildern propagierten und deren Bilder, insbesondere die von Matisse, damals viel Aufsehen erregten.[11] Erst im Januar 1910 konnte Macke sich bestätigt fühlen, als er eine Matisse-Ausstellung in der Galerie Thannhauser besuchte.

Helmuth Macke war auf einen anderen Hof gezogen, kam aber täglich zum Essen zu den Mackes. Lisbeth stand kurz vor ihrer Entbindung. Sie brauchte Unterstützung im Haushalt, und so heuerten sie ein etwa zwölfjähriges Mädchen an, das uneheliche Kind einer Sennerin, die froh war, dass ihre Tochter untergebracht war. Aber die Resi konnte weder kochen noch waschen, wie sie behauptet hatte, noch wusste sie etwas von Körperpflege, und als sie auch noch anfing zu stehlen, sorgte Lisbeths Mutter dafür, dass sie gleich wieder entlassen wurde. Am 13. April 1910 brachte Lisbeth Macke den ersten Sohn, Walter Carl August, zur Welt, und zwar »unvorschriftsmäßig früh«. Lisbeths Mutter war nach Tegernsee gekommen, um ihrer Tochter beizustehen. Die Geburtsanzeigen hätte sie am liebsten erst drei Monate später verschickt. Aber das ließen die stolzen Eltern nicht zu. Nun galt es noch, die Urgroßmutter Koehler zu versöhnen, die immer noch gekränkt war und sich das Urgroßmutterwerden anders vorgestellt hatte. Aber die jungen Mackes waren glücklich und teilten allen Freunden und Verwandten die gute Botschaft mit.

Freundschaft mit Franz Marc

Anfang Januar 1910 hatte der Besuch der beiden Mackes bei Franz Marc in der Schellingstraße stattgefunden. Danach lud August den Freund nach Tegernsee ein, und so entwickelte sich ein reger Besuchs- und Briefverkehr zwischen den Malerpaaren. Als Franz Marc Macke mitteilte, der Verleger Reinhard Piper käme am 12. Juni zu ihm nach Sindelsdorf, fuhr August ebenfalls zu dem Treffen und war von der Atmosphäre, die er dort vorfand, sehr begeistert. In Tegernsee traf den ganzen Sommer über viel Besuch ein. Nachfolgerin des Hausmädchens Resi wurde die gute Anni Breuer, eine Österreicherin, die Erfahrung mit Kindern hatte und wunderbar kochen konnte. Sie gehörte von nun an zur Familie und wurde ebenfalls von August porträtiert. Anni unterstützte den Haushalt und versorgte das Baby, sodass die jungen Mackes auch größere Ausflüge, Ruder- und Segelfahrten machen konnten. Sie erlangte sogar große Fertigkeit im Sticken nach Augusts Vorlagen. Bis zu ihrer Verheiratung im Jahr 1918 blieb sie in der Familie. Macke konnte erstmals einige Bilder an den Onkel Bernhard Koehler verkaufen, er erzielte für drei Bilder 500 Mark und war äußerst stolz auf diesen Erfolg.

Im August besuchten Franz Marc und »Fräulein Franck« die Mackes erneut und bewunderten den kleinen Walter. Wie sich später zeigte, hatte der Sohn das künstlerische Talent des Vaters geerbt, er bewies schon sehr früh Interesse am Malen. August besuchte in München Galerien und Ausstellungen und lernte den Kreis um Werefkin und Jawlensky, aber auch andere Künstler persönlich kennen.

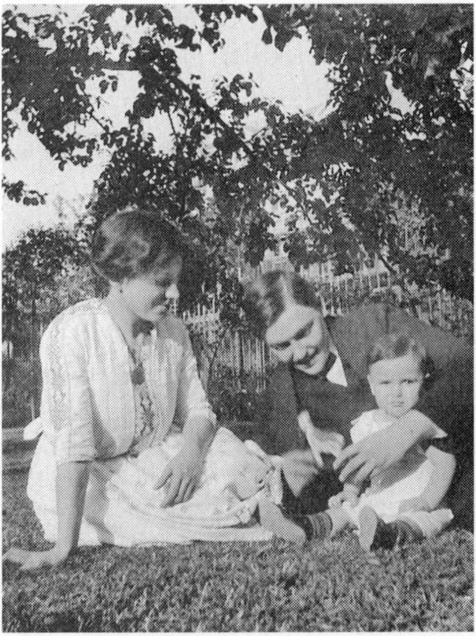

Elisabeth und August Macke mit ihrem Sohn Walter, Bonn 1911

Nach fast einem Jahr am Tegernsee wurde Macke wieder unruhig und fing an, sich nach der geliebten rheinischen Landschaft zu sehnen. Die Berge begannen ihn zu bedrücken, er wünschte sich ein größeres Atelier. Die Mutter Lisbeths hatte angeregt, dass die junge Familie in einem kleinen Haus auf dem Grundstück der Eltern in Bonn leben könne. Dort wurde nun das Dachgeschoss zum Atelier ausgebaut, das Lisbeths nunmehr versöhnte Mutter ihrem Schwiegersohn nachträglich zur Hochzeit schenkte. Für August war diese Angelegenheit von größter Bedeutung. Er schrieb seiner Schwiegermutter: »Aber die Atelierfrage, das ist das aller, allerwichtigste! Für die Anlage desselben muß ich die Verantwortung tragen. Denn offengestanden ist gerade das Atelier es, was mich nach Bonn zu ziehen bestimmt hat. Lieber lasse ich alles, Türen, Tapeten und Badezimmer … Wenn ich denke, daß ich noch nie in einem Atelier gearbeitet habe, jeder Drecksfotograf eins hat und daß das so was schwieriges ist, dann fühle ich mich sehr eingeschüchtert. Also liebe Mutter, laßt alles, wie es ist und denkt zunächst nur an das Atelier, das ist das wichtigste. Gerade wie eine Fabrik Maschinen, eine Pfeife Tabak, so brauche ich zunächst ein Atelier (in Bonn! Hier hab ich es im Garten).«[12] Aber es dauerte noch bis zum Februar 1911, bis das Haus in der Bornheimer Straße 88 (heute 96) entsprechend umgebaut war. Während dieser Zeit wohnten die Mackes in Lisbeths Elternhaus. Schließlich konnte August sein eigenes Atelier beziehen, das einen weiten Blick auf die umliegenden Vorstadthäuser und die Marienkirche bot, die er vielfach malte. Es sollte sein einziges Atelier bleiben. Sein Malstil hatte sich am Tegernsee gefestigt, mit einer Reihe von Gemälden im fauvistischen Stil führte er seine Arbeit fort und malte Gärten, insbesondere den der Familie Gerhardt, Stillleben und Landschaften von eindrucksvoller Farbintensität. Die Bildelemente wurden gestaffelt dargestellt, wiesen aber nur geringe räumliche Tiefe auf, wenngleich er auf diese Dimension noch nicht ganz verzichtete. Aber Macke lernte ständig hinzu, andere Richtungen der modernen Kunst wie der Futurismus beeinflussten seine Malerei ebenfalls. Der niederländische bzw. französische Einfluss in seinen Bildern ist nicht zu leugnen, sein kräftiger Pinselstrich schien von van Gogh entlehnt, seine kontrastreiche Farbauswahl von Matisse. Überhaupt nahm die Farbe bei Macke eine eigene Funktion an, sie diente nicht mehr der Beschreibung der Gegenstände, sondern stand in ihren komplementär nebeneinandergesetzten Flächen für sich selbst und erhielt einen künstlerischen Eigenwert.

Mit diesen Strömungen setzten sich auch die anderen Maler auseinander, insbesondere Franz Marc, dessen Porträt Macke 1910 schuf. Er wurde mit seiner charakteristischen Pelzmütze und Pfeife dargestellt. Kräftige Pinselführung und dunkle Konturen sowie kontrastreiche Licht- und Schatteneffekte lassen die Züge des damals Dreißigjährigen scharf hervortreten. Dennoch wirkt er freundlich-jovial – Macke hat den Freund, mit dem ihn auch eine lebhafte Korrespondenz verband, schnell und sicher erfasst. Nachdem Marc im Februar 1911 Mitglied der »Neuen Künstlervereinigung München« geworden und sogleich in den Vorstand gewählt worden war, versuchte er seinen Freund ebenfalls für diese Vereinigung zu gewinnen. Er führte ihn in den Kreis der Künstler ein, die sie 1909 gegründet hatten: Kandinsky, Münter, Jawlensky, Werefkin und andere. Diese Kontakte brachten Macke neue Impulse, insbesondere schätzte er Marc und Kandinsky.

August Macke kannte zwar bereits die meisten Künstler der »Neuen Künstlervereinigung München« und deren Werke. So hatte er beispielsweise 1910 die Ausstellung in der Galerie Thannhauser in München gesehen. Aber er stimmte nicht mit allen überein, wenn er auch von ihrem ernsthaften Bestreben überzeugt war. Künstlerisch schätzte er zwar Kandinsky am höchsten ein, fand jedoch dessen Ruf nach »Vergeistigung« und »Abstraktion« zu intellektuell. So ganz klar war ihm wohl selbst nicht, warum er der »Neuen Künstlervereinigung München« nicht beitreten wollte. Jedenfalls war der Brief, den er diesbezüglich zu Weihnachten 1910 an Marc schrieb, recht widersprüchlich. Er interessierte sich stark für die neue Kunst, aber »es schüttelt mich nicht«, schrieb er seinem Freund. Trotz aller Kontroversen in der Kunstauffassung und der unterschiedlichen Charaktere der Künstler arbeitete Macke doch mit Kandinsky und auch mit seinem Freund Marc ertragreich zusammen, und zwar besonders bei der Planung und Durchführung des Almanachs *Der Blaue Reiter.*

Der »Blaue Reiter«

Im Herbst 1911 fuhr August Macke nach Sindelsdorf zu Marc, um die Programmschrift der avantgardistischen Maler, *Der Blaue Reiter,* mitzugestalten. Sein Beitrag bestand in dem Artikel »Masken«, in dem er die moderne europäische Kunst mit der primitiver Völker verglich. Aus der Schilderung der Sitzungen in Murnau geht hervor, dass die Frauen bei Spaziergängen hinter den Männern hergingen und nur Gesprächsfetzen aufschnappten; außerdem oblag ihnen, die Texte abzuschreiben. Sie hatten also keinen direkten Einfluss auf das Entstehen des Almanachs. In den Aufsätzen Kandinskys über »Die Formfrage« und »Über Bühnenkomposition« finden sich lediglich zwei Abbildungen von Gabriele Münter. Die drei Frauen, die sich allmählich anfreundeten, standen stets im Hintergrund. Die Männer hingegen beeinflussten sich gegenseitig, beispielsweise nahmen sich einmal alle drei – Marc, Kandinsky und Macke – eine gelbe Kuh als Sujet. Und sie versuchten sich gegenseitig zu fördern. So wurden auf Vermittlung Kandinskys 1912 mehrere Bilder Mackes auf der Moskauer Ausstellung der Künstlervereinigung »Caro Bube« gezeigt.

Das Beziehungsgeflecht der drei Paare begann sich schon im Herbst 1911 zu lockern. Marc war loyal gegenüber Kandinsky, seine Frau Maria allerdings versuchte ihn aus dem »Bann« des Russen zu lösen, der von den Jüngeren respektiert wurde, obwohl sie nicht immer einverstanden waren. Dabei verbündete sie sich mit August Macke, der das Konzept der Münchner Gruppe, wie es von Kandinsky in seinem Beitrag »Über die Formfrage« formuliert wurde, nicht in allen Punkten nachvollziehen mochte. Ja, er warnte seinen Freund Marc, der »Blaue Reiter ist nicht die Welt«, und auch andere Gruppen redeten »kolossale Töne«. Enttäuscht, wie sehr Anspruch und Ausführung in der Ausstellung des »Blauen Reiters« im Kölner »Gereonsclub« im Januar 1912 auseinanderklafften, schrieb er an Marc: »Die großen Worte vom Beginn des großen Geistigen klingen mir immer wieder in den Ohren. Kandinsky mag das persönlich sagen und vieles andere von der Umwälzung. Mir ist das besonders nach dieser Ausstellung unsympathisch. Ich rate Dir nur, arbeite, ohne an den Blauen Reiter und an blaue Pferde zuviel zu denken …«[13]

Auch die Frauen der Maler, ihr Äußeres, ihre Lebensführung oder auch ihr Temperament, führten gelegentlich zu Eifersucht, Neid oder Unverständnis. Insbesondere Gabriele Münter machte sich bald unbeliebt. Am 21. März 1912 schickte sie Zeichnungen Mackes nach Bonn mit einer Postkarte folgenden Inhalts zurück: »Da ich höre, Sie sind in Verlegenheit um Arbeiten, so möchte ich Ihnen Ihre Sachen nicht weiter vorenthalten und stelle sie Ihnen hiermit zur Verfügung. G. Münter.« Macke war konsterniert, er wusste überhaupt nicht, was vorgefallen war. Er sei »zu faul, um ihren langweiligen Kram umgehend auch zu schicken. Sie ist ja auch nicht so verlegen darum. Aber was sagt Kandinsky dazu?«[14], schrieb er an Marc. Macke nannte nun die Münter, von der er ursprünglich so angetan gewesen war, »Motte«, und selbst die gutmütige Lisbeth Macke hätte am liebsten das nette Aquarell ihres Mannes »Familie Marc« von ihr zurückverlangt. Aber das befand sich in Murnau. Vorgefallen war eigentlich gar nichts. Der Maler Heinrich Campendonk hatte Kandinsky und Münter besucht, Grüße von Mackes ausgerichtet und Kandinsky gebeten, eine Postkarte für Macke nach Moskau zu schicken. Daraufhin sei die Münter wütend aufgesprungen und habe eine Szene gemacht. Er, Campendonk, wollte daraufhin nie mehr Grüße an Münter und Kandinsky überbringen.

Aber auch die Marcs sollten sich bald über dieses »Frauenziefer« ärgern, wie Maria Marc Lisbeth Macke berichtete. Denn Franz Marc hatte einen rätselhaften Brief von Kandinsky erhalten, in dem der ihn beschuldigte, kalt und kälter geworden zu sein, und fragte, was Marc gegen ihn habe. »Ganz besonders merkwürdig war auch Ihr Verhalten Ella gegenüber«[15], war einer der Vorwürfe in Kandinskys Schreiben. Nun waren die Marcs vor den Kopf gestoßen. Als Franz Marc daraufhin Kandinsky besuchte, erfuhr er die Vorwürfe gegen ihn: Er habe die Münter wie einen Stuhl behandelt, ihr nicht den Vortritt gelassen, sie unwirsch angeblickt oder einen Einspruch von ihr unbeachtet gelassen – alles in allem Zeichen, dass Gabriele Münter sich leicht verletzt fühlte und dann überempfindlich reagierte. Es gab aber auch Künstlerkonkurrenz: So warf sie Macke vor, im Kölner »Gereonsclub« seine eigenen statt ihre Sachen ausgestellt zu haben. Kandinsky ergriff Gabrieles Partei. Marc schrieb an Macke, sie sei die »typische alte Jungfer schlimmster und dümmster Sorte« und er »könnte dieses Frauenzimmer direkt kaputtschlagen«. Maria schloss sich ihm an und befand: »Ich weiß gar nicht, wie sich ein Verkehr noch aufrecht erhalten läßt – wär nicht die Blaue-Reiter-Sache – dann hätten wir gleich Schluß gemacht; denn sowas kann man doch nicht aushalten.«[16]

Gabriele Münter schrieb über viele Seiten einen Brief an Franz Marc, um sich zu rechtfertigen: »Lieber Herr Marc. Hier kommt eine lange Epistel! Erlauben Sie, daß ich Ihnen die Sache noch ein bißchen von meiner Seite beleuchte ...«

Offenbar hatte sie gemerkt, dass man über sie redete, aber niemand hatte ihr offen gesagt, worum es ging. Das brachte sie besonders auf; vermutlich stieß diese Geradlinigkeit bei manchen ihrer Freunde auf Unverständnis oder wurde als schroff gedeutet. »Wenn Sie mir damals gesagt hätten, was Sie mit Mackes über mich und meinen Brief sprechen, oder nur, daß Mackes sich durch meinen Brief beleidigt fühlen – so wäre das für mich ein Zeichen Ihrer Achtung und Ihres Wohlwollens gewesen … Wollten Sie mich wirklich darum zum Hypochonder oder launischen Kränkling stempeln, weil meine ganze Natur nach Offenheit und Klarheit verlangt und unter jedem Hinterhältigen leidet?« Auf beiden Seiten befürchtete man, dass diese Vorfälle zu einer gefährlichen Belastung ihrer Beziehungen führen könnten. Auch Kandinsky äußerte sich in diesem Sinne: »Lieber Marc. Wohin sind wir gekommen. Heute wurde ich vom Gedanken wach: soll denn unser seltenes Verhältnis zu Grunde gehen? … Wie ich sehe, war es bei Ihnen ganz unbewußt und Ihr Ton *mir* gegenüber war auch ein Reflex der ›Mißverständnisse‹ mit Ella … Wenn wirklich keiner von uns dem anderen wehtun *wollte*, so können wir doch leicht die äußeren Taktlosigkeiten, Fehltritte, ›Beleidigungen‹ als etwas Unangenehmes, oder doch nicht Wesentliches ansehen und mit geringer Anstrengung überwinden.«[17] Die Empfindlichkeiten Münters warfen doch einen Schatten auf das gute Einvernehmen, das bisher in der Gruppe geherrscht hatte. Insbesondere Franz Marc war »sehr traurig um Kandinskys willen, den ich sehr liebe und dessen Verkehr mir teuer war«, schrieb Marc seinem Freund August in dem oben genannten Brief. Aber um der Sache willen verkehrte man weiter miteinander.

Im Oktober 1912, als Kandinsky für mehrere Monate nach Russland reiste, schrieben die Marcs der Münter aus Paris einen ausführlichen Brief, berichteten von ihren Erlebnissen und hofften auf ein fröhliches Wiedersehen. Ihr Brief war ausgesprochen herzlich. Als sich Maria Marc und Gabriele Münter später einmal in der Galerie Thannhauser trafen, unterhielten sie sich betont ruhig und harmonisch: »Münter ist seit dem Krach sehr nett. Über das Gefühl der innerlichen Verschiedenheit kommt keiner von uns hinaus, aber gesellschaftlich haben wir alle eine Form gefunden, miteinander nett und angenehm zu verkehren, um derjenigen Dinge willen, die uns gemeinsam interessieren und verbinden. Münter gibt sich wirklich Mühe, und wir auch, und wir sind alle froh deswegen«[18], schrieb Maria Marc an Lisbeth und August Macke.

Ausstellungsstreitigkeiten

In der Ausstellung des »Blauen Reiters«, die nach der Eröffnung im Dezember 1911 in München nach Köln, Berlin, Hagen und Frankfurt a. M. ging, war Macke zunächst mit immerhin vier Bildern vertreten. Schon in Köln war aber seine »Lautenspielerin« nicht mehr dabei. Macke war gekränkt, sein Groll richtete sich vor allem gegen Kandinsky, aber auch gegen Marc. Über die Ausstellung des »Blauen Reiters« in Köln schrieb Macke an Marc im Januar 1912: »Von Deinen Sachen war ich ziemlich enttäuscht. Ich hatte bei allem ein Gefühl des Unfertigen, des Gewollten und nicht ganz Gekonnten ... Ich denke gerade darüber nach, daß der Blaue Reiter mich nicht reproduziert. Bis jetzt war ich davon überzeugt, daß andere wichtiger seien. Ich werde auch nicht leicht dazu zu bewegen sein, etwas herzugeben. Nur muß ich der Meinung Ausdruck geben, daß die *Lautenspielerin*, die nicht mit hergeschickt wurde, mir persönlich lieber ist wie vieles der Ausstellung. Eigenliebe, Pantoffelheldentum und Blindheit spielen bei dem Blauen Reiter eine große Rolle.«[19] Schließlich wurde Macke aber doch in den Almanach aufgenommen, mit dem Textbeitrag »Die Masken« und den zwei Reproduktionen »Ballettskizze« und »Der Sturm«.

Im Lauf des Jahres 1912 war August Macke an mehreren Ausstellungen beteiligt, sein Bekanntheitsgrad stieg. Er wurde Jurymitglied der »Sonderbundausstellung« in Köln und lernte Mitglieder der »Brücke« wie Ernst Ludwig Kirchner kennen. Die Eheleute Macke konnten sich nun eine kurze Reise nach Holland leisten. Im Sommer 1912 versöhnten sich Marc und Macke wieder und malten im Bonner Atelier gemeinsam ein »Paradies-Fresko«, bei dem Marc die Tiere, Macke die Figuren Adam und Eva entwarf. Auch die Frauen waren bei dieser Begegnung dabei. Als August im Oktober noch einmal mit den Marcs nach Paris reiste, blieb Lisbeth zu Hause und stickte mit Mutter und Großmutter an den Wandbehängen »Badende Mädchen« und »Orientalische Jünglinge«. August hatte die Entwürfe direkt auf den Stoff gezeichnet. Sie erwartete ihr zweites Kind und wollte wohl nicht das Risiko einer Reise eingehen.

Gleichsam als Schlussstrich unter die Episode seiner Zusammenarbeit mit dem »Blauen Reiter« malte Macke 1913 eine »Persiflage auf den Blauen Reiter«. Wie auf einem Suchbild sind dort die Porträts von Marc, Kandinsky, seiner selbst als Betrachter und Herwarth Waldens erkennbar, der in seiner Berliner Galerie »Der Sturm« die Bilder ausstellte und vermarktete. Für Macke jedenfalls bedeutete der »Blaue Reiter« nur eine Etappe in seiner künstlerischen Entwicklung. Denn Kandinskys intellektuelle Überhöhung der Kunst und Marcs Ringen um die Darstellung der inneren, geistigen Seite der Natur widerstrebten ihm. Mackes Mitwirkung beim »Blauen Reiter« endete schon im Februar 1912. Die Jahre 1911 bis 1914 waren für Macke große Schaffensjahre, den Erinnerungen seiner Frau zufolge malte er 1911 62 Bilder (mit Studien), im Jahr 1912 70, 1913 88 und 1914 55 (ohne Aquarelle und Zeichnungen). Er entfernte sich mehr und mehr von der künstlerischen Richtung des »Blauen Reiters«, die ihn zunächst interessiert und inspiriert, ihn aber letzten Endes vor allem in seiner künstlerischen Selbstfindung unterstützt hatte. Lediglich die Freundschaft zwischen den Mackes und den Marcs hatte Bestand.

Macke war wie viele Künstler der damaligen Zeit von der französischen Malerei des 19. und frühen 20. Jahrhunderts geprägt, die er auf mehreren Reisen nach Paris ausgiebig studieren konnte. Er selbst hatte in einem Brief an Marc geäußert, er könne sich »ohne französischen Einfluß nicht denken«[20]. Besonderen Einfluss übte der Maler Robert Delaunay auf ihn aus, den er zusammen mit dem Künstlerpaar Marc im Herbst 1912 in Paris persönlich kennenlernte. Schon im Januar 1913 erwiderte Delaunay seinen Besuch bei den Mackes in Bonn, zusammen mit Apollinaire. Das Treffen – die beiden Franzosen waren aus Berlin gekommen, wo sie die Galerie »Der Sturm« besucht hatten – verlief überaus freundschaftlich. Delauny und Apollinaire fuhren nicht wie geplant mit dem Nachtzug nach Paris zurück, sondern blieben über Nacht; der eine schlief im Atelier, der andere im Gastzimmer, berichtet Lisbeth in ihren Erinnerungen. »Apollinaire war lebhaft, temperamentvoll, sprach gut deutsch … Delaunay dagegen war sehr still, nachdenklich und fast etwas scheu, vielleicht nur deshalb, weil er kein Wort Deutsch verstand. Wir mußten deswegen mit ihm französisch sprechen, und da August sich meistens mit ihm unterhielt, kann ich mich an den Inhalt der Gespräche nicht mehr erinnern. Unser Freund Arthur Samuel war an diesem

Abend mit dabei und ich weiß nur, daß wir sehr viel gelacht haben und so ausgelassen waren, wie es eigentlich nur ganz junge Menschen sein können. Ich schiebe die drei Wochen zu früh erfolgte Ankunft unseres zweiten Sohnes Wolfgang auf diesen fröhlichen Abend. Delaunay sagte alle paar Minuten leise vor sich hin: ›Ah, ma pauvre femme‹ in Gedanken an seine Frau, die ihn nun am Morgen umsonst in Paris erwartete … Später entwickelte sich ein reger Briefwechsel über alle möglichen Probleme der Malerei; manchmal schrieb Frau Sonja in Deutsch, da sie diese Sprache gut beherrschte.«[21]

Im Frühjahr 1913 fand eine Ausstellung Delaunays in Köln statt, die Macke vollends begeisterte. »Wenn ich diese sonnendurchleuchteten Fensterscheiben, die Häuser und den Eiffelturm sehe (die letzten Bilder sind das), so geht mir das Herz auf«, schrieb er an Franz Marc. Und lobte ein andermal: Diese Bilder seien »vor allen anderen imstande, einen mit einer himmlischen Freude an der Sonne und am Leben zu überschütten«[22], und so war es denn nicht nur die Sonne, sondern auch das gemeinsame Empfinden für die Farbe, die Marc und Macke verband.

Als er Robert Delaunay kennenlernte, begann er futuristische und kubistische Elemente von diesem zu übernehmen. Diejenigen Bilder Mackes, die den Einfluss Marcs und des »Blauen Reiters« aufweisen, sind tatsächlich an einer Hand aufzuzählen. So taucht in dem Bild »Der Sturm« eine gelbe Kuh auf, auch Farbe und Formen erinnern an Marc. In dem Gemälde »Indianer mit Pferden«, das vermutlich während eines Marc-Besuchs in Bonn entstand, ist der Einfluss Marcs noch spürbarer. Nicht nur die aus sich heraus leuchtenden Komplementärfarben, auch die Gestaltung der Landschaft aus kubischen Formen, die dennoch weich und heiter wirkt, lässt die Inspiration durch Marc erahnen.

Das für August Macke schaffensreiche Jahr 1913 war auch deshalb erfolgreich, weil es ihm gelang, mit fünfzehn weiteren Künstlern die berühmte »Ausstellung Rheinischer Expressionisten« im Bonner Kunstsalon Friedrich Cohen zu organisieren, der heutigen Buchhandlung Bouvier.[23] Zum ersten Mal kamen dort avantgardistische junge Künstler und Künstlerinnen der rheinischen Moderne zusammen. Heinrich Campendonk und Helmuth Macke waren dort ebenfalls vertreten. Die stilistische Nähe dieser expressionistischen Gruppe zu Frankreich war unübersehbar. Gleichzeitig bereitete Macke mit Marc zusammen den »Ersten Deutschen Herbstsalon« vor, der in Anlehnung an den »Salon d'Automne« in der Berliner Galerie »Der Sturm« stattfand. Nach all diesen aufreibenden Tätigkeiten wollte August Macke wieder mehr Ruhe haben.

In der Schweiz

Nach drei Jahren in der Bornheimer Straße in Bonn, in denen das Haus Macke zum gesellschaftlichen Mittelpunkt für Künstler und Gelehrte geworden war und die Diskussionen sich gelegentlich bis in die Nacht ausdehnten, zog August mit seiner Familie nach Hilterfingen am Thuner See in der Schweiz. Er sehnte sich nach Abgeschiedenheit und ländlicher Stille. Was ursprünglich als Urlaub gedacht war, wurde zum Aufenthalt von fast einem Jahr. Es waren die letzten Familienferien vor der hereinbrechenden Weltkatastrophe. In der Schweizer Zeit, 1913, malte August Macke Bilder, die Figurengruppen in der Landschaft darstellen, ein Sujet, durch das er der breiten Öffentlichkeit bekannt wurde. Nur selten löste sich Macke ganz vom Gegenständlichen. Über Kandinsky urteilte er 1913: »Mein malerischer Zustand ist der, daß Kandinsky für mich sanft entschlafen ist, indem die Bude von Delaunay daneben aufgeschlagen war, und indem man darin so recht sehen konnte, was *lebendige* Farbe ist im Gegensatz zu einer unglaublich komplizierten, aber absolut *seichten* Farb*flecken*-Komposition. Man möchte darüber weinen, daß einem Hoffnungen enttäuscht wurden. Aber Delaunay hat eben mit dem räumlichen Eiffel-Turm angefangen und Kandinsky mit Lebkuchen. Eine Tischplatte ist mystischer wie all seine Bilder. Sie klingen gar nicht mehr für mich.«[24] Diese kritischen Zeilen schrieb August als Zusatz zu einem Brief, den Lisbeth Macke im Herbst 1913 an Maria Marc richtete.

Am 8. Februar 1913 wurde Wolfgang, der zweite Sohn der Mackes, geboren. Darüber freuten sich auch die Marcs aufrichtig. Franz wurde sogar Patenonkel, weil das Kind zufällig am gleichen Tag wie er Geburtstag hatte. Er schickte ihm bunte Bildchen, deren Wert weder das Kind noch der Maler damals erahnen konnte. Maria aber muss insgeheim gelitten haben, denn sie wurde trotz ihres Kinderwunsches und ihrer Kinderliebe nicht schwanger. Bereits am 26. Juni 1912 hatte sie bedauernd an Lisbeth Macke geschrieben: »Wird Dein Kleines bald dasein oder dauert es noch ein Weilchen? Bei mir gibt's noch nichts – es ist doch traurig, aber was tun? Da muß man halt die Kinderchen der anderen recht verwöhnen helfen.«[25] Und im Januar 1913: »Bei mir ist immer noch keine Aussicht, darum nehme ich mir allerhand andre Dinge vor. Ich will bei Frau Klee Klavierstunden nehmen – ich freu mich sehr darauf. Wir waren letzthin bei Klee's, da spielten sie die herrliche Sonate von César Franck, ganz prachtvoll. Wenn ich jeden Monat einmal bei Frau Klee musiziere, hoffe ich doch zu lernen. Ich will dann auch in München Turnstunde nach Mensendieck nehmen; der

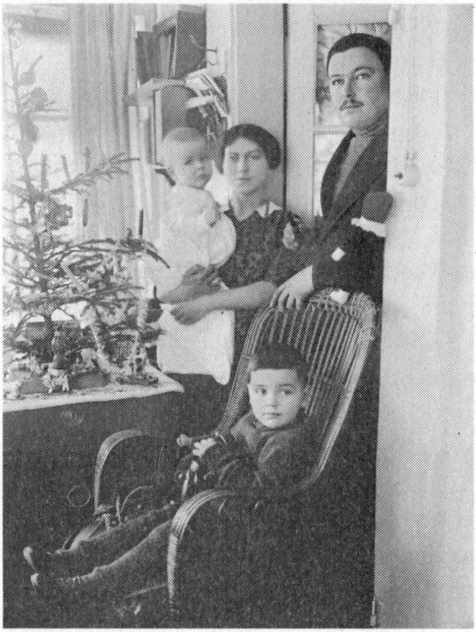

August Macke mit Familie, Weihnachten 1913

Franz macht mich noch schwach mit seinem ewigen Gemäkel wegen meiner Dickheit«[26], schrieb sie ihrer Freundin. Eine Bemerkung Campendonks, der eine spitze Zunge hatte, über Maria Marc ist überliefert: »Frau Marc ist zwar dick, aber doch Künstlerin.«

Louis Moilliet, der nicht nur Maler war, sondern auch Violine spielte, und seine Frau Hélène, eine Pianistin, wohnten in der Nähe von Hilterfingen. Seine Bilder waren von Macke und Klee, seinem Schulfreund, beeinflusst. Er malte transparente, poetische Bilder, besonders Aquarelle, und blieb dem Gegenständlichen verpflichtet, obwohl er sich zeichnerisch und farblich der Abstraktion näherte. Er gestaltete auch Glasfenster. Die Mackes und die Moilliets besuchten sich gegenseitig, man hörte gemeinsam Konzerte und unternahm sonntags Segeltouren und Ausflüge in der herrlichen Landschaft. August malte im Garten farbenprächtige Bilder, sie fühlten sich wie im Paradies. Niemand ahnte, dass sie so bald daraus vertrieben werden sollten. In einem Brief an Lisbeths Onkel Bernhard Koehler schrieb August nach allerlei unerfreulichem Geschäftlichem: »Es ist hier allerdings so herrlich, daß ich einstweilen noch ziemlich unter dieser Herrlichkeit zu leiden habe. Es ist fast zu schön hier im Garten am See in der Sonne zu sitzen. Sie brennt aber alles Unerquickliche ziemlich aus dem Gehirn heraus, alles Unangenehme, Allzumenschliche ... Meine Ansichten über Kunst sind verschieden von Kandinsky und Marc. Ich fühle mich jetzt für mich allein verantwortlich.«[27] In diesem paradiesischen Hilterfingen schuf August Aquarelle, Zeichnungen und siebzehn Ölbilder.

Auch das Weihnachtsfest und den Silvesterabend 1913/14 verbrachten die Mackes dort. Zwischen den Jahren kamen Paul Klee und seine Frau Lily zu Besuch, auch sie enge Freunde der Moilliets. Es herrschte tiefster Winter in Hilterfingen. Klee trug eine große Pelzmütze und einen Spitzbart, er sah »eigenartig fremdländisch aus, ein fast maurischer Typ. Lily, eine echte lebhafte Münchnerin, bildete einen Gegensatz zu seiner oft sehr verschlossenen, zurückhaltenden Art«[28], urteilte Lisbeth Macke. Louis Moilliet und Macke, die für das bevorstehende Frühjahr eine Reise nach Tunis planten, versuchten nun Paul Klee ebenfalls dafür zu begeistern. Moilliet kannte Tunis bereits und hatte dort Kontakte. August Macke war zwar Feuer und Flamme, konnte aber die Reisekosten nicht aufbringen. Da sprang wieder einmal Onkel Bernhard Koehler ein, der die Reise mit 500 Mark unterstützte.

Die Tunis-Reise

Anfang April 1914 reiste August Macke über Thun und Bern durch die Provence nach Marseille, wo er auf die Freunde stieß. Am folgenden Tag fuhren sie mit der »Carthage« nach Tunis und wurden dort von einem befreundeten Arzt abgeholt, der die drei für einige Tage beherbergte. Anschließend ging es nach Kairouan, der alten arabischen Hauptstadt und einer wichtigen Pilgerstadt im Inneren des Landes. Die Reise hatte für alle drei große künstlerische Bedeutung, sie zeichneten und aquarellierten unermüdlich die afrikanische Landschaft. Das helle Licht, das fremdländische Treiben, die Beduinen und Kamele, die Basare, die arabischen Liebesviertel faszinierten damals viele Künstler. Macke berichtete, er habe Tausende von Motiven, er zeichne 25 bis 50 am Tag und empfinde eine nie gekannte Arbeitsfreude. Zu Hause wollte er alles aufarbeiten. Lediglich seine Furcht vor Bazillen minderte seine Freude an dem Tunesien-Aufenthalt. Klee schrieb Tagebuch, und seine Schilderungen, die mit den Aquarellen von August Macke zusammen in den Band *Tunis-Reise* eingingen, stellen bis heute eines der schönsten Reisebücher dieser Zeit dar. Hier hatte August Macke endlich die ersehnte »Seligkeit der Farbe« gefunden. Ende April 1914 kehrte Macke in die Schweiz zurück, wo Lisbeth und die kleinen Söhne Walter und Wolfgang ihn erwarteten. Die Familie ging erst im Juni 1914, kurz vor Kriegsausbruch nach Bonn zurück.

Kriegsausbruch 1914 und Tod Mackes

August Macke wurde, nur wenige Monate nach der Tunesien-Reise, am 1. September 1914 als Unteroffizier eingezogen und am 8. September per Bahn an die Westfront geschickt. Trotz der Kriegsbegeisterung, die auch ihn ergriffen hatte, waren August und Lisbeth von Todesahnungen erfüllt. Seit der Rückkehr aus Hilterfingen hatte er unentwegt gemalt und in kürzester Zeit 36 Bilder geschaffen, darunter einige seiner besten. Es war, als ob er noch schnell sein Lebenswerk voranbringen wollte. Aus dem Felde schrieb er sehnsuchtsvolle Briefe an seine Frau und die Kinder. Wenn er an die beiden kleinen Söhne dachte, packte ihn »wilde Verzweiflung«, die Malerei erschien ihm nun wie ein Traum. Noch in seinem letzten Brief an seine Frau vom 11. September schrieb er: »Die Leute, die in Deutschland im Siegestaumel leben, ahnen nicht das Schreckliche des Krieges. Aber ich bin guten Mutes und gesund und ich weiß, wofür ich gestorben bin, wenn wir den Sieg behalten und unsere Gauen von diesen Verheerungen verschont bleiben, denen Frankreich anheim fällt.«[29]

Am 26. September 1914 fiel August Macke in Perthes-les-Hurlus bei Verdun. Lisbeth Macke lebte wochenlang in Ungewissheit, weil sie nicht benachrichtigt wurde. Am 21. September hatte August ihr sein Eisernes Kreuz geschickt, das er gerade erhalten hatte. Sie solle es für ihn aufbewahren, und wenn er es einmal wiedersehen sollte, so wäre es ihm eine Erinnerung an das Grausigste, was ein Mensch erleben könne, schrieb er seiner Frau, die sich voller Angst und Kummer an ihre Freundin Maria Marc wandte. Das Letzte, was Lisbeth von ihrem Mann hörte, waren Schilderungen von den Gefechten an der Front:

»Seit vierzehn Tagen liegen wir nun immer in solchen Gefechten und Schützengräben und beobachten durch Gläser, wie sich französische Verwundete aufrichten, schreien und wieder hinlegen. Ab und zu hat sich von uns einer vorgewagt und solch einem armen Kerl Wasser gebracht. Seit gestern sind wir hier in Ruhe, und diese Nacht haben wir seit langem geschlafen. In den Schützengräben steht man die Nacht mit aufgepflanztem Seitengewehr und muß immer wachen. Jetzt kommt der Befehl Marschbereitschaft, und ich muß bald schließen. Aber es sickert schon ein Gerücht durch, daß unsre Division vielleicht geschont wird. Wer weiß es. Wir hätten es alle verdient. Unsere Kompagnie besteht noch aus 59 Mann, mir und einem Feldwebel, keine Unteroffiziere. Gestern erhielten wir Ersatz aus Bonn, und jetzt haben wir wieder 150. Nun, liebes Kind, Du weißt, wie viel ich an Euch Liebe alle denke, die lieben Kerlchen, an Mutter, die mir so viel liebe Karten schreibt, an Dich, die Liebe Großmutter, und an alle anderen.

Dir, liebes Kind, einen herzlichen Kuß von Deinem August.«[30]

Drei Tage später kam noch eine letzte Feldpostkarte mit Wünschen für das nächste Paket und der Mitteilung, dass Lisbeths Bruder Walter nur leicht verletzt sei. Danach hörte sie nichts mehr von ihm.

Zunächst erreichten sie Gerüchte über eine Verwundung ihres Mannes, dann die Nachricht, er sei im Lazarett gestorben. Auf ihre telegrafische Anfrage bei seinem Regiment wurde ihr Anfang Oktober mitgeteilt, er sei am 26. September 1914 gefallen. Aber sie hoffte weiter, hatte sie doch noch nichts zurückbekommen, weder seine Uhr noch sein Notizbuch, noch hatte einer seiner Kameraden ihr geschrieben. Stattdessen musste sie in einer Berliner Zeitung einen Nachruf auf ihren Mann lesen. Noch hatte sie gehofft, er möge verwundet in französischer Gefangenschaft sein. Erst am 20. Februar 1915 erhielt sie die offizielle Meldung von der Zentralstelle für Auskunfterteilung in Bonn, dass ihr Mann gefallen sei.

Die dumpfe Angst, die Lisbeth, ihre Freunde und die Familie um August gehabt hatten, wich einer tiefen Trauer. Franz Marc schrieb der Freundin aus Hagéville:

»Ich bin so traurig und beklommen davon, daß Du es August's und Deinem Freunde schon verzeihst, wenn ich Dir auf dieser kleinen Karte nicht mehr schreibe, als daß ich nun das Ärgste weiß und mit Dir um ihn trauern werde, solange ich noch lebe und *male!* Vergiß uns, Maria und mich, nicht über dem Leid. Wir haben ein Häuschen und möchten Kinder sehen und unsere Freundin bei uns, so oft Du nur magst. Was Dir die Deinen sind, können wir Dir gewiß nie sein, – aber das andere, was Dir und uns allen dieser grausame Krieg geraubt und getötet hat, die Malerei von August, das Erbe seiner Ideen, – dies Leben sollst Du bei uns weiterleben und pflegen, so oft und viel Du willst. Laß Dir die Wangen streichen

von Deinem treuen Fz.«[31]

Franz Marc schrieb einen eindringlichen Nachruf auf seinen Freund:

»August Macke, der ›junge Macke‹ ist tot.

Wer sich in diesen letzten, ereignisvollen Jahren um die neue deutsche Kunst gesorgt hat, wer etwas von unserer künstlerischen Zukunft ahnte, der kannte Macke. Und die mit ihm arbeiteten, wir, seine Freunde, wir wußten, welche heimliche Zukunft dieser geniale Mensch in sich trug. Mit seinem Tode knickt eine der schönsten und kühnsten Kurven unsrer deutschen künstlerischen Entwicklung jäh ab; keiner von uns ist imstande, sie fortzuführen. Jeder zieht seine eigene Bahn; und wo wir uns begegnen werden, wird er immer fehlen.

Wir Maler wissen gut, daß mit dem Ausscheiden seiner Harmonien die *Farbe* in der deutschen Kunst um mehrere Tonfolgen verblassen muß und einen stumpferen, trockeneren Ton bekommen wird. Er hat vor uns allen der Farbe den hellsten und reinsten Klang gegeben, so klar und hell, wie sein ganzes Wesen war.«[32]

Im Oktober 1914 wurde auch Lothar Erdmann, der treue Freund Mackes, an die Front geschickt. Auch er hatte sich freiwillig gemeldet, aber nicht aus Kriegsbegeisterung, sondern aus Pflichtgefühl. Im Oktober 1914 schrieb Erdmann an Lisbeth, er komme auf der Durchreise an die Front durch Köln, und bat sie, dorthin zu kommen. Sie tat es, brachte es aber nicht übers Herz, ihm von Augusts Schicksal zu erzählen, über das sie ja selbst gerade erst Gewissheit erlangt hatte. Auch bei dem nächsten Treffen von Erdmann und Lisbeth Macke sprachen sie nicht über Augusts Abschiedsworte: Denn am letzten Abend, als alle drei noch ein Stündchen bei Lisbeths Mutter verbracht hatten, hatte August zu seinem Freund gesagt: »Also, ich vermache Dir die Lisbeth, die Kinder und alles«, als hätte er gewusst, dass er nicht zurückkommen würde. Lisbeth war entsetzt und hatte, um dem Ausspruch den Ernst zu nehmen, erwidert: »Aber du weißt ja gar nicht, ob ihm das recht ist, und ob es überhaupt schön für ihn ist.«[33] Ein weiteres Mal trafen sich Erdmann und Lisbeth im Dezember 1915, als Erdmann in Leverkusen an einem »Gaskurs« teilnehmen musste. Diesmal sprachen sie sich länger, aber wieder berührten sie mit keiner Silbe den Ausspruch Augusts. Erdmann fühlte sich offenbar durch diesen Satz verpflichtet. Elisabeth stand mit ihren beiden kleinen Söhnen allein da, vielleicht wollte sie ihren Kindern wieder einen Vater geben und ein wenig Geborgenheit finden. Erdmann war ihr seit Langem vertraut, er war der engste Freund Augusts gewesen. Vielleicht fühlte sie sich mit ihren 26 Jahren aber auch überfordert von dem, was das Leben ihr abverlangte.

Die Ehe mit Lothar Erdmann

Am 9. September 1916 ließen sich Lisbeth Macke und der gleichaltrige Lothar Erdmann kriegstrauen. Schon am selben Abend musste er weiter nach Flandern und geriet in die schweren Kämpfe an der Somme. Ende des Monats erlitt er einen schweren psychischen und physischen Zusammenbruch und wurde in ein Lazarett gebracht. Auch er war keineswegs kriegsbegeistert gewesen, doch war er bereit, »alle individuellen Ziele über der großen Aufgabe, die uns alle angeht, zu vergessen«[34]. Und er war – wie viele andere – der Meinung, Deutschland befinde sich in der Defensive. Ende Oktober 1917 wurde Erdmann aus dem Heeresdienst entlassen und an das Wolffsche Telegraphenbureau in Amsterdam berufen. Er erhielt dort 750 Mark Monatsgehalt für Nachrichtenübersetzung bzw. -vermittlung und fühlte sich wie ein Zivilist. Endlich konnte er auch wie ein normaler Vater seine Familie unterstützen. Lisbeth war froh, dass er der Hölle von Flandern entronnen war, brachte sie doch am 20. Juli 1917 den ersten gemeinsamen Sohn Dietrich zur Welt. Mit 29 Jahren war sie nun Mutter von drei Kindern, aber der Vater war weitgehend abwesend. Er verließ Amsterdam erst Anfang Dezember 1918, kam nach Bonn zurück und trat gleich darauf aus innerer Überzeugung der Sozialdemokratischen Partei bei. Eine bezahlte Stellung ließ aber auf sich warten.

Erdmann war kein Künstler, er war ein Intellektueller. Sein Vater hatte Mathematik, Physik und Philosophie studiert und war seit 1898 Professor in Bonn.[35] Die Mutter stammte aus einer Handwerkerfamilie, beide Eltern gehörten einer freireligiösen Gemeinde an. Der Sohn Lothar fühlte sich vom Vater abgelehnt, den alle drei Kinder als einengend und autoritär empfanden. Eine gewisse Disposition zu Depressionen muss wohl in der Familie gelegen haben, denn nicht nur Lothar litt immer wieder an psychischen Zusammenbrüchen, auch seine Schwester, die sich früh das Leben nahm. Der Sohn lehnte die Karriereansprüche und Wertvorstellungen des Vaters ab. Das mag dazu beigetragen haben, dass er bei aller Bildung und Belesenheit sein Studium in Geschichte, Philosophie, Deutsch und Nationalökonomie nicht abschloss. Der Sohn ging zunächst nach England, wo er Kontakt mit der Fabian Society hatte, die ihn mit sozialistischen Ideen in Berührung brachte. Nach seiner Rückkehr wollte er Journalist werden.

Als sein Schulfreund August und Lisbeth heirateten, schrieb er, er sehe mit tiefer Freude »die natürliche Sicherheit, mit welcher ihr den Gesetzen Eurer Naturen folgtet, die durchaus moderne Kraft, mit der ihr Euch gegen Conventionen und Halbheit stelltet. Ihr wolltet nichts anderes sein, als was in Eurem Wesen begründet war, ihr gestaltet, was ihr gestalten mußtet, um Euch selbst treu zu sein.«[36] Eine gewisse Bewunderung für die Haltung Augusts und Lisbeths spricht aus diesen Zeilen.

Schon 1915 begann Lisbeth, die Bilder August Mackes mit Titeln und Jahreszahl zu verzeichnen. Später beendete Lothar Erdmann diesen Katalog. Er organisierte Ausstellungen mit Mackes Werken, schrieb Aufsätze über ihn und tat in selbstloser Weise viel, um das Andenken seines bewunderten Freundes zu ehren. Zunächst tat er das auch mit Freude.

Aber dann bekam er Probleme mit seiner eigenen Identität, stand er doch nun im Schatten des strahlenden »Götterlieblings« August und wurde in allem mit ihm verglichen. Seine Schwiegermutter und wohl auch seine Ehefrau Lisbeth erwarteten von ihm, wenn es auch unausgesprochen blieb, zu viel Anpassung an den verstorbenen Künstler. Das führte zu manchen Spannungen in der Familie, wenn er auch schrieb, dass er ohne Lisbeths Hilfe diese schwere Zeit nicht überstanden hätte. Sie sorgte »mit einzigem Instinct« dafür, dass er über der Treue gegen den Freund die Treue gegen sich selbst nicht vernachlässigte. Dennoch geriet er im Frühjahr 1919 in eine schwere Krise, litt an Depressionen und Anfällen von Hoffnungslosigkeit, die bis zu dem Wunsch gingen, sich das Leben zu nehmen. 1920 war Erdmann – durch den Krieg aus der Bahn geworfen – ohne Anstellung und ohne festes Einkommen. Er ordnete den Nachlass August Mackes und begann mit Vorarbeiten für eine Biografie über ihn, und im Frühjahr 1920 beschäftigte er sich mit den Vorbereitungen für eine Ausstellung Mackes in Frankfurt a. M. Aber das alles konnte ihn nicht befriedigen.

Ende August 1920 verbrachten Lisbeth und er einige Wochen bei einem befreundeten Ehepaar in Amsterdam. Lothar Erdmann lernte dort Gewerkschaftsfunktionäre kennen. Er hoffte auf eine Anstellung beim Internationalen Gewerkschaftsbund, die er dann im Mai 1921 erhielt. Es war für ihn wohl eher entlastend, dass er nun nach Holland musste; damit konnte er Distanz zu der ihn doch bedrückenden Rolle als »Nachfolger« August Mackes gewinnen. Am 14. Juli 1921 kam in Bonn die Tochter Constanze zur Welt. Mit vier Kindern war Lisbeth nun immer noch weitgehend allein und drängte zunehmend auf eine Zusammenführung der Familie. Lothar war beruflich stark eingespannt, sie aber hatte genug von einer »Ehe auf Distanz«. Er versuchte ihr die positiven Seiten der Trennung darzustellen und schrieb, er finde, dass die Jahre der Trennung vielen Ehen fehlten. »Das Unverheiratetsein in der Ehe zu erhalten ist eine schwere Kunst für die, die stets beieinander sind.« Aber das konnte sie nicht überzeugen.

Infolge der Ruhrbesetzung verlor Erdmann seine Stelle in Amsterdam. Gerade hatten Lisbeth und er geplant, mit der Familie nach Amsterdam zu übersiedeln, da entschied die Politik anders. Aber diesmal musste er nicht lange nach einer Stelle suchen, er erhielt ein Angebot vom Deutschen Allgemeinen Gewerkschaftsbund, als Publizist in Berlin die Rolle des ADGB während des Ruhrkonflikts darzustellen und zu rechtfertigen.

Berlin

Zunächst ging Erdmann nun allein nach Berlin. 1924 kaufte er mit einem Gewerkschaftsdarlehen ein Reihenhaus in der neu gebauten Siedlung Neu-Tempelhof, das im Frühjahr 1925 von der Familie bezogen wurde. Seit der Heirat, 1916, hatten die Erdmann-Mackes nicht dauerhaft zusammengelebt. Mit den Bildern von August Macke strahlte das Haus »eine Atmosphäre von Wärme und Heiterkeit« aus, erinnerte sich eine Freundin des nun fünfzehnjährigen Walter Macke noch Jahre später. Bald sollten sich hier alte und neue Freunde sowie Verwandte von Lisbeth Erdmann-Macke und Lothar Erdmann einfinden. Lisbeth wird mit ihrem Charme für eine gastliche Atmosphäre gesorgt haben.

In den kommenden Jahren musste die Familie viel Unglück hinnehmen: Im Oktober 1924 nahm sich Erdmanns Schwester Ilse das Leben. Die psychische Erkrankung und der Freitod seiner Schwester lösten bei Erdmann erneut eine Krise aus; er litt an schweren Depressionen und trug sich mit Suizidgedanken. Dann unterzog er sich einer Lehranalyse. Ein weiterer schwerer Schicksalsschlag überschattete das Familienleben: Am 10. März 1927 starb Walter, der älteste Sohn Lisbeths aus der Ehe mit August Macke, an einer zu spät erkannten Scharlacherkrankung im Alter von fast siebzehn Jahren. Der Schmerz und die Trauer über den Verlust dieses künstlerisch hochbegabten Jungen, dem auch Erdmann ein liebevoller Vater gewesen war, wirkten sich erneut negativ auf die ohnehin nicht unkomplizierte Partnerschaft der Eheleute aus. Schließlich konnte sich Erdmann mit einem Aufsatz über August Macke weitgehend von seinem Gefühl befreien, im Schatten des Malers zu stehen.[37] Allerdings schrieb er in seinem Tagebuch noch 1930, dass ihm nicht selten bewusst werde, »wie unheimlich lebendig und in keinem Sinne vergangen August neben mir lebt«. Trotz seiner beruflichen Erfolge als Publizist und seiner relativen finanziellen Sicherheit durchlitt Erdmann immer wieder Phasen von Schwermut, Hoffnungslosigkeit und mangelnder Entschlusskraft. Dennoch gab es auch glückliche Phasen in den Berliner Jahren.

Am 19. August 1928 kam der jüngste Sohn Klaus zur Welt, Lisbeth war nun vierzig Jahre und fünffache Mutter. 1931 legte Wolfgang Macke, der jüngere Sohn August Mackes, sein Abitur ab und begann ein Studium der Biologie in Bonn und Berlin. Dietrich Erdmann zeigte schon früh besondere musikalische Begabung und erhielt in jungen Jahren Klavier-, Cello- und Flötenunterricht. Er wurde später Professor für Musik. Die einzige Tochter Constanze besuchte Tanzkurse in der berühmten Mary-Wigman-Schule. So wurde jedes Kind nach seiner Begabung gefördert. Der Mittelpunkt der Familie war Lisbeth, die selbst eine enge Beziehung zur Musik hatte und trotz ihrer vielen Belastungen noch Klavier- und Gesangstunden nahm. Durch die Beschäftigung mit dem künstlerischen Erbe August Mackes kamen viele Maler und Kunstinteressierte in das Tempelhofer Haus, wie Erich Heckel und Frau, ebenso wie Gewerkschafter, Wissenschaftler und Intellektuelle. Lisbeth führte stets ein offenes Haus. Obwohl ihr manches aus der Tätigkeit Lothar Erdmanns fremd blieb, teilte sie doch seine literarischen Interessen; beide hatten eine Vorliebe für Goethe und Rilke. Im Lauf der Jahre wurde die Beziehung zwischen den Eheleuten enger und harmonischer.

Die äußerlichen Verhältnisse in der Tempelhofer Wohngegend waren angenehm, zunächst merkten die Bewohner noch nichts davon, dass sich bereits 1925, im gleichen Jahr, in dem die Familie dorthin gezogen war, eine örtliche SA-Gruppe gebildet hatte. Erdmann arbeitete von 1924 bis 1933 mit großem Engagement als Pressechef des ADGB und Redakteur der Gewerkschaftszeitschrift *Arbeit,* die die großen wirtschafts- und sozialpolitischen Debatten der Zwanziger- und frühen Dreißigerjahre widerspiegelte. Wenige Wochen nach dem 30. Januar 1933, dem Tag der Machtübernahme durch die Nationalsozialisten, wurden die Freien Gewerkschaften ausgeschaltet. Schon am 2. Mai 1933 wurde das ADGB-Gewerkschaftshaus in der Berliner Inselstraße von 400 bis 500 SA-Männern gestürmt, die anwesenden Gewerkschafter zusammengetrieben und verhaftet. Lothar Erdmann wurde zwar nicht inhaftiert, jedoch am nächsten Tag »vorläufig außer Dienst gestellt«.

Wieder war Erdmann ohne Arbeit und ohne Einkommen. Er versuchte als freier Schriftsteller zu arbeiten, eine Emigration kam für ihn nicht in Frage. Er fühlte sich zu sehr als Deutscher, ganz abgesehen von den finanziellen und sonstigen Problemen, die eine Auswanderung für ihn und die Seinen bedeutet hätte. Die Familie stand vor dem Nichts, erhielt er doch weder eine Gehaltsfortzahlung, noch wurden seine Pensionsansprüche ausgezahlt. Nur mithilfe von Verwandten und Freunden, insbesondere dem selbst unter den nationalsozialistischen Schikanen leidenden Ehepaar Silberstein, konnte diese schwere Zeit überbrückt werden. Lisbeths Mutter Sophie Gerhardt, der Onkel Bernhard Koehler, einer ihrer Vettern sowie Lothar Erdmanns Schwester Käthe halfen der Familie, über die Runden zu kommen. Lisbeth musste gelegentlich Zimmer an ausländische Wissenschaftler vermieten, um das geringe Einkommen ein wenig aufzubessern.

Dennoch veranstalteten Lisbeth und Lothar Erdmann 1934 eine Ausstellung zum 20. Todestag von August Macke in der Berliner Galerie von der Heyde, die trotz einiger publizistischer Angriffe der Nationalsozialisten erfolgreich verlief und auch den Verkauf einiger Bilder ermöglichte. Die Ausstellung wanderte anschließend nach Hamburg und Köln, der Lebensunterhalt der Familie konnte in den folgenden zwei Jahren durch einige Bilderverkäufe bestritten werden. Erdmann schrieb Aufsätze und Rezensionen für Zeitschriften, aber das Geld, das er damit verdienen konnte, reichte stets nur für zwei Monate. Seine Hoffnung auf eine feste Stelle schwand zunehmend. Erst 1939 erhielt er den Auftrag, ein Firmenarchiv für eine Brauerei aufzubauen, was ihm immerhin regelmäßige Einnahmen verschaffte.

Zu den wenigen engen Freunden, die gelegentlich für längere Zeit die Familie besuchten, zählte Maria Marc. Sie verbrachte 1935 und 1937 mehrere Wochen im Hause der Erdmanns und besuchte im Mai 1936 gemeinsam mit Lisbeth und Lothar Erdmann-Macke einen Vortrag des Marc-Biografen Alois Schardt, den er zum zwanzigjährigen Todestag Franz Marcs anlässlich einer Ausstellung in der Galerie Nierendorf hielt. Anwesend waren der Maler Erich Heckel und seine Frau, Karl Schmidt-Rottluff, die Bildhauerin Emy Roeder sowie Ernst-Alfred Aye, der Geliebte Marianne von Werefkins, und viele andere Künstler. Nach einer Viertelstunde unterbrach ein Gestapo-Kommissar den Vortrag und verlas ein Verbot des Vortrags von Professor Alois Schardt über den Maler Franz Marc, »weil die Person und das … Thema geeignet sind, die nationalsocialistische Kulturpolitik und somit die öffentliche Sicherheit und Ordnung zu gefährden«[38]. Der Saal wurde geräumt, das Buch Schardts und die Ausstellung blieben jedoch zugänglich. Schardt wurde noch im gleichen Jahr zwangspensioniert. Elisabeth Erdmann-Macke und Maria Marc fühlten sich ihren Männern in einer Gemeinschaft verbunden, in der Vergangenheit und Gegenwart, Lebende und Tote vereint waren. Zu dieser Gemeinschaft zählte sich auch Lothar Erdmann, der nun, zum 20. Todestag Franz Marcs, einen Artikel über ihn veröffentlichte. »Durch unsere nahe Freundschaft mit Maria Marc geht es uns mit Franz ähnlich, diesem ritterlichen Menschen und grüblerischem Geist«[39], schrieb er einem Freund.

Das ungesicherte Leben griff allmählich Elisabeths Gesundheit an, im April 1937 fiel sie einmal beim Frühstück in Ohnmacht. Der Arzt diagnostizierte allgemeine Erschöpfung, Überanstrengung, Schwäche. Aber ihr Mann wusste, dass es die Existenzsorgen waren, die an ihr nagten. Häufig gab es darüber Meinungsverschiedenheiten zwischen den Ehepartnern. Lothar Erdmann spürte stets seine Unfähigkeit, das Leben der Familie zu bestreiten, und Lisbeth warf ihm vor, er habe nicht genug Zutrauen zu sich selbst. Die älteren Söhne gaben ihr recht. Dennoch las sie seine Aufsätze und versuchte ihn zu ermutigen. Die Briefe von ihrer Mutter und ihrem Bruder aus Bonn taten ihr in dieser schweren Zeit nicht gut, denn beide standen dem Nationalsozialismus nicht völlig ablehnend gegenüber. Lisbeths Gesundheit blieb instabil. Die Tatsache, dass August Macke zu den Verfemten gehörte, setzte ihr sehr zu. Zum Glück hatten die Erdmanns rechtzeitig aus den Museen Berlin, Köln und München ihre Leihgaben zurückgeholt, sonst wären sie vermutlich beschlagnahmt worden.

Der einzige Lichtblick für Lisbeth war der Besuch Marias, die im Frühjahr 1937 volle vier Monate in Berlin bei den Erdmanns wohnte, eine wirkliche Freundin, auf die man sich verlassen konnte. Dabei kam es allerdings einmal zu einem Streit: Sie behauptete, ihr Mann, Franz Marc, hätte unter den politischen Bedingungen des NS-Regimes Deutschland verlassen. Erdmann fühlte sich getroffen und notierte in seinem Tagebuch, »als sei es nichts, das eigene, liebe Land zu verlassen«[40]. Ansonsten aber verkehrten Maria Marc und Lisbeth Erdmann-Macke weiterhin freundschaftlich miteinander. Die Erdmanns wohnten auch bei ihr in Ried, als sie anlässlich der nationalsozialistischen Ausstellung »Entartete Kunst« München besuchten.

Wolfgang Macke schloss 1939 sein Biologiestudium mit der Promotion ab. Dietrich studierte Musik an der Berliner Musikhochschule und bestand 1938 die Abschlussprüfung in den Fächern Dirigieren und Komposition. Constanze arbeitete nach dem Lyzeum in einer Buchhandlung. Der Nachzügler Klaus kam 1935 in die Schule. Im Sommer 1939 verlobten sich sowohl Dietrich als auch Constanze. Die große Familie kam noch einmal zu einem Gartenfest zusammen. Dann brach der Krieg aus. Lothar Erdmann hatte schon im Januar einen Musterungsbescheid erhalten und war auch für den Luftschutzdienst erfasst worden. Der Musterungsbescheid erforderte einen »Ariernachweis« sowie Angaben zur politischen Einstellung. Am 1. September 1939, am Tage des

Kriegsausbruchs, wurde Erdmann zu Hause abgeholt, ins Polizeipräsidium am Alexanderplatz und wenige Tage später in das KZ Sachsenhausen gebracht. Verhaftet wurden nicht nur Gewerkschafter, Kommunisten und Sozialdemokraten, sondern auch andere Bürger, die politisch weniger engagiert waren. Erdmann, der sich im Lager offen für andere eingesetzt hatte, wurde schwer gefoltert; mehrfach brach er zusammen. Zeugen berichteten über die von ihm erlittenen Torturen.

Der Tod Lothar Erdmanns

Seine Frau wusste zunächst – ähnlich wie beim Tod August Mackes – nicht, wo ihr Mann nach seiner Verhaftung hingekommen war. Sie selbst beschreibt in einem später verfassten Bericht ihre verzweifelte und mutige Suche nach ihm: »Nun begannen für uns qualvolle schreckliche Wochen der Sorge und der Ungewißheit«, schrieb sie und schilderte ihren Gang durch die Behörden. Zunächst wandte sie sich an das Wehrbezirkskommando. Dort riet ihr ein Oberstleutnant, sie solle sich an Hitler persönlich wenden. Dieses Ansinnen hielt Elisabeth aber für aberwitzig und versprach sich nichts davon. Dann sagte man ihr, sie solle sich an Rudolf Heß wenden, er behandele alle Gnadensachen. »So entschloß ich mich schweren Herzens dazu, eine Eingabe an Rudolf Heß zu machen, und ich mußte sie noch am gleichen Tage in der Reichskanzlei persönlich beim Verbindungsstab Heß abgeben.« Von dort verwies man sie an die Reichskanzlei. Dort konnte sie schließlich einem alten SA-Mann ihren Brief übergeben, der ihr versicherte, er werde ihn weiterleiten. Sie solle in ein paar Tagen noch einmal nachfragen. Anschließend ging sie sofort zum Polizeipräsidium am Alexanderplatz. Nach vielen Nachfragen geriet sie in die Gestapo-Abteilung. Sie traf auf viele Frauen aus allen Schichten, die nach dem Verbleib ihrer Männer fragten. Man teilte ihr schließlich mit, sie solle in acht Tagen wiederkommen, man könne ihr jetzt nichts sagen. Am nächsten Tag ging sie wieder in das Wehrbezirkskommando, denn Lothar Erdmann war ehemaliger Reserveoffizier und unterstand der Wehrmacht. Aber auch dort konnte man ihr nichts sagen. Nach zwei Tagen ging die nun schon sehr verzagte Elisabeth wieder in die Reichskanzlei zum Verbindungsstab Heß. Ein Parteigenosse erklärte ihr, Reichsminister Heß werde ihre Eingabe sicher selbst lesen und nach etwa acht Tagen beantworten. Nach weiteren zwei Tagen ging sie wieder hin, der Parteigenosse war nun nicht mehr zu sprechen. Sie wurde zu einem anderen geschickt. Dieser teilte ihr eiskalt mit, dass ihre Eingabe an die Gestapo in der Prinz-Albrecht-Straße weitergeleitet worden sei. Sie fuhr dorthin und erhielt sogar einen Passierschein. Nach etlichen Irrwegen in diesem düsteren Gebäude erfuhr sie schließlich, dass man ihr keine weitere Auskunft geben könne. Nach einigen Tagen erhielt sie eine vorgedruckte Karte mit der Mitteilung, es sei zwecklos, *vor einigen Wochen* noch einmal vorzusprechen. Am 5. September erfuhr sie auf dem Polizeipräsidium, dass alle Männer in ein Lager gekommen seien. »Das ist der Tod«, dachte sie sich. Erst später erfuhr sie, dass ihr Mann erst am 9. September, ihrem Hochzeitstag, nach Oranienburg verbracht worden war und dass er sich noch im Polizeipräsidium befunden hatte, als sie dort nach ihm suchte.

Lisbeth und die beiden jüngsten Kinder durchlitten Tage voller Angst und Sorge. Sie zuckte jedes Mal zusammen, wenn es an der Tür klingelte. Vor lauter Verzweiflung schlief sie bei den Kindern, sie wollten alle zusammen sein. Auch von den anderen beiden Söhnen und dem Schwiegersohn, die alle im Felde waren, hatte sie keine Nachricht. Als hätte sie es geahnt, wurde sie am 18. September in den frühen Morgenstunden wach. Sie fühlte sich plötzlich ruhig, zuversichtlich und befreit. Tatsächlich war dies die Todesstunde ihres Mannes. Er starb an jenem Morgen, knapp drei Wochen nach seiner Verhaftung, an den Folgen der erlittenen Misshandlungen. Als Todesursache wurde in einem Telegramm vom Kommandanten des KZ Sachsenhausen »Herzkranzgefäßverkalkung mit Herzmuskelschwäche« angegeben.

Elisabeth Erdmann-Macke erwirkte durch ihren Hausarzt eine Genehmigung, nach Sachsenhausen zu fahren, um ihren Mann noch einmal zu sehen. Es war der schwerste Gang ihres Lebens. Begleitet von ihrer Tochter Constanze und einem Vetter fuhr sie am gleichen Tag über Oranienburg in das Lager Sachsenhausen, wo es ihr nach einigem Warten gelang, den Lagerkommandanten zu sprechen. Er zeigte ihr drei kleine Fotos ihres Mannes in Sträflingskleidung und mit geschorenem Haar. Der Kommandant sagte, Erdmann sei schon krank eingeliefert worden. Auf ihre Frage, warum er überhaupt verhaftet worden sei, antwortete der Mann, das könne er nicht sagen, das sei nicht seine Sache. Er schilderte noch die Vorzüge des Lagers und ließ sie allerlei Formulare wegen der Freigabe des Leichnams unterschreiben. Dann wurde sie zu ihm geführt. Er lag auf einer Bahre in einer Garage, notdürftig zugedeckt und war nicht wiederzuerkennen. Ein Beerdigungsinstitut holte den verplombten Sarg ab, der nicht mehr geöffnet werden durfte.

Zur Beerdigung waren spontan mehr als hundert Menschen gekommen. Lisbeth hatte sie gar nicht offiziell benachrichtigt, um sie nicht in Gefahr zu bringen. Die beiden Söhne erhielten keine Erlaubnis, an der Beerdigung teilzunehmen. Selbst bei der Trauerfeier waren Gestapobeamte anwesend. Die Familie wurde noch einige Zeit beobachtet und das Telefon überwacht. Erst 1943 erhielt Elisabeth eine geringe Abfindung für sich und die Kinder als Hinterbliebene eines Gewerkschafters, der viel höhere Rentenansprüche besessen hatte. Aber die Deutsche Arbeitsfront, die sich als Rechtsnachfolgerin des Allgemeinen Deutschen Gewerkschaftsbundes bezeichnete, hatte dessen Verpflichtungen nicht übernommen. Wieder stand Elisabeth allein da, wieder hatte sie einen geliebten Mann verloren.

Lisbeth schrieb über ihn: »Er war der selbstloseste, treueste Freund, den Kindern der beste, gütigste Vater. Er hat viel Zeit und Kraft hingegeben für das Werk des Freundes … Lothar hatte die große seltene Gabe, sich in andere Menschen hineinzuversetzen und sie verstehen zu können, ohne Eitelkeit der eigenen Person, mit vollkommener Hingabe. Er konnte sie zu sich selbst führen, das Positive und die Begabungen in ihnen wecken. In seinem Tagebuch schreibt er einmal: ›Ich bin ein Menschenkünstler.‹«[41]

Im März 1943 wurde das Tempelhofer Haus bei einem Bombenangriff getroffen – einige Porzellanmalereien und Keramikarbeiten August Mackes gingen dabei zu Bruch, und zahlreiche Briefe, die sich im Arbeitszimmer Lothar Erdmanns befunden hatten, gingen verloren. Da eine Kolonne der Hitler-Jugend die Aufräumarbeiten besorgte, wurde manches Dokument zerstört oder weggeworfen, das vielleicht noch zu retten gewesen wäre. Elisabeth Erdmann-Macke stellte nun ihre Möbel und die Bilder August Mackes bei dem Zellstofffabrikanten Dr. Franz Kiel in Berlin-Dahlem unter, weil sie fürchtete, sie könnten beschlagnahmt werden. Als die Bombengefahr in Berlin immer größer wurde, ließ Dr. Kiel einige Bilder und Wertgegenstände in sein Werk in Bad Freienwalde an der Oder bringen. Bevor die Rote Armee dorthin kam, wurden die Wertgegenstände nach Kelheim in Bayern gebracht. Die Bilder und Objekte, die in der Dahlemer Villa geblieben waren, beschlagnahmten 1945 die Amerikaner, die das Haus als Offiziersgästehaus für sich nutzten. Erst 1947 wurden die Bilder an Wolfgang Macke in Bonn zurückgegeben.[42]

Elisabeth pflegte weiterhin die Freundschaft mit Maria Marc. Schon 1949 reiste sie zur Ausstellung des »Blauen Reiters« nach München, wo sie mit ihr und mit Gabriele Münter zusammentraf. 1962 erschien ihr Buch *Erinnerung an August Macke,* ein Buch, das sie ihren Kindern »im Gedenken an die Freundschaft ihrer Väter« widmete. Dieser aufschlussreiche Band gilt als wertvolles Dokument für die Erforschung des »Blauen Reiters«. Elisabeth Erdmann-Macke war tatsächlich die erste Chronistin dieser Künstlergruppe. Der zweite Sohn, Wolfgang Macke, verwaltete nach dem Tod Erdmanns den Nachlass seines Vaters. Er gab auch den Briefwechsel der Freunde August Macke und Franz Marc heraus. Der Verein des August Macke-Hauses in Bonn plant, Elisabeth Erdmann-Mackes schriftlichen Nachlass zu edieren. Sie starb 1978 im Alter von knapp 90 Jahren in Berlin.

KAPITEL SECHS
Lily und Paul Klee

Paul Klee kam im Dezember 1879 in Münchenbuchsee bei Bern zur Welt. Der Vater, Hans Klee, stammte aus Thann in der Rhön, hatte das Lehrerseminar in Mittelfranken absolviert und Gesang, Orgel, Klavier und Violine am Stuttgarter Konservatorium studiert. Am Staatsseminar in Hofwil bei Bern fand er eine Anstellung als Musiklehrer. Auch Ida Klee, die Mutter, war musikalisch ausgebildet. Sie stammte aus Basel; in Stuttgart, wo sie ihren späteren Mann kennenlernte, studierte sie Gesang. Das Paar heiratete 1875; ein Jahr später wurde die Tochter Mathilde geboren. Die Familie wohnte ab 1880 in Bern, wo sie 1897 ein eigenes Haus bezog. Dort besuchte der Sohn Paul zunächst die Grundschule und dann das Gymnasium.

Von Bern nach München

Paul Klee wurde zwar in der Schweiz geboren, war aber wie sein Vater deutscher Staatsbürger. Schon sehr früh beschloss er – angeregt durch die Großmutter Frick, die ihm schon vor der Schulzeit Buntstifte und Papier geschenkt hatte –, Maler zu werden. Manche Kinderzeichnungen, die seine Schwester

Mathilde aufbewahrt hat, zählte er später sogar zu seinem eigentlichen Œuvre und verlieh ihnen damit einen hohen Stellenwert. Klee wurde 1886 eingeschult und begann als Siebenjähriger Geige zu lernen. Bald beherrschte er dieses Instrument so gut, dass er mit elf Jahren außerordentliches Orchestermitglied bei der Bernischen Musikgesellschaft wurde. Außerdem zeichnete und dichtete er schon in seiner Jugend. Da die Eltern sein zeichnerisches Talent aber nicht in gleichem Maße förderten wie das musikalische, erhielt er nie systematischen Zeichenunterricht.

Verständlicherweise wünschten sich die Eltern, dass Paul Musiker würde. Er wuchs in einem kulturell aufgeschlossenen Milieu auf. Gleichwohl empfand er Schule und Elternhaus als Martyrium. In der Sekunda wäre er am liebsten durchgebrannt. »Ich fühlte nun ein Martyrium. Nur das Verbotene freute mich. Zeichnungen und Schriftstellerei«, schrieb er später in sein Tagebuch.[1] Während seiner Schulzeit begann er, nach Vorlagen oder aus eigener Anschauung Landschaften zu zeichnen, die meist kleinformatig mit Bleistift oder Kreide ausgeführt wurden. Dabei stellte er das Wahrgenommene stets detailliert dar, ohne zu abstrahieren oder zu vereinfachen. Eine gewisse Neigung zur Karikatur zeigte sich in seinen Schulheften, die er mit humoristischen Randzeichnungen illustrierte. Das Abitur bestand Paul Klee 1898 nur mit Mühe.

In der Schulzeit entwickelte sich der Gymnasiast und angehende Künstler zum leidenschaftlichen Leser. Er las die griechischen Klassiker, zeitgenössische Literatur, ältere Werke aus dem 18. Jahrhundert, beispielsweise Voltaire, aber auch Kunstbücher. Nach Abschluss des Gymnasiums bewarb sich der junge Mann mit seinen Landschaftszeichnungen an der Münchner Akademie, nicht zuletzt, um sich von seinen Eltern zu lösen. Zwar behielt er seine musikalischen Interessen bei, spielte aber nur noch bei privaten Treffen mit Freunden und beschränkte sich auf die Musik des 18. und 19. Jahrhunderts. Die zeitgenössische Musik, selbst Arnold Schönberg, interessierte ihn nicht, weil er der Meinung war, der Höhepunkt des musikalischen Schaffens sei bereits überschritten.

Zu seiner großen Enttäuschung lehnte ihn die Münchner Akademie ab mit der Begründung, ihm fehle noch die Übung im figürlichen Zeichnen. Daher schrieb sich Paul in der privaten Zeichenschule von Heinrich Knirr ein, um später doch noch die Zulassung zum Kunststudium zu erlangen. Die Eltern waren enttäuscht, bedeutete dies doch eine Verlängerung der Ausbildung und damit für sie finanzielle Probleme. Der Vater hatte eigens eine Hypothek aufgenommen, um dem Sohn das Studium zu ermöglichen.

Der junge Paul erreichte bei Knirr große Fertigkeit im Zeichnen und speziell im Aktzeichnen. Häufig zweifelte er allerdings an seinem Talent als Maler, weil sich die Umsetzung seiner Zeichnungen in Ölmalerei schwierig gestaltete. Er schwankte, ob er nicht doch lieber Musik studieren sollte, und es war sicherlich den Bemühungen seines Lehrers zu verdanken, dass er bei der Malerei blieb. Im Nachhinein ist wohl zu konstatieren, dass Klee zwar sehr musikalisch war, aber in dieser Kunstgattung weniger kreativ und radikal als in seinem Schaffen in der Malerei. Auffällig ist auch die Diskrepanz zwischen seinem traditionellen Musikgeschmack und seiner avantgardistischen Malerei.

Aber auch in der Malerei kam das Schöpferische erst später zum Ausdruck. Zunächst hieß es lernen und üben. Die räumliche Entfernung von den Eltern gestattete ihm auch ein freieres Privatleben. In den Briefen an sie berichtete er brav von seinem Leben in München, seinen Studien, den Konzert- und Theaterbesuchen. Auch legte er Rechenschaft über seine

Ausgaben ab, doch wusste er selbst oft nicht, wo sein Geld geblieben war. Sein Tagebuch, das er seit 1898 führte, spricht indes eine ganz andere Sprache als seine Rechenschaftsberichte. Dort schilderte er die Schwierigkeiten seiner künstlerischen Entwicklung, seine sexuellen Probleme und schließlich das studentische Leben mit Frauenaffären und durchzechten Nächten. Er wollte ein Mensch werden, an seiner Persönlichkeit arbeiten, und dazu gehörte auch, in seinen Worten, »eine verfeinerte Sexualerfahrung«.[2] Musik und Literatur wollte er Valet sagen, die Kunst würde sich – so meinte er wenigstens – dann schon von selbst einstellen.

Obwohl er die Knirr-Klasse gelegentlich geschwänzt hatte, wurde er im Herbst 1900 in die Malklasse von Franz Stuck an der Münchner Akademie aufgenommen. Über diese Erfahrung notierte er: »Stuckschüler zu sein hatte einen guten Klang. In Wirklichkeit war es aber nicht halb so glänzend. Ich kam anstatt mit ganzem Verstand mit tausend Schmerzen und vielen Vorurteilen dahin. In der Farbe kam ich schwer vom Fleck. Da in meiner Beherrschung der Form der Gefühlston stark vorherrschte, suchte ich wenigstens hier möglichst zu profitieren. Und bei Stuck war hierin wirklich manches zu holen. Natürlich fehlte es auf dem Gebiet der Farbe nicht nur an mir. Ähnlich urteilt Kandinsky später in seiner Monogr. über diese Schule. Hätte mir dieser Lehrer das Wesen der Malerei so auseinandergesetzt, wie ich es später konnte, nachdem ich immer mehr eingedrungen war, dann hätte ich mich nicht in einer so verzweifelten Situation befunden.«[3]

Der Student überlegte, nachdem ihm die Malerei so viel Mühe machte, welche Gattung der bildenden Kunst denn wohl die geeignetste für ihn sei. Er begann, sich mit Druckgrafik und Illustrationszeichnungen zu beschäftigen, und hoffte, damit seinen Lebensunterhalt bestreiten zu können.

Tatsächlich konnte er seine Bilder nicht verkaufen, seine persönliche Situation wurde immer schwieriger.

Bei einem musikalischen Abend im Haus von Freunden lernte Klee 1899 die Eltern seiner späteren Frau kennen. Lily Stumpf, ihre Tochter, war eine Pianistin, mit der er jetzt oft musizierte und Konzerte besuchte. Lily hatte unter anderem bei Ludwig Thuille, Professor an der Königlichen Musikschule in München, studiert. Aber neben seinen musischen Interessen trieb Klee sich auch gern nachts in Kneipen herum und traf mit Frauen aus unteren Bevölkerungsschichten zusammen; eine Verkäuferin und ein Aktmodell werden in seinem Tagebuch erwähnt. Dort schrieb er: »In dürren Worten, ich hatte mit einem unter mir stehenden Mädchen ein Verhältnis angefangen (nach Neujahr 1900).«[4] Er bezeichnete die junge Verkäuferin nur als »mein Verhältnis«. Sie wurde von ihm schwanger und brachte im November 1900 einen Sohn zur Welt, der allerdings nach wenigen Wochen starb. Das »Verhältnis« besuchte ihn im Winter 1900/01 noch öfter, teils um etwas Geld, teils um etwas Liebe von ihm zu bekommen. Er musste sie irgendwie entschädigen: »Das Geld kam ihr für den durch die ungeschickte Conception erlittenen Schaden zu. Daß wir bald von diesem unbequemen Druck erlöst worden waren, erwähnte ich schon.«[5] Da Geld und Liebe eigentlich nicht (mehr) vorhanden waren, lieh Klee sich Geld, um sie mit einem Schlag abzufinden. Sie verließ München, um eine Stellung außerhalb anzunehmen. Er war erleichtert, »die Luft war wieder klar, nach einjährigen Trübungen«[6]. Klee sah – wie viele Männer seiner Zeit – offenbar keinen Widerspruch darin, Lily zu hofieren und gleichzeitig ein Verhältnis mit einer anderen zu haben, im Gegenteil.

Eine weitere kurze Affäre hatte er mit dem sechzehnjährigen Aktmodell Cenzi. Als diese sich von ihm trennte, weil ihr

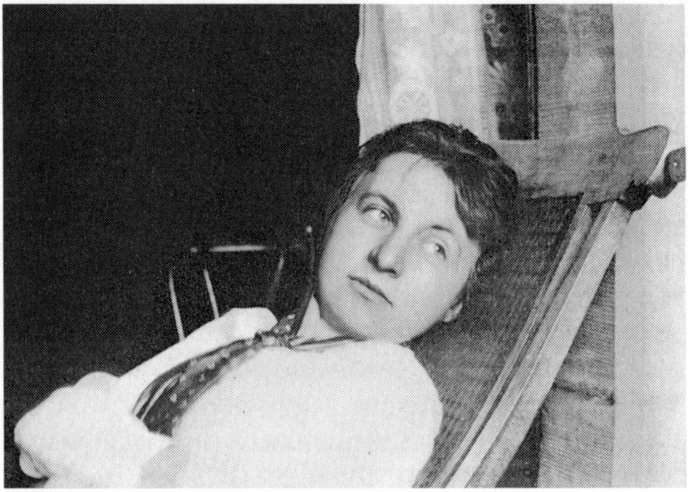

Lily Stumpf, Bern, August 1906

»früherer Herr« aus den Weihnachtsferien zurückkam, schrieb er in sein Tagebuch: »Mir war das zuerst recht schmerzlich, denn die Sache hatte ganz meinem Geschmack entsprochen. Cenzi verlangte gar keine Liebesschwüre, sie nannte mich sogar ›Sie‹. Ich duzte und fand bei ihr ein stets gleichmäßiges, vernünftiges Wesen. Von Gemeinheit nicht eine Spur.«[7] Die bürgerliche Doppelmoral jener Zeit, wonach die Männer zwar ein Mädchen aus »gutem Hause« heirateten, aber ihre sexuellen Erfahrungen in anderen Kreisen suchten, hatte bei Klee noch volle Geltung; er hatte offenbar keine Gewissensbisse in Bezug auf sein »Verhältnis« oder auf Cenzi. Lily wusste von alldem nichts. Sie hielt ihn hin, ließ ihn in Ungewissheit warten. Immer wieder, wenn er sich ihr »in edlerer Liebe« nähern wollte, zog sie sich zurück und nannte es »Stimmungssache. Das war aufregend, Hiebe ohne Grazie, Püffe. Ich war traurig, und wanderlustig. Aber wohin?«[8]

Studienabbruch und Italienreise

Klee brach seine Ausbildung bei Stuck im Frühjahr 1901 ab, da sie ihn ohnehin nicht befriedigte. Auf Kandinsky, der zur gleichen Zeit dort studierte, war er nicht gestoßen, vermutlich, weil er – oder beide – oft geschwänzt hatten. Immer mehr festigte sich in dieser Zeit in ihm der Entschluss, Maler zu werden und sich an Lily zu binden. So verlobte er sich 1902 heimlich mit ihr und verließ München. Die Verlobungszeit sollte vier Jahre dauern. Die Liebenden trafen sich ein- oder zweimal im Jahr, wenn Klee nach München kam, um dort mit Lily Opern und Konzerte zu besuchen. Offenbar war die Familie Stumpf gegen die Verbindung ihrer Tochter mit Paul Klee. Ähnlich den Mackes, musste sich auch dieses Paar heimlich treffen und allerlei Ausflüchte erfinden, um die Beziehung vor den Eltern zu verbergen. Noch Jahre später, am 1. November 1907, zitierte Klee in seinem Tagebuch in indirekter Rede einen Brief an seinen Schwiegervater, in dem er sich zu Lily und zu dem noch ungeborenen Kind bekannte und alle moralischen Vorwürfe des Vaters, der Medizinalrat war, abwehrte. »Jetzt sei der Augenblick der Zukunft … dieser alte Kram gehe uns nichts mehr an, wir wollten höchstens die Lehre draus ziehn, einem Kinde ein schöneres Heim dereinst zu bereiten … und daß ich mich berechtigt fühlte, fromme Wünsche eines Unfähigen in den Wind zu schlagen … Von weiterer Berührung gern vollkommen Abstand nehmend …«[9] Dieser Tagebucheintrag mit seinem gespannten Ton deutet auf ein äußerst prekäres Verhältnis zu den Schwiegereltern hin.

Nachdem Klee das Studium und München hinter sich gelassen hatte, ging er, nach einem Zwischenaufenthalt in Bern, auf Italienreise. Zusammen mit seinem Kommilitonen

Hermann Haller, einem Bildhauer, fuhr er nach Rom, Neapel und Florenz. Klee hatte in dieser Zeit wenig Kontakte zu anderen Künstlern, er war auf seine Ausbildung bedacht, zeichnete und malte oft im Freien nach der Natur, besuchte die Museen und lernte die Städte, insbesondere Rom und Umgebung, kennen. Auch dort beschäftigte er sich mit den schon in der Schulzeit begonnenen grotesk überzeichneten Personendarstellungen. Von seinen Werken aus dieser Zeit sind nur wenige identifizierbar. Vermutlich zerstörte er sie später, weil sie seinem kritischen Blick nicht mehr standhielten. Der Aufenthalt in Italien dauerte ein halbes Jahr.

Dann kehrte er für mehrere Jahre nach Bern zurück. Er lebte wieder bei den Eltern und verdiente sich mit Konzertengagements und Musikkritiken ein wenig Geld. Er verstand sich in dieser Zeit offenbar gut mit seinem Vater, sprach aber eher distanziert von seiner stets leidenden Mutter. Er besuchte einen Anatomie- und einen Aktkurs sowie eine Vorlesung über »Plastische Anatomie für Künstler«. Deprimiert von der Erfolglosigkeit im Malen, versuchte er sich nun in anderen Techniken, beispielsweise der Zinkradierung. Diese Radierungen hatten als Motive Szenen aus dem Theater, besonders der griechischen Tragödie, aber auch Frauen, und zwar, anders als Mackes Frauendarstellungen, nur hässliche, nicht begehrenswerte Körper. Sie wirken knochig, ungestalt, grotesk verzerrt und sind, wie sein Biograf Christian Rümelin vermutet, Ausdruck seiner nicht gelösten sexuellen Spannungen.

Er selbst schrieb an seine spätere Frau Lily und in seinen Tagebüchern, dass beispielsweise die »Jungfrau (träumend)« von 1903 »im Spannungsfeld zwischen gesellschaftlicher Konvention und eigener Sexualität zu sehen«[10] sei. Erstmals benutzte Klee hier auch die Schraffur und zielte damit auf eine weniger flächige Darstellung, die zwar subtiler und differenzierter erscheint, aber wegen der verzerrten Dimensionen auch weniger realistisch wirkt.

»›Die Jungfrau im Baum‹ ist fertig. Die Technik ist hier entwickelter durch Anwendung verschiedener Strichstärken … Die Tiere sind natürlich zu zweien, die Dame wartet jungfräulich auf den Freier, den die bürgerliche Gesellschaft ihr erlaubt. Schöner wird die Alternde dadurch nicht«, kommentierte er selbst sein gesellschaftskritisches Bild. In seinen Bildern aus dieser Zeit, in der er noch als Zeichner und Radierer arbeitet, schildert Klee keine besonderen Begebenheiten, seine Figuren stellen gleichsam Allegorien dar. Das Thema der weiblichen Sexualität beschäftigte ihn noch lange. Die anderen Werke aus dieser Zeit zeugen von seiner Suche nach der ihm eigenen Ausdrucksform, wobei er alle technischen Möglichkeiten der Zeichnung und Malerei ausschöpfte. Unter anderem beschäftigte er sich auch, wie die anderen Künstler des »Blauen Reiters«, mit der Hinterglasmalerei, die – wie der Holzschnitt – vom Negativ des Dargestellten ausgeht. Seine Suche nach der ihm gemäßen Ausdrucksform war ihm selbst bewusst, als er an Lily schrieb: »Mein Wollen ist hartnäckig genug, um mit der Zeit etwas zu erreichen, etwas, was dann wirklich mir gehört und nur mir.«[11]

Im Juni 1905 reiste Paul Klee zusammen mit Louis Moilliet und Hans Bloesch zum ersten Mal für zwei Wochen nach Paris, wo er die Impressionisten kennenlernte, nicht aber die Zeitgenossen Paul Cézanne, den fast gleichaltrigen André Derain oder den um zehn Jahre älteren Henri Matisse. Die Reise hinterließ in seinem Werk aber kaum Spuren, erst die späteren Begegnungen mit dem belgischen Symbolisten James Ensor, mit den Werken van Goghs und Edvard Munchs beeindruckten ihn tief. Eigentlicher Bildgegenstand

Klees war das Seelische, dessen Darstellung er dann »Psychische Improvisationen« nannte.

Heirat und Leben als Hausmann

Am 15. September 1906 heiratete er, mit knapp siebenundzwanzig Jahren, seine langjährige Verlobte, die drei Jahre ältere Lily Stumpf, in Bern. In ihr hatte er eine »gleichgerichtete Lebensgefährtin ... die wache Anregerin und Begleiterin durch die Welt der klassisch-romantischen Kammermusik«[12] gefunden. Die Musik blieb für Paul Klee immer ein wichtiger Bereich seines Lebens. Lilys Rat und Hilfe waren ihm auch in der bildenden Kunst wichtig. So schickte er ihr seine Aquatinta-Blätter »Inventionen« und bat sie, diese Stuck zu zeigen und sich um eine Ausstellung seiner Werke zu bemühen. Er traute ihr also Einfluss bei dem Malerfürsten zu. Klee porträtierte Lily immer wieder. Zutreffend urteilte schon sein Biograf Will Grohmann, der die Klees noch persönlich kannte, dass Paul es immer als großes Glück empfand, Lily kennengelernt zu haben. Das Paar zog in eine Dreizimmerwohnung in die Münchner Ainmillerstraße 32, Gartenhaus. Dort wohnte die Familie fünfzehn Jahre in direkter Nachbarschaft mit Kandinsky und Münter, allerdings ohne sich zunächst zu begegnen. Nach mehreren möblierten Zimmern bedeutete diese Wohnung einen Fortschritt; allerdings bemängelte der junge Ehemann, sie befinde sich leider nicht in bester Lage, sondern nur in Schwabing. »Die centralen Wohnungen sind teuer oder wahre Hundelöcher. Nun haben wir eine zu 50 Mark monatlich gemiethet ... Drei Zimmer (ein großes), geräumige Küche, Badzimmer und Dienstenzimmerchen etc. gegen die Sonne. Die Distanz wird erleichtert durch zwei Tramlinien. Auf ein

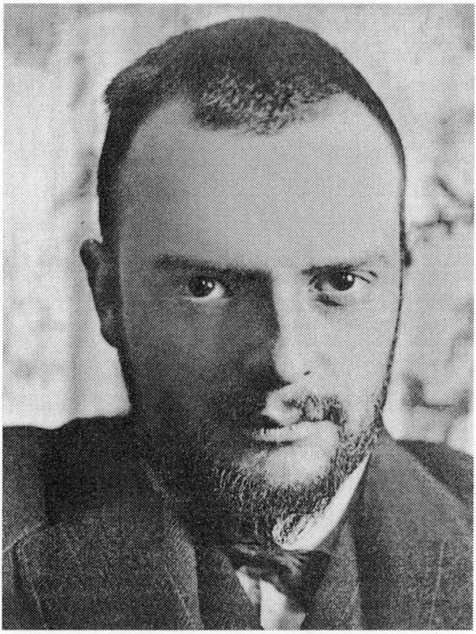

Paul Klee, München, 1911

Atelier verzichte ich vorläufig, es geht nicht anders, denn die Zimmer der Atelierwohnungen sind schandbar! Kalt natürlich auch. Eine einfache Einrichtung wird uns vom Medizinalrath gestellt.«[13]

Lily gab Klavierstunden und bekam mit ihrem Blüthner-Flügel das größte Zimmer, Paul richtete sich in der Küche ein, wo er malte und köstliche Menüs kochte. Klee führte weitgehend den Haushalt, während Lily Unterricht gab. Das zweitgrößte Zimmer diente als Wohnraum, das dritte als gemeinsames Schlafzimmer, die kleine Bedienstetenkammer wurde meist als Gästezimmer genutzt. Die ganze Wohnung war mit alten Möbeln vollgestellt, sie strahlte »biedere Behaglichkeit« aus und war mit allerlei Naturfunden bestückt, denn Klee war naturwissenschaftlich sehr interessiert. Von Boheme fand sich weit und breit keine Spur. Der Sohn Felix erinnerte sich noch nach Jahren an die Dunkelheit, die zu Hause herrschte. Es gab nur spärlich Sonnenlicht, abends brannten Gas- und Petroleumlampen. Bei seinen späteren Besuchen in der Wohnung von Kandinsky und Münter konnte er nicht umhin festzustellen, dass sie viel vornehmer wohnten als seine eigene Familie. Doch Paul Klee legte nie großen Wert auf seine Wohnverhältnisse.

Das junge Paar lebte ziemlich zurückgezogen. Am 30. November 1907 wurde der einzige Sohn Felix geboren. Die Geburt fand zu Hause statt. Paul Klee war zugegen, was damals noch sehr ungewöhnlich war, ja, er half sogar bei der Narkose, obwohl eine Hebamme und zwei Ärzte anwesend waren. Er wunderte sich selbst, dass er dabei »gar nicht mehr an ein Kind dachte, sondern nur noch an die Frau, welche leiden musste«[14]. Offenbar war die Geburt schwierig, Lily musste sogar operiert werden. Paul Klee führte anschließend den Haushalt zusammen mit der »Zugeherin« Theres Schatzl. Er kümmerte sich nun auch um den Kleinen und legte einen »Felix-Kalender« an, in dem er dessen Entwicklung genauestens festhielt. Die Sommer verbrachte er manchmal monatelang mit dem Sohn bei seinen Eltern in Bern. Dort konnte er das Kind Mutter und Schwester überlassen und sich mehr der Malerei widmen. Lily kam dann jeweils gegen Ende der Ferien für ein paar Wochen nach.

Als Felix 1909 sehr schwer erkrankte und nach einer Operation zwei Monate lang vom Vater und einer Ärztin intensiv betreut werden musste, notierte Paul Klee alle Krankheitsdaten, die Temperatur, die Medikamente und die Arztbesuche im Tagebuch. Klee verbrachte auch nach der Operation die Monate Juni bis Oktober in Bern, wo der kleine Felix sich erholen sollte. Während der Sommeraufenthalte in der

Schweiz schrieb er häufig und ausführlich an seine Frau, die in München geblieben war: »Meine geliebte Lily«, »Meine kleine geliebte Frau«, »Innigst geliebte kleine Lily«, beginnen diese Briefe. Hier beschrieb er genau die Entwicklung des Sohnes. Es ist nicht auszuschließen, dass die Jahre der Kindererziehung seine Kunst, die ja häufig als »kindlich« charakterisiert wird, beeinflusst haben.[15] Auch Lily sandte fast täglich Briefe und Karten an den Ehemann, die in Ton und Sprache zum Ausdruck bringen, dass sie sehr verliebt in ihn war.

Klee hatte die Mutter- und Hausfrauenrolle wenigstens zur Hälfte übernommen, denn als Lily ab Herbst 1910 wieder mehr Klavierstunden geben wollte, protestierte er, er könne nicht den ganzen Tag hingeben, den halben Tag aber wohl. Allerdings hatte er nun weniger Zeit für familiäre Aufgaben. 1910 zeigte eine Einzelausstellung sechsundfünfzig seiner Werke im Berner Museum, dann in Basel, Zürich und Winterthur. Aber er verkaufte nur wenig. Außerdem hatte er eine Korrekturtätigkeit in einem Abendkurs für Aktmalerei übernommen. Beides aber brachte nicht genügend ein, um die Familie zu ernähren.

Paul Klee war ein schweigsamer Mensch, der fast nie etwas über andere sagte und vor allem nichts über seine Gefühlslage verriet. Man weiß also kaum etwas über das Verhältnis zu seiner eigenen Frau. Elisabeth Macke bezeichnet Lily zu einem späteren Zeitpunkt als »wie immer herzlich und aufgeschlossen«, man habe sofort Kontakt zu ihr. Niemand aus der Bekanntschaft schien Anstoß an der damals noch ungewöhnlichen Rollenverteilung in der Familie Klee zu nehmen. Trotz seiner selbst übernommenen Pflichten hatte Klee aber doch die Muße, sich seiner künstlerischen Arbeit zu widmen. Alle Versuche, Geld zu verdienen, beispielsweise als Illustrator des *Simplicissimus,* schlugen jedoch fehl.

Die familiäre Arbeitsteilung erlaubte ihm immerhin, sich ausgiebig mit den Illustrationen zu Voltaires *Candide* zu beschäftigen: Insgesamt fertigte er 42 Entwürfe in verschiedenen Techniken an. Alfred Kubin, ebenfalls Zeichner, war der erste Künstler, mit dem Klee in München in Kontakt kam. Er hatte den jungen Maler im Dezember 1910 um einige Blätter gebeten, aus denen er sich ein paar aussuchen wollte. Im Januar 1911 besuchte Kubin ihn und ermutigte ihn in seinem Vorhaben, den *Candide* zu illustrieren. Die Freundschaft mit dem wenig älteren Alfred Kubin führte zu einigen formalen Einflüssen bei Klee. Die bisherigen Illustrationen dieses Romans interessierten den Maler überhaupt nicht, er entwarf jede Szene neu. Die Form als zentraler Träger der künstlerischen Aussage wurde sein eigenes in diesem Werk erreichtes Stilprinzip. Das von ihm illustrierte Buch, an dem er seit 1911 arbeitete, erschien aber erst 1920 bei Kurt Wolff in München.

Wie die anderen Künstler des »Blauen Reiters« machte Klee schon früh die Bekanntschaft des Verlegers Reinhard Piper: »Ich lernte auch den zartgliedrigen, brünetten Paul Klee kennen, der aus Bern stammte und ein guter Geiger war … Klees graziös-ironische Linienarabesken erinnerten mich an die Wortarabesken Christian Morgensterns.

Der Künstler hatte mit umständlichen, trockenen, sehr literarischen Radierungen begonnen, etwa in der Art Markus Behmers. Ich konnte mir nicht vorstellen, daß sich daraus noch etwas Lebensfähiges entwickeln werde. Er wurde aber überraschend immer freier und überlegener. Schließlich beschenkte er die Welt mit unerschöpflichen Einfällen … Mit seiner Frau, einer Berufspianistin, die sehr optimistisch und diesseitig wirkte, spielte ich die vierte Symphonie Gustav Mahlers, die mir mit ihrem grotesken und idyllischen Humor sehr lag.«[16] Am 3. April 1908 notierte

Klee, sie seien bei Piper gewesen. Dieser sei »ganz charaktervoll, hat musikalische Passionen: Mahler und Bruckner, die ich nicht teile«. Franz Marc versuchte später, Herwarth Walden auf Klee aufmerksam zu machen, indem er ihm einige von dessen Zeichnungen zusteckte. Marc hatte sofort den Wert der *Candide*-Illustrationen Klees erkannt und brachte sie auch zu Piper. Leider lehnte der Verleger aber eine Veröffentlichung ab. Schließlich wurde er insoweit »mürbe«, als er mit Klee Bücher gegen Bilder tauschte.[17]

Kontakt zum »Blauen Reiter«

Neben seiner Illustrationstätigkeit setzte sich Klee weiterhin mit der Farbe auseinander. Nun begann er die grafischen Arbeiten, die er so gut beherrschte, mit Aquarellfarben zu kolorieren. Abgestufte Farbtöne wie Grün, Blau und Braun grenzten nun seine Flächen ab, nicht mehr nur Linien. Die Tonalität war ihm wichtiger für seine Hell-Dunkel-Kontraste als das Licht, das die Impressionisten für die leuchtende Farbkraft ihrer Bilder einsetzten. Klee malte weiterhin Schwarzaquarelle und beschäftigte sich nun wieder mit der Ölmalerei. Er begann, auch in Ölbildern farbliche Schichten übereinanderzulegen. Er wollte nicht die äußere Wirklichkeit darstellen. Das Bild sollte sich vielmehr erst aus den aufgetragenen Farbschichten und der Phantasie ergeben. Die inhaltliche Deutung entstand erst während des Zeichnens oder danach. 1920 formulierte er einen Satz, der vielleicht schon damals sein Motto war: »Kunst gibt nicht das Sichtbare wieder, sondern macht sichtbar.«[18]

Bereits im September 1911 während seines Sommeraufenthalts in Bern machte der Jugendfreund Louis Moilliet, von

Klee auch »Onkel Luli« genannt, ihn mit August und Elisabeth Macke bekannt. Die persönliche Begegnung hatte große Tragweite für den Künstler. Durch Macke lernte er nun auch Franz Marc und Heinrich Campendonk kennen und durch diese beiden entstand außerdem der Kontakt zur »Neuen Künstlervereinigung München«. Wenig später wurde Klee durch Moilliets Vermittlung auch mit Kandinsky bekannt. Klee hielt in seinem Tagebuch fest: »Luli geht öfter hinüber, nimmt manchmal Arbeiten von mir mit und bringt Bilder ohne Gegenstand von jenem Russen wieder zu mir zurück. Sehr merkwürdige Bilder. Dieser Kandinsky will eine neue Gemeinschaft von Künstlern zusammenrufen. Ich habe bei persönlicher Bekanntschaft ein gewisses tieferes Vertrauen zu ihm gefaßt. Er ist wer und hat einen ausnehmend schönen klaren Kopf… Im Laufe des Winters schloß ich mich dann seinem blauen Reiter an.«[19] Kubin hatte seinerseits schon vorher Kandinsky auf Klee aufmerksam gemacht. Der Russe notierte am 9. Oktober 1911: »Gestern durch Moilliet den Klee kennengelernt. Da sitzt schon was in der Seele.« Noch dreißig Jahre später äußerte Kandinsky, er habe schon in den damaligen, ganz kleinen Handzeichnungen des jungen Mannes den späteren großen Klee gewittert. Auch Gabriele Münter, die ihn als »Mann im Sessel« malte, Alexej von Jawlensky und Marianne von Werefkin zählten von nun ab zu Klees Künstlerfreunden. Die Begegnung mit Franz Marc dürfte die wichtigste gewesen sein. Auch entstand eine Freundschaft zwischen den beiden Frauen, Maria Marc und Lily Klee, die Jahrzehnte überdauerte; ihre Briefe legen davon Zeugnis ab.

Durch seine neuen Bekannten lernte Klee nicht nur zahlreiche weitere Künstler kennen, er konnte darüber hinaus, nicht zuletzt durch seine Mitwirkung am Almanach und der zweiten Ausstellung des »Blauen Reiters«, sein Ansehen als Mitglied der deutschen Avantgarde festigen. Dies muss ihm wohl selbst bewusst gewesen sein, denn seit Februar 1911 legte er einen handschriftlichen Œuvre-Katalog an. Er erfasste zunächst nur die Werke, die er selbst noch besaß, doch dehnte er ihn schrittweise auf alle bis dahin geschaffenen Blätter aus. Kaum ein anderer Künstler hat ein Werkverzeichnis mit solcher Akribie angelegt wie Paul Klee, der in seinem Tagebuch notierte: »Was muß ein Künstler alles sein, Dichter, Naturforscher, Philosoph. Und nun bin ich auch noch Bürokrat geworden, ›indem daß‹ ich ein großes genaues Verzeichnis meiner sämtlichen künstlerischen Produkte von Kindheit an aufgeschrieben habe. Nur die Schulzeichnungen, Akte etc. habe ich nicht darin aufgenommen, weil ihnen doch die produktive Selbständigkeit fehlt.«[20] Er nahm also nur die Werke auf, die er als eigenständige, abgeschlossene Arbeiten betrachtete, und führte diesen Katalog bis kurz vor seinem Tode weiter. Offenbar wollte er damit nicht nur sein künstlerisches Schaffen dokumentieren, sondern auch sich selbst Rechenschaft ablegen und damit seine ständigen Selbstzweifel dämpfen. Sein Œuvre-Katalog blieb aber unvollständig, da er selbst nur eine Auswahl seiner Arbeiten aufnahm und weil er offenbar eine unbekannte Zahl noch vor 1911 zerstört hatte; auch sind viele Werke nicht mehr identifizierbar.

Als Paul Klee Marc und Kandinsky kennenlernte, waren diese schon mit der Vorbereitung des Almanachs *Der Blaue Reiter* beschäftigt. Klee schloss sich im Laufe des Winters 1911/12 dem »Blauen Reiter« an. Allerdings erschien nur eine winzige Zeichnung von ihm im Almanach: »Die Steinhauer« von 1910, Tusche auf Papier. Sie findet sich in Kandinskys Aufsatz »Über Bühnenkomposition«, wo dieses Bild, zusammen mit einer Zeichnung von Kubin, auf den ersten Blick ziemlich disparat wirkt.

Auch bei der ersten Ausstellung des »Blauen Reiters« in der Galerie Thannhauser war Klee nicht vertreten, ebenso wenig wie in der gleichzeitig stattfindenden Ausstellung der »Neuen Münchner Künstlervereinigung«, aus der Kandinsky, Marc und andere soeben ausgetreten waren. Allerdings schrieb er eine Rezension der »Blauen Reiter«-Ausstellung für die Schweizerische Monatsschrift *Die Alpen,* in der er sich als überzeugter Verfechter der »primitiven Kunst« zeigte. In diesem Aufsatz zog er auch Parallelen zwischen primitiver Kunst und der Kunst von Kindern und Geisteskranken, die noch von keiner Kunstströmung korrumpiert seien. Diese ursprüngliche Kunst müsse man viel ernster nehmen, wenn es gelte, die heutige Kunst zu reformieren. Mit diesem Bekenntnis befand er sich in voller Übereinstimmung mit den Redakteuren des *Blauen Reiters.* Wenn auch Marc und Kandinsky sich aktiver als Klee für die Innovationen der Künstlergruppe einsetzten, so bedeutete diese Periode doch auch für Klee eine wesentliche Etappe seiner künstlerischen Entwicklung.

Bei der zweiten Ausstellung des »Blauen Reiters«, die unter dem Motto »Schwarz-Weiß« von Februar bis März 1912 in der Kunsthandlung Goltz am Odeonsplatz in München stattfand, war Paul Klee dann aber mit immerhin siebzehn Zeichnungen vertreten. Außerhalb der Schweiz war dies bisher sein größter Erfolg. Wichtige Impulse erhielt er, ebenso wie Marc und Macke, durch Werke des französischen Malers Robert Delaunay, die er in den Ausstellungen in München kennengelernt hatte. Bei dieser zweiten Ausstellung, die noch stärker international geprägt war, lernte Klee auch Bilder von Georges Braque und Pablo Picasso kennen. In Köln fand im gleichen Jahr die wichtige »Sonderbund«-Ausstellung statt, der sich eine eigene Präsentation von Klees Werken im »Gereonsclub« anschloss.

Paris-Reise mit Lily

Das durch die Ausstellung gewonnene Interesse an den französischen Malern gab ihm den Anstoß, im April 1912 mit Lily eine Reise nach Paris zu unternehmen. Paul reiste über Bern, wo er Felix bei den Eltern ließ. Lily reiste direkt nach Paris. Sie war schon am ersten Tag von Paris begeistert. Begleitet wurden die Klees auf dieser Reise von Ernst Sonderegger, einem Freund, der vor Kurzem Witwer geworden war. Sie stiegen im »Hôtel des Mines« am Boulevard Saint-Michel ab und trafen noch am gleichen Abend den Maler Karl Hofer. Das junge Paar nutzte diese Reise, um sich in Galerien und Museen möglichst viele zeitgenössische Werke anzuschauen. Sie besuchten den »Salon des Indépendants« und den Louvre, wo sie Werke von Greco, Delacroix, Manet, Ingres und Daumier sehen konnten, außerdem das Musée Luxembourg mit Degas und Manet, die führenden Pariser Galerien, in denen Werke von Rousseau, Picasso, Derain, Braque, Vlaminck und anderen ausgestellt waren. Die Klees waren unermüdlich. Sie besichtigten sämtliche Sehenswürdigkeiten von Paris in diesen vierzehn Tagen, abends waren sie bei Hofers eingeladen oder besuchten die Oper, den Zirkus, die Variété-Bühnen am Montmartre und Montparnasse. Am nachhaltigsten beeindruckte Klee aber der Besuch im Atelier von Delaunay.

Die Ehepaare Macke und Marc besuchten Delaunay erst im Herbst dieses Jahres. Auch der Franzose beschäftigte sich intensiv mit der Farbe, die ihm als wichtigster »Gegenstand« im Bild galt. Er hatte sich vom Kubismus entfernt und war 1912 zur »reinen Malerei« übergegangen. Da die Farbe das zentrale Thema für Macke und Marc war und auch Klee sich damit auseinandersetzte, gaben die Farbtheorien Delaunays den deutschen Malern neue Nahrung für ihre Experimente und Reflexionen über das Wesen der Malerei. Klee übersetzte im Jahr darauf den Aufsatz »La lumière« von Delaunay ins Deutsche, der 1913 in der neu gegründeten Zeitschrift von Herwarth Walden *Der Sturm* erschien. Delaunay hatte den nachhaltigsten Einfluss auf Klee, dessen Auffassung von Licht und Farbe sich von nun an änderte. Er begann, buntere Bilder zu malen und optische Eindrücke als geometrische Muster darzustellen, wobei er versuchte, Statik, Bewegung und Simultaneität der Wahrnehmung auszudrücken. Kandinsky, der seit 1910 abstrakt malte und den Klee in gewisser Weise als seinen Lehrer betrachtete, kam er damit – wenngleich in völlig anderer und eigenständiger Weise – näher als Marc, Macke oder Campendonk, die zwar ebenfalls mit Farbkombinationen arbeiteten, dabei aber meist im Figürlichen blieben.

Herwarth Walden hatte inzwischen in Berlin die berühmte Galerie »Der Sturm« gegründet, Marc und Macke beauftragten Klee, den Schweizer Beitrag für den »Ersten deutschen Herbstsalon« (September bis Dezember 1913) zu organisieren. Dieser stellte dort acht Aquarelle und vierzehn Zeichnungen aus. Die Zeit, in der er relativ abgeschieden lebte, war nun beendet. Wenn er auch nicht als großer Kämpfer für die moderne Kunst auftrat, so begann er doch in stärkerem Maße seine Bilder zu verkaufen. Anhand seines Werkverzeichnisses ist dies genau nachzuvollziehen, notierte er doch jeden Verkauf und den Namen des neuen Besitzers seiner Bilder. Sein Kontakt mit den Künstlern des »Blauen Reiters« hatte zu seinem künstlerischen Durchbruch geführt. Die Impulse, die er von ihnen erhielt, hatten große Bedeutung für seine eigene Entwicklung zu einem hohen Abstraktionsgrad und zur Akzentuierung der Farbe. Seine Selbstdarstellung als ein in Abgeschiedenheit lebender Künstler entsprach nun nicht mehr der Realität. Klee wurde aus seiner Isolation herausgerissen und erlangte im Lauf seines Lebens einen Bekanntheitsgrad, der dem Kandinskys gleichkommt. Bis dahin dauerte es aber noch einige Zeit. Den Hauptanteil des Familieneinkommens musste nach wie vor Lily mit Klavierstunden verdienen.

Die Tunis-Reise

Klees nächste große Reise ging im April 1914 nach Tunesien. Zwar hatte er kein Geld, aber der Freund Louis Moilliet versprach, die Reisekosten für Klee zu beschaffen: Ein Apotheker aus Bern sollte gegen Bilder von Klee die Reisekosten übernehmen, ein befreundeter Arzt in Tunis, Dr. Jäggy, sollte ihn beherbergen. Wieder wurde Sohn Felix zu den Großeltern gebracht, dann reiste Klee mit Moilliet über Genf und Lyon nach Marseille, wo sie auf ihren Reisegenossen Macke trafen. Die drohende Seekrankheit bei der Überfahrt wollte er mit einem Mittel bekämpfen, das Gabriele Münter ihm mitgegeben hatte. Aber es wirkte nicht. Macke, der auch sonst an Münter zweifelte, hatte eigene lila und grüne Kugeln dabei. Die schluckten dann alle drei, und die Seefahrt wurde gut überstanden. Mit Macke, dessen Kindergesicht ihn beeindruckte, freundete Klee sich auf der Stelle an. In Tunis angekommen, begann er sofort im Araberviertel zu aquarellieren. Die Reise dauerte nur vierzehn Tage, aber die Wirkung auf den jungen Maler war unbeschreiblich: »Ich lasse jetzt die Arbeit. Es dringt so tief und mild in mich hinein, ich fühle das und werde so sicher, ohne Fleiß. Die Farbe hat mich. Ich brauche nicht nach ihr zu haschen. Sie hat mich für immer, ich weiß das. Das ist der glücklichen Stunde Sinn: ich und die Farbe sind eins. Ich bin Maler.«[21]

Die Tunis-Reise bedeutete – für ihn wie für Macke – den

Durchbruch zur Dominanz der Farbe. In der Folgezeit befasste sich Klee mit einer Vielzahl malerischer Techniken, die er in subtiler Differenzierung anwandte. Sie erstreckten sich auf Bilder von relativer Gegenständlichkeit über poetische Träume und ironisch-skurrile Darstellungen bis zur reinen Abstraktion.

Auf der Rückfahrt ließ Klee sich Zeit. Während Macke und Moilliet noch etwas länger in Tunis blieben, fuhr er über Palermo, Neapel, Rom und Mailand zurück. Am 22. April erreichte er Bern, wo Felix auf ihn wartete, und kam mit ihm am 25. April 1914 wieder zu Hause an. Kein Wort verlor er im Tagebuch darüber, was Lily zu den mitgebrachten Geschenken gesagt oder ob sie sich über seine Rückkehr gefreut habe. Selbst Felix wurde zunächst nicht erwähnt. Über seine Ehe schrieb Klee 1915: »Die Ehe faßte ich als sexuelle Kur auf. Meine romantischen Triebe nährte ich vom sexuellen Mysterium aus. Ich fand in der Monogamie jenes Mysterium mitberührt und das konnte genügen.« Ob Lily wohl damit zufrieden gewesen wäre, wenn sie das Tagebuch gelesen hätte? Klee war – im Gegensatz zu Lily – ein wenig gefühlsbetonter Mensch, er versuchte alles zu analysieren und geradezu naturwissenschaftlich zu beobachten. Dennoch muss er menschliche Wärme ausgestrahlt haben, jedenfalls wurde ihm im Leben stets viel Sympathie entgegengebracht. Dies galt auch für Menschen, die nichts von seiner Kunst verstanden. Lily war viel emotionaler und begeisterungsfähiger und konnte das auch zum Ausdruck bringen. Die Musik war sicherlich ein wichtiges Bindeglied zwischen den Eheleuten, die kaum ein Konzert oder eine Opernaufführung ausließen. Auch hatten beide offenbar Sinn für Humor.

In der Zeit nach der Tunis-Reise schrieb Klee fast nur noch Gedichte und Aphorismen in sein Tagebuch. Als der Erste Weltkrieg tobte, notierte er (1915): »Je schreckensvoller diese

Welt (wie gerade heute) desto abstrakter die Kunst, während eine glückliche Welt eine diesseitige Kunst hervorbringt.«[22] Klee arbeitete zur Zeit der Tunesien-Reise noch perspektivisch, begann aber die seit der Begegnung mit Delaunay einsetzende Farbigkeit zur Raumgliederung und als eigenständigen Wert zu nutzen. Die geometrische Struktur diente der simultanen Wahrnehmung verschiedener Ebenen, die er früher durch die Perspektive dargestellt hatte. Trotzdem sind auf den Bildern der Tunesien-Reise noch Gebäude als Häuser oder Türme zu erkennen. Von da an malte Klee zunehmend abstrakt. Manchmal zerschnitt er seine Bilder, nicht weil sie zu groß geraten waren, sondern weil er den einzelnen Komponenten den ihnen gebührenden Raum geben wollte. Die einzelnen Teile zog er dann sorgfältig auf Karton und nahm sie mit Titel in sein Werkregister auf, sofern sie als eigenständiges Werk gelten konnten oder sollten.

Der Erste Weltkrieg

Der Krieg brachte August Macke und Franz Marc den Tod. Für Klee und die anderen überlebenden Künstler markierte er einen tief greifenden Bruch. Kandinsky hatte schon Ende 1912 den Krieg kommen sehen. Er schrieb an Franz Marc: »Hartmanns sind für 3 Tage hier. Sie reisen in Eile nach Russland, wo man in höheren Kreisen ganz bestimmt im Frühjahr den Krieg erwartet. Außer persönlicher Frage, wohin ich (wir) dann soll, ist mir der Krieg schrecklich. Ich fühle so stark die Teufelshand darin, daß es mir kalt wird. Die schrecklichen Möglichkeiten können sich in's Unendliche entwickeln und die schmutzigen Folgen werden lange ihre stinkende Schleppe über den ganzen Erdball ziehen. Und … die Berge von Leichen.«[23]

Paul Klee hatte sich über den Krieg ein eigenes Urteil gebildet. Er behauptete, den Krieg schon längst in sich gehabt zu haben. Deswegen ginge er ihn innerlich nichts an. »Um mich aus meinen Trümmern herauszuarbeiten mußte ich fliegen. Und ich flog. In jener zertrümmerten Welt weile ich nur noch in der Erinnerung, wie man zuweilen zurückdenkt. Somit bin ich ›abstract mit Erinnerungen‹.«[24] Schon bei August Mackes Tod, der ihn tief erschütterte, versuchte Klee, sich durch scheinbare Gleichgültigkeit abzuschirmen. Über diese subjektive Haltung entspann sich eine heftige Diskussion zwischen ihm, der den Krieg ablehnte oder der ihn »nichts anging«, und Franz Marc, der den Krieg ja grundsätzlich befürwortet hatte. Die beiden Freunde hatten sich darüber etwas entfremdet. Dafür waren aber auch andere Gründe ausschlaggebend. Klee lehnte es ab, mit Marc über Kunsttheorien zu diskutieren. Als er sich im Frühjahr 1915 dann doch auf eine solche Diskussion mit Maria Marc einließ, bedauerte er diesen »Fehler«. Er vermerkte in seinem Tagebuch: »An Franz Marc mußte ich ins Feld schreiben, länger und viel ernsthafter als mir liegt. Ich erklärte mein Bedauern, daß ich mich mit seiner Frau zu kunsttheoretischen Auseinandersetzungen herbeigelassen hatte. Es hätte sich das aus meinem Bestreben ergeben, seiner Frau zu helfen, die aus ihrem vielleicht nur scheinbaren Gleichgewicht gekommen schien, und sich gegen ihren Mann stellte; was die Kunst betraf. Gewiß auch dies nur scheinbar, weil sie sicher dabei sein besseres Ich im Auge hatte.«[25]

Marc versuchte zu vermitteln und riet Maria, dem Freund gegenüber stets ganz offen zu sein und kein Doppelspiel zu betreiben. In seinem Brief an Klee ging er auf die Argumentation Marias ein, sie stelle immer gleich die selbstquälerische Gewissensfrage, während »die meisten sich bei dem sich selbst ausgestellten Vertrauensvotum beruhigen; das sind die glücklicheren und gesünderen Naturen. Aber die Gewissensfrage (die Frage nach der Sache, nach dem *Wesentlichen*) bleibt doch die letzte und *unumgängliche* Frage, – nicht dein ›ich und die Romantik‹! ... Der Künstler ist Werkzeug und schafft selbstlos, (die Alten nannten es Inspiration, entrückt sein) und steht hinter seinem Werk wie der Evangelist hinter dem Evangelium. *Er* muß nicht dem *Werke* Größe (seine immer beschränkte, bedingte Größe) verleihen, sondern das Werk ihm.«[26]

Einmal hatte Marc ihn während eines Fronturlaubs besucht – »und kam, obwohl sehr ermüdet und sichtlich abgemagert, unausgesetzt erzählend nach München. Anhaltender Druck und Freiheitsberaubung lasteten deutlich auf ihm. Das verdammte Habit, eine mäßig sitzende Unteroffiziersuniform mit Portepeesäbel, begann ich nun richtig zu hassen«, notierte Klee im Tagebuch.[27] Als der Urlaub zu Ende ging, kamen Franz und Maria Marc noch einmal zu den Klees. Sie brachten rohen Schinken mit, und Klee kochte ein Risotto. Man war vergnügt, der Abschied schien ihm nicht unerträglich. »Der Mann müßte wieder malen, dann käme sein stilles Lächeln zum Vorschein, das nun einmal zu ihm gehört, einfach und vereinfachend«, fand Klee. Ein letztes Mal trafen sich die Freunde im November 1915 in der Ainmillerstraße, als Marc auf Heimaturlaub in Bayern war. »Er sah diesmal gut aus, als Offizier konnte er sich pflegen, und die Haltung des Offiziers hatte er auch angenommen. Es stand ihm das neue Kostüm ich möchte fast sagen ›leider‹ gut«, beobachtete Klee.[28] Sie sahen sich Bilder von Alexej Jawlensky an, die Klee im Tausch von ihm bei einem Treffen in Fribourg erhalten hatte. An diesem Abend war Maria Marc nicht dabei, weil sie erkrankt war. Tiefer Ernst sei von Marc ausgegangen, dieses Mal habe er wenig gesprochen.

Zum Abschluss musizierten die Gastgeber, sie spielten Bach; währenddessen betrachtete Marc die Variationen von Jawlensky, die ihm etwas zu sagen schienen. Die Freunde ahnten nicht, dass sie sich nie wiedersehen sollten.

Die Nachricht von Marcs Tod traf ihn »wie ein Blitz«[29]. Maria Marc hatte ihm den Tod ihres Mannes aus Bonn telegrafisch mitgeteilt. Da sie sich gerade bei Lisbeth Macke aufhielt und nun zurück nach München wollte, bat sie Klee, sie in Frankfurt abzuholen, sie fühle sich nicht in der Lage, allein zu reisen. Er kam ihrem Wunsch nach, holte sie ab und begleitete sie im Nachtzug zurück nach München. Sie blieb dann für ein paar Wochen bei den Klees, bis sie in das vereinsamte Haus in Ried zurückkehrte. Klee berichtete in seinem Tagebuch über die Beileidsbesuche sowie die letzten beiden Briefe Franz Marcs aus dem Felde, die Maria noch erhalten hatte.

Klees »unbeteiligte« Einstellung bewahrte ihn jedoch nicht vor dem Kriegsdienst, da er nie Schweizer geworden war. Am 11. März 1916, also eine Woche nach Marcs Tod, wurde er selbst einberufen. Allerdings hatte er das große Glück, nicht mehr an die Front zu müssen. Er wurde in einer Werftkompanie der Flieger in Schleißheim eingesetzt, wo er die Aufgabe hatte, die Tragflächen von Flugzeugen anzustreichen. Ab 1917 arbeitete er dann als Schreiber in der Verwaltung der Fliegerschule in Gersthofen bei Augsburg. Zwar lebte er in dieser Zeit von seiner Familie getrennt und konnte Frau und Kind nur am Wochenende besuchen, aber künstlerisch konnte er seine Tätigkeit fortsetzen. Wegen der schwer zu beschaffenden Materialien musste er weiterhin auf kleinformatigem Papier arbeiten. Dennoch malte er viel in der Natur.

Obwohl einige seiner Freunde gefallen waren und der

Kreis um den »Blauen Reiter« auseinandergefallen war, fragte er sich selbst 1917, ob sich sein Malstil ebenso schnell entwickelt hätte, wenn nicht die äußeren Umstände 1916/17, also der Militärdienst, dazu beigetragen hätten. Dank der Ausstellungen Herwarth Waldens in Berlin war er nun bekannter geworden, erstmals konnte er gute Verkaufserfolge verzeichnen. Allein Walden kaufte in diesem Jahr eine Reihe seiner Bilder im Wert von 3460 Mark. Der Maler hatte Glück. Kurz vor dem Weihnachtsfest 1918 wurde er vom Militärdienst beurlaubt und kehrte nach München zurück. Im Frühjahr 1919 wurde Klee endgültig demobilisiert. Jetzt mietete er sich ein geräumiges Atelier im Schwabinger Schloss Suresnes. Endlich verfügte er über den Platz und die Zeit, sich auch mit großformatigeren Ölbildern zu beschäftigen.

Nachdem ihm seinem eigenen Gefühl nach der Durchbruch als Maler endlich gelungen war – er war inzwischen 40 Jahre alt –, begann er auch in Öl und auf Leinwand zu arbeiten. Er entwickelte eine freiere Malweise, wobei er häufig textile Bildträger verwendete. Seine Landschaftsbilder wurden zunehmend abstrakter und enthielten nun einzelne symbolhafte Elemente wie Vögel oder Bäume. Sie sollten aber nicht eine bestimmte Landschaft darstellen, sondern Stimmungen wiedergeben. Klee überarbeitete seine Tagebücher 1919 erneut, stets auf sein eigenes Image bedacht. Er war ein geschickter Geschäftsmann, der es verstand, Bilder zu verkaufen, Buch darüber zu führen und seine eigene Biografie zu konstruieren. Er selbst regte nun Bücher an, zwei Monografien über ihn erschienen bereits 1920, die ihn als weltabgewandten, romantischen Künstler darstellen. Er selbst versuchte diesen Eindruck noch zu verstärken, indem er die Tunis-Reise als eine Art »Erweckungserlebnis« hinstellte, das seinen Durchbruch als Maler plötzlich herbeigeführt habe. Er verlieh zudem seinem Künstlertum eine pseudoreligiöse Komponente[30], gemäß der romantischen Auffassung, ein Künstler werde über Nacht geboren. Wilhelm Hausenstein, der bedeutende Kunstkritiker, führte aber in seinem 1921 bei Kurt Wolff erschienenen Buch *Kairuan oder Eine Geschichte vom Maler Klee und von der Kunst dieses Zeitalters* den Entwicklungsschub des Künstlers wesentlich stärker auf die Zivilisationskrise zurück, die er nach dem Ersten Weltkrieg beobachtete. Klee musste einsehen, dass er seine Biografie weniger beeinflussen konnte, als er sich vorgestellt hatte.

1920 beauftragte Klee den Galeristen Hans Goltz in München mit seiner Generalvertretung (bis 1925). Damit verschaffte er sich einen weiteren Freiraum. Die Aufgaben, die er bisher selbst übernommen hatte – wie Ausstellungsorganisation, Kontakte, Werbung, Transport –, waren nun Sache des Galeristen Goltz. 1920 wurden in dessen Galerie in einer Kollektivausstellung bereits mehr als 360 Werke Klees ausgestellt.

Im selben Jahr traf er im Tessin auch zum ersten Mal seit sechs Jahren wieder auf die alten Freunde Werefkin und Jawlensky. Dort erreichte ihn auch das Telegramm mit der Berufung an das »Bauhaus«. Werefkin bedankte sich schriftlich für alles, was die Klees für sie getan hatten. Insbesondere Lily hatte nicht nur Malutensilien und warme Kleidung aus München in die Schweiz geschickt, sondern 1920 auch bei der Wohnungsauflösung geholfen.

Das »Bauhaus« in Weimar

Klees zunehmende Bekanntheit hatte zur Folge, dass er von Walter Gropius an das »Bauhaus« in Weimar berufen wurde. Schon im Januar 1921 trat der Maler dort seine neue Position als Formmeister an. Zunächst reiste er noch in zweiwöchigem Abstand von München nach Weimar; im September zog dann die Familie um. Die Wohnung der Klees war bescheiden, aber in schöner Lage hoch über dem Park. Lily brauchte nun keine Stunden mehr zu geben, doch blieb die Musik ein wichtiger Teil ihres Lebens. Sie führte ein gastliches Haus, übernahm die herkömmliche Rolle als Mutter und Hausfrau und unterstützte ihren Mann bei all seinen Vorhaben. Im Jahr darauf trat auch Kandinsky seine Stelle in Weimar an, die Wiedersehensfreude war groß. Die Zeit am »Bauhaus« war für Klee äußerst fruchtbar. Er musste nun seine kunsttheoretischen Überlegungen in der Lehre umsetzen, was ihn viel Zeit kostete, denn er war stets äußerst gründlich vorbereitet. Er analysierte im Unterricht auch seine eigenen Bilder und war bescheiden genug festzustellen, dass auch er von den Schülern lernte. Auch Lily, die, selbst wenn sie getrennt voneinander waren, großen Anteil an der Kunst ihres Mannes nahm, erklärte er seine Bilder. Klee fühlte sich in Weimar endlich finanziell abgesichert: Er bezog ein regelmäßiges Gehalt und konnte sich die bürgerliche Lebensform, die er schon immer angestrebt hatte, leisten. Trotz der Wirtschaftskrise und der damals herrschenden Inflation konnte die Familie von dem Gehalt und den Bilderverkäufen leben. 1923 fanden das berühmte »Bauhaus«-Fest in Weimar sowie die »Bauhaus«-Ausstellung mit Bildern Paul Klees im Kronprinzenpalais in Berlin statt.

1924 gründete Klee zusammen mit Lyonel Feininger, Wassily Kandinsky und Alexej Jawlensky die bereits erwähnte Gruppe »Die Blaue Vier«. Lily und Paul Klee hatten Emmy (Galka) Scheyer, die dieser Gruppe in Amerika zu Ruhm verhelfen wollte, schon 1919 bei Jawlensky in München kennengelernt. Die beiden Frauen freundeten sich an, Emmy Scheyer nannte Lily »Kleelilein«, diese wiederum redete ihre

Freundin mit »Emmy« an. Beide schrieben sich über die Jahre hinweg ausführliche Briefe. Galka besuchte die Klees regelmäßig in Weimar und verbrachte auch den Jahreswechsel 1920/21 mit ihnen.

Im Sommer 1924 fuhren die Klees nach Sizilien. Lily war hingerissen. Sie schrieb einen Brief an die Freundin, die sich gerade in New York aufhielt, in dem sie ausführlich von der herrlichen Reise berichtete.[31] Es war für sie die erste Reise in den Süden. Sie blieben 14 Tage in Taormina und badeten wegen der großen Hitze dreimal täglich im »jonischen Meer«. Anschließend fuhren sie noch für neun Tage nach Rom und blieben weitere zwei Tage in dem schönen, eleganten Mailand. Lily berichtete nicht nur über die bezaubernde Landschaft, sondern sehr anschaulich auch über die italienische Mode, über den Sommerurlaub der Kandinskys und Feiningers und schließlich über die Musikereignisse in Dresden, wo sich die Eheleute anlässlich einer Klee-Ausstellung eine Woche lang aufgehalten hatten. Auch über die Konzerte, die die Klees selbst im »Bauhaus« gaben, erfährt man manches. Allerdings hielt Klee nicht viel von der gegenseitigen Durchdringung der zeitgenössischen Musik mit der Malerei; jede dieser Künste habe genug mit sich zu tun und könne ihr Ziel noch nicht sehen, äußerte er einmal gegenüber Grohmann. Er stand damit im Widerspruch zu den anderen Künstlern des »Blauen Reiters«, insbesondere Kandinsky, aber auch Macke und Marc.

Künstlerisch konnte Klee 1924 weitere Erfolge verzeichnen. Er hielt im Museum von Jena seinen berühmten Vortrag »Über die moderne Kunst«. Auf der Surrealistenausstellung und in der Galerie Vavin-Raspail in Paris wurden seine Bilder gezeigt.

Mit dem »Bauhaus« nach Dessau

1924 verschlechterten sich die Verhältnisse in Weimar, weil das »Bauhaus« von rechtsnationalen Kreisen angegriffen worden war. Das führte zu einer Kürzung des Budgets und zur Kündigung der »Bauhaus«-Meister. Daraufhin erklärten sie die Auflösung des »Bauhauses« zum 1. April 1925. Im Herbst wurde es dann in Dessau erneut eröffnet, die Lehrveranstaltungen wurden fortgesetzt.

Damit verbesserten sich die Lebensverhältnisse der Klees noch einmal. Die »Meister« wurden zu Professoren, das »Bauhaus« als Hochschule anerkannt. Jedoch waren die von Gropius entworfenen »Meisterhäuser« noch nicht fertig. Lily, noch in Weimar, schrieb wieder einen langen Brief an Emmy Scheyer in San Francisco[32], in dem sie von den Lebensumständen berichtete. Es machte ihr nichts aus, dass sie noch nicht umziehen konnten, denn in Weimar gefiel es ihr besonders gut. Sie erzählte von ihrem intensiven geistigen Leben, der Literatur, die sie gelesen hatte, der Beschäftigung mit Astrologie, der sie sich in diesem Winter gewidmet habe, der Musik, der Wirtschaftskrise, den Ausstellungserfolgen ihres Mannes, die aber leider nichts eingebracht hätten, und schließlich von ihrem achtzehnjährigen Sohn Felix, der Opernregisseur werden wollte. Sie berichtete auch von vielen Konzertbesuchen und welche Kammermusik sie selbst – teils mit ihrem Mann – einstudiert hatte. Ihre musikalischen Interessen bezogen sich keineswegs nur auf klassische Kammermusik, sondern durchaus auf die damalige zeitgenössische Musik von Igor Strawinsky, Franz Schreker und Richard Strauss. »Wann wir Ihnen wol wieder einmal vorspielen können?«, fragte sie in ihrer unorthodoxen Schreibweise. Dieser Brief bezeugt die große Bandbreite

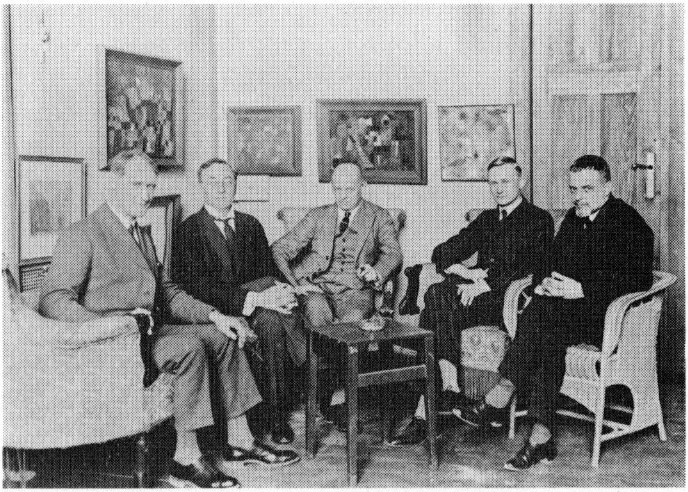

Die »Bauhaus«-Meister Lyonel Feininger, Wassily Kandinsky, Oskar Schlemmer, Georg Muche und Paul Klee (von links) in Klees Atelier in Weimar, 1925

ihrer Interessen, die sie befähigten, ihrem Mann eine ebenbürtige Gesprächspartnerin zu sein. Sie erledigte die Korrespondenz für ihren Mann, auch führte sie stets ein gastliches Haus.

Im Juli 1926 konnte die kleine Familie in eines der sieben von Gropius entworfenen Meisterhäuser in Dessau, Burgkühnauer Allee 6–7, Tür an Tür mit den Kandinskys, einziehen. Bis dahin hatte Klee, wenn er nach Dessau kam, bei ihnen zur Untermiete gewohnt. Schon über die Zeit in Weimar hatte Nina geschrieben: »Ich klammerte mich an die wenigen Freunde, denen ich vertraute. Zu ihnen gehörten zu allererst die Klees.«[33] Lily half Nina, eine Schallplattensammlung anzulegen, und informierte sie über gute Musikaufführungen. Das abendliche Musizieren der Klees wurde in Dessau weitgehend eingestellt, denn nun spielte Paul in einem Streichquartett mit. Die Freundschaft zwischen den beiden Meistern und ihren Familien wurde noch enger. Sohn Felix war einmal mit seinem Vater zum Abendessen bei den Kandinskys: »Normalerweise unterhält man sich doch beim Essen. Das war bei Kandinsky nicht der Fall. Kandinsky saß wie ein Prophet am Tisch, hatte ein Buch neben sich und las während des Essens darin. Ich weiß noch heute, daß es Bratkartoffeln mit Schinken gab. Und auf jeden Happen strich Kandinsky sich eine dicke Schicht schärfsten Senfs. Ich war beeindruckt, weil bei Kandinskys einfach alles anders als bei uns war. Zum Abendbrot gab es starken schwarzen Tee. Hier wurde die heilige Form des Essens zelebriert und kultiviert. Für mich war das ein ungewöhnliches Erlebnis.«[34] Und während der 24. Dezember stets im kleinen Kreis bei den Klees gefeiert wurde, traf man sich zu Silvester mit anderen Kollegen im Hause Kandinsky. Um Mitternacht wurde jedes Mal der Walzer »An der schönen blauen Donau« gespielt, und beide, Klee und Kandinsky, mussten sich zum Tanzen aufraffen.

Die nächsten Jahre war Klee durch die Lehrtätigkeit am »Bauhaus« weitgehend ausgelastet. Von Dessau aus fuhren Lily und er im Sommer mehrfach nach Frankreich und Italien. Im Sommer 1926, nach dem Umzug, reiste die kleine Familie zunächst in die Schweiz, von dort aus sechs Wochen nach Italien; erst blieben sie drei Wochen auf der Insel Elba, danach sahen sie sich Pisa, Florenz, Ravenna, Bologna und Mailand an und kehrten wieder in die Schweiz zurück. Lily fuhr dann noch für drei Wochen nach München. Am 4. Dezember fand in Dessau die feierliche Einweihung des »Bauhauses« zugleich mit Kandinskys 60. Geburtstag statt. »Klee malt fleißig. Ich habe d. Musik, mehr denn je«, schrieb Lily Klee Anfang Januar 1927 an Emmy Scheyer. 1928/29 ermöglichte die 1925 in Deutschland gegründete Paul-Klee-Gesellschaft dem Künstler eine Studienreise nach Ägypten. Im Sommer 1929 verbrachten die Klees, nur wenige Kilometer von den Kandinskys entfernt, einen Urlaub an der französischen Atlantikküste. Anlässlich seines 50. Geburtstages widmete die Galerie Flechtheim Paul Klee in Berlin eine große Ausstellung, die 1930 auch im Museum of Modern Art in New York gezeigt wurde.

Allmählich empfand Klee die Lehre zunehmend als Belastung. Obwohl er nun Routine hatte, bereitete er sich immer noch gründlich auf seinen Unterricht vor und hatte zunehmend weniger Zeit für sein eigenes künstlerisches Schaffen. An Lily schrieb er 1929 in einem Brief, dass er nur noch Kleinigkeiten zustande bringe, aber nichts Substanzielles. Deshalb versuchte er, eine Stelle zu finden, die ihm die gleiche materielle Sicherheit, aber größere persönliche Freiheit bot. Als Walter Gropius das »Bauhaus« verließ und der Architekt Hannes Meyer der neue Direktor wurde, wurde das Klima dort zunehmend politisiert.

An der Kunstakademie in Düsseldorf

Nach zehnjähriger Tätigkeit am »Bauhaus« in Weimar und Dessau kündigte Klee schließlich seine Stellung. Er wurde im Sommer 1931 als Professor an die Düsseldorfer Kunstakademie berufen, wo er Kollege von Heinrich Campendonk wurde. In den Sommerferien fuhr er noch einmal in den geliebten Süden, an die Biskaya. Im Wintersemester 1931/32 bot er einen Kurs über Maltechnik an. Die Schüler berichteten, sein Unterricht habe eher philosophischen Charakter gehabt. Während des Semesters pendelte er zwischen Dessau und Düsseldorf, in beiden Städten unterhielt er noch Ateliers, und Lily und Felix waren ohnehin vorerst noch in Dessau geblieben. Trotz einiger Unruhe durch die neue Situation erlebte Klee erneut eine kreative Phase. Die Lebenswege von Kandinsky und Klee trennten sich zwar, als er Dessau verließ, aber die Freundschaft bestand weiter. Kandinsky ging noch für eine kurze Galgenfrist mit dem »Bauhaus« nach Berlin.

Bereits am 1. Februar 1933 wurde an der Düsseldorfer Kunstakademie ein nationalsozialistischer Direktor eingesetzt. Am 17. März 1933 durchsuchten SA-Männer unter der Führung eines Polizeibeamten das Klee'sche Haus in Dessau in Abwesenheit der Besitzer. Dabei wurden wichtige und »belastende« Akten beschlagnahmt. Man fand nicht nur die Korrespondenz mit Freunden, die bereits emigriert waren oder eine politisch abweichende Meinung hatten, sondern auch Schweizer Bankunterlagen. Klee flüchtete in die Schweiz, denn er befürchtete, wegen Devisenvergehens festgenommen zu werden. Lily blieb noch in Dessau. Klee beauftragte seinen Schweizer Freund Rolf Bürgi, zu Lily zu reisen und sie zu unterstützen. Dieser »fand dort nicht eine niedergeschlagene Frau vor, sondern einen Menschen mit dem ganz bestimmten Willen, Klee und sein Werk zu retten«. Es gelang Bürgi, die ungesichteten Akten zurückzuerhalten. Zusammen mit Lily ordnete er sie dann, verbrannte alles, was Klee hätte belasten können, und reiste zurück.[35] Am 1. April druckte die Düsseldorfer *Volksparole* erneut einen Hetzartikel ab, in dem Klee persönlich angegriffen wurde. Anfang April reiste Klee wieder von der Schweiz nach Düsseldorf und besprach mit dem Interimsdirektor der Düsseldorfer Kunstakademie Prof. Julius Paul Junghanns die Lage. Es hatte den Anschein, dass dieser noch versuchte, eine »Beurlaubung« Klees zu verhindern und eine andere Lösung zu finden. Aber wenige Tage darauf übergab er dem Regierungspräsidenten einen Bericht, in dem er zahlreiche Professoren, darunter Klee, zur Entlassung empfahl. »Wird als Jude und als Lehrer für unmöglich und entbehrlich angesehen«, lautete das Urteil über Paul Klee in diesem Schreiben.[36]

Inzwischen bereitete Lily den Umzug von Dessau nach Düsseldorf vor, der für den 1. Mai geplant und nicht mehr aufzuhalten war. Am 4. April stellte Klee einen Antrag auf Bevorschussung der Umzugskosten in Höhe von 1000 Mark. Anfang April kam Emmy Scheyer aus Hollywood nach Dessau und wählte im Atelier Klees 75 Bilder aus, die sie in Amerika verkaufen wollte. Sie wurden ihr im Juni nach Amerika gesandt. Ende April 1933 schrieb Lily aus Düsseldorf einen Brief an Emmy:

»Meine lb. Emmy! Wir ziehen morgen ein in d. Häuschen – werden noch einige Tage Unruhe haben … Also sobald wir unsere dringendsten Dinge ausgepackt haben, wird Kl. die Bilder zusammenstellen u. dieselben d. Spediteur übergeben. Es ist ein wahres Verhängnis daß Sie Klee nicht gesehen haben diesmal … Wir hatten noch viel Schlimmes durchzumachen. Kl. wurde, wie wir es erwartet haben von der Akademie beurlaubt! Vorher kam auch noch einiges Widrige.

Kurz ein Jahr des Schicksals wie schon lange nicht. Von D.[essau] mußten wir fort. Keinen Tag länger wäre ich in dem Hause geblieben, wo ich soviel durchgemacht.«[37]

Klee wurde am 21. April mit »sofortiger Wirkung« von seinem Lehramt beurlaubt. Seine Entlassung aufgrund des »Gesetzes zur Wiederherstellung des Berufsbeamtentums« wurde ihm im Herbst mitgeteilt und sollte zum Jahresende gültig werden. Bis dahin bezog er noch ein monatliches Gehalt von 800 Mark. Düsseldorfer Zeitungen prangerten ihn als »sibirischen Ostjuden und gefährlichen Kulturbolschewisten«[38] an. Paul und Felix wurden verpflichtet, ihre arische Herkunft nachzuweisen. Bereits Anfang April schrieb Paul an Lily: »Von mir aus etwas gegen so plumpe Anwürfe zu unternehmen, scheint mir unwürdig. Denn: wenn es auch wahr wäre, daß ich Jude bin und aus Galizien stammte, so würde dadurch an dem Wert meiner Person und meiner Leistung nicht ein Jota geändert.«[39] Keinesfalls wollte er den Anschein erwecken, sich um die Gunst der Machthaber zu bemühen. Auf die amtliche Anforderung des Ariernachweises antwortete Lily: »Mein Mann beauftragte mich für Herrn Dr. Schardt die Dokumente seiner arischen Abstammung in beiden Linien zu kopieren. Sie ersehen daraus wie emsig die Verleumdung am Werk ist. P. Klee stammt von väterlicher Seite aus *bestem deutschen bauernblute.* Von mütterlicher Seite aus altem basler patriziergeschlecht: dies ist ›Der galicische Jude‹ den die hiesigen amtslüsternen Kitschmaler des Malkastenkreises Paul Klee allzu gerne angehängt hätten.«[40]

Zwar ging der Umzug noch vonstatten, aber Klee konnte nicht auf eine Wiedereinstellung hoffen. Auch der Kollege Heinrich Campendonk war entlassen worden. Die Wohnung in der Düsseldorfer Heinrichstraße aber war für ein Jahr gemietet. Felix, der inzwischen geheiratet hatte, zog im Juni 1933 mit seiner Frau Euphrosine (genannt Phroska) aus Sparsamkeitsgründen ebenfalls dort ein. Ab Herbst 1933 hatte Felix zwar als Opernregisseur in Ulm ein kleines Gehalt, aber seine Frau, eine Sängerin, war seit fast vier Jahren ohne Engagement. Im November 1933 zogen Felix und Phroska nach Ulm. Paul und Lily unterstützten die jungen Leute mit 220 Mark im Monat.

Gleich nach dem Umzug im Mai begann Klee wieder zu arbeiten. Im Herbst reiste er nach Südfrankreich. In Paris führte er in weiser Voraussicht mit Daniel-Henry Kahnweiler Verhandlungen mit dem Ergebnis, dass ab 1934 der Kunsthändler die Alleinvertretung des Malers übernahm und alle seine Ausstellungen, auch die in Amerika, organisierte. Wenn Klee auch weltabgewandt wirkte, so war er doch hellsichtig genug, die politische Lage im nationalsozialistischen Deutschland richtig einzuschätzen. Aber Lily war nun alles verleidet, das Häuschen und die Stadt Düsseldorf. Sie wusste auch nicht, ob es woanders besser sein würde, waren doch inzwischen überall in Deutschland Hetzkampagnen gegen die moderne Kunst im Gange. Auch der Judenboykott bereitete ihr Sorgen. »Tief besorgt bin ich über das Schicksal meiner Heimat unter solch dilettantischen Händen. – Ich sprach 2 christliche Kaufleute: Der Judenboykott wirkt sich wirtschaftlich immer katastrofaler aus. Soll uns schon Milliarden gekostet haben u. überhaupt eine böse Angelegenheit. Hat uns völlig vom Ausland isoliert u. uns den Rest jeder Sympathie genommen«[41], schrieb sie Ende Mai 1933 an Gertrud Grohmann.

Zum Haushalt der Klees hatten in Dessau noch ein Dienstmädchen und die Gymnastiklehrerin des »Bauhauses« gehört, Karla Grosch, eine Palucca-Schülerin. Karla hatte in der Familie die Rolle einer Pflegetochter. Sie verunglückte, als sie im Mai beim Baden in Tel Aviv von einer großen Welle erfasst und ins offene Meer getragen wurde. Als ihr Verlobter Franz Aichinger sie retten wollte, starb sie in seinen Armen an Herzversagen. Die Klees wurden vom Deutschen Konsulat in Jaffa telegrafisch über ihren Tod benachrichtigt. Sie hatten Karla wie ihr eigenes Kind geliebt. Lily war »wochenlang ... völlig erschlagen vor Schmerz und Kummer. Auch Klee ist ganz verdüstert«, schrieb sie ihrer Freundin Emmy.[42] Karla Grosch hatte mit ihrem Verlobten nach Palästina auswandern wollen.

Auch das Ehepaar Klee plante nun, Deutschland zu verlassen und sich wieder in der Schweiz anzusiedeln. Beim Abschied soll der Maler zu seiner Düsseldorfer Arbeitsgruppe gesagt haben: »Meine Herren, es riecht in Europa bedenklich nach Leichen.«[43]

Im Jahr der nationalsozialistischen Machtergreifung setzte sich Klee mit der politischen Situation auch künstlerisch auseinander. Er schuf 246 Zeichnungen, von denen 100 ausgewählt und in einer Ausstellung gezeigt wurden, die erst 2003 in München, Bern, Frankfurt a. M. und in Hamburg stattfand. Klee soll zu seinen Freunden Walter Kaesbach und Alexander Zschokke Ende Juli 1933 gesagt haben, er habe die nationalsozialistische Revolution gezeichnet. Dieses Konvolut gilt als »umfangreichster Kommentar eines Künstlers der Avantgarde zu den Ereignissen des Jahres 1933«[44]. Klee bediente sich in diesen eher zurückhaltenden Zeichnungen der Mittel von Farce und Parodie, sodass man nicht unbedingt erkennen kann, dass es sich dabei um politischen Protest handelte. Aber Titel wie »Kriechender«, »Auswandern«, »Menschenjagd« oder »Gewalt« sowie der Zeitpunkt des Entstehens deuten auf einen politischen Gehalt hin. Keineswegs aber können alle Zeichnungen dieser Mappe als politischer Protest interpretiert werden.

Damals hatte Klee schon viel erlitten: am 17. März die Hausdurchsuchung, am 21. April die Entlassung, am 8. Mai Karla Groschs Tod, die vermutlich in Deutschland geblieben wäre, wenn sie nicht verfolgt gewesen wäre. Hinzu kamen die überflüssige Wohnungssuche, der von ihm verlangte Ariernachweis, die Ausstellung seiner Werke in verschiedenen »Schandausstellungen« und die Verfemung als »Jude«. Die Dresdener Ausstellung »Entartete Kunst«, die ebenfalls ein Gemälde Klees enthielt, wanderte bis 1937 durch mindestens zwölf deutsche Städte, bis sie durch die größere Münchner Ausstellung gleichen Namens abgelöst wurde.

Im Herbst 1933 fuhren Lily und Paul Klee getrennt nach Basel zur Ausstellung »Aristide Maillol« und anschließend nach Bern. Dort sondierten sie die Möglichkeiten für eine Niederlassung in der Schweiz. Im November erbat Klee die Leihgaben und Kommissionsbilder aus verschiedenen Museen und Galerien zurück. Kurz vor Weihnachten schrieb er seinem Sohn Felix, dass er das Fest mit Lily bei seinem Vater verbringen werde. Das Düsseldorfer Atelier hatte er bis Mitte Dezember räumen müssen. Die Packerei dauerte vierzehn Tage, und die Klees waren erstaunt, was dabei alles zutage gefördert wurde. Vorher hatte Lily Emmy Scheyer ihre neue Postadresse mitgeteilt, auch für eventuelle Geldanweisungen, und hinzugefügt: »M. Mann hat die ganze Zeit gearbeitet u. wie! Ganz neue herrl. Dinge. Alles für d Zukunft.«[45] Die Wohnung in Düsseldorf hatten die Klees nur ein halbes Jahr bewohnt und schon stand ein neuer Umzug bevor. Diesmal aber handelte es sich um den Abschied aus Deutschland.

Im Exil

»Morgen reise ich mit bimbo [die Katze] n. bern u. dann ist diese für mich so unsagbar schwere Düsseldorfer Zeit hoffentl. abgeschlossen damit … Ich hoffe daß Vater bis zum 24. 12. auch schon in Bern sein kann. So fahre ich nun hinaus in d. Welt zum 1. Mal i. Winter heimatlos. – Das war ein böses Jahr. Mit Grausen denk ich daran zurück. Es hat mich bös mitgenommen. Eine nervöse Herzgeschichte habe ich mir zugezogen«, schrieb Lily Klee ihrem Sohn kurz vor Weihnachten 1933.[46]

Paul und Lily Klee trafen am 20. und am 24. Dezember 1933 getrennt in Bern ein. Zunächst kamen sie bei Vater und Schwester unter. Noch vor Jahresende meldete sich Klee bei der Fremdenpolizei und stellte einen Antrag auf schweizerische Staatsbürgerschaft. Die Wohnungssuche gestaltete sich schwierig. Erst nach Eintreffen der Bilder und Möbel aus Deutschland richteten sie sich eine Wohnung im Kistlerweg 6 ein. Lily war selig. Sie schrieb an Emmy, die sich gerade in Hollywood ein Haus gebaut hatte und nach Bilderverkäufen in Amerika 1284,60 frcs. an die Klees übersandt hatte: »Und nun sind auch wir seßhaft geworden. Wir haben eine Wohnung gefunden, klein, d.h. zeitgemäß, aber mit allem Komfort u. deshalb leicht u. allein zu bewirtschaften. Drei Räume Arbeitsraum für Klee, Musikzimmer, Schlafzimmer, Bad mit elektr. Boiler (warm Wasser Tag u. Nacht, Wohndiele Wohnküche (mit Etagencentralheizung u. kl Mansardenzimmerchen). Terrasse mit Blick auf die Hochalpen bei klarer Sicht. Die Wohnung ist in der 2. obersten Etage eines 3-Familienhauses in bestem Außenvillenviertel Berns gelegen u. ganz ländlich mit guter Luft. Natürlich ist Klees Arbeitsraum eigentlich nicht groß genug. Aber zunächst sind wir froh u. dankbar wieder das Werk hier zu haben u. das Wiedersehen mit unsern Sachen war ein freudiges Ereignis. Vielleicht werden aber die Zeiten auch wieder einmal besser u. dann ist es viell. doch möglich, daß Klee den ihm entsprechenden Arbeitsraum bekommt ... Diese kleine aber reizende Wohnung (ein kl. Schmuckkästchen haben wir wie 2 glückliche Kinder eingerichtet ... Gerade in der Beschränkung kann der Mensch viel glücklicher sein. Ich sehe das jetzt deutlich.«[47] Trotz dieser Beschränkung brauchten die Klees Geld, denn der Kunstmarkt lag brach, und Klee hatte kein Einkommen mehr. Sie hofften also auf Galkas Verkäufe in Amerika. In seinem relativ kleinen Atelier im

Kistlerweg, das er nur sechs Jahre nutzen konnte, soll Klee 2700 teils großformatige Werke geschaffen haben.

Sein Malstil enthielt immer mehr Zeichen und Runen, mit denen er versuchte, dem Psychischen optisch Gestalt zu verleihen. Dabei treten Bedrückung und Leid in Form bedrohlicher Dämonen auf, deren Gegenpol Engel darstellen, die wiederum sehr menschlich auftreten. Im Spätwerk Klees ist die Formensprache – ähnlich wie bei Jawlensky – auf elementare Symbole und Zeichen reduziert, wenngleich die unterschiedliche Herkunft beider Künstler nicht zu verleugnen ist: Jawlenskys Zeichensprache ist aus der russischen Tradition der Ikonen abgeleitet, bei Klee hingegen geht es um »eine psychologisch interpretierende, modern-romantische ›Ironie mit tieferer Bedeutung‹. Es ging Klee aber nicht nur um diese physiognomische-psychologische Deutung des Menschen, sondern auch um gedankliche Bewegung und Formung überhaupt.«[48]

1935 fand in Bern eine große Werkschau von Klee statt, die anschließend mit weniger Exponaten nach Basel ging. Lily fand, es sei eine »ganz einzigartige Ausstellung« gewesen, »die schönste und umfassendste Ausstellung die Klee je gehabt hat. Ganz starker nachhaltiger Eindruck u. wie war sie gehängt! So etwas ist ganz einmalig. Im übrigen sind wir natürlich froh hier sein zu können. Das ist mir wieder sehr klar geworden«[49], schrieb sie an Emmy Scheyer. 1934 war nämlich von der Gestapo das Buch seines Biografen Will Grohmann, *Paul Klees Handzeichnungen,* beschlagnahmt worden. Die nächste große Klee-Ausstellung fand vom 26. April bis Anfang Juni 1936 im Luzerner Kunstmuseum statt. Lily suchte alle 170 gezeigten Werke Klees selbst aus, stellte die Aquarelle zusammen und fuhr zur Eröffnung nach Luzern. Klees Schaffen wurde gewürdigt, Führungen veranstaltet, das Publikumsinteresse war groß. Sogar das Presseecho war ausgezeichnet. Zur Enttäuschung der beiden Klees wurde jedoch kein einziges Bild verkauft. Nun hofften sie noch auf Verkaufserfolge in Hollywood und Oakland, wo im August/September Ausstellungen stattfanden.

Der Kampf gegen die Krankheit

Die Hoffnung auf Bilderverkäufe wurde umso dringlicher, je mehr klar wurde, dass Paul Klee sehr krank war. Schon im Juli 1935 hatten sich bei ihm erste Anzeichen einer Krankheit gezeigt, die zunächst nicht diagnostiziert werden konnte. Im Sommer 1936 berichtete Lily Klee ihrer Freundin Emmy nach Hollywood: »Unglaublich lange hat es gedauert bis er sich etwas erholte u. die Kräfte einigermaßen wiederkamen. Sie ahnen ja nicht wie schwer krank er war u. daß es überhaupt ein Wunder ist, daß er gerettet wurde u. *noch lebt!!* … Sie können sich ohnehin denken, was diese Krankheit gekostet hat! Ich war auch so müde u. erledigt. ¾ Jahr Pflege u. die viele Sorge hat mich doch mürbe gemacht. Wenn ich m. Klavier u. die Musik nicht gehabt hätte, wäre ich manchmal ganz verzweifelt. Aber das hält mich immer aufrecht u. im Gleichgewicht. Unerklärlich mir auch, wie Klee zu dieser Krankheit gekommen ist denn es war nicht eine sondern viele u. schwerste Komplikationen. *Chronische* doppelseitige Lungenentzündung. Pleuritis = Brust u. Rippenfellentzündung. Herzerweiterung. Dazu der schwere Masernfall … Nun können Sie sich einen Begriff von dem Ernst d. Situation machen. Aber wie er es getragen hat! Immer ruhig u. gelassen u. geistig für sich thätig durch Lektüre. Ach, welch geduldiger Kranker! Nie ein Wort d. Klage. – Ich habe mich auch immer bemüht ihn mit Heiterkeit u.

Zuversicht, welches Gottesgeschenk mir in d. Wiege gelegt wurde, zu pflegen.«[50]

Paul Klee war durch diese tückische Krankheit in seiner Aktivität fast lahmgelegt. Als Lily diesen Brief schrieb, befand sich Klee in einem Sanatorium. Für beide wäre dieser Aufenthalt zu teuer gewesen. Zwar erholte er sich nach Kuraufenthalten im Engadin und Wallis noch einmal langsam, aber es stellte sich heraus, dass er an einer progressiven Sklerodermie litt. Die Diffamierung und Verfolgung in Deutschland waren ihm offenbar buchstäblich »unter die Haut« gegangen. Die Krankheit befällt vor allem die Haut, die sich verhärtet, aber auch die Schleimhaut der oberen Verdauungsorgane, die Lunge und die Nieren. Es handelt sich um eine Autoimmunkrankheit, die bis heute nicht therapierbar ist. Sie führte dazu, dass Klee nur noch im Sitzen malen konnte und häufig Schmerzen in Fingern und Armen hatte. Nach langer Unterbrechung ging Klee 1937 wieder an die Arbeit.

Lily hielt inzwischen die Kontakte zu alten und neuen Freunden, beispielsweise zu Ada Nolde, Emil Noldes Frau. Mit Maria Marc hatte Lily auch immer noch Verbindung. Die beiden Frauen duzten sich. Maria berichtete 1936 den Klees über den großen Erfolg der Franz-Marc-Gedächtnisausstellung. Lily meinte dazu in einem Brief an Emmy Scheyer, »Wenn Franz noch leben würde, wäre er ebenso wie d. Anderen im Exil.«[51] Ab und zu besuchte Maria Marc Paul Klee in Bern, um Rat und Urteil bei ihm einzuholen. Sie, die seit 1929 in Ascona lebte, fuhr des Öfteren auch zur Kur in Schweizer Badeorte. Als sie wieder einen Flügel besaß, teilte sie das ihrer früheren Klavierlehrerin mit, und Lily antwortete ihr: »Die Muse hilft über so vieles hinweg. Ohne die Muse K. hätte das alles auch gar nicht so geschehen [können].«[52]

Die Korrespondenz zwischen den beiden belebte sich 1936, weil Maria Lily gebeten hatte, ihr Postkarten und Briefe Franz Marcs für ihren geplanten Erinnerungsband zu schicken. Trotz der starken Belastung suchte Lily Klee die gewünschten Dokumente heraus und kopierte sie handschriftlich. »Solche liebevolle freundschaft hat sich seit Franz Tod meinem Mann nie mehr geboten«, stellte sie fest. Franz sei ein »Aristokrat des Geistes« gewesen.[53] Die beiden Frauen tauschten Informationen über die neuesten Ereignisse bei Freunden und Bekannten aus, so berichtete Lily über den Tod ihrer Pflegetochter und Maria über den Tod Helmuth Mackes, der vor drei Jahren beim Paddeln auf dem Untersee ertrunken war. Lily schrieb, sie hätten nicht gewusst, dass Marianne von Werefkin so krank gewesen sei; sie sei eine »fabelhafte Frau und Künstlerin«, urteilte sie in einem Brief an Maria vom 16. September 1936 aus Montana s. Sierre Valais, wo sie sich mit ihrem Mann zur Kur aufhielt.

Im Frühjahr 1937 kamen Nina und Wassily Kandinsky zu Besuch; Anlass war eine Kandinsky-Retrospektive in der Berner Kunsthalle. Der Direktor der Kunsthalle hatte es so eingerichtet, dass sie sie an einem publikumsfreien Tag sehen konnten. Die alten Freunde besichtigten gemeinsam die Ausstellung. Nina war von Klees Aussehen so erschüttert, dass sie die Tränen kaum unterdrücken konnte. Er »war bereits so geschwächt, daß er sich, auf den Arm seiner Frau gestützt, langsam durch die Räume schleppte und die Bilder nur noch sitzend zu betrachten vermochte. Doch der Anblick von Kandinskys Werken gab ihm so viel Kraft, daß er sich auf eigenen Wunsch die ganze Ausstellung ansah.

Als wir uns von Klee ein paar Tage später verabschiedeten, sagte ich zu ihm …: ›Ich hoffe, Sie bald in Paris zu sehen.‹ ›Dazu wird es wohl nicht mehr kommen‹, erwiderte Klee. Er fühlte, daß sein Ende bevorstand.«[54] Die Kandinskys hatten alles versucht, um Klee zu helfen. Von Paris aus empfahlen sie einen Akupunktur-Spezialisten, und als sie einsehen mussten, dass Klee nicht mehr reisen konnte, versuchten sie Lily und Paul Klee den Kontakt zu diesem Spezialisten zu vermitteln. Auch eine Atemmaske, die ihm selbst schon einmal geholfen hatte, um die Atembeschwerden zu lindern, empfahl Kandinsky seinem Freund. Aber es war zu spät. Nichts konnte diese seltene Krankheit aufhalten. Dennoch lebte Klee nach dem Wiedersehen mit Kandinskys noch drei Jahre und war noch künstlerisch tätig.

Denn trotz der Einschränkung durch seine Krankheit erlebte Klee seit dem Sommer erneut eine Phase der Schaffenskraft, ja, er geriet geradezu in einen Schaffensrausch, als müsse er der Welt noch mitteilen, was er zu sagen hatte. Umso heftiger traf ihn die Diffamierungskampagne der nationalsozialistischen Kulturpolitik: Im Sommer 1937 fand die Münchner Ausstellung »Entartete Kunst« statt, in der mindestens vierzehn Bilder Klees zu sehen waren und er damit als Künstler an den Pranger gestellt wurde. Im August beschlagnahmten die Nationalsozialisten in öffentlichen Sammlungen über hundert seiner Werke. Sie bekämpften die »Abstrakten« wie Klee und Kandinsky mit besonderer Härte. Auch in der Schweiz bekamen diejenigen Auftrieb, die schon immer gefunden hatten, dass abstrakte Kunst einem kranken Geist entspringe. Dennoch konnte Klee bei manchen seiner Kollegen Trost und Unterstützung finden; berühmte und bewunderte Künstler wie Picasso, Braque und Kirchner besuchten ihn in Bern.

1938 fanden weitere Ausstellungen mit Werken Klees in Paris und New York statt. In Deutschland dagegen hatte er keinerlei Aussichten mehr. Sein Zustand hatte sich etwas stabilisiert, führte aber nach wie vor zu erheblichen körperlichen

Beschwerden. Er wurde immer durchsichtiger und schwächer. Klee war ein Feinschmecker und kochte am liebsten selbst. Nun konnte er nur noch besonders zubereitete flüssige Nahrung zu sich nehmen, die er ebenfalls selbst besorgte. Im Sommer 1938 verbrachte er einen mehrwöchigen Erholungsaufenthalt im Berner Oberland, der zu einer gewissen Kräftigung führte. Wenn Lily Klavier spielte, insbesondere die Goldberg-Variationen von Bach, fand er Ruhe und Entspannung. Mit ihr dachte er sich auch die Titel für seine Bilder aus, die oft rätselhaft klingen. Wenn er einige Bilder fertiggestellt hatte, öffneten die Klees eine gute Flasche Wein und suchten dann gemeinsam die Titelformulierungen. Das bereitete ihnen jedes Mal großes Vergnügen. 1939 malte Klee die Reihe der »Engel«, die Bilder seiner Todesahnung. Zu Klees 60. Geburtstag fanden Mitte Dezember 1939 Feierlichkeiten statt, die sich über drei Tage hinzogen. Aber kurz darauf, Anfang Januar 1940, erlitt er einen weiteren Schicksalsschlag: Sein Vater starb. Er war einundneunzig Jahre alt geworden.

Mit der Schweiz fühlte sich Klee einerseits von Kindheit an verbunden, andererseits empfand er sie als einengend. Seine Künstlerfreunde waren in alle Winde zerstreut. Hinzu kam, dass er noch immer kein Schweizer Bürgerrecht erhalten hatte, obwohl er doch nur einen freien Beruf ausüben und kein Amt mehr anstreben wollte. Sein Vater war Deutscher, der sich nie hatte einbürgern lassen. Also war Paul Klee – obwohl er in der Schweiz geboren und aufgewachsen war – Deutscher, der aufgrund des Berliner Gesetzes vom 4. Mai 1933 sich erst nach fünf Jahren Aufenthalt in der Schweiz um das Bürgerrecht bewerben konnte. Im April 1939 stellte Klee erneut ein Einbürgerungsgesuch. Trotz eines politisch motivierten Dossiers, das gegen ihn sprach, erhielt er am 19. Dezember 1939, kurz nach seinem 60. Geburtstag, die Bewilligung seines Antrages. Paul und Lily Klee umarmten sich voller Freude und waren glücklich. Allerdings mussten sie nun noch das Bürgerrecht einer Schweizer Gemeinde beantragen. Die Sitzung des Berner Gemeinderats fand aber erst am 5. Juli 1940 statt. Paul Klee starb eine Woche vorher, am 29. Juni 1940, in der Klinik von Muralto bei Locarno. Lily war untröstlich. Die Trauerfeier fand am 4. Juli in Bern statt. Die Urne wurde später auf dem Schlosshaldenfriedhof in Bern beigesetzt. Auf der Grabplatte steht der Satz, den er bereits 1916 während des Ersten Weltkrieges formuliert hatte: »Diesseitig bin ich gar nicht faßbar. Denn ich wohne grad so gut bei den Toten, wie bei den Ungeborenen. Etwas näher dem Herzen der Schöpfung als üblich. Und noch lange nicht nahe genug.« Nach seinem Tod erschienen zahlreiche Zeitungsartikel und Nachrufe über ihn.

Lily Klee blieb in der Berner Wohnung und verwaltete den künstlerischen Nachlass ihres Mannes. 1946 erkrankte auch sie schwer. Felix war auf der Flucht aus russischer Kriegsgefangenschaft. Lily Klee starb am 22. September 1946 im Alter von 70 Jahren. Wie Maria Marc schrieb, starb sie »vor freudiger Erregung, als sie hörte, daß Felix aus russischer Gefangenschaft zurückgekehrt war. Sie bekam einen Schlaganfall. Ich habe vor einigen Wochen Felix in München wiedergesehen. Das hat mich sehr bewegt und gefreut. Er hat sich im Grunde gar nicht verändert.«[55] Lily schrieb ihre Lebenserinnerungen auf 180 handgeschriebenen Seiten nieder, sie werden zurzeit im Paul-Klee-Zentrum ediert.

Zwei Tage vor Lilys Tod kauften vier befreundete Berner Sammler den gesamten künstlerischen Nachlass Klees auf. Sie wollten damit verhindern, dass der Besitz und der künstlerische Nachlass der Familie Klee aufgrund des Washingtoner Abkommens der Alliierten, das die Liquidation aller Vermögenswerte von Deutschen im Ausland forderte, rechtswirksam beschlagnahmt wurde. Die Sammler überführten den Nachlass in die eigens gegründete Klee-Gesellschaft. Ein Jahr später schuf diese die Klee-Stiftung und deponierte die Sammlung im Berner Kunstmuseum. Der einzige Sohn Felix Klee ließ sich 1948 mit seiner Familie ebenfalls in Bern nieder und machte seine Rechte als Alleinerbe am gesamten Nachlass Paul Klees geltend. 1952, nach einem vierjährigen Rechtsstreit, wurde der Nachlass zwischen der Klee-Gesellschaft und der Familie aufgeteilt. Dank der Initiative der Erben von Felix Klee, den Berner Behörden und der Paul-Klee-Stiftung wurde der geteilte Nachlass wieder zusammengeführt und im Zentrum Paul Klee in Bern untergebracht.

Die Hinterlassenschaft des großen Malers umfasst an die 9000 Werke. Mit seiner Kunst, aber auch mit seinen kunstpädagogischen Schriften übte er starken Einfluss auf die Kunst des 20. Jahrhunderts aus.

Schlussbetrachtung

»Künstlerbiografien erklären nicht die Kunst«, hat einmal ein kluger Mensch gesagt. Das ist leider wahr. Warum also dann ein Buch über eine Künstlergruppe, die vor fast hundert Jahren in München zusammentraf, deren Protagonisten völlig unterschiedliche Charaktere waren und die sich schon vor dem Ersten Weltkrieg wieder auflöste? Angesichts des Weltruhms, den der »Blaue Reiter« erlangte, lohnt es sich aber doch, sich die Lebensentwürfe und Lebensläufe dieser Künstler und ihrer Frauen vor dem zeitgeschichtlichen Hintergrund genauer anzuschauen. Keineswegs strebt diese Darstellung eine weitere kunsthistorische Untersuchung an; sie will vielmehr mit dieser kulturhistorischen Gruppenbiografie einen Blick auf die besondere Situation der Frauen werfen, die entweder selbst malten oder die Arbeit ihrer Männer unterstützten.

Unter den geltenden gesellschaftlichen Normen erwiesen sich die Paarbeziehungen dieser Künstler als schwierig. Dennoch lebten die Künstlerinnen, meist gegen den Willen ihrer Familien, mit ihren Partnern zusammen. Das geschah bei Maria Marc zunächst heimlich, bei Gabriele Münter unter trotziger Rechtfertigung gegenüber ihrer Familie, bei Elisabeth Macke führte das zu erwartende Kind schnell zur

Ehe. Auch Lily Klee musste ihre Verlobung zunächst geheim halten. Einen Ehewunsch hegten sie aber fast alle. Marianne von Werefkin lebte zwar unkonventionell mit ihrem Geliebten und dessen »Familie« zusammen, wollte aber doch den äußeren Anschein wahren. Damals galt es als unschicklich, ohne Trauschein zusammenzuleben oder gar ein Kind zu bekommen, trotzdem schafften es die Frauen des »Blauen Reiters«, ihre Liebe gegen alle Konventionen durchzusetzen. Und doch endeten diese Beziehungen meist tragisch. Gabriele Münter wartete vergeblich auf die Rückkehr Kandinskys, Marianne von Werefkin musste die Trennung von Jawlensky verkraften, Maria Marc und Elisabeth Macke machte der Erste Weltkrieg zu Witwen. Außer Maria Marc, die wohl nie mehr eine neue Partnerschaft anstrebte, fanden die drei anderen Frauen zwar neue Lebensgefährten, aber auch diese Beziehungen waren stark von Schicksalsschlägen und den politischen Ereignissen ab 1933 belastet. Erstaunlich ist allerdings, dass sich nicht nur die zurückbleibende Maria Marc, sondern auch die jeweiligen neuen Partner, Johannes Eichner und Lothar Erdmann, intensiv der Bewahrung des künstlerischen Nachlasses von Kandinsky und Macke widmeten.

Als Künstlerin stand Gabriele Münter stets im Schatten Kandinskys und wurde trotz vieler Ausstellungen erst durch ihre großzügigen Stiftungen an die Städtische Galerie im Münchner Lenbachhaus als eigenständige und ausdrucksstarke Künstlerin wirklich entdeckt. Sicher ist es falsch, sie als naive, unreflektierte Künstlerin zu bewerten. Wenn sie auch keine Theorien entwickelte, so wusste sie durchaus, was sie wollte und was Kunst sein sollte. Dafür gibt es zahlreiche Belege. Wenn sie sich als junge Frau gleichwohl Kandinsky unterordnete, so lag das nicht zuletzt am damaligen weiblichen Rollenverständnis. Kandinsky war erheblich älter, er war ihr Lehrer und Entdecker. Er gab die Richtung vor, entwickelte Kunsttheorien und suchte sie umzusetzen, während sie – wie von ihm gefordert – aus »innerer Notwendigkeit« malte. Sie beeinflussten sich sogar gegenseitig, und Kandinsky bewunderte Gabrieles entschlossene Malweise.

Bei Maria Marc war es ähnlich: Obwohl sie eine künstlerische Ausbildung besaß, stellte sie stets ihr Bedürfnis, selber zu malen, zurück, um dem Werk ihres Mannes zu dienen, das sie von vornherein als das bedeutendere betrachtete. Franz Marc sollte ihre Gemälde lediglich »korrigieren«, oft genug musste er sie zum Malen ermuntern. Im Falle Marianne von Werefkins war die Rollensituation genau umgekehrt. Sie war die fortgeschrittenere Künstlerin, die aber doch ihren Schützling Jawlensky mit allen Mitteln förderte und deshalb ihre eigene Malerei jahrelang zurückstellte: So gewann sie erheblichen Anteil daran, dass er der berühmtere Künstler wurde. Sie hatte ein Talent entdeckt und zur Entfaltung gebracht, das sie als das größere einschätzte. Sogar Marianne von Werefkin, die sonst eine durchaus modern denkende Frau war, vertrat die Ansicht, dass sie als Frau nicht wirklich schöpferisch sein könne. Von diesem Rollenbild der Frau konnte sich selbst Lily Klee, eine ausgebildete Konzertpianistin, die Klavierstunden gab, um den Lebensunterhalt der Familie zu bestreiten, noch nicht lösen. Bei Elisabeth Macke stellte sich die Frage nach einer eigenständigen Berufstätigkeit erst gar nicht, weil sie trotz ihrer musischen Begabung keine künstlerische Ausbildung erhalten hatte und früh heiratete. Ihre durchaus selbst gewählte Rolle sah sie darin, Ehefrau und Mutter zu sein und trotz ihrer eigenen Talente im Hintergrund zu bleiben. Dennoch war sie eine stets interessierte Gesprächspartnerin, das ihren Mann inspirierende Modell, das er häufig malte, und später die Verwalterin seines künstlerischen Nachlasses.

Der Wunsch nach einem geordneten bürgerlichen Dasein war bei allen genannten Frauen vorhanden. Wie bei mehreren Künstlerinnen und Künstlern deutlich wird, hatten sie keinerlei Neigung zur Boheme, wenn auch im Fall von Franz Marc die Bewunderung für Else Lasker-Schüler groß war. Sie galt jedoch mehr ihrer Dichtung als ihrem Lebensstil. Bei aller Umtriebigkeit der Künstlerinnen und Künstler benötigten sie doch immer wieder Ruhe und Abgeschiedenheit, um ihre Werke schaffen zu können. Fast alle lebten und arbeiteten lieber auf dem Land als in der Stadt. So zogen Gabriele Münter und Wassily Kandinsky nach Murnau, Marianne von Werefkin und Alexej Jawlensky malten dort mehrfach mit ihnen zusammen und mieteten sich zu diesem Zweck in ländlichen Gasthöfen ein. Elisabeth und August Macke schwankten, ob sie sich in Paris niederlassen sollten, aber letzten Endes bevorzugten sie die ländliche Umgebung, die sie am Tegernsee und später in Hilterfingen in der Schweiz fanden. Lily und Paul Klee blieben zwar in München, fuhren aber jeden Sommer in die Schweiz, wo er die Ruhe zum Malen fand. Franz und Maria Marc zogen nach Sindelsdorf und fanden schließlich ihr Wunschdomizil in Ried.

Insbesondere Maria und Franz Marc galt die Großstadt als unrein, das Land hingegen als sauber und unverfälscht. Diese Sehnsucht nach dem echten Leben auf dem Land hing mit dem Ausufern der Großstädte zusammen, die sich wie ein Moloch ausbreiteten. Auch in München, wo die Industrie weniger wuchs als beispielsweise in Berlin, hatte die Bevölkerung zwischen 1880 und 1890 pro Jahr um 12 000 Menschen zugenommen. Dieses rapide Bevölkerungswachstum hatte in vielen Bezirken zu katastrophalen Wohn- und

Hygieneverhältnissen und einem Anstieg der Mietpreise geführt. Auch die Jugendbewegung trug dazu bei, ein großstadtfeindliches Bewusstsein in Teilen der Bevölkerung zu schaffen.

Die Reformbewegungen, denen sich die Künstlerinnen und Künstler des »Blauen Reiters« teilweise anschlossen, propagierten um die Jahrhundertwende möglichst naturbelassene Nahrungsmittel und lockere, bequeme Kleidung ohne das einengende Korsett. Diese lebensreformerischen Tendenzen ließen gerade die Frauen des »Blauen Reiters« nicht unberührt. Gabriele Münter trug »Reformkleider« und fuhr Fahrrad, Maria Marc lebte vegetarisch und unterzog sich gesundheitsfördernden Diäten, mit denen sie ihr Rheuma kurieren zu können hoffte. Die um die Jahrhundertwende aufkommende Freikörperkultur führte dazu, dass Maria Marc sich zusammen mit ihrer Konkurrentin Marie Schnür nackt im Grünen fotografieren ließ, auch wenn ihr Mann die Aktbilder, die er von ihr malte, vor Wirtsleuten und Eltern versteckte.

Die Jahrhundertwende war in jeder Hinsicht eine Zeit des Umbruchs: Im Zuge der in der Nachfolge Nietzsches stehenden Kulturkritik glaubten viele Künstler, durch einfaches Leben und Naturverbundenheit, durch die Erneuerung der Kunst und aller Lebensbereiche eine geistige und kulturelle Wendung herbeiführen und ihr eigenes Leben individuell gestalten zu können. Dieser Zeitenwandel, zu dem eine weitere Säkularisierung und ein Verlust kirchlicher Religiosität gehörten, brachte als Gegenreaktion manches Okkulte hervor. Die Menschen suchten nach neuen Inhalten, denn die industrielle Revolution sowie die Erkenntnisse der Wissenschaft stellten das bis dahin geltende Realitätsverständnis und mit ihm den Positivismus in Frage, der davon ausgegangen war, dass alle Phänomene erklärbar seien. Kandinsky machte diese Erfahrung schon vor der Jahrhundertwende. Sektiererische, esoterische Lehren versprachen den Suchenden neuen Halt. Dazu gehörten auch die lebensreformerischen Lehren der Vegetarier, die Anthroposophie Rudolf Steiners oder die theosophischen Schriften der russischen Okkultistin Helena Blavatsky, deren Werk *Die entschleierte Isis* schon 1875 erschienen war. Den theosophischen Zirkeln schlossen sich die Künstler des »Blauen Reiters« zwar nicht an, aber sie waren ihnen gegenüber meist aufgeschlossen. Lily Klee informierte sich eingehend über Astrologie; Jawlensky, Münter und Kandinsky interessierten sich für Mystisches und Okkultes, für Theosophie und Anthroposophie. Zugleich aber waren die Bilder der Maler von religiösen Motiven geprägt, die apokalyptischen Bilder Kandinskys symbolisierten zugleich die gewaltigen Erschütterungen des damaligen Kultur- und Geisteslebens. Marc, Kandinsky und Klee planten, zusammen mit Kubin, Heckel und Kokoschka eine Bibel zu illustrieren, Macke und Marc malten zusammen einen paradiesischen Fries. Die romantische Sehnsucht nach der heilen Welt manifestierte sich auch in ihren Sammlungen von Volkskunst, Hinterglasbildern und anderen religiösen Objekten.

Leider zerfiel die Gruppe des »Blauen Reiters«, die aus gemeinsamen künstlerischen Interessen entstanden war, aber doch nur einen lockeren Kreis darstellte, aufgrund persönlicher Animositäten oder Querelen schon vor dem Ersten Weltkrieg. Einige Künstlerfreundschaften aber hatten lange Bestand, so die Verbindung zwischen Klee, Jawlensky und Kandinsky wie auch die freundschaftlichen Beziehungen zwischen Elisabeth Macke, Lily Klee und Maria Marc. Der Letzteren gebührt ein besonderes Verdienst, denn sie schrieb viele Briefe an die Freunde und unterrichtete sie über die neuesten Entwicklungen. Auf diese Weise hielt sie den kommunikativen Zusammenhalt der ehemaligen Künstlergruppe aufrecht, als diese sich längst aufgelöst hatte.

Keineswegs waren die Künstler des »Blauen Reiters« unumstritten, auch unter den Kollegen und »Gesinnungsgenossen« gab es manche Kritik. So urteilte Ernst Ludwig Kirchner: »Gewiß erleichtert die Hieroglyphe den extatischen Ausdruck, aber ich muß auch ruhiges Fühlen geben können, nicht nur durch ruhige Geste, sondern durch Augen und Mund, und nicht nur durch Dekoratives wie alle heutigen z.B. Klee oder S-R [Schmidt-Rottluff], sondern malerisch. Klee umgeht die Schwierigkeiten, Marc ist überhaupt indiskutabel. Kitsch à la Kandinsky. Wie wenig müssen die Herren Kunsthistoriker sehen und fühlen, daß sie solches überhaupt ansehen können. Es ist trübselig, wenn man daran denkt. Klee geht auf die Form der Urmenschen zurück, Kandinsky macht Malerei im Sinne der absoluten Musik. Schön gewiß, aber sehr beschränkt, er vergißt das Volkslied, die Oper, Klee ist sicher fein und interessant, nur etwas dünn in der Zeichnung. Es fehlt die warme Sinnlichkeit in vielen seiner Werke. Hat er sie, dann hat [er] sie voll und ganz raffiniert.«[1]

Ein hartes Urteil gewiss, aber Kirchner gehörte zu den Gründern der »Brücke«, die schon vor dem »Blauen Reiter« entstanden war, und zu den führenden Vertretern des Expressionismus. Wie Kirchner die Maler des »Blauen Reiters« ablehnte, so mochte auch Kandinsky die »Brücke«-Maler zunächst nicht. Zwischen den einzelnen Künstlergruppen existierten Ablehnung und Konkurrenz. Der Begriff »Expressionismus« wurde 1911 als Absetzung von dem Begriff »Impressionismus« für die neue, fortschrittliche Kunst eingeführt. Ebenso wie die »Brücke« und andere Gruppen junger Künstler protestierten die »Blauen Reiter« vor dem Ersten Weltkrieg gegen die stimmungsvolle Malerei des Impressionismus und die Kunst des Fin de Siècle, die sie überwinden wollten. Mit neuen Farben und Formen wollten sie ihren eigenen Gefühlen Ausdruck verleihen und dem bis dahin gängigen »Naturabmalen« einen Primitivismus entgegensetzen, wie er sonst nur in anderen Kulturen herrschte. Auf diese Weise sollten eine getreue Abbildung der Wirklichkeit vermieden und seelische Momente im Werk akzentuiert werden. Dabei waren die Künstler stark von den französischen »Fauves«, den Wilden, wie van Gogh oder Gauguin beeinflusst. Mit ihren Kunstwerken verletzten sie alle akademischen Regeln, die sie durchaus beherrschten, und trafen nicht nur beim Publikum, das ihre Werke doch kaufen sollte, auf Unverständnis.

Aber auch die Frauen des »Blauen Reiters« hatten mit der Loslösung vom Gegenstand ihre Schwierigkeiten: So schrieb Gabriele Münter im Rückblick auf den Studienaufenthalt in Murnau von 1908 am 17. Mai 1911 stolz in ihr Tagebuch: »Ich habe da nach einer kurzen Zeit der Qual einen großen Sprung gemacht – vom Naturabmalen – mehr oder weniger impressionistisch – zum Fühlen eines Inhalts, zum Abstrahieren – zum Geben eines Extraktes.«[2] Gleichwohl blieben Gabriele Münter, Marianne von Werefkin und Maria Marc aber bis auf einige Experimente in ihrer Malerei gegenständlich.

Die Bewertung der avantgardistischen Kunstwerke von damals hat sich seitdem radikal geändert. Das heutige Publikum, Sammler und Käufer, zahlt Spitzenpreise für die Bilder des »Blauen Reiters« oder der »Brücke«. Welch ein Kontrast: Damals litten die Maler des »Blauen Reiters« fast alle an Geldmangel, ihre finanzielle Situation war oft erbärmlich, und sie mussten sich manchen Wunsch versagen.

Der Almanach, der im Januar 1912 im Piper Verlag erschien, dokumentierte den ungeheuren Aufbruch, in dem sich die Kunst nach der Jahrhundertwende befand. Die Hauptaussage der vielen Beiträge und Abbildungen des Almanachs ist die von Kandinsky und Marc geforderte »Vergeistigung der Kunst«, also eine Loslösung von der bisherigen Sichtweise der Malerei hin zur Abstraktion. Die naturalistische Wiedergabe galt als überwunden, die erneuerte Kunst sollte sich im Gesamtkunstwerk manifestieren, also Musik, Literatur und bildende Kunst vereinigen. Die Frauen der Maler haben diese revolutionäre Veränderung der Kunst als Musen und Akteure selbst mitgetragen. Durch ihr großes Geschick bei der Erhaltung und beim Verstecken ihrer eigenen Werke und der ihrer Lebensgefährten in der Zeit der beiden Weltkriege haben sie die unschätzbar wertvollen Sammlungen der Nachwelt überliefert.

Danksagung

Mein Dank gilt allen, die bei der Fertigstellung dieses Buches behilflich waren. Die verlegerische Betreuung oblag Herrn Ulrich Wank und Frau Kristin Rotter, die mit Geduld und Gesprächen meine Arbeit verfolgten und mir stets mit Ideen und Anregungen zur Seite standen. Frau Renate Dörner und Herrn Wolfgang Gartmann danke ich für die sorgfältige Lektüre und nicht zuletzt für die technische Bearbeitung des Manuskripts. Für die Einsicht in die Korrespondenz zwischen den Protagonisten danke ich Frau Ilse Holzinger von der Gabriele Münter- und Johannes Eichner-Stiftung in der Städtischen Galerie im Lenbachhaus München sowie Herrn Dr. Claus Pese vom Archiv für Bildende Kunst im Germanischen Nationalmuseum Nürnberg. Für Informationen über die Frauen der Maler bin ich Frau Marie-Luise Lankheit, Karlsruhe, und Frau Eva Wiederkehr vom Paul Klee Zentrum in Bern zu großem Dank verpflichtet. Allen Freunden, die mit Gesprächen und Literaturhinweisen meine Arbeit begleitet haben, sowie meinem Mann, der das Entstehen des Manuskripts nachhaltig unterstützt und den Text kritisch gelesen hat, danke ich herzlich.

Anmerkungen

Die erste Redaktionssitzung des »Blauen Reiters«

1 Erdmann-Macke, *Erinnerung,* S. 187 f.
2 Ebd., S. 188 f.
3 Marc, »Die ›Wilden‹ Deutschlands«, in: *Der Blaue Reiter,* Neuausgabe mit einem Kommentar von Klaus Lankheit, München 2004, S. 29. Im Folgenden zit. als: Lankheit, »Kommentar«.
4 Fäthke, *Werefkin,* S. 124.
5 Engels/Trischberger, *Der Blaue Reiter,* S. 20.
6 Kleine, *Münter, Kandinsky,* S. 347.
7 Ebd., S. 348.
8 *Münchner Neueste Nachrichten,* 10. 9. 1910, *Die Kunst für Alle,* 13. Okt. 1910, zit. nach Kleine, *Münter, Kandinsky,* S. 348.
9 Lankheit, »Kommentar«, S. 255.
10 Text in: Franz Marc, *Schriften,* hrsg. von Klaus Lankheit, S. 219.
11 Lankheit, »Kommentar«, S. 256.
12 Fäthke, *Werefkin,* S. 176–178, schildert überzeugend, dass der Austritt und die Ausstellung von Kandinsky, Marc und Macke seit Langem geplant und vorbereitet waren.
13 Kandinsky, Brief an Franz Marc vom 19. 6. 1911, in: *Wassily Kandinsky – Franz Marc, Briefwechsel,* S. 40 (im Folgenden zit. als *Briefwechsel Kandinky/Marc*). Mit »Zeh« sind die Kinder des Architekten August Zeh gemeint. Vgl. Lankheit, »Kommentar«, S. 259.
14 Lankheit, »Kommentar«, S. 286.
15 Kandinsky, zit. nach Lankheit, »Kommentar«, S. 263.

16 Kandinsky, *Über das Geistige,* S. 96; Marc, Brief an Macke vom 12.12.1910, in: *Briefe, Schriften und Aufzeichnungen,* S. 34.

17 Marc, »Zwei Bilder«, in: Lankheit, »Kommentar«, S. 38.

18 Der Begriff »Kunstreligion« stammt aus der Romantik. Novalis nannte die von Friedrich Schleiermacher verkündete Religion eine »Kunstreligion – beinah eine Religion wie die des *Künstlers,* der die Schönheit und das Ideal verehrt.« G. W. F. Hegel führte die begriffliche Bestimmung des Terminus weiter. Franz Marc, der ja ursprünglich Theologie oder Philologie studieren wollte, kannte vermutlich diesen Ideengang. Er hatte sich während seines kurzen Studiums mit »evangelischer Geistesliteratur« befasst.

19 Maschinenschriftliches Vorwort der Redaktion aus dem Nachlass August Mackes, Oktober 1911, in: Lankheit, »Kommentar«, S. 315–317.

20 Ebd., S. 295.

21 Kandinsky, *Über das Geistige,* S. 87.

22 Ebd., S. 88.

23 Ebd., S. 89.

24 Lankheit, »Kommentar«, S. 289.

25 In: Piper, *Briefwechsel,* S. 123.

26 Brief Marc an Piper vom 20.4.1910, in Piper, *Briefwechsel,* S. 120 f.

27 Piper, *Mein Leben als Verleger,* München 1947, S. 299.

28 *Briefwechsel Kandinsky/Marc,* 8.6. und 13.6.1911, S. 37 f.

29 Hahl-Koch, *Kandinsky,* S. 181.

30 Eichner, *Kandinsky und Münter,* S. 89 (Tagebuchaufzeichnung vom Mai 1911).

31 Goethe am 19. (18.) Mai 1807 im Gespräch mit Riemer, in: *Goethes Gespräche in vier Bänden,* hrsg. u. erg. von Wolfgang Herwig, Bd. II, Zürich/Stuttgart 1969, S. 223; abgedruckt in: *Der Blaue Reiter,* (TB-Ausgabe) S. 87.

32 Piper, *Mein Leben als Verleger,* S. 297.

Gabriele Münter und Wassily Kandinsky

1 »Rückblicke« (1913), in: Kandinsky, *Autobiographische Schriften,* Zürich 2004, S. 50.
2 Ebd., S. 22.
3 Manuskript von Gustav Freytag, zit. nach Hahl-Koch, *Kandinsky,* S. 79.
4 Brief Gabriele Münters an Wassily Kandinsky vom 12. Oktober 1902, in: Hoberg, *Wassily Kandinsky und Gabriele Münter,* S. 37–40.
5 Ebd., S. 40 f.
6 Kleine, *Gabriele Münter und Wassily Kandinsky,* Frankfurt a. M. 1994, S. 48.
7 Ebd., S. 88.
8 Zit. nach Kleine, ebd., S. 89.
9 Zit. nach Kleine, ebd., S. 94.
10 Möller, »München um die Jahrhundertwende«, in: *Bayern vom Stamm zum Staat,* Bd. 2, S. 468 f.
11 Kleine, *Münter und Kandinsky,* S. 102.
12 Eichner, *Kandinsky und Gabriele Münter,* S. 38.
13 Kleine, *Münter und Kandinsky,* S. 169.
14 Ebd., S. 171 f.
15 Ebd., S. 177.
16 Eichner, a. a. O., S. 96.
17 Gustav Freytag, zit. nach Hahl-Koch, *Kandinsky,* S. 81.
18 28. August 1905, zit. nach Kleine, *Münter und Kandinsky,* S. 229.
19 20. September 1905, ebd., S. 263.
20 21. Juli 1904, ebd., S. 264.
21 »Gabriele Münter, Bekenntnisse und Erinnerungen«, zit. nach Kleine, *Münter und Kandinsky,* S. 313.
22 Vgl. ebd., S. 312.
23 25. August 1904, in: Ebd. S. 315.
24 Ebd., S. 317.
25 Ebd., S. 334.
26 Heißerer, *Wo die Geister wandern,* S. 217 f.

27 Ebd.
28 Zit. nach Kleine, *Münter und Kandinsky*, S. 317.
29 Sturmhöbel, »Der Blaue Reiter im Russenhaus«, FAZ v. 2. 2. 2006.
30 Fäthke, *Werefkin*, S. 124.
31 Kleine, *Münter und Kandinsky*, S. 346.
32 Hoberg, *Kandinsky und Münter*, S. 50.
33 Kandinsky an Marc, 4. 12. 1911, in: *Briefwechsel Kandinsky/Marc*, S. 80.
34 Kandinsky an Marc, 20. 8. 1911, in: ebd. S. 53.
35 Eichner, *Kandinsky und Münter*, S. 170.
36 *Arnold Schönberg – Wassily Kandinsky. Briefe*, S. 19 ff.
37 Gabriele Münter an Maria und Franz Marc (nachträglich datiert von Maria Marc Neujahr 1911/12), in: *Briefwechsel Kandinsky/Marc*, S. 97.
38 Kandinsky an Marc, 23. 1. 1912, in: *Briefwechsel Kandinsky/Marc*, S. 125.
39 Kandinsky an Münter vom 27. 3./9. 4. 1915, zit. bei Kleine, *Münter und Kandinsky*, S. 457 f.
40 Hahl-Koch, *Kandinsky*, S. 226.
41 Brief Anna Kandinsky vom 12./25. November 1915, zit. in: Kleine, *Münter und Kandinsky*, S. 463.
42 Eichner, *Kandinsky und Münter*, S. 174 f.
43 Gabriele Münter an Herwarth Walden, in: Kleine, *Münter und Kandinsky*, S. 502.
44 Nina Kandinsky, *Kandinsky und ich*, S. 93.
45 Zit. in: Kleine, *Münter und Kandinsky*, S. 512.
46 Ebd., S. 514.
47 Münter an Maria Marc vom 31. 12. 1925, in: *Briefwechsel Kandinsky/Marc*, S. 292.
48 Kleine, *Münter und Kandinsky*, S. 546.
49 Ebd., S. 563 f.
50 Ebd., S. 567.
51 Ebd., S. 596 f.
52 Ebd., S. 603.
53 Ebd., S. 619.
54 Ebd., S. 619.

55 Ebd., S. 627.
56 Merker, *Die bildenden Künste*, S. 163.
57 Kleine, *Münter und Kandinsky*, S. 635.
58 Armin Zweite, »Franz Hofmann und die Städtische Galerie«, in: Schuster, Peter-Klaus (Hrsg.), *Nationalsozialismus und ›Entartete Kunst‹. Die ›Kunststadt‹ München* 1937, München 1987, S. 283.
59 Kleine, *Münter und Kandinsky*, S. 639.
60 Gabriele Münter, Tagebuch, zit. bei ebd, S. 643.
61 Will Grohmann in: *Wassily Kandinsky, Leben und Werk*, Köln 1958, S. 9 f.
62 Münter an Hüsgen vom 23. 12. 1956, zit. in: Kleine, *Münter und Kandinsky*, S. 650.
63 Ebd., S. 665.

Marianne von Werefkin und Alexej Jawlensky

1 Fäthke, *Jawlensky*, S. 23.
2 Ebd.
3 Zit. nach Fäthke, *Jawlensky*, das den ausführlichen Lebenslauf Jawlenskys enthält, hier S. 13 ff.
4 Die Wandermaler oder *Peredwischniki*, wie sie genannt wurden, waren sozialpolitisch engagiert und versuchten, die Wirklichkeit realistisch und wahrhaftig wiederzugeben. Russische Bauernszenen und russische Landschaften sollten nicht nur die Schönheit der Natur und der Heimat zeigen. Ihr Theoretiker, der Schriftsteller Nikolai Gawrilowitsch Tschernyschewski (1828–1889), forderte auch, die Kunst solle auf einer humanitären Idee begründet sein und nützliche und engagierte Züge tragen. Die Peredwischniki strebten eine Reform von Kunst und Gesellschaft an. Ihre Wanderausstellungen sollten dem Volk die Kunst nahebringen.
5 Fäthke, *Werefkin*, S. 23 f.
6 Ebd., S. 33.
7 Ebd., S. 325.
8 Ebd., S. 28 ff.

9 Jawlensky, Lebenserinnerungen, in: Clemens Weiler (Hg.): *Köpfe*, S. 106.
10 Fäthke, *Jawlensky*, S. 32.
11 Fäthke, *Werefkin*, S. 41.
12 Ebd., S. 42.
13 Ebd., S. 199.
14 Fäthke, *Jawlensky*, S. 35.
15 Ebd., S. 33.
16 Lankheit, *Franz Marc. Sein Leben*, S. 57.
17 Kleine, *Münter und Kandinsky*, S. 140.
18 Fäthke, *Jawlensky*, S. 41 ff.
19 Bernd Fäthke vermutet, dass dies absichtlich von Werefkin veranlasst wurde. Fäthke, *Werefkin*, S. 56 f.
20 Erdmann-Macke, *Erinnerung an August Macke*, S. 191.
21 Werefkin, *Briefe an einen Unbekannten*, S. 24.
22 Zit. nach Fäthke, *Jawlensky*, S. 62.
23 Fäthke, *Werefkin*, S. 135.
24 Fäthke, *Jawlensky*, S. 168.
25 Werefkin, *Briefe an einen Unbekannten*, S. 50.
26 Kleine, *Münter und Kandinsky*, S. 221.
27 Fäthke, *Werefkin*, S. 95.
28 Ebd.
29 Ebd., S. 142.
30 Ebd., S. 144.
31 Erdmann-Macke, *Erinnerung*, S. 190 f.
32 Ebd., S. 191.
33 Fäthke, *Werefkin*, S. 171.
34 *Briefwechsel Macke/Marc*, S. 84 f.
35 Fäthke, *Werefkin*, S. 187.
36 *Jawlensky*, hg. Affentranger-Kirchrath, S. 18.
37 Fäthke, *Jawlensky*, S. 178.
38 Goll, *Ich verzeihe keinem*, S. 37.
39 Ebd., S. 54.
40 Fäthke, *Werefkin*, S. 198.
41 Ebd., S. 200.
42 Jochimsen, *Die Farbe beißt mich ans Herz*, S. 134 f.
43 Fäthke, *Jawlensky*, S. 190.

44 Fäthke, *Werefkin,* S. 202.
45 Ebd., S. 205.
46 Lasker-Schüler, *Sämtliche Gedichte in einem Band,* S. 446.
47 Französische Künstlergruppe um Paul Sérusier, die zwischen 1888 und 1905 bestand und den literarischen Symbolismus auf die Malerei übertragen wollte.
48 Fäthke, *Werefkin,* S. 202.
49 Jawlensky, 12. Juli 1923, in: ebd., S. 207.
50 *Galka E. Scheyer und die Blaue Vier,* S. 1.
51 Ebd., S. 279.
52 Fäthke, *Werefkin,* S. 210.
53 Ebd., S. 239.
54 Ebd., S. 240.
55 Lily Klee in einem Brief 1938, abgedr. in: ebd., S. 244.
56 Fäthke, *Jawlensky,* S. 203.
57 Ebd., S. 205.
58 *Jawlensky,* hg. Affentranger-Kirchrath, S. 120.
59 Ebd.
60 Fäthke, *Jawlensky,* S. 211.
61 Marianne Werefkin, *Briefe an einen Unbekannten,* S. 53.

Maria und Franz Marc

1 Hoberg, *Franz und Maria Marc,* im Folgenden zit. als: *Hoberg, Marc,* S. 11 f.
2 Ebd., S. 14.
3 Ebd., S. 15.
4 Franz Marc an Maria Franck vom 2. April 1906 aus Saloniki, in: Hoberg, *Marc,* S. 18.
5 Franz Marc an Maria Franck vom 20. November 1906, in: Hoberg, *Marc,* S. 27.
6 Franz Marc an Maria Franck vom 19. Juli 1907, in: Hoberg, *Marc,* S. 32.
7 Franz Marc an Maria Franck vom 8. Juli 1907, in: Jüngling/Rossbeck, *Franz und Maria Marc,* S. 77.

8 Franz Marc an Maria Franck, 1. und 18. September 1907 (Germanisches Nationalmuseum Nürnberg).
9 Pese, *Franz Marc*, S. 28.
10 Erdmann-Macke, *Erinnerung*, S. 144 f.
11 Ebd.
12 Hoberg, *Marc*, S. 58.
13 Undatierte Notiz, abgedr. in Hoberg, *Marc*, S. 62. Franz nannte sich auch Rittersporn, Ritterspörnlein, Klippschliefer, d. h. Murmeltier, u. a. mehr, Maria nannte er Vahiné, in Anlehnung an Gauguin, der seine tahitianische Frau so nannte.
14 Marc, *Briefe, Schriften*, S. 219–221.
15 Franz Marc an Maria Franck vom 1. Januar 1911, in: Marc, *Briefe, Schriften*, S. 39.
16 Franz Marc an Maria Franck vom 15. März 1911 (Germanisches Nationalmuseum).
17 Franz Marc an Maria Franck vom 4. Januar 1911, in: Marc, *Briefe, Schriften*, S. 39.
18 Franz Marc an August Macke vom 12. Dezember 1910, in: ebd., S. 34 ff.
19 Zit. bei Hoberg, *Marc*, S. 64.
20 Marc, *Briefe, Schriften*, S. 45.
21 Jüngling/Rossbeck, *Franz und Maria Marc*, S. 109 f.
22 Erdmann-Macke, *Erinnerung*, S. 181.
23 Maria Marc an Lisbeth Macke vom 12. Mai 1913, in: *Briefwechsel Macke-Marc*, S. 260.
24 Franz Marc an Macke vom 10. August 1911, in: ebd., S. 65.
25 Erdmann-Macke, *Erinnerung*, S. 182.
26 August Macke an Franz Marc am 1. September 1911, in: *Briefwechsel Macke-Marc*, S. 69 f.
27 Maria Marc an August und Lisbeth Macke am 31. Januar 1913, in: ebd., S. 147 f. Im Hintergrund stand wohl die Tatsache, dass Gabriele Münter mit Nell Roslund, der zweiten Frau Herwarth Waldens, befreundet war (Kleine, *Münter und Kandinsky*, S. 740).
28 *Briefwechsel Macke-Marc*, S. 148.

29 Maria Marc an Wassily Kandinsky vom 19. Januar 1913, in: *Briefwechsel Marc/Kandinsky*, S. 209.

30 *Franz Marc–Else Lasker-Schüler, »Der Blaue Reiter präsentiert …«*, S. 115.

31 Maria Marc an Lisbeth Macke am 21. Januar 1913, in: *Briefwechsel Macke-Marc*, S. 147.

32 *Franz Marc–Else Lasker-Schüler, »Der Blaue Reiter präsentiert …«*, S. 122 f.

33 Pese, *Franz Marc*, S. 40.

34 Maria Marc, »Aus meinem Leben mit Franz Marc«, in: Hoberg, *Maria Marc*, S. 103.

35 Franz Marc an August Macke im Februar 1914, in: *Briefwechsel Macke-Marc*, S. 179 (ohne Datum).

36 Franz Marc an Wassily Kandinsky am 24. Oktober 1914 und Karte vom 16. November 1914, in: Franz Marc, *Briefe, Schriften*, S. 204 u. 206.

37 Maria Marc an Franz Marc vom 14. Januar 1915 (Germanisches Nationalmuseum Nürnberg).

38 Maria Marc an Franz Marc vom 2. Februar 1915 (Germanisches Nationalmuseum Nürnberg).

39 Zit. nach Bauschinger, *Else Lasker-Schüler*, S. 246.

40 Franz Marc an Elisabeth Macke vom 29. Januar 1915, in: *Briefwechsel Macke-Marc*, S. 205.

41 Zit. nach Hoberg, *Marc*, S. 93. Das befreundete Künstlerpaar Niestlé hatte Zwillingstöchter bekommen und deren Taufe zusammen mit dem Ehepaar Paul und Lily Klee gefeiert.

42 In: *Briefwechsel Macke-Marc*, S. 216 f.

43 Franz Marc an Maria Marc vom 4. März 1916 in: Marc, *Briefe aus dem Feld*, S. 150 f.

44 Franz Marc an Maria Marc, *Briefe, Schriften*, S. 140 f.

45 Zit. nach Bauschinger, *Else Lasker-Schüler*, S. 247.

46 Lasker-Schüler, *Sämtliche Gedichte*, S. 288.

47 Ebd., S. 137.

48 Maria Marc an Gabriele Münter vom 28. Dezember 1916, in: *Briefwechsel Kandinsky/Marc*, S. 284.

49 Jüngling/Rossbeck, *Franz und Maria Marc*, S. 172 f.

50 Maria Marc an Gabriele Münter vom 24. März 1920, in: Hoberg, *Maria Marc*, S. 107.
51 Ebd., S. 108.
52 Ebd., S. 109.
53 Ebd.
54 Ebd., S. 111 (Brief an A. Bloch vom 11. August 1935).
55 Ebd., S. 115 (Brief an A. Bloch vom 6. Dezember 1936).
56 Ebd., S. 115 (Brief an Nina und Wassily Kandinsky vom 31. Juli 1937).

Lisbeth und August Macke

1 Meseure, *Macke*, S. 10.
2 Erdmann-Macke, *Erinnerung*, S. 73.
3 Ebd., S. 75 (Brief vom 18. Juni 1907).
4 Ebd., S. 77 f.
5 Ebd., S. 81.
6 Ebd., S. 106 f.
7 Ebd., S. 108.
8 Ebd., S. 109.
9 August Macke, 26.8.1909, in: *Briefe an Elisabeth*, S. 183 f.
10 Ebd., S. 131.
11 Meseure, *Macke*, S. 23.
12 Erdmann-Macke, *Erinnerung*, S. 157.
13 August Macke an Franz Marc am 22. 1. 1912, in: *Briefwechsel Macke-Marc*, S. 96 f.
14 Ebd., S. 110 f.
15 Maria Marc an Lisbeth Macke vom März [1912], in: *Briefwechsel Macke-Marc*, S. 112 f.
16 Franz und Maria Marc an August Macke vom 28. 3. 1912, in: *Briefwechsel Macke-Marc*, S. 113 ff.
17 Brief Gabriele Münter an Franz Marc vom 26. 3. 1912 und drei Tage später Brief Wassily Kandinsky an Franz Marc vom 28. 3. 1912, in: *Briefwechsel Marc-Kandinsky*, S. 153–159.
18 Maria Marc an Lisbeth und August Macke am 21. 1. 1913, in: ebd., S. 147.

19 *Briefwechsel Macke-Marc,* S. 96.

20 Ebd., S. 70.

21 Erdmann-Macke, *Erinnerung,* S. 204 f.

22 Ebd., S. 277.

23 Friedrich Cohen verstarb 1927. Während der NS-Zeit wurde die Buchhandlung mit Boykottmaßnahmen belegt. Die Besitzerin Hedwig Cohen-Bouvier nahm deshalb ihren Mädchennamen Bouvier wieder an und gründete 1937 zusammen mit ihrer Schwester eine Kommanditgesellschaft unter dem Namen H. Bouvier und Co. Geschäftsführer wurde 1938 Herbert Grundmann (Fischer, *Lothar Erdmann,* S. 457).

24 Erdmann-Macke, *Erinnerung,* S. 219. Vgl. *Briefwechsel Macke-Marc,* S. 174.

25 *Briefwechsel Macke-Marc,* S. 134.

26 Ebd., S. 149.

27 Erdmann-Macke, *Erinnerung,*, S. 220 f.

28 Ebd., S. 235.

29 Ebd., S. 249.

30 Brief August Macke vom 21. 9. 1914, in: Macke, *Briefe an Elisabeth,* S. 334 f.

31 Franz Marc an Lisbeth Macke am 23. 10. 1914, in: *Briefwechsel Macke-Marc,* S. 195.

32 Marc, *Briefe, Schriften,* S. 266 f.

33 Erdmann-Macke, *Erinnerung,* S. 246.

34 Fischer, *Lothar Erdmann,* S. 29.

35 Die Informationen über Lothar Erdmann verdanke ich dem Buch von Fischer, *Lothar Erdmann.*

36 Fischer, *Lothar Erdmann,* S. 27.

37 Erdmann, »August Macke«, in: Ernst Jünger, *Die Unvergessenen,* München 1928; wieder abgedruckt in: Erdmann-Macke, *Erinnerung,* S. 259–279.

38 »Tagebuch Lothar Erdmann«, 31. 5. 1936, in: Fischer, *Lothar Erdmann,* S. 430.

39 Fischer, *Lothar Erdmann,* S. 255.

40 Ebd., S. 220.

41 Erdmann-Macke, *Erinnerung,* S. 254.

42 Werner Frese, in: Macke, *Briefe an Elisabeth,* S. 12.

Lily und Paul Klee

1 Klee, »Tagebuch 63«. Klee führte Tagebuch von 1898 bis Ende 1918, überarbeitete, ergänzte und redigierte das Geschriebene noch einmal im Kriegsjahr 1918. Vgl. Rümelin, *Paul Klee, Leben und Werk,* München 2004.
2 Klee, »Tagebuch 83«.
3 Klee, »Tagebuch 122«.
4 Klee, »Tagebuch 90«.
5 Klee, »Tagebuch 128«.
6 Ebd.
7 Klee, »Tagebuch 127«.
8 Klee, »Tagebuch 129«.
9 Klee, »Tagebuch 800«.
10 Rümelin, *Paul Klee,* S. 13.
11 Paul Klee an Lily Stumpf vom 22. 2. 1903, in: Grohmann, *Klee,* S. 51.
12 Giedion-Welcker, *Paul Klee,* S. 29.
13 Paul Klee an seinen Vater vom 2. Oktober 1906. Mit »Medizinalrath« ist Klees Schwiegervater gemeint. Zit. in: Heißerer, *Wo die Geister wandern,* S. 240.
14 Klee, »Tagebuch 802«.
15 Partsch, *Klee,* S. 15.
16 Piper, *Mein Leben als Verleger,* S. 304.
17 Klee, »Tagebuch 924«.
18 Zit. nach Partsch, *Klee,* S. 16.
19 Klee, »Tagebuch 903«.
20 Klee, »Tagebuch 895«.
21 Klee, »Tagebuch 926/o«.
22 Klee, »Tagebuch 951«.
23 Wassily Kandinsky an Franz Marc vom 30. 12. 1912, in: *Briefwechsel Marc/Kandinsky,* S. 207.
24 Klee, »Tagebuch 952«.
25 Klee, »Tagebuch 961«.
26 Franz Marc vom 10. 5. 1915, in: Marc, *Briefe, Schriften,* S. 209 f.
27 Klee, »Tagebuch 962«.

28 Klee, »Tagebuch 964«.
29 Klee, »Tagebuch 965«.
30 Rümelin, *Paul Klee*, S. 49.
31 Lily Klee vom 14. 10. 1924, in: *Galka E. Scheyer und die Blaue Vier*, S. 77 ff.
32 Lily Klee vom 9. 4. 1926, in: ebd., S. 136 ff.
33 Nina Kandinsky, *Kandinsky und ich*, S. 115.
34 Ebd., S. 122.
35 *Ausstellungskatalog Paul Klee 1933*, S. 282.
36 Ebd., S. 284.
37 Lily Klee vom 29. 4. 1933, in: *Galka E. Scheyer und die Blaue Vier*, S. 217.
38 Giedion-Welcker, *Paul Klee*, S. 95.
39 Paul Klee vom 6. 4. 1933 an Lily, in: Grohmann, *Klee*, S. 77.
40 Lily Klee vom 14. 7. 1933, in: *Ausstellungskatalog Paul Klee 1933*, S. 290.
41 Lily Klee vom 27. 5. 1933, in: ebd., S. 287.
42 Lily Klee vom 9. 5. 1933, in: ebd., S. 286.
43 Giedion-Welcker, *Paul Klee*, S. 95.
44 Vorwort zum *Ausstellungskatalog Paul Klee 1933* von Helmut Friedel, Christine Hopfengart, Max Hollein und Uwe M. Schneede.
45 Lily Klee vom 3. 10. 1933, in: *Ausstellungskatalog Paul Klee 1933*, S. 293.
46 Lily Klee vom 19. 12. 1933, in: ebd., S. 299 f.
47 Lily Klee vom 24. 6. 1934, in: *Galka E. Scheyer und Die Blaue Vier*, S. 245.
48 Giedion-Welcker, *Paul Klee*, S. 147.
49 Lily Klee vom 6. 8. 1935, in: *Galka E. Scheyer und die Blaue Vier*, S. 255 ff.
50 Lily Klee vom 28. 6. 1936, in: ebd., S. 266 ff.
51 Lily Klee in: ebd., S. 269.
52 Lily Klee an Maria Marc vom 19. 8. 1936, Germanisches Nationalmuseum Nürnberg.
53 Lily Klee an Maria Marc vom 23. 9. 1936, Germanisches Nationalmuseum Nürnberg.
54 Nina Kandinsky, *Kandinsky und ich*, S. 201.

55 Maria Marc an Gabriele Münter vom 10. 12. 1946, in: Hoberg, *Maria Marc*, S. 117 ff.

Schlussbetrachtung

1 Ernst Ludwig Kirchner, Eintrag in sein Davoser Tagebuch vom 17. 1. 1923, S. 61.

2 Eichner, *Kandinsky und Münter*, S. 89.

Auswahlbibliografie

Quellen

Der Blaue Reiter, hg. von Wassily Kandinsky und Franz Marc, Dokumentarische Neuausgabe mit einem Kommentar von Klaus Lankheit, München und Zürich 2004

Erdmann-Macke, Elisabeth, *Erinnerung an August Macke,* Stuttgart 1962

Goll, Claire, *Ich verzeihe keinem,* München 1976

Wassily Kandinsky – Franz Marc, Briefwechsel, hg. von Klaus Lankheit, München und Zürich 1983

Wassily Kandinsky und Gabriele Münter in Murnau und Kochel 1902–1914*: Briefe und Erinnerungen,* hg. von Annegret Hoberg, 2. Aufl. München 1995

Kandinsky, Wassily, *Autobiographische Schriften,* hg. von Hans K. Roethel und Jelena Hahl-Koch, Bern 2004

Kandinsky, Wassily, *Essays über Kunst und Künstler,* hg. u. komm. von Max Bill, 2. Aufl., Bern o. J. (1963)

Kandinsky, Wassily, *Über das Geistige in der Kunst, insbesondere in der Malerei* (München 1911/12), revid. Neuaufl. von Jelena Hahl-Fontaine, Bern 2004

Kandinsky, Wassily, *Punkt und Linie zu Fläche. Beitrag zur Analyse der malerischen Elemente.* Mit einem Vorwort von Max Bill, 9. Aufl., Bern o. J. (1963)

Kandinsky, Nina, *Kandinsky und ich,* München 1976

Ernst Ludwig Kirchner, Davoser Tagebuch, hg. von Lothar Grisebach (1968), Neuausgabe durchgesehen von Lucius Grisebach, o. O. 1997

Arnold Schönberg – Wassily Kandinsky. Briefe, Bilder und Dokumente einer außergewöhnlichen Begegnung, hg. von Jelena Hahl-Koch mit einem Essay von Hartmut Zelinsky, Salzburg – Wien 1980

Klee, Paul, *Tagebücher 1898 – 1918,* bearb. v. Wolfgang Kersten, hg. von der Paul-Klee-Stiftung Bern. Textkrit. Neuedition, Stuttgart/Teufen 1988

August Macke – Franz Marc, Briefwechsel. Mit Briefen von und an Lisbeth Macke und Maria Marc, hg. von Wolfgang Macke, Köln 1964

Macke, August, *Briefe an Elisabeth und die Freunde,* hg. von Werner Frese und Ernst-Gerhard Güse, München 1987

Moeller, Magdalene M., *August Macke. Die Tunisreise,* 2. Aufl., München 1990

Marc, Franz, *Briefe, Schriften und Aufzeichnungen,* hg. von Günter Meißner, 2. Aufl., Leipzig und Weimar 1989

Franz Marc – Else Lasker-Schüler, »Der Blaue Reiter präsentiert Eurer Hoheit sein Blaues Pferd«. Karten und Briefe, hg. und kommentiert von Peter-Klaus Schuster (1987), 5. Aufl., München 1996

Piper, Reinhard, *Das Tier in der Kunst,* 8. Aufl., München 1910

Piper, Reinhard, *Mein Leben als Verleger. Vormittag Nachmittag,* München 1964

Piper, Reinhard, *Briefwechsel mit Autoren und Künstlern 1903 – 1953,* München 1979

Werefkin, Marianne, *Lettres à un Inconnu. Aux sources de l'expressionisme,* hg. von Gabrielle Dufour-Kowalska, Paris 1999; dt. *Briefe an einen Unbekannten 1901 – 1905,* hg. von Clemens Weiler, Köln 1960

Marc, Franz, *Briefe aus dem Feld,* hg. von Klaus Lankheit und Uwe Steffen, 3. Aufl., München 1993

Marc, Franz, *Skizzenbuch aus dem Felde,* mit einer Einführung von Klaus Lankheit, Berlin o. J. (1993)

Franz Marc im Urteil seiner Zeit, hg. und kommentiert. von Klaus Lankheit, München 1989

Galka E. Scheyer & Die Blaue Vier. Briefwechsel 1924 – 1945, hg. und kommentiert von Isabel Wünsche, Berlin und Wabern/Bern 2006

Ausstellungskataloge

Kandinsky und München: Begegnungen und Veränderungen 1896–1914, hg. von Arnim Zweite, München 1982

Kandinsky, hg. von Jelena Hahl-Koch, Stuttgart 1993

Der frühe Kandinsky 1900–1910, hg. von Magdalena M. Moeller, Brücke-Museum Berlin 1994 und Kunsthalle Tübingen 1994/95, München 1994

Endicott Barnett, Vivian, *Das bunte Leben. Wassily Kandinsky im Lenbachhaus*, hg. von Helmut Friedel, München 1995

Whitford, Frank, *Kandinsky. Aquarelle und andere Arbeiten auf Papier, anlässlich der Ausstellung Kandinsky – Watercolors and Other Works on Paper in der Royal Academy London 1999*, dt. Übers., München 1999

Gabriele Münter 1877–1962, Retrospektive, hg. von Annegret Hoberg und Helmut Friedel, München 1992

Gabriele Münter, Das druckgraphische Werk, hg. von Helmut Friedel, Gabriele Münter- und Johannes Eichner-Stiftung, München 2000

Gabriele Münter, 1877–1962, hg. von Annegret Hoberg und Helmut Friedel, München 2003. Die Ausstellung wurde auch in Bordeaux gezeigt. Der Katalog erschien unter dem Titel *Gabriele Münter, Une artiste du Cavalier Bleu*, München 2004

Gabriele Münter. Die Jahre mit Kandinsky. Photographien 1902–1914, hg. von Helmut Friedel, München 2007

Jawlensky. Das andere Gesicht. Begegnungen mit Arp, Hodler, Janco, Klee, Lehmbruck, Richter, Taeuber-Arp, hg. von Angelika Affentranger-Kirchrath, Bern (2000)

Franz Marc. Die Retrospektive, hg. von Annegret Hoberg und Helmut Friedel, München 2005

Maria Marc. Leben und Werk 1876–1955. Katalog zur Ausstellung Maria Marc 1876–1955, hg. von Annegret Hoberg, Städtische Galerie im Lenbachhaus München, 6.12.1995–21.1.1996, München 1995

August Macke, Gemälde, Aquarelle, Zeichnungen, hg. von Ernst-Gerhard Güse, München 1986

Paul Klee 1933, hg. von der Städtischen Galerie im Lenbachhaus München (Helmut Friedel), Köln 2003

Die Brücke. Meisterwerke aus dem Brücke-Museum Berlin, hg. von Magdalena M. Moeller, München 2000

Werefkin, Marianne, *Die Farbe beißt mich ans Herz*, hg. vom Verein August Macke Haus e.V. mit Beiträgen von Margarethe Jochimsen et al., 28. 11. 1999 – 27. 2. 2000, Bonn 1999

Der blaue Reiter im Lenbachhaus München, hg. und mit einer Einführung von Armin Zweite sowie Bildkommentaren von Annegret Hoberg, München 1991

Sekundärliteratur

Bartmann, Dominik, *August Macke. Kunsthandwerk*, Frankfurt a. M. – Berlin – Wien 1982

Bauschinger, Sigrid, *Else Lasker-Schüler. Eine Biographie*, Frankfurt a. M. 2006

Eichner, Johannes, *Kandinsky und Gabriele Münter. Von Ursprüngen moderner Kunst*, München o. J. (1957)

Engels, Sybille/Trischberger, Cornelia, *Der Blaue Reiter*, München – Berlin – London – New York 2005

Fäthke, Bernd, *Jawlensky und seine Weggefährten in neuem Licht*, München 2004

Fäthke, Bernd, *Marianne Werefkin*, München 1988

Fischer Ilse, *Versöhnung von Nation und Sozialismus? Lothar Erdmann (1833 – 1939). Ein »leidenschaftlicher Individualist« in der Gewerkschaftsspitze. Biographie und Auszüge aus den Tagebüchern*, hg. von der Friedrich-Ebert-Stiftung in Verbindung mit dem Institut für Sozialgeschichte e.V., Braunschweig/Bonn 2004

Giedion-Welcker, Carola, *Paul Klee mit Selbstzeugnissen und Bilddokumenten*, 22. Aufl., Reinbek b. Hamburg, 2004

Grohmann, Will, *Paul Klee*, Genf – Stuttgart 1954

Haftmann, Werner, *Malerei im 20. Jahrhundert*, 4. veränd. und erw. Aufl., München 1965

Hahl-Koch, Jelena, *Kandinsky*, Stuttgart 1993

Heißerer, Dirk, *Wo die Geister wandern. Eine Topographie der Schwabinger Bohème um 1900*, München 1993

Hoberg, Annegret, *Franz und Maria Marc,* München – Berlin – London – New York 2004

Jüngling, Kirsten/Rossbeck, Brigitte, *Franz und Maria Marc,* München 2004

Kleine, Gisela, *Gabriele Münter und Wassily Kandinsky,* Frankfurt a. M. und Leipzig 1990

Kleine, Gisela, *Gabriele Münter und die Kinderwelt,* Frankfurt a. M. und Leipzig 1997

Lankheit, Klaus, *Franz Marc. Sein Leben und seine Kunst,* Köln 1976

Merker, Reinhard, *Die bildenden Künste im Nationalsozialismus. Kulturideologie/Kulturpolitik/Kulturproduktion,* Köln 1983

Meseure, Anna, *August Macke 1887–1914,* Köln 2004

Möller, Horst, *Exodus der Kultur. Schriftsteller, Wissenschaftler und Künstler in der Emigration nach 1933,* München 1984

Möller, Horst, »München um die Jahrhundertwende«, in: *Bayern vom Stamm zum Staat,* hg. von Konrad Ackermann, Alois Schmid, Wilhelm Volkert, Bd. 2, S. 459–474, München 2002

Moeller, Magdalena M., *Der blaue Reiter,* 2. Aufl., Köln 2003

Neumeier, Gerhard, *München um* 1900. *Wohnen und Arbeiten, Familie und Haushalt, Stadtteile und Sozialstrukturen, Hausbesitzer und Fabrikarbeiter, Demographie und Mobilität – Studien zur Sozial- und Wirtschaftsgeschichte einer deutschen Großstadt vor dem Ersten Weltkrieg,* Frankfurt a. M. 1995

Partsch, Susanna, *Paul Klee. 1879–1940,* Köln 2003

Pese, Claus, *Franz Marc. Leben und Werk,* Stuttgart – Zürich 1989

Prinz, Friedrich/Kraus, Marita (Hg.), *München – Musenstadt mit Hinterhöfen. Die Prinzregentenzeit 1886–1912,* München 1988

Roh, Franz, *»Entartete Kunst«. Kunstbarbarei im Dritten Reich,* Hannover 1962

Ross, Werner, *Bohemiens und Belle Epoque. Als München leuchtete,* Berlin 1997

Rümelin, Christian, *Paul Klee. Leben und Werk,* München 2004

Schuster, Peter-Klaus (Hg.), *Nationalsozialismus und ›Entartete Kunst‹. Die ›Kunststadt‹ München 1937,* München 1987

Tworek, Elisabeth, *Spaziergänge durch das Alpenvorland der Literaten und Künstler,* Zürich – Hamburg 2004

Weiler, Clemens, *Alexej Jawlensky,* Köln 1959

Bildnachweis

Seiten 19, 55, 64, 77, 139, 142, 193, 245 und Tafel 1, 4, 5: VG Bild-Kunst, Bonn 2007

Seite 87, 114, 226: Gabriele Münter- und Johannes Eichner-Stiftung, München

Seite 97: Centre Georges Pompidou, Paris, Fonds Kandinsky

Seiten 122, 126, 135: Fotoarchiv Fäthke-Born

Seite 178 und Tafel 12: Nachlass Maria Marc

Seiten 198, 199, 229, 258, 310 und Tafel 9, 13, 14: Archiv für Kunst und Geschichte, Berlin

Seite 284: Fotograf Paul Klee / Zentrum Paul Klee, Bern, Schenkung Familie Klee / Klee-Nachlass-Verwaltung, Bern

Seite 289: Fotograf Alexander Eliasberg / Zentrum Paul Klee, Bern, Schenkung Familie Klee / Klee-Nachlass-Verwaltung, Bern

Tafel 2: Städtische Galerie im Lenbachhaus, München / VG Bild-Kunst, Bonn 2007

Tafel 3, 8: Archiv für Kunst und Geschichte, Berlin / VG Bild-Kunst, Bonn 2007

Tafeln 6, 7: Städtische Galerie im Lenbachhaus, München / Fondazione Marianne Werefkin, Ascona

Tafel 10: Städtische Galerie im Lenbachhaus, München

Tafel 11: Franz Marc Museum, Kochel am See / Aufnahme Foto Müller, Schlehdorf

Tafel 15: Archiv für Kunst und Geschichte, Berlin / Privatbesitz Schweiz

Tafel 16: Städtische Galerie im Lenbachhaus, München / Privatbesitz Schweiz

Register